Wolfgang Emmerich
Nahe Fremde
Paul Celan und die Deutschen

Wolfgang Emmerich
Nahe Fremde
Paul Celan und die Deutschen

WALLSTEIN VERLAG

Bibliografische Information der Deutschen Nationalbibliothek
Die Deutsche Nationalbibliothek verzeichnet
diese Publikation in der Deutschen Nationalbibliografie;
detaillierte bibliografische Daten sind im Internet
über http://dnb.d-nb.de abrufbar.

© Wallstein Verlag, Göttingen 2020
www.wallstein-verlag.de
Vom Verlag gesetzt aus der Sabon
Umschlaggestaltung: Wallstein Verlag,
unter Verwendung einer Fotografie von Nani Demus
Druck und Verarbeitung: Hubert & Co, Göttingen
ISBN 978-3-8353-3606-3

Inhalt

Vorwort 7

Nahe Fremde Deutschland. Das Dilemma 12

Schreiben im Angesicht der Shoah. Die Jahre 1943 bis 1947 29

Das erste Deutschlandgedicht: »Todesfuge« (1945). 41

Wien 1948. Unter selbsternannten ›Opfern‹ 55

Paris 1948–1952. Ein bewohnbarer Ort 65

»Ein *Fremder* war da gewesen«. Lesen vor der Gruppe 47 79

Zwei Schiffe, die sich nicht begegnen. Bremen 1958 91

Das zweite Deutschlandgedicht: »Wolfsbohne« (1959). 112

Que sont mes amis devenus?
Deutsche Freundschaften und ihr Scheitern. 131

»Gibt es mich überhaupt?« Folgen einer Verleumdung 176

»Es lebe die krummnasige Kreatur!« Eine Gestalt des Jüdischen . . . 189

»So kam ich unter die Deutschen«
Im Literaturbetrieb der 60er Jahre 206

»Eine Art Rechenschaft«. Zu Besuch bei Heidegger, Juli 1967 230

»Linksnibelungen« – »Rechtsnibelungen« 245

Reise ins Herz der Finsternis. Berlin, Dezember 1967 253

»Mit zeitroten Lippen« – das Jahr 1968 266

Hölderlins deutsches Vaterland – (»Pallaksch. Pallaksch.«). 286

Départ Paul. Der Tod in der Seine 305

Nahe Fremde Deutschland – *nach* der »Zäsur«. 323

Anmerkungen. 335
Literatur 385
Personenregister 393

Vorwort

Der Dichter Paul Celan hat die erste Hälfte seines 50-jährigen Lebens fast vollständig in seiner Geburtsstadt Czernowitz in der Bukowina verbracht. 1938/39 studierte er für ein kurzes Jahr im französischen Tours, dann kehrte er nach Czernowitz zurück. 1942 bis 1944 war er Zwangsarbeiter im Straßenbau im Nordosten Rumäniens; danach lebte er wieder für etwa ein Jahr in Czernowitz, das nun Teil der Sowjetunion wurde. Es folgten zwei Jahre in Bukarest 1945-47 und ein halbes Jahr in Wien 1948 – Celans einziger Aufenthalt in deutschsprachiger Umgebung von relativer Dauer. Der Ort der zweiten Lebenshälfte des Dichters war Paris – bis zu seinem Gang in die Seine; *in summa* 22 Jahre.

Aber ganz so einfach war es doch nicht. Der Autor reiste viel – nach London, wo eine Tante wohnte, nach Italien, nach Zürich, nach Genf (wo er zweimal für Monate als Übersetzer am *Bureau International du Travail* arbeitete), schließlich nach Stockholm in Sorge um die befreundete Dichterin Nelly Sachs. Nicht zu vergessen Ferienaufenthalte in den Alpen, in der Bretagne, in der Normandie, wo die Familie ein Ferienhaus besaß, und in anderen französischen Regionen. 1969, einige Monate vor seinem Tod, besuchte Paul Celan Israel.

Etwas Entscheidendes fehlt in dieser Aufzählung: Es sind die Aufenthalte in Deutschland, wobei ›Deutschland‹ immer die Bundesrepublik meint. Denn der Dichter war nie in der DDR, wie er auch nach dem Krieg nie mehr in ein anderes Ostblockland reiste. Zwei Jahre in der »Volksdemokratie« Rumänien waren ihm genug und machten ihn misstrauisch gegenüber den osteuropäischen Regimes. Der noch nicht 18-jährige Paul Celan (der damals Antschel hieß) war bereits am 9. oder 10. November 1938 (also am Tag nach der sogenannten Reichskristallnacht) über Berlin und weiter quer durch Nazi-Deutschland und Belgien zu seinem französischen Studienort gefahren (und im Sommer 1939 auf dem gleichen Weg zurück nach Czernowitz). Aber dadurch lernte er Deutschland natürlich nicht kennen. Nach seiner Reise von Wien nach Paris im Juli 1948, mit der Eisenbahn über Innsbruck und durch die französische Besatzungszone, das heutige Baden, vergingen fast vier Jahre, bis der Dichter 1952 wieder deutschen Boden betrat; diesmal, um an der Tagung der Gruppe 47 in Niendorf an der Ostsee teilzunehmen – ein Datum, das einen spürbaren Einschnitt in seinem Leben bedeutete. Seine äußerst zwiespältig aufgenommene Lesung vor um die vierzig der wichtigsten deutschen und österreichischen Schriftstellerkolleginnen und -kollegen, zumal seiner eigenen, der jüngeren Generation, machte ihn in gewisser Hinsicht selbst erst zu einem deutschen Schriftsteller. Es folgten im Lauf von achtzehn Jahren mehr als *fünfzig* Reisen nach Deutschland, zu Lesungen (auch im Rundfunk und sogar im Fernsehen), zu Verlagsverhandlungen, zu Treffen mit anderen Autoren und Kritikern, zur Entgegennahme von Literaturpreisen, zu Besuchen bei Freunden und – ja, auch das – zu Treffen mit Geliebten. Die Bundesrepublik war von Paris aus mit dem »Schnellzug« (wie man damals sagte) in ein paar Stunden (Frankfurt a. M., Köln) oder höchstens in einer Tagesreise (Stuttgart, Tübingen, Freiburg i. Br., München, Bremen, Hamburg) zu erreichen. Celan fuhr immer mit der Bahn, nur für die Reise nach Berlin bestieg er ein Flugzeug. Er fuhr zwar seit dem Sommer 1961 selbst Auto,[1] aber – soweit ich weiß – nicht bei seinen Deutschlandbesuchen.

Deutschland war Paul Celan also nahe, geographisch gesehen. Und es war das Land seiner Muttersprache: *Deutsch*. So nimmt es nicht wunder, dass er das Land wieder und wieder besuchte, für ein paar Tage, vielleicht einmal eine Woche, manchmal auch für zwei Wochen. Insgesamt habe ich etwa 350 Tage in Deutschland gezählt, also fast ein ganzes Jahr seines Lebens. Er hat in all diesen Jahren keinen Familienurlaub in der Bundesrepublik verbracht. Freilich hat er zusammen mit seiner Frau die Eröffnung einiger Ausstellungen ihrer graphischen Kunst in deutschen Städten besucht und war im Juli 1964 mit ihr für drei Wochen in Süddeutschland und der Schweiz unterwegs. Trotz dieser so zahlreichen Besuche hat der Dichter sich relativ wenig auf deutsche Städte und Landschaften eingelassen – mit Ausnahme von Frankfurt a. M. (seiner Verlagsstadt), Köln (wo er mindestens dreiundzwanzigmal war),[2] Freiburg i. Br. (wo er zwischen 1967 und 1970 dreimal las) und Tübingen, für das er »ein Faible« hatte.[3] Mehrmals erhielt Celan Angebote, sich in Deutschland niederzulassen, die er aber allesamt ausschlug. 1960 hätte er die Poetikdozentur in Frankfurt wahrnehmen können – er sagte Nein. Als er 1964 gegenüber dem Verleger Gottfried Bermann

Fischer in Frankfurt sogar sein Interesse bekundete, »nach sechzehn Jahren Paris wieder einmal einige Zeit [...] in ausschließlich deutscher Sprachumgebung zu leben«, bot ihm der Verlag ein ordentlich bezahltes Gastlektorat für deutsche Literatur an – Celan lehnte letztlich doch ab.[4] Im Sommer 1964 hätte Peter Szondi für den Freund ein Ford-Stipendium für ein ganzes Jahr in West-Berlin erwirken können – Celan sagte ab.[5] Im Juni 1968 wiederholte Gudrun Schaal von der Tübinger Buchhandlung Gastl ihr Angebot vom Herbst zuvor, dem Dichter eine eigene Wohnung in bester Lage und auf Dauer zu überlassen; Celan reagierte nicht.[6] Im März 1970 unterbreitete der renommierte Romanist Hugo Friedrich dem Autor das Angebot, als Sprachlektor an der Universität Freiburg i. Br. zu unterrichten und dauerhaft dort zu leben. Celan dachte kurze Zeit über das Angebot nach und – zu dieser Zeit schon schwer krank – verwarf es dann. Es war, als ob der Autor es nach ein paar Tagen oder höchstens zwei Wochen nicht mehr im »Gedeutsch«[7] aushielte. Zwar entstanden Freundschaften mit Deutschen, Österreichern und Schweizern, von denen ihm manche viel bedeuteten, so die zu Ingeborg Bachmann und Klaus Demus, zu Rolf Schroers und Paul Schallück, zu Hanne und Hermann Lenz, später auch zu Peter Szondi und Franz Wurm. Doch diese Freundschaften scheiterten zumeist, manchmal mit geradezu katastrophischem Ende. Kurz, Deutschland, der deutsche Sprachraum war nah – und blieb doch Fremde.

Ich versuche in diesem Buch herauszufinden, wie es zu diesem Dilemma »Nahe Fremde Deutschland« kam und welche Wandlungen das Verhältnis des Dichters zu Deutschland und den Deutschen durchlaufen hat. In diesem Sinne handelt es sich um eine *biographische Studie*, die freilich auf einen – entscheidenden – Aspekt dieses Lebens konzentriert ist und vieles andere, was dieses Leben ausmacht, beiseitelässt. Nur durch wiederholte genaue Lektüre sowohl der zahlreichen Briefe und anderen Lebenszeugnisse Paul Celans, aber auch der Gedichte und weiterer literarischer Texte lässt sich dieser Versuch bewerkstelligen. Dabei habe ich nur wenig Skrupel, auch das Gedichtwerk Celans aus der Perspektive des Biographen zu betrachten. Von Petre Solomon, dem engsten Freund des Dichters in der Bukarester Zeit und ihm lebenslang nahe, stammt der Satz: »Warum den Menschen Celan aus seinen Gedichten eliminieren, die doch mit seinem eigenen Blut signiert sind?«[8] Ich erlaube mir, es wie Solomon zu halten. Celan selbst hat darauf bestanden, dass seine Gedichte auf existenziellen Erfahrungen beruhten. So sagte er dem Lyrikerkollegen Arno Reinfrank: »Mein letztes Buch [»Fadensonnen«, 1968] wird überall für verschlüsselt gehalten. Glauben Sie mir – jedes Wort ist mit direktem Wirklichkeitsbezug geschrieben. Aber nein, das wollen und wollen sie nicht verstehen.«[9] Und in seinem Essay über »Die Dichtung Ossip Mandelstamms«, der ihm sehr nahestand, heißt es:

> Der Ort des Gedichts ist ein menschlicher Ort, »ein Ort im All«, gewiß, aber hier, hier unten, in der Zeit. Das Gedicht bleibt, mit allen seinen Horizonten, ein sublunarisches, ein terrestrisches, ein kreatürliches Phänomen. Es ist Gestalt gewordene Sprache eines Einzelnen, es hat Gegenständlichkeit, Gegen*ständig*keit, Gegen*wärtig*keit, Präsenz. Es steht in die Zeit hinein.[10]

Auch Paul Celans Gedichte stehen »in die Zeit hinein.« Es ist die Zeit nach dem Zweiten Weltkrieg, nach der Shoah. Vielleicht gibt es – außer einigen kalauernden Wortspielen aus der Bukarester Zeit und den wenigen Gedichten für Kinder – kein Gedicht dieses Autors, in das nicht wenigstens mittelbar die Erinnerung an den »Zivilisationsbruch«[11] des Massenmords an den Juden eingegangen wäre. Jeder seiner Texte ist »unter dem Neigungswinkel seines Daseins, dem Neigungswinkel seiner Kreatürlichkeit«[12] entstanden und geschrieben. In seinem gar nicht nur individuellen Fall wurde dieser »Neigungswinkel« von Deutschen und ihren nichtdeutschen Helfershelfern bestimmt. Sie ermordeten seine Eltern und viele andere Menschen, die ihm lieb waren. Die Männer, die diese Verbrechen begingen, hatten die gleiche Muttersprache wie er. Sie kamen aus den verschiedenen deutschen Regionen, zu denen seit 1938 auch Österreich gehörte. Die Bukowina, Paul Celans Heimat, gehörte wiederum bis 1918 zu Österreich, und der Geist der ehemaligen k. u. k. Monarchie wirkte dort fort. So geriet der junge Dichter als deutsch sprechender Jude in ein abgrundtiefes Dilemma. Das begann im Juli 1941 mit dem Einmarsch der Wehrmacht und der sogenannten Einsatzgruppe D in der Bukowina, als Paul Antschel auch selbst mit dem Tod bedroht war. Im Februar 1944 hörte diese Bedrohung für seine Person auf, nicht aber die Trauer um die geliebten Toten. Sie hielt lebenslang an und fand ihren Ausdruck in mehreren hundert Gedichten in deutscher Sprache. Der Gegensatz zwischen Muttersprache und Mördersprache, die zugleich seine Dichtersprache war, zwischen Deutschland als einem Ort der Angst und einem Sehnsuchtsort sollte sich nie auflösen. Wie bewusst dem Dichter dieser Vorbehalt immer war, sieht man auch daran, dass das Wort »Deutschland« nur in zwei Gedichten (die hier ausführlich besprochen werden) begegnet und das Adjektiv »deutsch« auch nur selten.[13]

1997 gab es im Literaturarchiv Marbach a. N. eine Ausstellung zu Paul Celan als Übersetzer. Sie trug – wie dann auch der umfangreiche Katalog – den schönen Titel »Fremde Nähe«.[14] Mein Buch heißt »Nahe Fremde« und meint, was Deutschland für Paul Celan war. Ich bitte dieses kleine Wortspiel nicht als Plagiat aufzufassen, sondern als respektvollen Gruß an den leitenden Kurator dieser Ausstellung, Axel Gellhaus, der 2013 – viel zu früh – gestorben ist.

Mein Dank gilt vornehmlich zwei Kennern Paul Celans: Florian Welling, der mein umsichtiger Lektor war, und Barbara Wiedemann, ohne deren kommentierte Werk- und Briefeditionen ich nicht halb so viel über den Dichter wüsste. Schließlich danke ich dem Freiburg Institute for Advanced Studies (FRIAS) für einige Monate der Ruhe im zweiten Halbjahr 2012, in denen ich eine erste Konzeption dieser Studie erarbeiten konnte.

Bremen, im Herbst 2019 *Wolfgang Emmerich*

Nahe Fremde Deutschland

Das Dilemma

Paul Celan ist ein deutscher Dichter jüdischer Herkunft. Er kam 1920 in Czernowitz in der Bukowina als Paul Antschel zur Welt und wuchs dort bis zu seinem 18. Lebensjahr behütet auf. Die Bukowina (zu Deutsch Buchenland) ist auf dem östlichen Balkan gelegen, da, wo sich der Gebirgszug der Waldkarpaten zur Ebene des Flusses Pruth hin absenkt. Heute gehört der überwiegende Teil der Region zum Staatsgebiet der Ukraine. Sowohl Deutsche als auch Juden hatte es schon über Jahrhunderte in der Bukowina gegeben, noch als das Gebiet, als Teil des Fürstentums Moldau, zum Osmanischen Reich gehörte, das gegenüber Juden durchaus tolerant war. Aber erst Kaiser Joseph II. siedelte, nach der 1775 vollzogenen Einverleibung der Bukowina in die Donaumonarchie, gezielt Deutsche an und forcierte gleichzeitig die Niederlassung jüdischer Familien sowohl auf dem Lande als auch in den Städten. Ziel war, ohne jeden Vorbehalt, die »bürgerliche Verbesserung der Juden«.[1] So wanderten Juden vor allem aus dem angrenzenden Galizien sowie aus Russland und der Moldau ein – aus Gebieten, in denen sie diskriminiert und verfolgt wurden. Und so kam es, dass gerade die Czernowitzer Juden sich ohne Zwang an die deutsche Kultur als ›Leitkultur‹ anlehnten. Damit entsprachen sie – eine günstige Übereinstimmung der Interessen – exakt den Erwartungen der kaiserlichen Regierungen in Wien an ihr neugewonnenes Staatsgebiet, das 1849 zum Kronland erhoben wurde. Die rechtliche Gleichstellung der Juden im Jahre 1867 verstetigte diesen Prozess. Die Juden stellten nach den Rumänen und den Ruthenen (so nannte man die Ukrainer), die ungefähr je ein Drittel der Bevölkerung der Bukowina ausmachten, mit ca. 15 % die drittgrößte Volksgruppe (in Czernowitz sogar über 40 %) – und waren damit fast doppelt so zahlreich wie die sogenannten Volksdeutschen. Das brachte die deutsch sprechenden Juden in der Bukowina in die Rolle des Wien nahestehenden eigentlichen ›Staatsvolks‹ – eine in der Donaumonarchie einmalige Situation. Deutsch sprechende Juden waren Fabrikbesitzer, wohlhabende Kaufleute, Gewerbetreibende und Bauern; sie waren Träger der staatlichen Verwaltung, des Gerichts- und Schulwesens, ab 1875 auch Professoren und Studenten der neugegründeten deutschsprachigen Universität; und sie stellten die meisten Ärzte und Anwälte. »Wohlwollend sahen die österreichischen Behörden zu, wie jenes Bürgertum, dessen Assimilation immer als Musterbeispiel einer erfolgreichen deutsch-jüdischen ›Symbiose‹ gepriesen wurde, sich die Ideologie des zur sittlichen Zähmung ›Halb-Asiens« beauftragten *homo austriacus* aneignete [...].«[2] So befestigten die Bukowiner jüdischen Bürger die Ansprüche der k. u. k. Monarchie, aller ethnischen und sprachlichen Buntheit zum Trotz eine ›deutsche Kulturnation‹ zu sein.

Auch der Bukowina war Antisemitismus nicht fremd. Aber erst in den 1870er Jahren erreichten immer stärkere Wellen antijüdischen Ressentiments das Buchenland, ausgehend von den einheimischen Rumänen und Ruthenen wie vom immer aggressiveren Wiener Antisemitismus. Sie kulminierten im Ersten Weltkrieg in blutigen Pogromen und Synagogenbränden, die von russischen Truppen inszeniert wurden. Und so wird man heute, deutlich nüchterner als noch vor drei, vier Jahrzehnten, weniger dazu neigen, die Kulturinsel Bukowina zu verklären – und mehr die Befangenheit gerade des jüdischen Bürgertums in lähmenden Illusionen wahrnehmen, an deren Ende das Fiasko der fast vollständigen Vernichtung jüdischen Lebens im Buchenland durch die nazistische Gewaltherrschaft 1941-45 steht. Schon 1918, Jahre vor diesem Terror, zog Ninon Ausländer, die aus einer der Czernowitzer ›guten Familien‹ stammte (und später die dritte Ehefrau Hermann Hesses wurde) die ernüchternde Bilanz:

> Tief waren in uns der jüdische Fatalismus und das Eingeschlossensein in die bürgerlichen Konventionen eingeprägt. Wir verloren aber den Glauben, der mit jenem Fatalismus zusammenhing, und auch die Selbstsicherheit, die die bürgerliche Macht verlieh. Wir waren einfach Gefangene, ohne aber die Gefängnismauern zu bemerken; wir sahen alles wie durch eine Glaswand und schauten, bis wir einmal an die frische Luft gelangten und uns den Kopf an der Wirklichkeit blutig stießen. Meist aber zog es uns gar nicht an die frische Luft, sondern wir wollten in der Gefangenschaft der Hauswände verharren.[3]

Ähnlich ernüchternd spricht Ilana Shmueli, die vier Jahre jüngere Jugendfreundin von Paul Antschel und spätere Geliebte und Begleiterin auf seiner Israelreise 1969, im Blick auf das jüdische Bürgertum in Czernowitz vom »Mangel an Echtheit der sogenannten ›anständigen Bürgerlichkeit‹, an geistiger Orientierung, ein ›Tun als ob‹«.[4] Und doch bekennt sie sich am Ende ihrer so anschaulichen Jugenderinnerungen zur »Czernowitzer Vielfältigkeit, Lebhaftigkeit und Unrast«, ihren »hohen Ansprüchen und Hoffnungen«, die einerseits »Kraft und Haltung« gaben und sich in anderen Umständen als »Belastung« erwiesen:

Pseudo-nyme
Phraseo-nyme
Größenwahn und
Ungenügen
Kunst und Sturz und Höhenflüge:
Czernowitz mein schwarzer Witz.[5]

Selbst nach 1918, als die Donaumonarchie zerfiel und das Buchenland dem Königreich Rumänien zugeschlagen wurde, ist die Provinz noch beschienen vom Abglanz der »goldenen Jahre« von 1867 bis 1914, und in Czernowitz blieb Deutsch Umgangssprache. Zugespitzt lässt sich sagen, dass das kulturelle Milieu von Paul Antschels Kindheit und Jugend *ungleichzeitig* zu den politischen Machtverhältnissen stand, indem in dieser Stadt weiter »Menschen und Bücher lebten«,[6] und zwar Menschen und Bücher in großer Vielfalt. Immer noch ist Czernowitz eine vielsprachige, an religiösen Bekenntnissen reiche, im Wortsinn multikulturelle und multiliterarische Stadt – und damit übrigens alles andere als ein jüdisch-orthodoxes »Schtetl«. Zwar existierte ein älteres kleines Judenviertel, aber ein Ghetto hatte es in Czernowitz nie gegeben. Das richteten erst die Nazis im Oktober 1941 ein. Die jüdische Bevölkerung verteilte sich bis dahin über die ganze Stadt, und Synagogen koexistierten mit Kirchen, orthodox oder katholisch, und Moscheen. »Czernowitz war«, so erinnerte sich Rose Ausländer,

> eine Stadt von Schwärmern und Anhängern. [...] Karl Kraus hatte in Czernowitz eine große Gemeinde von Bewunderern; man begegnete ihnen, die ›Fackel‹ in der Hand, in den Straßen, Parks, Wäldern und an den Ufern des Pruth[7]

– wenn sie nicht gerade in einem der zahlreichen Czernowitzer Caféhäuser nach ›Wiener Modell‹ saßen und lasen. Und war es nicht »Die Fackel«, dann eine der fünf Czernowitzer deutschsprachigen Tageszeitungen oder eine der vielen ausliegenden europäischen Zeitungen von Rang. Ja, es gab sogar eine bemerkenswerte expressionistische Zeitschrift namens »Der Nerv«, die freilich nur wenige Male erschien.[8] So war Czernowitz, zumal seitdem die deutschsprachige Universität gegründet worden war (die östlichste in ganz Europa), bis an die Jahre 1940/41 heran eine kultivierte, wahrhaft europäische Stadt, in der die deutsch-jüdische Symbiose – wenn irgendwo überhaupt – für ein knappes Jahrhundert zumindest teilweise gelang. Und wie viele Dichter kamen aus der Bukowina: nach dem Begründer der Czernowitzer Literatur Karl Emil Franzos (der auch der erste Herausgeber der Werke Georg Büchners war) sind Rose Ausländer, Alfred Margul-Sperber, Klara Blum, Moses Rosenkranz, Alfred Liquornik (der das Pseudonym Gong annahm) und Immanuel Weißglas (die beiden Letzteren zeitweise Mitschüler Celans) sowie seine Großcousine Selma Meerbaum-Eisinger zu nennen; dazu – als einer der wenigen Nichtjuden – Gregor von Rezzori. Auch an Manès Sperber aus dem nahen Zablotów am Pruth, an Wilhelm Reich, den abtrünnigen Schüler Freuds (er wuchs auf einem Landgut bei Czernowitz auf), oder den großen Biochemiker Erwin Chargaff wird man sich erinnern können. Wo sonst existierte so viel deutsche Kultur auf engstem Raum? Freilich spielte auch die jiddische Sprache und Literatur eine beträchtliche Rolle. Vor allem der Balladen- und Fabeldichter Elieser Steinbarg und der später zu Weltruhm gekommene Itzig Manger (er lebte zur Zeit von Paul Antschels Jugend schon in Warschau) waren populär, und die dem jungen Antschel von seinem Biographen Israel Chalfen zugeschriebene Ablehnung der jiddischen Sprache als »verdorbenes Deutsch« darf man wohl in Frage stellen.[9]

Wie tief der heranwachsende Paul Antschel in der deutschen Kultur und Literatur verankert war, zeigt die Erinnerung einer engen Freundin vor allem aus den Jahren bis 1938, Edith Silbermann:

> Außer mit dem Herbarium konnte ich Paul bei seinem ersten Besuch auch mit unserer großformatigen Luxusausgabe der deutschen Klassiker imponieren. Bongs Goldene Klassikerbibliothek schmückte natürlich den Bücherschrank nahezu jeder Czernowitzer Bürgerfamilie, die etwas auf sich hielt, aber mit solchen mit Goldschnitt und Stahlstichen versehenen Bänden konnte nicht

jedermann aufwarten. Mein Vater, Altphilologe und Germanist, hatte, als er 1920 heiratete, kistenweise Bücher aus Wien mitgebracht und steckte jeden Groschen, den er erübrigen konnte, in Bücher, so daß er in kürzester Zeit die zweitgrößte Privatbibliothek der Stadt besaß, für den bildungshungrigen Paul eine wahre Fundgrube. So lautete denn auch die Widmung, die Paul im Oktober 1964 meinem Vater in das ihm zugedachte Exemplar von »Mohn und Gedächtnis« hineinschrieb: »Für Karl Horowitz, in dankbarer Erinnerung an sein Haus, an seine Bücher, an vieles noch immer Gegenwärtige.«[10]

Die wichtigste Rolle für Paul Antschels entschieden ›deutsche‹ Orientierung spielte zweifellos seine Mutter Friederike, genannt Fritzi, geborene Schrager, die 1895 in Sadagora, der Hochburg des Chassidismus, keine fünfzehn Kilometer von Czernowitz entfernt, zur Welt kam. Auch ihre Eltern waren (wie die des Ehemanns Leo Antschel) orthodoxe Juden, aber doch liberal orientiert, weshalb in ihrem Haus ein besseres Deutsch gesprochen wurde als in dem von Pauls Großeltern väterlicherseits. Während des Ersten Weltkriegs flohen beide großelterlichen Familien vor den russischen Truppen für fast drei Jahre nach Böhmen. So konnten Leo Antschel und Fritzi Schrager erst nach der Rückkehr aller aus Böhmen Anfang des Jahres 1920 in Czernowitz heiraten. Die junge Frau hatte nach der Volksschule Handelskurse besucht und danach in einem kaufmännischen Büro sowie als Kinderpflegerin gearbeitet. Dass sie nun ihre Berufstätigkeit aufgab, galt damals als selbstverständlich. Allerdings war sie, gemessen an ihrem begrenzten schulischen Bildungsstand, außergewöhnlich belesen. Die gemeinsame Begeisterung für deutsche Dichtung ließ die ohnehin enge Beziehung zwischen Mutter und Sohn immer noch enger werden. Das Verhältnis des Jungen zum strenggläubigen, autoritären Vater, der ihn schon für nichtige Vergehen körperlich züchtigte, blieb hingegen kühl. Das ist einer der Gründe, warum Paul Antschel späterhin sowohl das orthodoxe Judentum als auch die zionistische Utopie fremd blieben, eben weil es der Vaterglaube, die väterliche Weltanschauung war.

Wie stark die Bindung des Vaters an die jüdische Tradition war, wurde deutlich, als es um die Wahl der richtigen Schulbildung für den kleinen Paul ging. Zwar besuchte er zunächst den deutschsprachigen Meisler-Kindergarten und wurde anschließend in die gleichnamige – teure – Grundschule aufgenommen. Doch vom zweiten Schuljahr an schickte ihn der Vater auf die hebräische Volksschule, weil er das Schulgeld nicht mehr aufbringen konnte. Sie schien ihm, nach der deutschen Schule, am ehesten den Aufstieg in die ›bessere Gesellschaft‹ zu ermöglichen. Doch Paul behagte das Hebräische nicht, und so war es in seinem Sinne, dass er ab 1930 ein rumänischsprachiges Oberrealgymnasium besuchen konnte. Nach vier weiteren Jahren wechselte er auf ein ukrainisches Gymnasium, das aber als Unterrichtssprachen Rumänisch und Deutsch hatte. Der entscheidende Grund für diesen Wechsel waren die antisemitischen Tendenzen an der rumänischen Schule. Es hat sich ein Brief an seine Tante Minna Schrager in Palästina vom 30. Januar 1934 (sie war ein Jahr zuvor ausgewandert) erhalten, in dem es heißt:»Ja, was den Antisemitismus an unserer Schule betrifft, da könnte ich ein 300 Seiten starkes Buch darüber schreiben.«[11]

Das neue Gymnasium hatte den Vorteil, dass die Mehrheit der Schüler Juden waren; in Pauls Klasse 19 von 28 Jungen. Hier fand er nun auch Freunde, die seine musischen Neigungen teilten: Gustav Chomed und Immanuel Weißglas waren die wichtigsten. Von Letzterem wird noch ausführlich die Rede sein. Der jetzt 14-jährige Paul wählte den humanistischen Zweig, so dass zum schon gewohnten Latein nun auch noch für ein Jahr Italienisch und in den letzten beiden Schuljahren Altgriechisch hinzukamen. Mit 17 Jahren sind dem Jungen also, neben der deutschen Muttersprache, Rumänisch und Französisch fließend geläufig und Hebräisch sowie Latein und Griechisch zumindest gut bekannt; des Weiteren Grundkenntnisse im Italienischen. Englisch kommt bis zum Bacalaureat (= Abitur) nicht vor, aber nach den Recherchen seines Biographen Israel Chalfen hat Paul Antschel in seinem letzten Schuljahr 1937/38 auch noch die Grundzüge des Englischen gelernt. Sieben Jahre später, ab dem Herbst 1944, wird er nach der Wiedereröffnung der Czernowitzer Universität ein Studium der Anglistik aufnehmen.[12] Ab dem Juni 1940, als die Rote Armee in Czernowitz einmarschierte und auch die Universität sowjetisch wurde, erlernte er die russische Sprache gründlich. Später, in Bukarest, wird er Prosa von Michail Lermontov und Anton Čechov aus dem Russischen ins Rumänische übersetzen. Und auch mit dem Jiddischen war Paul, wie erwähnt, schon früh vertraut.

Die Bilanz ist frappierend: Dem jungen Mann aus einfachen Familien- und Bildungsverhältnissen stand eine kaum glaubliche Vielzahl von Sprachen zur Verfügung. Sie begleiteten ihn durch sein ganzes Leben, und aus allen genannten Sprachen (außer dem Jiddischen) übersetzte er auch literarische Texte.

Gleichwohl, die Dominante inmitten dieser sprachlichen Vielfalt war und blieb das Deutsche. Und das meint sowohl die alltäglich gesprochene Umgangssprache als auch die hochdifferenzierte Sprache der Gebildeten, deren Blick immer nach Wien gerichtet war (man nannte sie scherzhaft »Bukowienerisch«). Ihnen war die deutsche Literatur in einem Maße bekannt und gegenwärtig, das heute sagenhaft anmutet. Das begann mit den Minnesängern und dem Nibelungenlied (was die ganze als ›urdeutsch‹ postulierte germanische Mythologie einschloss: Siegfried, Kriemhild und Hagen in jüdischen Köpfen!) und setzte sich fort mit den Dichtungen von Lessing, Goethe, Schiller, Kleist, Hölderlin, den Romantikern und Heinrich Heine. Bald kamen Nietzsche (»Zarathustra«), Hofmannsthal, George und vor allem Rilke dazu, ebenso Georg Trakl und andere expressionistische Lyriker, ja, auch schon Gottfried Benn und Bertolt Brecht. Franz Kafka wurde bereits in diesen Jahren zu einem Lieblingsautor Paul Antschels und blieb es lebenslang.

Ein wichtiger Ort der Beschäftigung mit Dichtung waren für den Gymnasiasten Paul Lesezirkel, in denen er, häufig in der freien Natur, begeistert Gedichte rezitierte und zuweilen auch in das Gelesene einführte. Die ihm liebste Dichtung überhaupt war Rilkes »Weise von Liebe und Tod des Cornets Christoph Rilke«. Das schmale Buch war 1912 als erster Band der Insel-Bücherei erschienen und seither zum Kultbuch schwärmerischer Jünglinge schlechthin geworden. Paul wurde nicht müde, daraus vorzutragen. Freilich waren die ihm andächtig Lauschenden fast nur Mädchen. Die Jungen, auch die engeren Freunde, belächelten solche poetischen Séancen eher, oder sie hielten sich zumindest in scheuer Bewunderung fern.[13]

Der Abiturient Paul Antschel war ein weitläufig belesener, schon damals geradezu von Literatur besessener Mensch, der seine Muttersprache Deutsch liebte und sie vorzüglich beherrschte. Und als er nun selbst zu schreiben begann, war es selbstverständlich, dass er das auf Deutsch tat. Wohl schon 1935 entstanden die ersten Gedichte. Ein wichtiger Schub wurde 1942 durch die von den Rumänen verhängte Zwangsarbeit beim Straßenbau und den damit verbundenen Lageraufenthalt, aber auch durch die Liebesbeziehung mit der Schauspielerin Ruth Lackner (spätere Kraft) ausgelöst. Vor allem im Jahr 1943 schrieb Paul Antschel – inzwischen im Wissen um den Tod von Vater und Mutter in dem ukrainischen Arbeitslager Michailowka – sehr ernste und sprachlich durchgearbeitete Gedichte, die er zumeist an Ruth Lackner schickte und schließlich im Frühling 1944 zu einer handschriftlichen Sammlung zusammenfügte. Sie ist erstmals 1985 unter dem Titel »Gedichte 1938-44« faksimiliert im Druck erschienen. Doch damit ist zeitlich weit vorgegriffen. Erst einmal ist die große emotionale wie intellektuelle Nähe dieses Menschen zur deutschen Sprache, Literatur und Kultur festzuhalten, die in seinem Fall regelrecht zu einer selbstgewählten, starken und dauerhaften Identität wird. Zu fragen ist nach den historischen Umständen, in die der kaum 18-Jährige geriet und die diese Tiefenprägung seiner Person zum *Dilemma*, ja, zur *Aporie seines Lebens* machten – bis zum Datum seiner Selbsttötung. Worin bestand das Dilemma, und wie konnte es lebensbestimmend werden?

Die 20er und 30er Jahre sind Paul Antschels kulturelle und persönliche Prägezeit. Gleichzeitig sind es die Jahre des Aufstiegs der nationalsozialistischen Bewegung, ihrer Machtübernahme in Deutschland 1933 und im März 1938 auch in Österreich. Im Zentrum des Nationalsozialismus stand zu jeder Zeit der Antisemitismus – ein Judenhass, der in der Öffentlichkeit zunächst nicht zwingend als auf physische Vernichtung abzielend wahrgenommen wurde, aber doch als massiv diskriminierend und existenzbedrohend. Inwieweit waren diese Prozesse dem Heranwachsenden, dem Jugendlichen Paul Antschel bewusst? Haben sie ihn interessiert, haben sie ihn alarmiert? Wurden zu fällende Entscheidungen dadurch beeinflusst?

Leider ist die Quellenlage zu diesen Fragen eher dürftig, so viel auch sonst mittlerweile über Paul Celans Leben und Denken bekannt ist. Israel Chalfen berichtet, sein Onkel David Teitler habe den jungen Paul schon 1933 über die Judenverfolgung in Deutschland aufgeklärt, als er das Land verlassen musste und in Czernowitz Station machte, bevor er weiter nach Bukarest reiste.[14] Vielfach belegt ist, dass sich der Jugendliche damals, also Mitte der 30er Jahre, nicht nur in schöngeistigen Lesezirkeln bewegte, sondern auch an Treffen der (illegalen) »Antifaschistischen Jugend« teilnahm. Dem eher konservativen Vater bereiteten die linken Sympathien des Sohnes Sorgen, und er drängte ihn mit Erfolg, der jüdisch-nationalen Burschenschaft »Davidia« beizutreten – die dieser jedoch bei der erstbesten Gelegenheit wieder verließ.[15] In seinen politischen Lektüren favorisierte Paul die Anarchisten, so Gustav Landauer (der ihm lebenslang nahe war) und den Fürsten Kropotkin. Dessen »Reden eines Rebellen« las er lieber als Marx' »Das Kapital« – so kolportiert es zumindest Israel Chalfen.[16] »Unsere politische Einstellung war romantisch-kommunistisch, doch nicht sehr tiefgehend«, heißt es bei Ruth Kaswan.[17] Am liebsten sang man »Revolutionslieder wie ›Brüder, zur Sonne, zur Freiheit‹ oder Landsknechts-Lieder wie ›Vom Barette weht die Feder‹ und [...] ›Flandern in Not, durch Flandern reitet der Tod‹.«[18] Und Paul Antschel war einer der Wildesten, Leidenschaftlichsten beim Singen und beim Tanzen. Natürlich kannte man auch die anderen politischen Jugendgruppen wie die linken Jungzionisten oder die jungen zionistischen Sozialdemokraten, aber man ging einander »gleichgültig, ja sogar mit Verachtung aus dem Weg.«[19] Weniger als die zionistische Option beschäftigte Paul und seine jungen Genossen der Aufbau des Sozialismus in der Sowjetunion. Von den stalinistischen Massenverbrechen des sogenannten Holodorm in der Ukraine, wo 1932/33 ca. sechs Millionen Bauern verhungerten, hatte man offenbar – trotz der geographischen Nähe! – kaum Kenntnis.[20] Aber die Moskauer Schauprozesse der Mittdreißiger Jahre drangen bis an die Ohren des jungen Mannes, zumal er André Gides »Retouches à mon Retour de l'URSS« wohl unmittelbar nach deren Erscheinen im Herbst 1937 las. So war Antschel bereits ausreichend gegen die kommunistische Ideologie und ihre stalinistische Praxis imprägniert, als die Rote Armee im Juni 1940 in der Bukowina einmarschierte. Anders als für drei seiner engsten Freunde, Gustav Chomed, Erich Einhorn und Ilse Goldmann, war es für ihn keine Verlockung, in die Sowjetunion zu emigrieren. Diese drei taten es, und alle drei hat dieser Schritt später mehr oder weniger ernüchtert.[21]

Bis zu seinem Abitur bot sich für Paul kaum einmal eine Möglichkeit, über seine engere Heimat Bukowina hinauszukommen und seinen Blick zu weiten. Einzig eine kurze Reise in die Hauptstadt Bukarest war 1934 möglich. Doch mit bestandenem Abitur boten sich interessante Möglichkeiten: ein Studium, das freilich, nach Lage der Dinge, nicht an einer der nazifizierten deutschen (und jetzt inbegriffen: österreichischen) Universitäten stattfinden konnte. Die Eltern plädierten für ein Medizinstudium, weil der Arztberuf für den Sohn als rumänischen Juden der aussichtsreichste Weg wäre, gesellschaftlich zu reüssieren. Man entschied sich für Frankreich, und zwar für die bescheidene Provinzstadt Tours, die in der Lebenshaltung gewiss preiswerter war als die Metropole Paris. Das klingt vernünftig und plausibel, aber war es nicht gleichzeitig ein Ausweis politischer Ahnungslosigkeit? Nach Israel Chalfens Recherchen wird man zumindest den Vater von einem solchen Urteil ausnehmen müssen. Er hatte eigentlich immer nach Palästina gehen wollen, erwog aber jetzt auch, angesichts der faschistischen Tendenzen im Königreich Rumänien, die »provisorische Lösung einer schneller möglichen Auswanderung nach Südamerika«.[22] Doch, so Chalfen, Mutter und Sohn rangen ihm gemeinsam die Erlaubnis ab, den jungen Mann in Frankreich studieren zu lassen, und schlugen so »die Befürchtungen des Vaters in den Wind«.[23] Generell galt: Man war gegen das Nazitum (allein schon deshalb, weil es bösartig antisemitisch war), aber man hatte keine Vorstellung davon, dass dieses aggressive, kriegslüsterne Regime vielleicht auch die eigene Existenz bedrohen könnte. Das gilt, mit wenigen Ausnahmen wie Pauls Vater, für die Elterngeneration genauso wie für die Alterskohorte Paul Antschels.

Wegen Pauls Bahnreise durch Nazi-Deutschland mit dem Ziel Tours machte man sich keine Sorgen, war er doch rumänischer Staatsbürger und als solcher, auch als Jude, zu dieser Zeit gegen Übergriffe noch geschützt. Entsprechende Visa wurden für die Hin- wie für die Rückreise problemlos ausgestellt, und es passierte dem jungen Mann ja auch nichts. Selbst Antschels Rückfahrt nach Czernowitz im Sommer 1939, einige Wochen vor Kriegsbeginn, verlief, äußerlich gesehen, noch ganz im Rahmen des Geplanten. Er hatte die fälligen Prüfungen abgelegt und stellte sich vor, im Herbst zurückzukehren und das Studium der vorklinischen Fächer der Medizin fortzusetzen.

An dieser Stelle muss an den kaum glaublichen Zufall erinnert werden, dass Paul Antschel seine Zugfahrt nach dem Städtchen Tours vermutlich am 9. November 1938 (oder war es der 8. November?) antrat, was bekanntlich der Tag der sogenannten Reichskristallnacht war. In dem Gedicht »La Contrescarpe« (1962) heißt es:

Über Krakau
bist du gekommen, am Anhalter
Bahnhof
floß deinen Blicken ein Rauch zu,
der war schon von morgen.[24]

Es ist bei diesem symbolträchtigen Datum nicht verwunderlich, dass es allerorten in der Celan-Biographik erwähnt und gefragt wird, ob Paul Antschels Zug Berlin am Morgen oder am Tag des 9. November – also *vor* den antisemitischen Gewaltorgien und Bränden des Abends und der Nacht – erreicht habe oder erst am (Morgen des) 10. November, als die Luft tatsächlich vom Rauch der Synagogenbrände geschwängert war. Soweit mir bekannt, gibt es keine Äußerungen des Autors zu seinem ersten Berlin-Erlebnis, außer der zitierten Gedichtpassage. Auch die drei wichtigen Gedichte, die er bei seinem Besuch (West-)Berlins im Dezember 1967 geschrieben hat,[25] machen keine Aussagen zu seinen eigenen Erlebnissen am 9. oder 10. November 1938 auf deutschem Boden. Die zitierten Gedichtzeilen von 1962 lassen keine eindeutige Lesart zu. Ich lese sie als Reminiszenz an den wohl tatsächlich wahrgenommenen Rauch, wahrscheinlich am Morgen des 10. November, beim Aufenthalt auf einem Berliner Bahnhof, nachdem der junge Mann bereits eine (zur Hälfte nächtliche) Bahnfahrt von 24 Stunden hinter sich hatte. Freilich endeten Züge, die »über Krakau« oder auch Breslau und Posen in Berlin einliefen, nicht am Anhalter Bahnhof, sondern am Schlesischen Bahnhof (seit 1950 Ostbahnhof). Ob Paul Celan sich 1962 bei der Niederschrift des Gedichts »La Contrescarpe« vielleicht getäuscht und den Schlesischen mit dem Anhalter Bahnhof verwechselt hat? Er war ja seit 1939 nicht wieder in Berlin gewesen. Und denkbar wäre das auch deshalb, weil das frühere, im Krieg zerstörte Empfangsgebäude des Schlesischen Bahnhofs mit seiner Rundbogenarchitektur und der gelbroten Klinkerfassade dem Anhalter Bahnhof stark ähnelte. Für einen Zwischenhalt Celans am Schlesischen Bahnhof spricht auch, dass seinerzeit von diesem aus die Züge direkt in Richtung Westen (Köln, Belgien) weiterfuhren und nicht vom Anhalter Bahnhof aus.[26]

Doch gleichgültig, an welchem Tag im November 1938 und über welchen Bahnhof Paul Antschel Berlin durchquerte, der »Rauch [...] schon von morgen« kann als eine Anspielung auf die wenige Jahre später geschehende Verbrennung der Leichname in den Vernichtungslagern der SS gelesen werden. Damit verglichen war der Rauch der Brände in der Reichspogromnacht 1938 nur ein Vorspiel für den »Rauch [...] schon von morgen«. So ähnlich sieht auch Israel Chalfen die Chronologie von Antschels Bahnreise.[27] Der ARTE-Film »Dichter ist, wer menschlich spricht«, den vor allem Bertrand Badiou als Experte beglaubigt, geht ebenfalls davon aus, Paul Antschel habe den Rauch über Berlin, verursacht von den brennenden Synagogen, bereits gesehen.[28] Anders Barbara Wiedemann. In ihrem Kommentar zu Celans zitiertem Gedicht heißt es: »der Zug durchquerte Berlin unmittelbar vor der ›Reichskristallnacht‹«.[29] Belege für das ›vor‹ bringt sie nicht bei. Auch der Hinweis auf den Vers 3 des Gedichts »Lila Luft mit gelben Fensterflecken« von 1967 (»Kokelstunde, noch nichts / Interkurrierendes, [...]«)[30] und der Kommentar dazu bringen keinen Aufschluss. Bei Edith Silbermann findet sich 1993 die Annahme, Antschel habe die sogenannte Reichskristallnacht und ihren Rauch nicht erlebt, aber gleichwohl vorausgeahnt.[31]

Es ist naheliegend, die Frage des Datums von Paul Antschels Reise durch das Nazi-Berlin vom November 1938 symbolisch aufzuladen, zumal Celan selbst Daten sehr ernst nahm. Das gilt zuallererst für den »20. Jänner«, an dem Büchner seinen Lenz »durchs Gebirg« gehen lässt und den Paul Celan in seiner Darmstädter Rede »Der Meridian« von 1960 mit dem 20. Januar 1942 korrespondieren lässt, dem Datum der sogenannten Wannseekonferenz, auf der in einer schönen Berliner Villa zwei Dutzend SS-Offiziere und hohe Ministerialbeamte den Massenmord an den Juden minutiös durchplanten.[32] So lässt sich hier schon festhalten, dass es für Celan ›Daten‹ von vielerlei Art sind (nicht nur zeitliche), die den individuellen Lebensläufen Struktur, manchmal auch Sinn geben und die wiederum mit ›Daten‹ in Gedichten oder anderen literarischen Texten korrespondieren.

Und gleichzeitig hat die Debatte um dieses Datum etwas Gespenstisches und Falsches. Denn einem von den Nazis gesetzten Datum wird damit ein Quasi-Sinn für das Individuum Paul Celan zugesprochen, den es eigentlich gar nicht gibt. Wäre der angehende Student ein paar Tage früher oder später gereist, hätte das sein Verhältnis zum NS-Staat Deutschland in keiner Weise verändert.

Kehren wir zur wirklichen Historie zurück und wie sie mehr und mehr schmerzhaft in das Leben des Paul Antschel eindrang. Mit dem deutschen Überfall auf Polen am 1. September 1939 änderte sich alles. Antschel teilte der Universität von Tours am 16. September mit, dass er sein Studium dort wegen des Krieges nicht fortsetzen könne. Und da er wegen des rigiden *numerus clausus* für Juden im Fach Medizin an der Universität von Czernowitz keine Chance hatte, dieses Studium fortzusetzen, schrieb er sich in Romanistik ein. Es folgte vom Herbst 1939 bis zum Sommer 1940 ein Jahr prekärer politischer Ruhe – die Ruhe vor dem Sturm –, das weder das Ehepaar Antschel noch den Sohn Paul neuerlich über radikal andere Lebenswege – Auswanderung nach Palästina oder nach Nord- oder Südamerika – nachdenken ließ. Wenn man sich heute – 80 Jahre später und ohne den Druck der damaligen Verhältnisse – vergleichsweise auf die Lage der Juden im Deutschen Reich zurückbesinnt, dann erinnert man sich, dass Zehntausende von ihnen in den Jahren 1933-38 ähnliche Illusionen über die NS-Herrschaft hegten und sich nicht vorstellen konnten und wollten, dass auch sie einmal Opfer dieses Regimes werden könnten. Waren denn nicht auch sie, die Juden, gute Deutsche, die als Soldaten im Ersten Weltkrieg für Deutschland ihr Leben aufs Spiel gesetzt hatten? Und verehrten sie Goethe und Schiller und Beethoven nicht mindestens genauso wie ihre ›arischen‹ Mit-Deutschen? So müssen auch die Gefühle und Illusionen der deutsch sprechenden Juden in der Bukowina noch im Jahr 1940 gewesen sein, als im Deutschen Reich schon der blanke Terror wütete, von Polen ganz zu schweigen. Man kann sich zum Vergleich beispielhaft an das Schicksal der Familie des Schriftstellers Edgar Hilsenrath erinnern, die nach der Reichspogromnacht aus Halle/S. zu den Großeltern nach Sereth in der Bukowina flüchtete, weil sie sich da in Sicherheit vor den Nazis wähnte. Weit gefehlt. Nach dem Einmarsch der Deutschen wurden Edgar, seine Mutter, sein Bruder und andere Verwandte in das einem KZ gleichende Ghetto des transnistrischen Städtchens Mogilev-Podolskiy verbracht, wo die Familie nur mit Glück überlebte. Hilsenraths Roman »Nacht« verarbeitet die schrecklichen Erfahrungen dieser ›Verbringung‹.

Und so, wie es für die deutschen Juden schon ab Jahresbeginn 1939 in der Regel zu spät war, der NS-Herrschaft noch zu entkommen, so war es ab Ende Juni 1941 auch für die Bukowiner Juden zu spät. Das Antonescu-Regime in Bukarest ließ nicht nur die Deutschen in der Bukowina (und ebenso in Bessarabien) frei schalten und walten, sondern ergriff selbst die Initiative und setzte die antisemitische Eiserne Garde ein, mit mörderischen Folgen. Am schlimmsten war es in Jași, der rumänischen Grenzstadt zum heutigen Staat Moldawien, die zur Hälfte von Juden bewohnt wurde. Hier wurden Ende Juni 1941 etwa 15 000 jüdische Menschen umgebracht, und von 127 Synagogen überstand nur eine einzige das Pogrom.[33] Im rumänischen Altreich war es anders. Dort wurden die Juden zwar gehasst, diskriminiert und auch nach Belieben umgebracht. Aber Antonescu gab sie nicht zur Deportation und nachfolgenden systematischen Ermordung durch die deutsche SS frei – zu deren Bedauern.[34] Bereits einen Tag nach dem Einzug der rumänischen Truppen in Czernowitz am 6. Juli 1941 folgte die sogenannte Einsatzgruppe D, eine Spezialeinheit aus SS und SD, deren Aufgabe die Liquidierung der jüdischen Bevölkerung war. Der jüdische Tempel wurde niedergebrannt, die Oberhäupter der Kultusgemeinde wurden umgebracht. Am 29. August konnte der SS-Befehlshaber Otto Ohlendorf nach Berlin melden: »In Czernowitz und bei Durchkämmen ostwärts Dnjester weitere 3106 Juden und 34 Kommunisten liquidiert.«[35] Wer am Leben geblieben war (und das war noch die große Mehrheit), musste den Judenstern tragen und Zwangsarbeit leisten.

Mit der Errichtung des Ghettos im alten Judenviertel am 11. Oktober 1941 begann die zweite Phase des Terrors gegen die Czernowitzer Juden. Ca. 45 000 Menschen wurden, umzäunt von hohen Bretterplanken und Stacheldraht, auf engstem Raum zusammengepfercht und für die schubweise Deportation bereitgehalten. Etwa 15 000 Bleibeerlaubnisse wurden für diejenigen ausgestellt, die für lebenswichtige Arbeiten in der Stadt benötigt wurden. Tausende der übrigen wurden im Lauf des Herbstes »Verbracht ins / Gelände / mit der untrüglichen Spur«[36] – zunächst deportiert in rumänisch befehligte Lager zwischen den Flüssen Dnjestr und Bug, das sogenannte Transnistrien.

Im Winter 1941/42 kam es zu einer vorübergehenden Beruhigung der Lage. Das Ghetto wurde aufgelöst, und erst im Juni 1942 setzten erneut die Deportationen ein. Jetzt war auch die Familie Antschel, die mittlerweile in die alte Wohnung zurückgekehrt war, unmittelbar gefährdet, und Paul, der während all dieser Monate hatte Zwangsarbeit leisten müssen, versuchte eindringlich, dies seinen Eltern klarzumachen. Er wollte sie überreden, übers Wochenende ein Versteck aufzusuchen, aber vergeblich. An einem Montag Ende Juni kam er in die elterliche Wohnung zurück – die Deportationen fanden immer an den Wochenenden statt – und musste feststellen, dass seine Eltern verschwunden waren.

Kurz darauf, im Juli, hörten die »Verbringungen« wieder auf. Paul Antschel wurde einem von den Rumänen neu eingerichteten Arbeitsdienst für jüdische Männer zugeteilt, was immerhin Schutz vor der immer noch möglichen Verbringung nach Transnistrien bedeutete.

So verbrachte er die folgenden eineinhalb Jahre bis zum Februar 1944 in wechselnden Arbeitslagern, zuletzt in Tăbărești bei Buzau in der Region Moldau, wo er zu Straßenbauarbeiten eingesetzt wurde. »Fragte man Paul während eines Urlaubs in der Stadt, was er im Lager mache, antwortete er lakonisch: ›Schaufeln!‹«[37]

Paul Antschel sah seine Eltern – beide waren in das von der SS befehligte ukrainische Lager Michailowka östlich des Bug verbracht worden – nicht wieder. Im Spätherbst 1942 erreichte ihn im Arbeitslager die Nachricht vom Tod des Vaters, möglicherweise in einem Brief der Mutter, herübergeschmuggelt durch einen Kurier.[38] Ob der Vater im Herbst 1942 an Typhus starb oder erschossen wurde, ist bis heute unklar. Die Mutter ist jedenfalls im anschließenden Winter 1942/43 im Lager Michailowka bei Gaisin von Deutschen durch Genickschuss umgebracht worden. Diese Nachricht erhielt der Sohn noch im gleichen Winter durch einen aus Transnistrien geflüchteten Verwandten. In einem Brief vom 28. März 1943 schrieb Paul an die Geliebte Ruth Lackner: »Es soll nun Frühling werden, Ruth. Seit ungefähr zwei Jahren fühle ich nicht mehr Jahreszeiten und Blumen, und Nächte und Verwandlungen überhaupt.«[39]

Das Ausmaß der Trauer von Paul Antschel um seine Mutter ist kaum vorstellbar. Für die Leser von Celans lyrischem Werk gilt, dass ein großer Teil seiner Gedichte bis an sein Lebensende Manifeste dieser seiner Trauer sind; »Textgräber«, geschrieben in der Sprache der Mutter, Akte der Grablegung dieses Menschen, für den die Nazi-Wirklichkeit kein Grab übrig hatte.[40]

Die Ereignisse seit dem Juni 1941 haben Paul Antschel – mittlerweile ein Mann von Anfang zwanzig – eindrücklich klargemacht, dass die von ihm immer gewünschte Identifikation mit der deutschen Sprache, Literatur und Kultur äußerst fragwürdig geworden war. War dadurch sein ganzes Lebenskonzept *ad absurdum* geführt? ›Deutsche Kultur‹: das war auch, und zuallererst, eine Kultur der Gewalt und des Todes. Eine Erinnerung der Freundin Ilana Shmueli (damals noch Liane Schindler) macht in bedrückender Weise klar, in welches Dilemma, ja, in welche Ausweglosigkeit Menschen geführt wurden, die an dieser deutschen Kultur als einer schönen, beglückenden, »menschlichen« Kultur als ihrer eigenen hingen:

Winter 1943. Wir ausgegrenzt mit gelbem Stern. Es war die Musik, die ich in jener Situation für mich ›erfand‹, Musik, mit

der ich mich aus diesen Grenzen hinausspielte – ich lernte Geige spielen. [...]
Ich aber vergaß alle Hemmungen, mein Lampenfieber und die Ironie meiner Mutter. Ich spielte knapp zwei Jahre ernsthaft Violine, mein Ton war noch unsicher. Doch ich mußte vorspielen! Die ›Träumerei‹ [von Robert Schumann] [...]
In einer Ecke stand Paul Antschel – wie so oft bekundete er Distanziertheit und ironische Überlegenheit. Ich nahm es nicht wahr, obwohl mir an seinem Zuhören viel lag. [...] und es gelang. Die Unmöglichkeit gelang – Widersinn im Winter 1943 – in einem kleinen Zimmer – im jüdischen Stadtteil – in Czernowitz. [...]
Nach 21 Jahren, als ich Paul in Paris wiedertraf, sagte er mir, unser versonnenes, zurückdenkendes Gespräch unterbrechend:
Weißt Du, ich habe Dein so schönes Bild mit der Geige gleich zerrissen. Es ist damals wirklich zu weit gegangen. Ich konnte diese Widersinnigkeit nicht ertragen.[41]

Das Foto der jungen Frau mit der Geige findet sich auf dem Einband ihres Erinnerungsbuches »Ein Kind aus guter Familie. Czernowitz 1924-1944« (2006 erschienen). Dem Impressum kann man entnehmen, dass das Foto von 1942 stammt. Wahrscheinlich hat die Freundin es Celan irgendwann in den 50er oder frühen 60er Jahren geschickt, und dann, nach dem Empfang, hat er es wohl »gleich zerrissen«. Aber es geschah in Erinnerung an die mittlerweile weit zurückliegende Situation in dem »kleinen Zimmer« in Czernowitz, als die Freundin Robert Schumanns »Träumerei« auf der Geige spielte. Celans Erinnerung an »diese Widersinnigkeit« war offenbar immer noch so lebhaft, dass sie das Zerreißen der Fotografie auslöste, als letztlich hilflose Zerstörungstat am untauglichen Objekt. Und doch wiederum ganz und gar plausibel: Robert Schumanns »Träumerei«, eines der berühmtesten Stücke eines urdeutschen romantischen Komponisten, von Ilana so schön auf der Geige gespielt, ging »damals wirklich zu weit«, indem es den absoluten Kontrast zur Kehrseite deutscher Tatkraft demonstrierte, die im Morden der Nazis zum Vorschein kam. Das war damals nicht »zu ertragen«, vielleicht wenige Wochen nachdem Paul Antschel die Nachricht von der Erschießung der Mutter erhalten hatte. Und das war es auch zehn oder zwanzig Jahre später nicht, beim Anblick der geigenden Ilana auf dem Foto. Das ostentative Auslöschen des kleinen Erinnerungsträgers namens Foto war für den inzwischen etablierten Dichter deutscher Sprache auch insofern stimmig, als er immer noch, ja, noch viel mehr als seinerzeit, in dem andauernden Widerspruch lebte, in Frankreich wohnend, doch permanent Deutschland als naher Fremde benachbart zu sein und sich ab 1952 immer wieder besuchsweise in diesem Land aufzuhalten.

Schreiben im Angesicht der Shoah
Die Jahre 1943 bis 1947

Kehren wir zurück zu den Jahren 1943, 1944, 1945. Paul Antschel überstand mit viel Glück die Zeit als Zwangsarbeiter im Straßenbau. Im Februar 1944 wurde er aus dem Lager in Tăbăreşti entlassen. Ab April 1944 war er im nun wieder sowjetisch regierten Czernowitz als Arzthelfer in der psychiatrischen Klinik angestellt und hatte als solcher auch einmal einen Krankentransport nach Kiew zu begleiten. Folgenreich war, dass er im Frühjahr 1944 den ehemaligen Schulkameraden Immanuel Weißglas in Czernowitz wiedertraf – die Überlebenden der transnistrischen Lager kamen jetzt zurück – und erzählen hörte, wie es ihm gelungen sei, seiner alten Mutter in Transnistrien während der Odyssee von Lager zu Lager beistehen zu können.[1] Das sogenannte Überlebensschuld-Syndrom (*survivor guilt syndrom*) derjenigen europäischen Juden, die dem ihnen zugedachten Todesurteil durch die Nazis mit Glück entgingen, ist ein furchtbares Erbe der NS-Herrschaft. Paul Antschel-Celan war – so zeigen viele ihn betreffende Dokumente – diesem Schuldgefühl seinen ermordeten Eltern gegenüber lebenslang ausgesetzt. Und es half ihm dabei gar nichts zu wissen, dass er sich diese Schuld, die doch nur die der deutschen Nazis und ihrer rumänischen und ukrainischen Helfershelfer war, grundlos zurechnete.

Auch wenn die genauen Sterbedaten der Eltern Antschel unbekannt sind, lässt sich sagen, dass mit ihnen das entscheidende *Datum* der Dichtung von Paul Celan gesetzt ist – später für ihn symbolisch aufgehoben in jenem »20. Jänner« der Wannseekonferenz 1942. Die Ermordung der Eltern markiert einen Bruch im Leben wie im Dichten des jungen Mannes. Die frühe Lyrik Antschels war vor allem Liebeslyrik, wenngleich der Tod schon als ein wichtiges Motiv vorkam. Jetzt aber beginnt eine nie wieder aufgehobene Verflechtung von Totengedenken, jüdischem Thema und poetologischer Reflexion im Gedicht, die auch noch die Liebesgedichte durchzieht. Mit der Ermordung der Eltern war die so geliebte Muttersprache (im wörtlichen Sinne) zur Mördersprache[2] geworden, und es gab nicht nur einen Mörder, sondern ein ganzes Volk potentieller Mörder, das diese deutsche Sprache sprach und dem sie bei seiner Meisterschaft im Töten als nützliches Werkzeug diente. War es dann noch erlaubt, sich, als Jude, dieser Sprache als Medium der Poesie zu bedienen? Das Anfang Juli 1944 entstandene Gedicht »Nähe der Gräber«, in der Sammlung von 1944 an vorletzter Stelle platziert, das schon eingangs die ermordete Mutter anspricht, stellt in der letzten Strophe pointiert diese Frage:

> Kennt noch das Wasser des südlichen Bug,
> Mutter, die Welle, die Wunden dir schlug?
>
> Weiß noch das Feld mit den Mühlen inmitten,
> wie leise dein Herz deine Engel gelitten?
>
> Kann keine der Espen mehr, keine der Weiden,
> den Kummer dir nehmen, den Trost dir bereiten?
>
> Und steigt nicht der Gott mit dem knospenden Stab
> den Hügel hinan und den Hügel hinab?
>
> Und duldest du, Mutter, wie einst, ach, daheim,
> den leisen, den deutschen, den schmerzlichen Reim?[3]

Das Gedicht imaginiert in den ersten drei Strophen das Leiden und Sterben der Mutter inmitten einer Landschaft, die durch den ukrainischen Fluss Bug, durch ein Feld und eine Mühle, schließlich durch Espen- und Weidenbäume vorgestellt wird. Doch diese Elemente der lebendigen Natur können der Ermordeten keinen »Trost bereiten«. Und auch die Erinnerung an den Weingott Dionysos und seinen Thyrsosstab in der vierten Strophe[4] – den Gott, der den Tod erlitten hat und dann erneut lebendig wird – kann der Toten nicht mehr helfen. So mündet das in der deutschen Sprache geschriebene und durchweg gereimte Gedicht in die Frage, ob die Verstorbene ebendiese Sprache, ebendiesen »leisen«, »deutschen« Reim, der so »schmerzlich« geworden ist, noch »dulden« könne, sprich: ob der dichtende Sohn ihn noch gebrauchen dürfe, ohne die Tote damit zu kränken. Die Legitimität des Dichtens in deutscher Sprache, in den vertrauten Reimen wird, paradoxerweise, gebunden an das Urteil einer Toten, die doch eigentlich nicht mehr imstande ist, sich überhaupt zu äußern. Natürlich weiß das Paul Antschel – und dennoch macht er die tote Mutter dauerhaft zu der Instanz, die über dieses Urteilsvermögen verfügt und deren Urteile der Sohn gleichsam in seinen Gedichten vollstreckt. In diesem Lebensstadium – Paul Antschel ist Anfang, Mitte zwanzig – lautet die zwiespältige Antwort: nicht mehr in Reimen dichten, aber dennoch weiter schreiben in der geliebten deutschen Sprache.[5] Wie wichtig dieses Gedicht dem Autor war, erkennt man daran, dass er noch 1961 eine Abschrift an den Freund Rolf Schroers schickte und den folgenden Kommentar beifügte:

> Dieses Gedicht habe ich im Sommer 1944 geschrieben, Rolf, in Czernowitz, nach der Rückkehr von einer Reise nach Kiew. Ich war an den Orten vorbeigekommen – nur vorbeigekommen –, wo meine Eltern umgekommen sind. Das Lager war in Michailowka. Später wurden meine Mutter und mein Vater nach Gaisin gebracht.[6]

Paul Celan, mittlerweile über vierzig Jahre alt, fand es angemessen, dem Freund nicht nur das Gedicht »Nähe der Gräber« zu schicken, sondern auch exakte topographische Angaben zu diesen (nicht vorhandenen) »Gräbern« zu machen und seinen eigenen Lebenskontext von damals offenzulegen. Das zeigt sehr deutlich, wie stark gelebtes Leben in die Gedichte dieses Autors eingegangen ist und wie wichtig ihm selbst diese Tatsache war.

Liest man die Gedichte der ersten von Paul Antschel selbst angelegten handschriftlichen Sammlung »Gedichte [1938-1944]«, neu geordnet und aufgeschrieben seit dem Februar 1944 nach der Rückkehr in die Heimatstadt Czernowitz, dann stockt man, wenn man schon weit vorgedrungen ist und etwa einhundert Gedichte gelesen hat, alle übertitelt mit roter Tinte. Man blättert eine leere Seite um und stößt auf ein nicht rot, sondern – einmalig – schwarz übertiteltes Gedicht, auf das wiederum eine leere Seite folgt. Das Gedicht heißt »Winter« und ist noch gereimt wie »Nähe der Gräber«. Das Ich des Gedichts (sagen wir in diesem Fall ruhig: Paul Antschel) wendet sich schon in der ersten Zeile ganz direkt an die Mutter, die er sich sterbend im Schnee der Ukraine vorstellt. Die zweite Strophe imaginiert ein Konzentrationslager, aus dem die wohl letzte Äußerung seiner Insassen hervordringt: »Wir sterben schon«. Eine solche Vergegenwärtigung ist äußerst selten bei diesem Dichter; vergleichbar ist eigentlich nur die »Todesfuge«, die den Sterbenden ausführlich eine chorische Stimme gibt. In dem Gedicht »Winter« zeigt die Frage »*Sind* sie es denn, die frieren in der Schlacke [...]?« an, dass der hier Sprechende weiß, wie ungesichert (und zugleich privilegiert) seine Vorstellung von der Situation der Lagerinsassen und also auch der Mutter ist. In den letzten beiden Strophen spricht das Ich von seiner Verfassung »in den Finsternissen« und fragt nach seiner eigenen Haltung als Dichter: Was ihm denn eigentlich noch bleibe angesichts des Todes der Mutter: »die Saiten [s]einer überlauten Harfe« sind »zerrissen«, »die Rosenstunde« verlischt. Beide Möglichkeiten des Lyrikers, laut und aggressiv oder zart und innig zu dichten (»erlöst das Linde und entblößt das Scharfe?«), sind gleicherweise außer Kraft gesetzt, so dass das Ich am Ende fragt:

Was wär es, Mutter: Wachstum oder Wunde –
versänk ich mit im Schneewehn der Ukraine?

Ähnlich wie in »Nähe der Gräber« stellt der hier Sprechende sich angesichts der tödlichen Gewalt, die sich ganz in seiner Nähe vollzieht, mit seiner ganzen Existenz in Frage, auch als Dichter. Vielleicht wäre das Mit-Sterben des Sohnes, so überlegen diese Verse, die bessere Alternative zum Einsam-Weiterleben gewesen? Damit klingt erneut das Überlebensschuld-Syndrom an.

Am deutlichsten reflektiert das Gedicht »Russischer Frühling« (Ende 1944/Anfang 1945) das eigene Verhaftetsein in der deutschen Literaturtradition samt ihren germanischen Mythen. Handlungselemente und Gestalten des Nibelungenliedes werden in abrupten Fügungen mit den aktuellen Ereignissen des Weltkriegs konfrontiert und in sie einmontiert: die Schlacht in den Ardennen (eine Gegend, in der die Nibelungen einmal lebten) oder der gefürchtete sowjetische Raketenwerfer Katjuscha (die sogenannte Stalinorgel), die »nun anfängt zu singen« (V. 13). Der Sprechende stellt sich als »Reiter« vor, dem mitten »im ukrainischen Grün der getreue, der flandrische Tod« (V. 8) beigesellt ist. Diesen Tod hatte der Gymnasiast Antschel wenige Jahre zuvor begeistert in dem Landsknechtslied »Flandern in Not« aus dem Ersten Weltkrieg besungen. Um die Absurdität auf die Spitze zu treiben, ist das ganze Gedicht exakt in der metrischen Form der sogenannten Nibelungenstrophe geschrieben – vierzeiligen Strophen aus fünf- oder sechshebigen gereimten Langversen mit einer Zäsur in der Mitte. Am Ende fragt sich der, der hier spricht, ob er »dem friesischen Strand, den rheinischen Fluren die Treue« (Vers 17) halten könne. Das Gedicht endet ambivalent:

> Träumerisch hält meine Hand und singt in die wallende Bläue
> für alle, die hier liegen, Herr Volker von Alzey.[7]

Volker, der Spielmann und zugleich einer der tapfersten ritterlichen Helden, hat noch zum Untergang der letzten Nibelungen in Etzels brennendem Saal aufgespielt, bis er selbst getötet wurde. Das Epos vom heroischen Untergang dieses germanischen Stammes war eine der Lieblingslektüren Paul Antschels gewesen. Nun wird es zum Gegenstand eines verzweifelten Selbstgesprächs über die deutsche Literaturtradition bis zurück zum Mittelalter; eine Tradition, die der Heranwachsende quasi ohne Arg aufgenommen und verinnerlicht hatte, germanischen Heldenkult und Nibelungentreue inbegriffen. Die letzten beiden Verse haben eine fatale Botschaft: Der Spielmann Volker (das grammatische Subjekt)[8] hält dem Sprecher des Gedichts die Hand und singt dabei »für alle, die hier liegen«, das heißt für die sinnlos Gefallenen beider Seiten, und der Paul Antschel verwandte Sprecher des Gedichts tut es ihm gleich und unterwirft sich damit dem menschenfeindlichen Heroismus der »Nibelungentreue«. Das ist die Phantasie dessen, der zutiefst ratlos ist: des jüdischen Spielmanns Paul Antschel, der jetzt »[a]llein mit den jüdischen Gräbern« ist und nicht weiß, was er mit seiner so lange unbefangenen Liebe zu den Nibelungen machen soll. Dass Antschel sich selbst in dieser Rolle sah, bestätigt ein Brief an Ruth Kraft vom 19. März 1943 aus Tăbărești, in dem es heißt: »Dein schwärmerischer Spielmann lebt um vor Dir zu singen [...] Zu den Dingen, die Dein Herz aufbewahren wird, lange, immer, wird auch das ›Saitenspiel für Ruth‹ gehören.«[9] Neu ist auch, dass diese Selbstreflexion mit ironischen und sarkastischen Wendungen gespickt ist. Die Gewaltorgien der zur »Nibelungentreue« fanatisierten deutschen Krieger haben ihm sein kulturelles Fundament zerschlagen. Das Langgedicht »Todesfuge« wird dieses existenzielle Dilemma des jungen Autors noch einmal vertiefen, indem es die gesamte deutsche Erbschaft auf ihre Tauglichkeit hin befragt.

Die zutiefst verstörenden Ereignisse der Kriegsjahre 1941 bis 1945, die zugleich die Jahre des Massenmords an den Juden sind, haben aber nicht nur das Dichten in Frage gestellt. Die Überlebenden standen vor der Entscheidung, wo in der Fremde sie sich ansiedeln sollten, welcher bislang unbekannte Ort ihnen zu einer neuen Heimat werden könnte. Die eingeschlagenen Wege und Ziele waren verschieden. Rose Ausländer ging zum zweiten Mal in die USA und verbrachte dann ihre letzten Lebensjahre von 1965 bis 1988 in der Bundesrepublik. Alfred Gong ging, Paul Antschel zuerst ganz ähnlich, nach Kriegsende zunächst nach Bukarest und floh über Budapest nach Wien. Aber dann gelangte er 1956 ebenfalls nach Amerika, wo er eingebürgert wurde. Immanuel Weißglas wählte ebenfalls die Option Bukarest. Er blieb dort bis zu seinem Tod 1979. Auch Moses Rosenkranz lebte nach dem Krieg zunächst in Bukarest. Er wurde 1947 in die Sowjetunion verschleppt und verschwand für zehn Jahre im GULAG. 1961 wurde er, nunmehr in Rumänien, wieder politisch verfolgt und musste fliehen. Schließlich kam er in die Bundesrepublik. Bis zu seinem Tod mit 99 Jahren lebte er im Schwarzwald. – Nur wenige Autoren gingen nach Palästina resp. Israel. Manfred Winkler, zwei Jahre jünger als Antschel, und Else Keren taten es. Keren war eine enge Freundin von Selma Meerbaum-Eisinger, Celans Großcousine, die im Dezember 1942 im gleichen Lager wie Antschels Eltern 18-jährig an Fleckfieber starb. – Die Aufzählung von Lebensläufen jüdischer Autoren aus der Bukowina ließe sich fortsetzen. Der generelle Befund lautet: Wohin auch immer sie gingen, sie dichteten weiter in deutscher Sprache. Aber keine/r dieser Dichterinnen und Dichter konnte sich die Bukowina als Heimat erhalten.

Immanuel Weißglas resümierte seine Verlusterfahrung im Gedicht »Ahasver« so:

Betrogen um den Trost des Herdes, schreiten
Wir im Gekläff der Köter durch die Zeiten,
Und fliehen vor dem Fluch, im einzgen Hemde,
Aus fremder Heimat in die Heimatfremde.[10]

Bei Paul Celan tauchen ähnliche Wendungen auf, aber erst einige Jahre später. In dem berühmten Gedicht »Schibboleth«, entstanden 1953 oder 1954, heißt es:

Herz:
gib dich auch hier zu erkennen,
hier, in der Mitte des Marktes.
Ruf's, das Schibboleth, hinaus
in die Fremde der Heimat:¹¹

Das Schibboleth, das von Herzen kommende Losungswort, richtet sich auch in diesem Gedicht, das vornehmlich um den Spanischen Bürgerkrieg kreist, in die alte Heimat, die freilich zur Fremde geworden ist. Es frappiert, wie oft Paul Celan seit Mitte der 50er Jahre das Wort ›Heimat‹ und Komposita mit ›heim‹ verwendet: Wörter der Sehnsucht, aber meistens auch der Vergeblichkeit.¹² Die ehemalige Heimat, das Buchenland, ist längst fremd geworden, eine Heimkehr nicht möglich oder doch zumindest, der politischen Zustände wegen, nicht wünschenswert. Es gibt allenfalls noch einen unsichtbaren »(Czernowitzer) Meridian«, wie Celan 1968 voller Wehmut in einem Brief an Gideon Kraft schrieb.¹³

Das Gedicht »Heimkehr«, wohl im Dezember 1955 entstanden, zieht erneut eine Bilanz der nun schon zehn Jahre dauernden Existenz in der Fremde. Der sprachliche Duktus ist komplexer geworden, gleichwohl ist die autobiographische Grundierung des Gedichts unverkennbar. Es beginnt mit einer Erinnerung:

Schneefall, dichter und dichter,
taubenfarben, wie gestern,
Schneefall, als schliefst du auch jetzt noch.

Weithin gelagertes Weiß.
Drüberhin, endlos,
die Schlittenspur des Verlornen,

Diese Eingangsverse lassen an Gedichte wie »Nähe der Gräber«, »Winter« oder »Schwarze Flocken« denken, an die »Schneewehn der Ukraine«. Die folgenden Strophen werden deutlicher. Auch wenn die Ermordeten kein ›ordentliches‹ Grab erhielten, so stellt sich der Sprechende ihre Gräber doch als Hügel vor:

Darunter, geborgen,
stülpt sich empor,
was den Augen so weh tut,
Hügel um Hügel,
unsichtbar.

Auf jedem,
heimgeholt in sein Heute,
ein ins Stumme entglittenes Ich:
hölzern, ein Pflock.

Mehr ist nicht geblieben von den Ermordeten. Sie sind »ins Stumme entglitten«, nur »hölzern, ein Pflock«. Das Gedicht endet mit dieser Strophe:

Dort: ein Gefühl,
vom Eiswind herübergeweht,
das sein tauben-, sein schnee-
farbenes Fahnentuch festmacht.[14]

»[E]in Gefühl«, so lässt sich deuten, hat sich als einzig Lebendiges noch erhalten. Freilich ist auch dieses dem »Eiswind« ausgesetzt. Aber dieses »Gefühl« ist immerhin in der Lage, sich in einem Gedicht zu äußern, das mit der Schnee-Wirklichkeit korrespondiert: Es kann »sein tauben-, sein schnee- / farbenes Fahnentuch« festmachen. Freilich, anders als im Gedicht, das ein sichtbares »Fahnentuch« auf den unsichtbaren Hügel setzt und ihn dergestalt als Grab markiert, ist »Heimkehr« nicht mehr möglich.[15] Ein wichtiges Gedicht aus den letzten Monaten in Bukarest unterstützt die Deutung des »Fahnentuch[s]« als dichterischer Text. In diesem Gedicht mit dem Titel »Die letzte Fahne«[16] ist gleich eingangs die Rede von einem »wasserfarbene[n] Wild«, das »gejagt« wird. Daraus folgt als Maxime für den Sprechenden: »So binde die Maske dir vor und färbe die Wimpern dir grün.« Es ist die notwendige Parole für den Dichter, sich zu maskieren angesichts der totalitären Macht im rasch sowjetkommunistisch gewordenen Rumänien 1946/47. Der letzte Vers lautet: »o wasserfarbenes Vlies, unser Banner am Turm!« Die Dichtung, dieses zarte, tauben- oder schneefarbene blasse Gebilde, dieses verletzliche, scheue »wasserfarbene[] Wild«, ist die »letzte Fahne«,

»unser Banner am Turm«. Es ist sowohl ›das Andere‹ von Gewalt und Tod als auch ›das Andere‹ einer totalitären Gesellschaft. Für die Zukunft fundiert der enge Zusammenhang von Verlust, Trauer, Gedenken und Gedicht Paul Celans poetologisches Programm.

Paul Antschel bereitete also im April 1945 seine Abreise von Czernowitz vor. Sie wurde von den Behörden der Ukrainischen Sowjetrepublik, zu der die Stadt jetzt gehörte, geduldet, weil diese sich »der ungeliebten jüdischen Bevölkerung unauffällig entledigen« wollten.[17] Ein sowjetischer Militärlastwagen brachte ihn nach Bukarest. Er fand bald eine Stelle als Lektor und Übersetzer im Verlag Carta Rusă (Das russische Buch), für den er unter anderem Prosa von Michail Lermontov (»Ein Held unserer Zeit«) und Anton Čechov (»Die Bauern«) aus dem Russischen ins Rumänische übersetzte. Ja, er lebte jetzt in einer rumänischsprachigen Welt, die sich von Czernowitz deutlich unterschied. Bukarest war nicht mehr Provinz, vielmehr in mancher Hinsicht Metropole. Architektonisch war sie von der Moderne der Zwischenkriegszeit geprägt, und Paul Morand, der französische Literat und Diplomat (und leider auch Antisemit), nannte sie treffend »die glänzendste, lebhafteste, eleganteste, westlichste unter den Kapitalen des Balkans«.[18] Bukarest, auch als »das Paris des Ostens« bezeichnet, hatte bis Kriegsbeginn 1939 im engen kulturellen Austausch mit Frankreich gestanden, und der rumänische Surrealismus hatte erstaunliche Blüten getrieben, die auch Paul Ancel inspirierten. Unter anderen hat er in Bukarest auch Tristan Tzara und Louis Aragon zumindest gesehen. Er traf sich regelmäßig mit einigen jüngeren rumänischen Dichterkolleginnen und -kollegen (die wichtigste war Nina Cassian) und erweiterte seinen weltliterarischen Horizont erheblich. Vor allem aber gilt wohl, dass der junge Autor und Übersetzer in Bukarest eine glückliche Zeit verbrachte. Zwar hatte seine Verbindung mit Ruth Lackner ein Ende, aber er fand leicht neue Freundinnen und Geliebte, so dass der *beau ténébreux* ziemlich rasch den Ruf eines *homme à femme* bekam. »Bukarest war eine Art Befreiung«, heißt es treffend bei Helmut Böttiger, »dort verbrachte Celan die ersten Jahre, in denen er als Erwachsener relativ frei von äußeren Zwängen, von Unterdrückung und Verfolgung war.«[19] Der Freund Petre Solomon gebraucht in seinen Erinnerungen an »Paul Celans Bukarester Aufenthalt« überraschende Wendungen wie »Überschwang und Humor«, »Heiterkeit«, ja, »überschäumende Jovialität«, um die Stimmung(en) des jungen Mannes zu charakterisieren.²⁰ Der junge Mann war also keineswegs einsam, vielmehr geradezu begabt zur Freundschaft. Mit Heinrich Stiehler wird man sagen können, dass der Dichter zu dieser Zeit 1946/47 »traumatisiert, aber nicht gebrochen« war.²¹ Was das im Einzelnen heißt und wie der Autor sich veränderte, wird sich im Fortgang dieser Studie zeigen.

Celan erinnerte sich später gern an »die schöne Zeit der Wortspiele«,²² die tatsächlich unter den Freunden mit Inbrunst ausprobiert wurden – irgendwo zwischen ästhetischer Kreativität und albernen Kalauern. Und immer noch sang der junge Mann bei Festen der intellektuellen Bohème neben den alten Revolutionsliedern auch sein Lieblingslied:

> Paul sang ›Flandern in Not‹ […] Am Ende jeder Strophe stampfte er mit dem Fuß auf den Boden und nahm mit immer dumpferer Stimme den Refrain wieder auf: ›Ge-stor-ben‹.²³

In dem Lied reitet der Tod auf einem »schwarzen Rappen« [sic] oder auch auf einem »Schimmel«. Auf dem Kopf trägt er »ein undurchsichtig Kappen«. Wenn die Landsknechte in die Schlacht ziehen, lässt er »sein Roß daneben galoppieren« – und offenbar bewirkt er durch seine Nähe deren Tod: »Gestorben, gestorben, gestorben muß sein.«²⁴ Nun, Paul Celans Festhalten an diesem Lied ist bemerkenswert. Das findet auch Helmut Niemeyer:

> Ein junger Mann von internationaler Bildung, Jude, knapp der Vernichtung entronnen, singt auf Festen der Überlebenden, unter Rumänen, in der Sprache seiner ermordeten Eltern und der Mörder: ein deutsches Lied vom Tod. Er singt es auf anscheinend faszinierende Weise für Frauen, die er gewinnen möchte […].²⁵

Das Lied, das nach dem Ersten Weltkrieg in der Jugendbewegung populär wurde, ging später auch in die Liederbücher der Hitlerjugend ein. Das wusste der junge Autor gewiss nicht. Aber wusste er auch nicht, dass man in Deutschland, wenn von ›Flandern‹ die Rede war, meistens an die Tausende junger deutscher Soldaten dachte, die vor Langemark in der 1. Flandernschlacht ihr Leben ließen? O doch, Paul Ancel wusste das. Das soeben vorgestellte Gedicht »Russischer Frühling« benutzt ja gerade Momente des Flandern-Mythos (ein anderes Wort für Nibelungenmythos) quasi über Langemark hinaus bis hin zur Ardennenschlacht vom Dezember 1944/Januar 1945 (die »finsteren Ardennen«, V. 9). In dieser Schlacht starben mehr als 35 000 amerikanische und deutsche Soldaten. Könnte es sein, dass der junge Autor sich gleichsam selbst und vielleicht auch diejenigen Zuhörer, die Deutsch verstanden, provozieren wollte, indem er sich in einem solchen sehr deutschen Lied, nach dem deutschen Massenmord an den Juden, mit einer Art Totentanz in Szene setzte? Das Verfahren würde dann schon in die Nähe der »Todesfuge« führen, die im Mittelpunkt des nächsten Kapitels steht.

Zum Teil in Celans Nachlass sowie umfangreicher im Nachlass des Freundes Petre Solomon fanden sich acht Gedichte und einige Prosagedichte in rumänischer Sprache, die zeigen, wozu der Autor in diesem Idiom, das nicht seine Muttersprache war, fähig war. Es sind, seiner zeitweisen Fröhlichkeit zum Trotz, denn doch allesamt melancholische Gedichte, Gedichte der Trauer, in denen häufig von einer toten Geliebten die Rede ist.[26] Er probierte sich aus in der rumänischen Sprache – und kehrte am Ende doch zu seiner Muttersprache Deutsch zurück. Petre Solomon hat die These vertreten, dass der Dichter es tat, weil er nur im Medium der deutschen Sprache den Konflikt mit ›dem Deutschen‹ und ›den Deutschen‹ habe angemessen austragen können.[27] Das mag so sein, aber dies als alleinige Ursache für Paul Celans Festhalten an der Muttersprache Deutsch als Dichtersprache zu behaupten ginge in die Irre. Seine Bindungen an dieses Idiom waren vielfältiger und tiefer. Er liebte die deutsche Sprache, und er liebte die deutsche Literatur und Kultur. Sie standen im Zentrum seiner selbst. Noch im Zeitraum 1960/61 notiert der Autor bei den Vorbereitungen für seine Büchnerpreis-Rede »Der Meridian«: »Ich bin ein verspätetes Kind des alten Österreich / (Aber: Landauer, (Kafka) usw.«[28] Entscheidend ist, dass für ihn zum »alten Österreich« auch – und »aber«! – der jüdische Anarcho-Sozialist Gustav Landauer (obwohl er aus Karlsruhe kommt) und der jüdische Erzähler Franz Kafka gehören. Beide markieren einen Kontrapunkt zur abgelebten Doppelmonarchie.[29]

Ein Gutteil der Gedichte, die 1948 in Wien in das erste Buch, »Der Sand aus den Urnen«, eingingen, entstand jetzt in Bukarest.[30] Doch Celans Perspektive als Autor verschlechterte sich ab dem Frühjahr 1947 entscheidend. Rumänien wurde zur sowjetisch dirigierten »Volksrepublik« wie alle anderen osteuropäischen Staaten im gleichen Jahr. Im April 1947 wurden zahlreiche Oppositionspolitiker verhaftet, und die im März Gesetz gewordene Agrarreform wurde mit Härte durchgesetzt. Immerhin wurde am 2. Mai 1947 das Gedicht gedruckt, das Epoche machen sollte: »Todesfuge«. Freilich erschien es zunächst in der rumänischen Übersetzung des Freundes Petre Solomon unter dem Titel »Tangoul mortii« in der Zeitschrift »Contemporanul«, und der Autor hieß jetzt Paul Celan. Seinen Nachnamen Antschel hatte er nach dem Wechsel in die Hauptstadt Bukarest zunächst zu Ancel rumänisiert. 1947 änderte er ihn auf Anraten seines literarischen Mentors Alfred Margul-Sperber resp. von dessen Frau Jessika ein zweites Mal, und nun endgültig, anagrammatisch in Celan.[31]

Paul Celans Karriere als Autor beginnt mit dieser Veröffentlichung eines seiner wichtigsten Gedichte. Solomon berichtet, dass der ursprüngliche, vom Autor gewollte Titel auch in der deutschen Version »Todestango« geheißen habe.[32] Das erscheint nicht unglaubwürdig, zumal verschiedene Versuche, dem Gedicht den Charakter einer musikalischen Fuge im strengen Sinn zuzuschreiben, nicht von Erfolg gekrönt waren. Außerdem war der Tango in dem noch vor Kurzem so westlich geprägten Bukarest ausgesprochen populär.[33]

Wichtig (und oft unterschlagen) ist die nahezu gleichzeitige Veröffentlichung von drei Gedichten in deutscher Sprache, darunter »Ein wasserfarbenes Wild«, das von der Zensur zum Glück nicht als ›antisowjetisch‹ erkannt wurde. Sie erschienen in der Zeitschrift »Agora«, die zwar nur ein einziges Mal herauskam, aber dennoch »starken Widerhall in der Bukarester literarischen Welt« fand.[34] Es war nicht nur ein weiteres rumänisches Debüt, sondern ein europäisches, insofern Celans Name neben denen von Arghezi, Breton, Yessenin, Quasimodo, Rilke und Morgenstern stand.[35]

Und dennoch plante und betrieb der junge Mann seine Flucht aus Bukarest. Ab Oktober 1947 war der Surrealismus in Rumänien ganz offiziell verboten. Nina Cassian musste für ihren ersten Gedichtband demütigende Selbstkritik üben. Am 30. Dezember 1947 wurde König Mihail I. zur Abdankung gezwungen und die Sozialistische Volksrepublik Rumänien ausgerufen. Paul Celan, immer noch voller Sympathie für einen wirklichen Sozialismus, wollte sich nicht jagen lassen und seiner Poesie keine Maske vorbinden. Zwar empfand er Bukarest nie als Exil, aber eine Zukunft als Autor deutscher Sprache hatte er dort nicht. Also verließ er das Land.

Das erste Deutschlandgedicht
»Todesfuge« (1945)

Todesfuge

Schwarze Milch der Frühe wir trinken sie abends
wir trinken sie mittags und morgens wir trinken sie nachts
wir trinken und trinken
wir schaufeln ein Grab in den Lüften da liegt man nicht eng
Ein Mann wohnt im Haus der spielt mit den Schlangen der
    schreibt
der schreibt wenn es dunkelt nach Deutschland dein goldenes
    Haar Margarete
er schreibt es und tritt vor das Haus und es blitzen die Sterne er
    pfeift seine Rüden herbei
er pfeift seine Juden hervor läßt schaufeln ein Grab in der Erde
er befiehlt uns spielt auf nun zum Tanz

Schwarze Milch der Frühe wir trinken dich nachts
wir trinken dich morgens und mittags wir trinken dich abends
wir trinken und trinken
Ein Mann wohnt im Haus der spielt mit den Schlangen der
    schreibt
der schreibt wenn es dunkelt nach Deutschland dein goldenes
    Haar Margarete
Dein aschenes Haar Sulamith wir schaufeln ein Grab in den
    Lüften da liegt man nicht eng

Er ruft stecht tiefer ins Erdreich ihr einen ihr andern singet und
    spielt
er greift nach dem Eisen im Gurt er schwingts seine Augen sind
    blau
stecht tiefer die Spaten ihr einen ihr andern spielt weiter zum Tanz
    auf

DAS ERSTE DEUTSCHLANDGEDICHT

Schwarze Milch der Frühe wir trinken dich nachts
wir trinken dich mittags und morgens wir trinken dich abends
wir trinken und trinken
ein Mann wohnt im Haus dein goldenes Haar Margarete
dein aschenes Haar Sulamith er spielt mit den Schlangen

Er ruft spielt süßer den Tod der Tod ist ein Meister aus
          Deutschland
er ruft streicht dunkler die Geigen dann steigt ihr als Rauch in
          die Luft
dann habt ihr ein Grab in den Wolken da liegt man nicht eng

Schwarze Milch der Frühe wir trinken dich nachts
wir trinken dich mittags der Tod ist ein Meister aus Deutschland
wir trinken dich abends und morgens wir trinken und trinken
der Tod ist ein Meister aus Deutschland sein Auge ist blau
er trifft dich mit bleierner Kugel er trifft dich genau
ein Mann wohnt im Haus dein goldenes Haar Margarete
er hetzt seine Rüden auf uns er schenkt uns ein Grab in der Luft
er spielt mit den Schlangen und träumet der Tod ist ein Meister
          aus Deutschland
dein goldenes Haar Margarete
dein aschenes Haar Sulamith[1]

In Paul Celans gesamtem lyrischen Werk findet sich das Wort »Deutschland« nur in zwei Gedichten, nämlich in »Todesfuge« (hier gleich sechsmal) und in »Wolfsbohne«. »Todesfuge« ist zuallererst Kaddisch, ein Gebet für die in der Shoah Ermordeten. Aber gleichzeitig bestimmt der Autor seinen Standort gegenüber dem Land, dessen Sprache er spricht und schreibt.

Wann genau Celans berühmtestes Gedicht entstanden ist, weiß man nicht. In einer Prosanotiz des Autors vom Herbst 1960 heißt es: »das Jüdische – / als ich im Mai 1945 die Todesfuge schrieb, ich hatte damals, in der Izvestia, wie ich mich zu erinnern glaube, die Berichte über das Lemberger Ghetto gelesen«.[2] Barbara Wiedemann weist in ihrem Kommentar darauf hin, dass besagter Bericht aus der sowjetischen Parteizeitung *Izvestia* bereits am 23. Dezember 1944 erschienen war. So ist es wahrscheinlich, dass Paul Antschel ihn las, als er sich noch in Czernowitz aufhielt. Und so kann man weiter folgern, dass die Entstehung des Gedichts »Todesfuge« »vor Antschels Ausreise nach Bukarest im April 1945 [...] zumindest wahrscheinlich« ist.³ Der Schulfreund und Dichterkollege Alfred Kittner ist sich sogar sicher, dass Antschel ihm die »Todesfuge« vorgelesen habe, kurz nachdem er »im Spätfrühling« 1944 wie Immanuel Weißglas nach »dreijährige[m] Lagermartyrium« mit seinen Eltern aus Transnistrien zurückgekehrt war.⁴ John Felstiner vermutet zudem, dass Antschel auch die Broschüre »The Lublin Extermination Camp« vom August 1944 über das Vernichtungslager Majdanek bei Lublin von Konstantin Simonov gelesen habe. In ihr wurde u. a. berichtet, dass die SS-Männer in diesem Lager die Gefangenen Tango und Foxtrott spielen ließen.⁵

Es gibt kein anderes Gedicht Paul Celans, das sich genauer auf wirkliche Vorgänge und Einzelheiten des Massenmords an den Juden bezöge als dieses. Das sagt uns das Gedicht selbst, und das sagt uns in diesem Fall – eine große Ausnahme – auch der Dichter in einzelnen Notaten und Briefen aus den Jahren 1959 bis 1961, in denen er sich zu dem Gedicht als ganzem wie auch zu einzelnen Stellen geäußert hat. Die Ursache für die Vielzahl von Erläuterungen Celans zum Wirklichkeitsbezug des Textes ist die Plagiatsanschuldigung von Claire Goll, die den Autor in eine schwere seelische Krise stürzte und ihn (so meinte er) dazu zwang, Detailliertes zu seinen Gedichten zu sagen, auf die sich diese haltlosen Anschuldigungen bezogen. Dazu gehört auch und vor allem »Todesfuge«. So ist in einem Brief vom 7. Juni 1960 an Václav Lohniský lapidar zu lesen: »In diesem Gedicht habe ich versucht, das Ungeheuerliche der Vergasungen zur Sprache zu bringen.«⁶ Und an Walter Jens in Tübingen schrieb er: »Das Grab in der Luft [...], das ist, in *diesem* Gedicht, weiß Gott weder Entlehnung noch Metapher.«⁷ Damit meinte Paul Celan – das ist nicht misszuverstehen – die Verbrennung der vergasten oder erschossenen Leichname, die »als Rauch in die Luft« steigen und so ein »Grab in den Wolken«, ein »Grab in der Luft« finden. Vor allem finden sich in dem von Celan erwähnten sowjetischen Zeitungsbericht über das Lemberger Ghetto auffällige Korrespondenzen zur »Todesfuge«. Dort heißt es unter anderem:

Folter, Quälerei und Erschießungen führten die Deutschen mit Musik aus. Zu diesem Zweck bildeten sie ein besonderes Häftlingsorchester. [...] Von den Komponisten verlangten die Deutschen, eine besondere Melodie zu komponieren, die sie »Todestango« nannten. Kurz nach der Räumung des Lagers erschossen die Deutschen alle Orchestermusiker.[8]

Eines der Fotos, das den Zeitungsartikel begleitete, zeigt Musiker (Geiger, Bläser und Akkordeonspieler), die im Kreis um einen Dirigenten herum stehen. Außerhalb des Kreises stehen einige Wachmänner. Ein anderes Foto zeigt »die deutsche Maschine zum Vermahlen der Knochen von verbrannten Leichen«.[9]
Dem Gedicht »Todesfuge« liegt also ein mittlerweile beträchtliches Wissen seines Autors über die nationalsozialistische Mordmaschinerie zugrunde: das Sterben in den Gaskammern, das Verbrennen der Leichname und deren Auflösung in Asche und Rauch, aber auch Einzelheiten wie die Befehle zum Graben des eigenen Grabes und zum Musizieren und Tanzen als Auftakt zum eigenen Sterben gehören dazu. So konnte der Dichter auch damit einverstanden sein, dass der rumänische Erstdruck seines Gedichts mit dieser Erläuterung versehen war:

Das Gedicht, dessen Übersetzung wir veröffentlichen, geht auf Tatsachen zurück. In Lublin [der Stadt benachbart lag das KZ Majdanek] und anderen ›Todeslagern‹ der Nazis wurde ein Teil der Verurteilten gezwungen aufzuspielen, während ein anderer Gräber schaufelte.[10]

Und Antschel hatte wohl auch nichts dagegen, dass in der übergroßen Überschrift »Tango ul mortii« (Todestango) die beiden i-Punkte in »mortii« mit zwei kleinen Hakenkreuzen notiert wurden. Unter diesem Titel reproduzierte die Zeitschrift »Contemporanul« einen Holzschnitt, auf dem man Hände sieht, die abgeschnittene Haare in einen Korb füllen.
Deutsche kommen in dem ersten großen Gedicht Paul Celans, das sich mit Deutschland und den Deutschen auseinandersetzt, nur in Gestalt eines einzigen Mannes vor – und in der Gestalt, an die seine Briefe gerichtet sind: Margarete. Von dem Mann erfahren wir einiges. Er wohnt »im Haus«, wo er »mit den Schlangen spielt« (während die Sterbenden sich außerhalb dieses Hauses befinden); er hat Hunde, die er nach Lust und Laune auf die Häftlinge hetzt; er erteilt diesen Häftlingen Befehle – Gräber zu graben, zu musizieren

und zu tanzen –, und er schreibt einen Brief »nach Deutschland« an »Margarete«, offenbar seine Frau oder Geliebte. Er beruft sich bei seinen todbringenden Befehlen quasi auf eine höhere Instanz: »Der Tod ist ein Meister aus Deutschland«, ruft er den Häftlingen viermal zu. Man kann auch sagen, dieser »Mann« ist die Inkarnation des meisterlichen Zu-Tode-Bringens nach deutscher Art und Kunst; er steht für viele seinesgleichen. Andere Deutsche kommen in diesem Deutschland-Gedicht nicht vor. Fragt man nach dem Verhältnis von Antschel-Celan zu ›den Deutschen‹ in diesen Jahren, dann klingt diese Feststellung vermutlich trivial. Aber er kannte aus der Zeit der Besetzung der Bukowina 1941-44 nur uniformierte deutsche Männer, und von diesen hielt er sich so fern wie nur möglich. Er hatte das Glück, bei seinem Einsatz als Zwangsarbeiter zum Straßenbau nur von Rumänen befehligt zu werden. Später wird zu fragen sein, was für andere Menschen aus Deutschland er kennenlernte und wie sich die Beziehungen zu ihnen, von denen viele zwischen 1939 und 1945 auch eine Nazi-Uniform trugen, gestalteten.

Gleichzeitig kannte der junge Dichter sehr viel von Deutschland und den Deutschen, nämlich die Sprache und die Literatur, die ihm beide fraglos zugehörten. Das Gedicht »Todesfuge« erweist sich als Manifestation einer Gedanken- und Spracharbeit, die, während sie das Morden der SS-Männer und das Sterben der Juden evoziert, gleichzeitig Vers für Vers in die Speicher deutscher und jüdischer Geistigkeit hinabsteigt und dieselbe zur Sprache bringt. In diesem Sinne ist »Todesfuge« (was lange verborgen blieb) ein durch und durch poetologisches Gedicht. Poetologisch heißt: Das Gedicht besinnt sich auf seine eigenen (ästhetischen) Möglichkeiten und Unmöglichkeiten angesichts des bis dato einmaligen Massenmords an Millionen von Menschen, die man als zu vernichtende definierte.

Natürlich ist »Todesfuge« zuallererst, wie schon gesagt, ein Gedenken an die Ermordeten, ein Totengebet, ein Kaddisch (freilich – gegen die Regel – von den Sterbenden selbst gesprochen). Es ist eine Grablegung der grablos Ermordeten, ein Textgrab.[11] An den Freund Rolf Schroers hatte Celan geschrieben: »*Die Todesfuge ist ein Grabmal*«.[12] Und an Ingeborg Bachmann genauer: »dass die Todesfuge auch dies für mich ist: eine Grabschrift und ein Grab. [...] Auch meine Mutter hat nur *dieses* Grab.«[13] Wahrscheinlich im August 1959 notierte der Autor zu seinem Gedicht:

> Das Gedicht wird immer *tödliche*r (knapper)
> Ein Gedicht mit dem Tod und »zum Tode«
> Milch der Frühe – das Nährende des Anderen
> Es sprechen die Sterbenden, sie sprechen nur als solche – der Tod ist ihnen sicher – sie sprechen als Gestorbene und Tote. Sie sprechen mit dem Tode, vom Tode her. Sie trinken vom Tode (sie trinken und trinken) sie trinken und trinken: dieses Trinken dauert fort, – es hört auch am Ende des Gedichts nicht auf.[14]

Was wäre dieser Selbstdeutung noch hinzuzufügen? Doch, die Behauptung, das Gedicht sei ein poetologisches, muss näher erläutert werden. »Todesfuge« ist nicht nur ein Gedicht zur Shoah und ein Gedenkort für deren Opfer. Es ist – so wird hier behauptet – auch, und aus den ernstesten Gründen, ein literaturbesessenes Gedicht, das eine durchgängige Zitatstruktur aufweist.[15]

Auf die Spur dieser Entdeckung führte zuerst das fremdartige Eingangsbild »Schwarze Milch der Frühe«. Im Lauf von zwei, drei Jahrzehnten hat man herausgefunden, dass sich ganz ähnliche, ja, identische Oxymora-Wendungen nicht nur bei den Bukowiner Dichterkollegen Isaac Schreyer, Rose Ausländer und Alfred Margul-Sperber finden, sondern auch – und damit beträchtlich früher – bei Georg Trakl, Arthur Rimbaud, Jean Paul und im »Alten Testament« (»Klagelieder Jeremias«). Unter anderem in diesem Kontext tauchten dann auch jene von Claire Goll lancierten Plagiatsvorwürfe auf, die Celans Leben spätestens ab 1960 vergifteten. Doch es geht um viel mehr als um ein Oxymoron – die »schwarze Milch« –, das vielfach weitergereicht wurde. »Todesfuge« bilanziert umfassendere Traditionsbestände: Bachs »Kunst der Fuge« und Goethes »Faust«, von Heine die »Lorelei« und »Das Sklavenschiff« und ein populäres Lied von Eduard Mörike, das von »Jung Volker« erzählt; sodann die mittelalterliche Totentanzliteratur und Lyrik von Georg Heym und Georg Trakl. Auch kann der rhythmische Ablauf der Todesfuge mit seinen eingangs trochäischen, dann überwiegend daktylischen Taktreihen als verdecktes Zitat großer Teile der deutschen Lyriktradition gelesen werden, von Goethe bis zu Hofmannsthal und Rilke. Freilich sind es in »Todesfuge« dominant fünfhebige Daktylen, die in der Geschichte der deutschen Lyrik kein direktes Vorbild haben. Am ehesten kann man an Rilkes »Sonette an Orpheus« (1923) denken, in denen zum Ende hin gehäuft Verse von ebendieser Gestalt auftauchen. Rilke hatte diese Sonette geschrieben »als ein Grab-Mal [sic] für Wera Ouckama Knoop« (so lautet der Untertitel), eine jung verstorbene Tänzerin, die ihn berührende Aufzeichnungen hinterlassen hatte. Orpheus – das war der mythische Sänger, der mit seinem Gesang selbst Tiere, Pflanzen und Steine betören konnte. Sein Vermögen, die geliebte Tote Eurydike aus der Unterwelt heraufzuführen, ist im Zeitalter des »Zivilisationsbruchs« obsolet. Orpheus' Nachfolger als Sänger, Paul Celan, kann nur noch »die Sterbenden [...] sprechen lassen« und ihrer gedenken, nicht aber sie zum Leben erwecken.

Von den vielen mittlerweile erkannten Zitaten und Traditionsbezügen in der »Todesfuge« sei hier nur noch eine signifikante Korrespondenz vorgestellt. Der Dichter verwendet an einer einzigen Stelle, in der vierten Strophe, einen Endreim:

der Tod ist ein Meister aus Deutschland sein Auge ist blau
er trifft dich mit bleierner Kugel er trifft dich genau

Schon in der ersten Strophe war der »Mann« mit der Farbe seiner Augen charakterisiert worden (»seine Augen sind blau«). Natürlich gibt es Zufälle, aber es ist doch wahrscheinlich, dass Paul Antschel Eduard Mörikes Lied von »Jung Volker« kannte, das dieser auch in seinen Roman »Maler Nolten« eingebaut hat.[16] Die regelrecht programmatischen Parallelen scheinen mir so eklatant, dass Mörikes Gedicht hier vollständig eingerückt wird:

Jung Volker, das ist unser Räuberhauptmann,
Mit Fiedel und mit Flinte,
Damit er geigen und schießen kann,
Nach dem just Wetter und Winde.
Fiedel und die Flint,
Fiedel und die Flint!
Volker spielt auf.

Ich sah ihn hoch im Sonnenschein
Auf einem Hügel sitzen:
Da spielt er die Geig und schluckt roten Wein,
Seine blauen Augen ihm blitzen.
Fiedel und die Flint,

Fiedel und die Flint!
Volker spielt auf.

Auf einmal, er schleudert die Geig in die Luft,
Auf einmal, er wirft sich zu Pferde:
Der Feind kommt! Da stößt er ins Pfeifchen und ruft:
»Brecht ein, wie der Wolf in die Herde!«
Fiedel und die Flint,
Fiedel und die Flint!
Volker spielt auf.[17]

Schon das Gedicht »Russischer Frühling« hatte Antschels Faszination durch die Gestalt des Nibelungenhelden Volker von Alzey gezeigt, der die Fiedel ebenso wie das Schwert zu gebrauchen wusste und zu Hagen von Tronjes getreusten Gefährten gehörte.[18] Der Volker dieses Liedes von Mörike, jetzt ein blauäugiger Räuberhauptmann, setzt die Tradition fort, sowohl die Fiedel als auch seine Waffe (statt des Schwerts nun eine Flinte) virtuos zu gebrauchen. Er ist ein »Meister« beider Disziplinen, und das qualifiziert ihn offenbar zum Anführer der Räubermeute, der er »wie der Wolf in die Herde« einzubrechen befiehlt. Der Wolf und das Wölfische werden später bei Celan zu einem Symbol für tödliche Gewalt, wie weiter unten bei der Analyse des Gedichts »Wolfsbohne« deutlich wird. Antschel-Celans blauäugiger »Mann« variiert die Verbindung von Kunst und Töten. Er musiziert nicht mehr selbst wie dieser Räuberhauptmann Volker (oder Volker von Alzey), er *lässt* spielen, und zwar die, die zum Tode bestimmt sind.

Die Koppelung von Töten und einmaligem Endreim als quasi tödlichem ›Treffer‹, die Antschel-Celan in diesen beiden Versen formuliert, lässt sich nun auch als entschiedene Absage an »den leisen, den deutschen, den schmerzlichen Reim« verstehen, eine Absage, die schon in »Nähe der Gräber« erwogen wurde. Denn das ist ein Thema der »Todesfuge«: Ihr Autor erkennt den Zusammenhang alles dessen, was fälschlich und sträflich auf Vollkommenheit, auf Perfektion zielt (das wird in »Wolfsbohne« 1959 wieder eine Rolle spielen). Sein Gedicht unterstellt den Deutschen eine doppelte Meisterschaft, die in der Kunst und die im Töten. Enggeführt findet sich das zweifache Virtuosentum im Befehl des Mannes an die dem Tod Überantworteten, ihr eigenes Ermordetwerden durch Musik und Tanz als Kunstwerk zu inszenieren:

»TODESFUGE« (1945)

Er ruft spielt süßer den Tod der Tod ist ein Meister aus
  Deutschland
er ruft streicht dunkler die Geigen dann steigt ihr als Rauch in
  die Luft

In beiden Akten manifestiert sich der moderne männlich-narzisstische Traum, der Rausch des unbegrenzten Verfügens über eine Welt, die nur Material zu einem selbstgesetzten Zweck ist (im zweiten Fall ist es das ›Menschenmaterial‹), das diesem Zweck entsprechend zugerichtet wird. Celans Mann, sein Meister aus Deutschland, steht vor uns als die Inkarnation eines faszinierten Liebhabers der reinen, absoluten (im wörtlichen Sinn a-sozialen) Kunst, die er als Stimulus einsetzt, um den ebenso reinen, absoluten Akt des Massenmords in Gang zu setzen. Paul Celans Bild von Deutschland, von ›dem Deutschen‹ konzentriert sich im Jahre 1945 in diesem Befund. Er kennt natürlich noch nicht die »Dialektik der Aufklärung« von Max Horkheimer und Theodor W. Adorno, die ziemlich genau zur gleichen Zeit wie »Todesfuge«, nämlich 1944, in den USA entstand.[19] In diesem »ihrem schwärzesten Buch«[20] wird in subtilen Gedankengängen dargetan, dass Aufklärung totalitär ist bzw. sein kann. Indem ihr Anspruch *per definitionem* grenzenlos ist, sich alles und jedes inner- und außerhalb des Menschen unterwirft, wird, so sagen Horkheimer und Adorno, aufklärerische Rationalität zur nivellierenden »Instanz des kalkulierenden Denkens, das die Welt für die Zwecke der Selbsterhaltung zurichtet und keine anderen Funktionen kennt als die Präparierung des Gegenstandes aus dem bloßen Sinnmaterial zum Material der Unterjochung«.[21] Gerade die Entdeckung und Handhabung der Vernunft, die keiner religiösen oder sonstigen Pietät mehr gehorcht, die Einsetzung des »Verstandes ohne Leitung eines anderen« (Immanuel Kant) habe es praktisch möglich gemacht, so Adorno und Horkheimer, Vernunft als »Organ der Kalkulation« zu gebrauchen, die »gegen Ziele [...] neutral« ist, bis hin zu ihrer »faschistisch rationalisierten Gestalt« in den Vernichtungslagern.[22] Paul Celans »Meister aus Deutschland« ist die frappierende poetische Verkörperung dieses Menschentyps, den unsere Zivilisation hervorgebracht hat.

Parallel zu dem deutschen wird in »Todesfuge« ein zweiter Traditionsbestand in Erinnerung gerufen: der jüdische. Neben Jeremias Klageliedern (Kap. 4, V. 7/8) ist das der Psalm 137 (hier in der

Übersetzung Luthers), der eingangs, wie »Todesfuge«, Terror gegenüber den in der Fremde Gefangenen und erzwungenes Musizieren zusammenführt:

> An den Wassern zu Babel saßen wir und weinten, wenn wir an Zion gedachten. Unsere Harfen hingen wir an die Weiden, die daselbst sind. Denn dort hießen uns singen, die uns gefangen hielten, und in unserem Heulen fröhlich sein: ›Singet uns ein Lied von Zion!‹

Schließlich Sulamith, die Geliebte Salomos aus dem »Hohelied«: dort mit purpurfarbenem, nicht aschenem Haar ausgestattet; eine Gestalt des Versprechens der glücklichen Heimkehr nach Zion. Der Dichter stellt sie in seinem Gedicht am Ende unvermittelt einer, wo nicht *der* literarischen Lieblingsgestalt der Deutschen gegenüber: der Margarete aus Goethes »Faust«, hier mit blondem Haar (wie Heines »Lorelei«). Goethes Gretchen, die »Schmerzensreiche«, ist eine Verkörperung des Leidens, aber am Schluss vom zweiten Teil des »Faust« wird sie doch »gerettet«, ganz im Gegenteil zur Sulamith in Antschel-Celans Gedicht. Ihr Haar ist »aschen«. Ihr gehört des letzte Vers des Gedichts, als Grablegung, stellvertretend für alle jüdischen Opfer.

Aber deutsche und jüdische Literaturtradition verlaufen ja nicht nur voneinander getrennt, vielmehr begegnen und durchdringen sie einander, so in den Bibelübersetzungen oder auch in den Gedichten Heinrich Heines. Seine »Lorelei« »kämmte ihr goldenes Haar«, und sein »Superkargo Mijnheer van Koek« lässt in der späten Ballade »Das Sklavenschiff« die Schwarzen aus dem Senegal schon just so tanzen wie jetzt die SS ihre Opfer:

> Musik! Musik! Die Schwarzen solln
> Hier auf dem Verdecke tanzen.
> Und wer sich beim Hopsen nicht amüsiert,
> Den soll die Peitsche kuranzen.[23]

Nicht zuletzt gehören die vielen deutsch-jüdischen Dichter der Bukowina zum Erbe, das mit seiner lyrischen Musikalität und seinen Metaphern in die »Todesfuge« eingeht. Bei der Revision dieses Vermächtnisses wird vollends deutlich, dass der junge Dichter, der ganz unbefangen an die deutsch-jüdische Symbiose geglaubt hatte, gerade dadurch in eine bis an sein Lebensende nicht aufhebbare existenzielle Not geraten ist. Mit der »Todesfuge« beginnt eine Wiederannäherung des weitgehend Assimilierten an sein Judentum – in dem historischen Augenblick, in dem die jüdischen Menschen in Europa ausgelöscht werden. In welche neuen geistigen Räume, aber auch in welche Aporien der nicht gläubige, in vieler Hinsicht ganz ›westliche‹ Autor damit geriet, wird uns später noch beschäftigen. Hier genügt es festzuhalten, dass es sich bei der »Todesfuge« um ein durch und durch ambivalentes Gebilde handelt. Es zitiert die bisher vereinten deutschen und jüdischen Traditionsbestände herbei und distanziert (teilweise: verwirft) sie nachfolgend als enteignete, nicht mehr fraglos verfügbare. Am Ende des Gedichts stehen die nicht mehr miteinander vermittelbaren Herkünfte, die deutsche und die jüdische, getrennt da. Das Gretchen Goethes, der noch aus dem »Hohelied« übersetzt hatte, und die zu Asche gewordene Sulamith bleiben unversöhnt:

> dein goldenes Haar Margarete
> dein aschenes Haar Sulamith.

Gleichzeitig bewahrt das Gedicht jedoch eine berückende Schönheit, einen musikalischen Reiz, eine beinahe magische Zauberkraft, der selbst ein nicht auf Verharmlosung des Themas ausgehender Leser zu erliegen droht. Allzu leicht war es möglich, so zeigte sich in den 50er Jahren in der Bundesrepublik, die »Todesfuge« einfach als ein über die Maßen schönes Gedicht zu lesen – und zu genießen. Der Dichter zog seine Konsequenzen daraus und begann, seine Gedichte in einer »›graueren‹ Sprache« zu schreiben. Dieser neuen Sprache – so heißt es 1958 –

> geht es, bei aller unabdingbaren Vielstelligkeit des Ausdrucks, um Präzision. Sie verklärt nicht, sie »poetisiert« nicht, sie nennt und setzt, sie versucht, den Bereich des Gegebenen und des Möglichen auszumessen.[24]

Im Februar 1970 wurde in Bukarest in der deutschsprachigen Zeitschrift »Neue Literatur« das Gedicht »Er« von Immanuel Weißglas veröffentlicht, das nach dessen eigener – glaubwürdiger – Angabe

1944 verfasst wurde. Manchen Dichterkollegen von Celan und Weißglas war es schon lange vorher bekannt, nicht aber einer breiteren Öffentlichkeit. Weißglas' Gedicht weist auf der Motivebene eine frappierende Ähnlichkeit mit der »Todesfuge« auf, und diese Tatsache lässt die Frage noch einmal drängender erscheinen, was den singulären Rang von Antschel-Celans Gedicht eigentlich ausmacht.

Er

Wir heben Gräber in die Luft und siedeln
Mit Weib und Kind an dem gebotnen Ort.
Wir schaufeln fleißig, und die andern fiedeln,
Man schafft ein Grab und fährt im Tanzen fort.

Er will, daß über diese Därme dreister
Der Bogen strenge wie sein Antlitz streicht:
Spielt sanft vom Tod, er ist ein deutscher Meister,
Der durch die Lande als ein Nebel schleicht.

Und wenn die Dämmrung blutig quillt am Abend,
Öffn' ich nachzehrend den verbissnen Mund,
Ein Haus für alle in die Lüfte grabend:
Breit wie der Sarg, schmal wie die Todesstund.

Er spielt im Haus mit Schlangen, dräut und dichtet,
In Deutschland dämmert es wie Gretchens Haar.
Das Grab in Wolken wird nicht eng gerichtet:
Da weit der Tod ein deutscher Meister war.[25]

Auch in Weißglas' Gedicht gibt es einen »deutschen Meister«, der »mit Schlangen« spielt und dem chorischen Wir des Gedichts befiehlt, »Gräber in die Luft« zu »heben«, während andere Sterbende fiedeln und tanzen. Auch von »Gretchens Haar« in Deutschland ist die Rede. Anders als bei Antschel-Celan gibt es ein lyrisches Ich (Strophe 3), das ein »Haus« in den Lüften gräbt für die Sterbenden. Auch Weißglas' Gedicht ist also eine Grablegung. Abgesehen davon, dass mehrere dieser Motive in dem besagten Izvestia-Artikel (bzw. auf den Fotos) vorkommen, den vermutlich auch Weißglas gekannt hat, kann man fragen: Hat Antschel-Celan Weißglas vielleicht plagiiert?

Oder muss man – wie ein Teil der Forschung – Weißglas' Gedicht am besten ignorieren und der Plagiatsfrage aus dem Weg gehen, indem man behauptet, Antschel habe es nicht gekannt, als er »Todesfuge« schrieb?[26] Mir scheint der umgekehrte Weg vielversprechend: die beiden Gedichte zu vergleichen auf der Basis der Annahme, dass Antschel Weißglas' »Er« kannte, als er an seinem Gedicht arbeitete.[27]

Dabei zeigt sich sehr schnell, dass die Frage nach einem Plagiat falsch gestellt ist und geradezu in die Irre führt. Ja, auch Weißglas' »Er« ist dem erschütternden Thema des Massenmords an den Juden gewidmet und verwendet dabei suggestive Motive. Dennoch ist es mit seinen vier Reimstrophen ein durch und durch konventionelles, um nicht zu sagen: kunstgewerblich gedrechseltes Gedicht. Der ästhetische Gegensatz zu »Todesfuge« könnte nicht größer sein.[28] Auch Peter Horst Neumann spricht von der »Ohnmacht des traditionellen Gedichts vor dem Grauen«.[29]

Weißglas war ein halbes Jahr älter als Antschel; er starb 1979 in Bukarest. Die beiden kannten sich aus dem rumänischen Gymnasium in Czernowitz. Ein Jahr waren sie in Parallelklassen, dann nicht mehr, weil Weißglas eine Klasse wiederholen musste. Gemeinsam war ihnen jedenfalls ihr ausgeprägtes Interesse für Lyrik. Immanuel Weißglas hat sich 1975 in einem Brief an Gerhart Baumann so zu seinem Verhältnis zu Paul Antschel geäußert:

> Im Bereich der Dichtung kommt es – mag auch der Umriß einer Metapher von einem Gebilde ins andere herüberleuchten – immer nur auf Gewinn und Verlust im rein Künstlerischen an. Und die »Todesfuge« ist tief verankert im lyrischen Bewußtsein unserer Zeit. Parallelismen bezeugen keineswegs irgendeine Priorität. Ein ›kameradschaftlicher Kontrapunkt‹ verband oft ›zwei wortbesessene Freunde‹ in gemeinsamer Bemühung um das Gedicht. [...] Es kam so: wir sprachen Verse vor uns hin, zu Gedichten geronnen. In einer solchen geistigen Nacht suchten uns die Bilder heim.[30]

Nun, so kann es gewesen sein. Und jedenfalls war es nobel von Weißglas, mit diesem mittelbaren Urteil über die »Todesfuge« deren hohen Rang anzuerkennen. Aber wie haben andere über das Verhältnis der beiden zueinander geurteilt? Edith Silbermann[31] und Alfred Kittner[32] behaupten eine enge Dichterfreundschaft, einen permanenten literarischen Dialog zwischen den beiden bis in die

Bukarester Zeit, während Ruth Lackner und Rose Ausländer eine solche Freundschaft entschieden dementieren (und Israel Chalfen folgt ihnen).[33] Der engste Freund der Bukarester Zeit, Petre Solomon, spricht sogar von einer feindlichen Haltung Antschel-Celans gegenüber Weißglas.[34] Möglich, und plausibel, wäre beides zugleich: ein intensiver literarischer Dialog, ein die meiste Zeit freundschaftlicher Wettbewerb der beiden angehenden Lyriker – und ein, zumindest auf Seiten Antschels, über die Jahre anwachsendes Gefühl der Unangemessenheit, der Verfehltheit der lyrischen Bemühungen des anderen.

Diese Hypothese führt zur »Todesfuge« in ihrem Verhältnis zu Weißglas' »Er« zurück: Hat man einmal die durchgängige Zitatstruktur der »Todesfuge« als eine Rechenschaftslegung gegenüber der literarischen deutschen Tradition erkannt, dann erscheint es sofort plausibel, dass sich Antschel von Weißglas' »Er« zu einer lyrischen Polemik, um nicht zu sagen: zu einer Par-Odie, einem Gegengesang, herausgefordert fühlen musste, der die von diesem selbst noch im Angesicht der Shoah eingehaltenen ästhetischen Konventionen sprengen sollte. Und dieser Gegengesang enthält am Ende sehr viel mehr als die sofort erkennbaren übereinstimmenden Motive. Er ist das bitterste, radikalste Deutschlandlied, das je geschrieben wurde.

Wien 1948

Unter selbsternannten ›Opfern‹

Die Übersiedlung von Bukarest nach Wien war alles andere als eine Vergnügungsfahrt – es war »eine furchtbar schwere Reise«,¹ eine Flucht bei Gefahr für Leib und Leben. Angesichts der hohen Zahl von Flüchtlingen – allein in den Monaten November und Dezember 1947 trafen 3200 überwiegend rumänische Juden in Wien ein – machten die rumänischen Behörden systematisch Jagd auf sie. Viele wurden beim Versuch, die Grenze nach Ungarn zu überschreiten, verhaftet oder erschossen.² Doch mit Hilfe bezahlter ungarischer Fluchthelfer schaffte es Celan. Nach kurzem Zwischenaufenthalt in Budapest traf er ein paar Tage vor Weihnachten in Wien ein, wo er sich zunächst in ein Flüchtlingslager (die *Displaced Persons Camps* hießen) begab. Seine ganze Habe hatte er in Bukarest zurücklassen müssen. Nur von wenigen engen Freunden konnte er sich verabschieden, so von Margul-Sperber, Petre Solomon, Ruth Lackner (inzwischen verheiratete Kraft), denen er auch eigene Manuskripte anvertraute.

Am 29. Dezember 1947 zog der junge Mann in die Pension Pohl in der Rathausgasse 20. Damit war er im Herzen des alten Wien angekommen – und zugleich in der Internationalen Zone, die von den vier Besatzungsmächten gemeinsam verwaltet und kontrolliert wurde. Natürlich war Wien nicht mehr die Stadt, von der seine Mutter und viele Czernowitzer geschwärmt hatten. Kakanien, die Donaumonarchie, war für immer passé. Die Zerstörungen der Hauptstadt durch die alliierten Bombenangriffe waren beträchtlich, vor allem aber war die Bevölkerung, nach sieben Jahren Naziherrschaft, Judenverfolgung und Weltkrieg, eine in mehrfacher Hinsicht andere. Von fast 170 000 Wiener Juden (beinahe so viele, wie im viel größeren Berlin gelebt hatten) waren etwa 65 000 in den Vernichtungslagern im Osten ermordet worden. Die Wiener Israelitische Kultusgemeinde (IKG) hatte 1945 keine 4000 Mitglieder mehr.³ Gleichzeitig waren die Lager für Displaced Persons in und um Wien überfüllt mit Hunderttausenden vor allem jüdischen Flüchtlingen.⁴ In ganz Österreich lebte dagegen eine nichtjüdische Bevölkerung, von der schon 1947 über 70 % überzeugt waren, dass das Land keine Mitschuld am Zweiten Weltkrieg treffe. Ja, im Gefolge der sogenannten Moskauer

Deklaration von 1943, die Österreich attestierte, es sei das erste freie Land gewesen, das der nationalsozialistischen Gewaltherrschaft zum Opfer fiel, richtete man sich gern in einem Mythos ein, der aus Millionen Mittätern Opfer machte.⁵ Alle politischen Parteien betrieben gemeinsam mit den Alliierten eine Opferpolitik, in der die Juden als besondere Gruppe gar nicht vorkamen. Nicht anders als die Deutschen waren die Österreicher befangen in Selbstmitleid. Nur was sie selbst erlitten hatten, zählte. Zurückkehrende Juden? Das waren Störenfriede, die einen vielleicht noch an eigenes Fehlverhalten erinnerten. 63 000 Wohnungen waren allein in Wien »arisiert«, also geraubt worden. Ein Gesetz, dem zufolge wenigstens ein Teil dieser Wohnungen jüdischen Mitbürgern zurückgegeben werden sollte, führte zu heftigen Protestreaktionen seitens der Neubesitzer. Und umgekehrt: Gab es denn überhaupt eine Entnazifizierung, eine ernst zu nehmende Aufarbeitung der nazistischen Vergangenheit? Ja, sie war »ein Meisterstück – der Verdrängung.«⁶ Kurz, um »in Österreich leben zu können, mußten Juden ›Meister im Vergessen‹ werden [...].«⁷ Paul Celan schottete sich gegen diese Situation ab, so weit es nur ging. Er musste sein schwieriges, gefährdetes Leben als bettelarmer Flüchtling von Tag zu Tag neu organisieren. Dabei suchte er offenkundig keine Hilfe bei der Israelischen Kultusgemeinde oder auch bei anderen explizit jüdischen resp. zionistischen Gruppierungen. Vielmehr arbeitete er ausschließlich am Aufbau seiner Existenz als Schriftsteller. Er suchte Anerkennung als Dichter, als Dichter in deutscher Sprache. Dass dieses Vorhaben zu verwirklichen für ihn sehr schwierig werden würde, war ihm völlig klar. In einem Brief aus Bukarest an Max Rychner vom 3. November 1946 heißt es:

ich will Ihnen sagen, wie schwer es ist, als Jude Gedichte in deutscher Sprache zu schreiben. Wenn meine Gedichte erscheinen, kommen sie wohl auch nach Deutschland und – lassen Sie mich das Entsetzliche sagen – die Hand, die mein Buch aufschlägt, hat vielleicht die Hand dessen gedrückt, der der Mörder meiner Mutter war. [...] Aber mein Schicksal ist dieses: Deutsche Gedichte schreiben zu müssen. Und ist die Poesie mein Schicksal – [...] – so bin ich froh.⁸

Die immer mögliche sinnliche ›Berührung‹ eines seiner (kommenden) Gedichtbücher mit einem der Mörder seiner Mutter, vorgestellt im Händedruck, hat Paul Celan immer wieder beschäftigt, am wohl eindruckvollsten im Gedicht »Wolfsbohne« von 1959.⁹ Entscheidend ist, dass ihn diese Schreckensvorstellung nicht davon abhielt, weiterhin deutsch zu dichten. Rumänisch war für immer abgelegt. Und die gewünschte Anerkennung wurde Celan auch erstaunlich rasch zuteil, zuerst im kleinen Kreis der Surrealisten. Deren Oberhaupt in Wien war der Maler Edgar Jené; bedeutende Schriftsteller fehlten. Mit desto mehr Wohlwollen empfing man Paul Celan. So präsentierte er sich Anfang April 1948 bei der Eröffnung einer Surrealismus-Ausstellung, in deren Mittelpunkt Werke von Jené standen, mit dem Vortrag eigener Gedichte. Kurz zuvor, im Januar 1948, waren bereits Gedichte von ihm in Otto Basils Zeitschrift *Plan* erschienen. Das 6. Heft dieser außerordentlich mutigen, avancierten Zeitschrift, in der auch Texte von Ilse Aichinger, Milo Dor, Reinhard Federmann und Friederike Mayröcker veröffentlicht wurden,¹⁰ war allerdings das letzte. Der Verlag Ernst Müller in Wien, in dem *Plan* erschien, fiel der Währungsreform zum Opfer. Aber Celans dort abgedruckte Gedichte – siebzehn auf einen Schlag – machten Furore in Wien. Alfred Margul-Sperber, Paul Celans Mentor in Bukarest, stellte aus der Ferne mit Genugtuung fest: »Paul Celan ist nun ›lanciert‹.«¹¹

Ein recht anderes literarisches Milieu als das surrealistische war der Kreis um Hans Weigel, der eine kleine Wiederauferstehung der jahrzehntealten Wiener Kaffeehauskultur initiierte. Weigel hatte als Jude in die USA emigrieren können, war aber schon 1945 nach Wien zurückgekehrt – mit einem literarischen Programm, das Emigrierte und Nichtemigrierte miteinander versöhnen und sich gerade nicht auf den Schock der Shoah einlassen wollte. Zum Kreis um Weigel gehörten sehr verschiedene Autoren, zuallererst Ingeborg Bachmann, die zu dieser Zeit seine Geliebte und ständige Begleiterin war; sodann Ilse Aichinger, Milo Dor und Reinhard Federmann (mit denen Celan sich anfreundete) sowie Herbert Eisenreich (den der Autor in Paris näher kennenlernte). Aber auch ein Werner Riemerschmid gehörte dazu. Celan kommentierte diesen Autor, obwohl der ihn gerade noch hoch gelobt hatte, in einem Brief an Margul-Sperber so:

> er war jahrelang Leiter der Literatursendung der Ravag [= Österreichische Rundfunkgesellschaft], war es auch unter den Nazi, und da hat er wohl anderes getan als zu einem jüdischen Dichter zu sagen: ›Endlich soll der homo alpinus sehen, was ein Dichter ist‹ […].¹²

Nein, Weigels Kaffeehaustreffpunkt Raimund war nicht nach Celans Geschmack. Er saß lieber allein im Café Casa piccola, wo u. a. das bedeutende Gedicht »Deukalion und Pyrrha« (»Spät und tief«) entstand.[13] Oder er traf sich mit Klaus Demus und dessen Verlobter Nani Meier, mit denen ihn Bachmann zusammengeführt hatte. Und Klaus Demus, Student der Kunstgeschichte und selbst Lyriker, wurde für lange Zeit sein engster Freund.

Die Namen Bachmann und Demus weisen auf eine irritierende neue Erfahrung im Leben des jungen Dichters hin: Wien bedeutete für ihn die nähere Berührung, ja, Freundschaft mit und Liebe zu Menschen, die keine Juden waren. Das klingt für deutsche Ohren im Jahre 2020 gewiss merkwürdig. Doch für den jungen Mann, der nach zwei Jahrzehnten im so stark jüdischen Czernowitz und zwei Jahren in Bukarest, in denen sein Umfeld auch noch jüdisch geprägt war, nunmehr in Wien den näheren Umgang mit Nichtjuden gar nicht vermeiden kann, ist dieser Umstand gravierend. Gewiss, als Student in Tours 1938/39 lebte er ganz überwiegend unter Nichtjuden. Aber das waren Franzosen, und vor allem gab es noch keinen Krieg und keine Shoah. Jetzt, 1948, war alles anders. Celan war umgeben von Österreichern, die gerade einmal zehn Jahre zuvor zu Deutschen ernannt worden waren und diese vermeintliche Würde zumeist stolz trugen – und die jetzt so taten, als seien sie im März 1938 hilflose Opfer ebendieser Nazi-Deutschen geworden. Nach diesen geschichtlichen Ereignissen sind für Menschen wie Paul Celan Begegnungen mit nichtjüdischen Deutschen von vornherein mit einem Vorbehalt versehen. Gewiss, auch in Wien gab es noch mehrere jüdische Freunde wie Milo Dor, Reinhard Federmann oder für kurze Zeit auch Alfred Gong. Aber dominant waren jene nichtjüdischen Österreicher, die sich in der ihnen gratis angebotenen Opferrolle ungemein wohl fühlten. Und so war es alles andere als ›normal‹, dass Paul Celan eine Liebesbeziehung mit einer Österreicherin einging, die, »intermittierend«,[14] ein ganzes Jahrzehnt ihrer beider Leben prägte.

Wie tief diese Liebe zu der nichtjüdischen Österreicherin Ingeborg Bachmann (die aus einer Nazifamilie stammte und von 1938 bis 1945 zur Deutschen gemacht worden war) den Autor aufgewühlt hat, lässt sich an einem Gedicht ablesen, zu dem es thematisch, soweit ich sehe, nirgends eine Parallele gibt, nicht bei diesem Autor und nicht in der Literaturgeschichte generell. Celan hat es Ingeborg Bachmann am

23. Mai 1948 mit Widmung zum Geburtstag geschenkt.[15] Ein Brief an ihre Eltern bezeugt, dass sie sich über das Geschenk gefreut hat.[16] Ob das Gedicht wirklich im Blick auf die Geliebte dieser Wochen des Jahres 1948 entstanden ist oder nicht schon einige Zeit früher, muss offenbleiben.[17] Ohne Zweifel meint »In Ägypten« am Tag der Widmung Ingeborg Bachmann.

In Ägypten
Für Ingeborg

Du sollst zum Aug der Fremden sagen: Sei das Wasser.
Du sollst, die du im Wasser weißt, im Aug der Fremden suchen.
Du sollst sie rufen aus dem Wasser: Ruth! Noëmi! Mirjam!
Du sollst sie schmücken, wenn du bei der Fremden liegst.
Du sollst sie schmücken mit dem Wolkenhaar der Fremden.
Du sollst zu Ruth und Mirjam und Noëmi sagen:
Seht, ich schlaf bei ihr!
Du sollst die Fremde neben dir am schönsten schmücken.
Du sollst sie schmücken mit dem Schmerz um Ruth, um Mirjam
                  und Noëmi.
Du sollst zur Fremden sagen:
Sieh, ich schlief bei diesen![18]

Ruth, Mirjam und Noëmi sind Namen von Frauen aus dem Alten Testament, also – im weiten Sinn – von Jüdinnen.[19] Überdies hieß Celans langjährige enge Freundin und Geliebte aus den Czernowitzer Jahren 1940 bis 1944, die Schauspielerin Ruth Lackner (verheiratete Kraft), mit vollem Vornamen Noëmi Ruth. Das Gedicht »In Ägypten« ist auf einer Ebene ein Rollengedicht, gesprochen von einem wie Joseph, der von seinen Brüdern nach Ägypten verkauft worden ist, den es in die Fremde zu Fremden verschlagen hat. Er richtet an sich selbst als Liebhaber strikte Gebote, die seine offenbar vergangene Liebe zu drei jüdischen Frauen (die er »im Wasser« weiß – tot) ins rechte Verhältnis setzen soll zu seiner gegenwärtigen Liebe, die einer namenlosen »Fremden« gilt – wir ergänzen: einer Nichtjüdin. Bemerkenswert ist hieran, dass nicht *eine* vergangene Liebe zu *einer einzelnen* Frau ihre Schatten (oder ihr besonderes Licht) auf ein neues Liebesverhältnis wirft – wer kennte das nicht –, sondern dass frühere (alle früheren?) Liebesbeziehungen in ganz ungewöhnlicher

Weise unter dem Namensdreigestirn »Ruth-Noëmi-Mirjam« zu einer Gruppe zusammengefasst werden, deren gemeinsamer Nenner das Jüdischsein ist. Die gewaltige Irritation, die den Sprecher die das Gedicht bildenden neun Gebote verhängen lässt, liegt darin, dass er, als ein offenkundig selbst jüdischer Mann, sich einer ›fremden‹, nichtjüdischen Frau zugewandt hat. Zwar spricht das Gedicht nicht explizit von einem ›Liebesverrat‹, aber man kann unterstellen, dass dem dringlichen Appell, den das Gedicht ausmacht, Skrupel vorausgehen.²⁰ Alle neun Gebote des Gedichts – einerseits nach dem Vorbild des Dekalogs, aber eben nicht als Verbote, sondern als Gebote formuliert – laufen darauf hinaus, den Verrat, da er nun einmal nicht zu vermeiden ist, ethisch zu plausibilisieren: Die neue Liebe soll die vergangenen respektieren, ja, erhöhen, wie umgekehrt die vergangenen Lieben bewahrt und immer noch »mit dem Schmerz« geschmückt werden sollen, ohne der neuen Liebe zur Fremden ihr Daseinsrecht streitig zu machen. Unbedingte Offenheit und Ehrlichkeit soll der Liebhaber im Umgang mit der Lebenden und den Toten pflegen, und das Gleiche fordert er auch der geliebten Fremden ab.

Fürwahr ein hehres Programm, das – erlaubt man sich, es aufs gelebte Leben zu beziehen – den Beteiligten viel, vielleicht zu viel abverlangt. Und in der Tat war die Liebesbeziehung zwischen Paul Celan und Ingeborg Bachmann überwiegend schmerzlich und hat sich als nicht lebbar erwiesen.²¹ Was einen noch heute erschrecken kann, das ist, welche Bedeutung dem »Geschlecht der Geliebten«²² – hier in der Bedeutung von ethnischer, von Stammeszugehörigkeit (in nazistischer Terminologie: der ›Rasse‹) – zuwächst. Paul Celan, der von Haus aus alles andere als ein Rassist oder Deutschenhasser war, sieht sich »im Angesicht der Shoah« genötigt – so zeigt dieses Gedicht –, über seine Liebesempfindungen in fremddefinierten Kategorien der ethnischen Herkunft (die Nazis unterschieden bekanntlich ›arteigen‹ und ›artfremd‹) zu räsonieren und seine Liebe zu einer Nichtjüdin vor sich selbst, vielleicht auch vor Juden, die ihm nahestanden, zu legitimieren. Das von den Nazis verhängte ›Liebesverbot‹, das Verdikt der ›Rassenschande‹ wird von einem Betroffenen in umgekehrter Richtung, ›pervers‹ auf sich selbst bezogen. Die Nazis haben nicht nur Millionen von Menschen gemordet, sie haben auch die teuersten Gefühle eines Menschen, seine Liebe zu einer oder einem anderen, verstört, wo nicht ruiniert, indem sie an einem absurden Maß gemessen wurden. Zwar ignoriert der Sprecher des Gedichts dieses Maß und überspringt die durch das Naziverbot gezogene Grenze, indem er diese neun Gebote der Vereinbarkeit emphatisch-imperativisch an sich selbst richtet, aber gleichzeitig bringt das Gedicht zum Ausdruck, wie schwer dieser Schritt zur Souveränität ist.

»Todesfuge« von 1944/45 hatte bereits eine deutsche und eine jüdische weibliche Gestalt paradigmatisch kontrastiert, indem es in dreifach variierter Wiederholung »dein goldenes Haar Margarete« und »dein aschenes Haar Sulamith« neben- resp. gegeneinandersetzte. Diese Entgegensetzung (ganz am Ende des Gedichts nackt in zwei separaten Zeilen) manifestiert zum einen die seit der Shoah unwiderruflich getrennten Wege der mörderischen »Meister aus Deutschland« und ihrer jüdischen Opfer, und zum anderen bezeugt sie die Inspiration der Poesie dieses Autors aus dem bisher ungeschiedenen doppelten Fundus deutscher und jüdischer Dichtung und Kultur.[23] Ein Bewusstsein von der Besonderheit, dem nicht Selbstverständlichen einer solchen Liebesbeziehung nach der Shoah hatte auch Ingeborg Bachmann. Es durchzieht ihr ganzes Werk, die Lyrik ebenso wie die Prosa bis hin zum Roman »Malina« mit seinem Märchen von der Prinzessin Kagran. Aber auch in ihrer Erzählung »Drei Wege zum See« kann man eine Projektion des Dichters erkennen. Hier liebt die weibliche Hauptfigur Elisabeth Matrei einen Mann namens Trotta, der sie – so heißt es –»gezeichnet« hatte,

> weil er sie zum Bewußtsein vieler Dinge brachte, seiner Herkunft wegen, und er, ein wirklich Exilierter und Verlorener, sie, eine Abenteurerin, die sich weiß Gott was für ihr Leben von der Welt erhoffte, in eine Exilierte verwandelte, weil er sie, erst nach seinem Tod, langsam mit sich zog in den Untergang, sie den Wundern entfremdete und ihr [sic] die Fremde als Bestimmung erkennen ließ.[24]

Nun, »Elisabeth« ist nicht Bachmann und »Trotta« nicht Celan. Dennoch erhellt dieser Teil der Erzählung Wesentliches an der so schwierigen Liebe, um die es hier geht. Ingeborg Bachmann war keine Jüdin, vielmehr war sie durch den »Anschluss« Österreichs von ihrem zwölften bis zu ihrem neunzehnten Lebensjahr Staatsbürgerin des Großdeutschen Reiches gewesen. Erst in ihren Wiener Jahren, und nicht zuletzt durch ihre Begegnung mit Paul Celan, wurde ihr bewusst, dass die Nazizeit in ihrer Essenz das größte Verbrechen der Weltgeschichte bedeutete, den Massenmord an den Juden. Die Begegnung zwischen ihr und Celan, dem »wirklich Exilierten und Verlorenen«, barg deshalb von Anfang an eine Fremdheit, die leicht zur Entfremdung werden konnte. Gewiss, beide hatten die Gemeinsamkeit der deutschen Dichtersprache und der Kulturtraditionen der Donaumonarchie. Auch teilten sie den Hass auf die NS-Herrschaft und ihre Verbrechen. Und gleichzeitig waren sie für immer getrennt durch die schroffe Gegensätzlichkeit ihrer Herkünfte und Lebensläufe: hier der mit zeitweise übermächtigen Schuldgefühlen beschwerte Jude, dort die Deutsch-Österreicherin, wie ahnungslos sie als Jugendliche in der Nazizeit auch immer gewesen sein mochte. Dennoch ist diese Begegnung Inspiration für eine Vielzahl von großen Liebesgedichten geworden. Im Dezember 1957 hat Celan in Bachmanns Exemplar von »Mohn und Gedächtnis« 23 seiner Gedichte mit dem Eintrag »f.[ür] D.[ich]« versehen, darunter auch, noch einmal, »In Ägypten«.[25] Paul Celans Werk – das zeigt nicht minder der 1955 der Ehefrau Gisèle Celan-Lestrange gewidmete Band »Von Schwelle zu Schwelle« – steht nicht nur im Zeichen des Todes, des Thanatos, sondern auch des Eros.[26]

Auch nach Celans Übersiedlung nach Paris war die Beziehung zu Ingeborg Bachmann noch über ein Jahrzehnt lang wichtig für beide, bis 1961 die Korrespondenz verstummte. Dennoch blieb die Erinnerung an eine große Liebe mächtig, wie auf ergreifende Weise Bachmanns Romanfragment »Malina« beweist, das sie selbst eine »imaginäre Autobiographie« genannt hat.[27] Die in ihm enthaltene märchenhafte Erzählung »Die Geheimnisse der Prinzessin von Kagran« war schon vor Celans Tod Ende April 1970 entstanden, erfuhr aber danach eine tiefgreifende Umarbeitung. Die Geschichte von der zweitausend Jahre zurückliegenden Begegnung zwischen der schönen Prinzessin und dem »Fremden in dem schwarzen Mantel« wird nun bis an den Tod dieses Mannes herangeführt. Zweimal war die Prinzessin dem Fremden schon begegnet, »er lächelte aus den dunklen warmen Augen auf sie nieder« und »erweckte sie aus ihrem totenähnlichen Schlaf«. Ein vertrautes Gespräch ist noch möglich – »Die Prinzessin und der Fremde begannen zu reden wie von alters her, und wenn einer redete, lächelte der andere. Sie sagten sich Helles und Dunkles.« Aber auch beim zweiten Mal kann der Fremde sie nicht begleiten, weil er zurückmuss zu seinem Volk, »älter als alle Völker der Welt und [...] in alle Winde zerstreut«. Später nimmt der »Traum vom Fremden« die »Legende« wieder auf und führt sie zu einem schrecklichen Ende. Ein drittes Mal hat die Frauengestalt (jetzt nicht mehr die Prinzessin, sondern die Ich-Erzählerin selbst) den Fremden getroffen. Man wartet gemeinsam auf den Abtransport ins Vernichtungslager. Auf ein wiederum vertrautes, liebevolles Gespräch folgt die erneute und endgültige Trennung. Die Erzählerin (einmal als Prinzessin von Kagran angesprochen) träumt die Deportation des Geliebten im Lastwagen durch die Donau hindurch – und seinen Tod: »Mein Leben ist zu Ende, denn er ist auf dem Transport im Fluß ertrunken, er war mein Leben. Ich habe ihn mehr geliebt als mein Leben.«[28] Dieser lakonische Satz in der Mitte – »er ist auf dem Transport im Fluß ertrunken« – ist einer der großen Sätze der deutschen Literatur seit 1945. Der Lebenslauf eines Menschen, der von den Schrecken der Epoche gezeichnet ist, wird elliptisch in einen Satz zusammengezogen, der gleichwohl die Auskunft enthält, dass es Deportation (»Transport«) und Vernichtung der Juden waren, die, um 25 Jahre verzögert, zum Tod dieses Menschen geführt haben. Der Satz ist stimmig auf der Ebene der Traumerzählung – die Gruppe der Deportierten durchquert den Fluss Donau –, aber seine tiefere Wahrheit liegt auf einer anderen Ebene. Das Ertrinken ist nur die Todesart; die Todesursache ist der Massenmord an den Juden und das dadurch ausgelöste Schuldsyndrom des Davongekommenen. Dass alle Sequenzen von »Malina«, die um diesen »Fremden« kreisen, auf Paul Celan verweisen, legen die zahlreichen Zitate aus Gedichten Celans, die Bachmann zugeeignet waren (z. B. aus »Corona« und »Stille!«), in diesen Teilen des Romans nahe. Ein erstes Mal hatte die Autorin bereits in einigen Gedichten des Bandes »Die gestundete Zeit« von 1953 auf Celans Verse geantwortet, z. B. in »Dunkles zu sagen« und »Paris«. Im Geflecht all dieser Texte ist ein sehr ernstes, dichtes intertextuelles Spiel entstanden, das die Beziehung zwischen den beiden Dichtern tiefsinnig aufbewahrt.

In dem wohl in Wien entstandenen, gleichfalls Ingeborg Bachmann 1957 mit »f. D.« zugeeigneten Gedicht »Nachtstrahl« heißt der letzte Vers »Ich singe vor Fremden«.[29] So hat es Paul Celan in Wien empfunden – ja, auch und gerade in Wien. Gewiss, »[d]as Erreichbare, fern genug, das zu Erreichende« war Wien gewesen.[30] Doch die österreichische Hauptstadt, der man ihre Nazivergangenheit auf Schritt und Tritt anmerkte, machte Celan weder im Herzen froh, noch bot sie ihm eine Perspektive als Autor. Kaum in der Stadt angekommen, hatte er vorausschauend festgestellt: »[...] mit Literatur, besonders mit Poesie, läßt sich hier in Wien nicht viel anfangen.«[31] Vielleicht spielte auch eine Rolle, dass gerade die Gebiete um Wien herum, also Ober- und Niederösterreich, zur sowjetischen Zone gehörten und folglich für ihn nicht betretbar waren.[32] Und das Dilemma der gleichzeitigen Nähe und Fremdheit alles Deutschen ließ sich in dieser Stadt und zu diesem Zeitpunkt schon gar nicht auflösen. Paul Celan zog weiter, nach Frankreich. Die Sprache konnte er bereits. Seine Muttersprache nahm er als Dichtersprache mit.

Paris 1948–1952

Ein bewohnbarer Ort

Ilana Shmueli, Paul Antschels Freundin aus Jugendtagen in Czernowitz, und Isac Chiva, ein junger Jude aus Iași, den Paul Celan auf der Flucht in Budapest kennengelernt hatte, haben sich übereinstimmend daran erinnert, dass dieser schon beim Weggang aus Bukarest fest entschlossen gewesen sei, nach Paris zu gehen, um dort auch zu bleiben.[1] Als Celan dann den Entschluss fasste, Österreich wieder zu verlassen, war seine Entscheidung für Frankreich fast zwangsläufig. Oder wäre für ihn als Juden, der die Shoah überlebt hatte, Palästina eine lebbare Alternative gewesen, das Sehnsuchtsland seines Vaters? Vermutlich hat bereits damals sein Lebensziel, ein Dichter in seiner Mutter Sprache Deutsch zu werden, den Ausschlag gegeben gegen Palästina, das wenige Monate später zum Staat Israel werden sollte. Schon in Paris, am 2. August 1948, schrieb er an Verwandte in Palästina – offensichtlich in dem Bewusstsein, sich vor ihnen dafür rechtfertigen zu müssen, nicht nach Palästina zu gehen –:

> Ihr merkt, dass ich versuche, Euch zu sagen, daß es nichts in der Welt gibt, um dessentwillen ein Dichter es aufgibt zu dichten, auch dann nicht, wenn er ein Jude ist und die Sprache seiner Gedichte die deutsche ist.[2]

Und Deutschland? Nun, das Land als Ganzes gab es nicht mehr. Und auch die beiden deutschen Staaten Bundesrepublik und DDR waren im Juli 1948 noch nicht gegründet. Es gab die Sowjetische Besatzungszone SBZ (für den jungen Autor nach seiner Flucht aus Rumänien ausgeschlossen), und es gab die Bizone, gebildet aus der amerikanischen und der britischen Besatzungszone. Die französische Zone schloss sich im April 1949 an, so dass die Trizone entstand. Doch diese Nachfolgegebilde der NS-Diktatur, ab Juni 1948 noch dazu im Banne der Währungsreform, konnten für einen Juden, der den Massenmord nur mit Glück überlebt hatte, nicht anziehend sein. Es gab nur den »Alptraum eines physisch, moralisch und politisch ruinierten Deutschlands«, wie Hannah Arendt es in ihrem

Reisebericht »Besuch in Deutschland 1950. Die Nachwirkungen des Naziregimes« treffend ausgedrückt hat.³ Für Paris sprach vor allem, dass der junge Mann sich dort günstigere Studienbedingungen als anderswo versprach, weil er 1938/39 schon ein Jahr erfolgreich in Frankreich studiert hatte und das Französische vorzüglich beherrschte. Schließlich war Paris ein Faszinosum in vielerlei Hinsicht, und es musste den jungen Autor reizen, auf den Spuren von Rainer Maria Rilke und dessen Romanhelden Malte Laurids Brigge (er kannte das Werk in- und auswendig) zu wandeln. Die Entscheidung für Paris war, aus der Distanz betrachtet, plausibel, vernünftig und attraktiv. Doch wie die Erfahrung lehrt, sind Vernunftgründe und auch Sehnsüchte oft nicht ausreichend, um ein individuelles Leben zu einem glücklichen zu machen. Nach seinem ersten Dreivierteljahr Paris schrieb Paul Celan am 3. März 1949 an Max Rychner in Zürich,

> daß ich sehr einsam bin, und mir keinen Rat weiß mitten in dieser wunderbaren Stadt, in der ich nichts habe als das Laub der Platanen. [...] Dennoch glaube ich, in meiner Einsamkeit, oder gerade *durch* meine Einsamkeit, manches vernommen zu haben, was diejenigen, die eben erst Trakl oder Kafka entdecken, noch nicht gehört haben.[4]

Damit sind wichtige Stichworte genannt, die Celans Leben und Schreiben in Paris und ebenso, vorwegnehmend, seine problematische Rezeption in Westdeutschland seit 1952 betreffen. Nichts wurde einfacher, als Celan nach Paris ging. Zwar hatte Isac Chiva, der einige Monate vor ihm nach Paris gereist war, bereits bei den Behörden für ihn vorgefühlt,[5] trotzdem war der junge Mann in Frankreich zunächst ein wahrhafter Niemand: staatenlos, besitzlos, arbeitslos, namenlos.[6] Es brauchte Jahre, bis er in allen diesen Hinsichten ein Jemand wurde. Außer dem hilfsbereiten Chiva und Serge Moscovici – auch er ein rumänischer Jude, der mit Glück überlebt hatte, Kommunist wurde und 1947, vom neuen Regime enttäuscht, aus Bukarest geflohen war – kannte Celan niemanden. Es gab noch eine entfernte Tante, Hilde Ehrlich,[7] doch sein Onkel Bruno Schrager, der Bruder seiner Mutter, den er 1938/39 in der Rue des Écoles besucht hatte, war von Paris aus deportiert und in Auschwitz vergast worden. Celan nahm jetzt in der gleichen Straße, ganz in der Nähe der Sorbonne, im schlichten Hôtel d'Orléans sein Quartier, wo er bis 1953, als er schon verheiratet war, wohnen blieb. Ganz am Anfang war Paul Celan in Paris wirklich mutterseelenallein. Auch die zahlreichen Exilrumänen, die in Paris lebten – Constantin Brâncuși, E. M. Cioran oder Eugène Ionesco –, lernte der junge Mann erst später kennen. Max Rychners besorgte Bitte, dass die Stadt »nicht allzu hart umspringen möge« mit dem jungen Autor,[8] war nicht unbegründet. Aber ob er wollte oder nicht: Er wurde ein »Städtebewohner«, ganz im Sinne Bertolt Brechts im kalten Berlin der 20er Jahre,[9] und er erlebte seine »Mühen der Ebenen«, um noch einmal mit Brecht zu sprechen.[10] Es gelang ihm zwar, bald ein Stipendium einer Organisation für staatenlose Studenten (*Entr'aide universitaire*) zu ergattern, aber das half nicht sehr weit. In einer biographischen Notiz zur Veröffentlichung einiger Gedichte in der Anthologie »Stimmen der Gegenwart 1951«, die Hans Weigel herausgab, heißt es lapidar: »schlägt sich als Fabrikarbeiter, Dolmetscher und Übersetzer durch«.[11] Der junge Autor arbeitete die ersten drei Monate des Jahres 1949 tatsächlich für eine Fabrik der Elektroindustrie, aber vermutlich nicht als Handarbeiter, sondern als technischer Übersetzer.[12] Außerdem gab er privaten Sprachunterricht in Deutsch und Französisch.

Von Anfang an bewegte Celan sich im studentischen Milieu des Quartier Latin, und es gelang ihm auch trotz Hindernissen, sich als ordentlicher Student an der Sorbonne zu immatrikulieren, jetzt in den Fächern Germanistik – die deutsche Sprache und Literatur war seine erste Wahl, auch als Studienobjekt – und Allgemeine Sprachwissenschaft. Mit fast fünf Jahren Verspätung (zuletzt war er 1944/45 Student gewesen) konnte sich Celan also noch einmal gründlichen Sprach- und Literaturstudien widmen. Bereits im Juli 1950 schloss er sein Studium mit dem Erwerb der *Licence ès-Lettres* erfolgreich ab (einem akademischen Grad, der dem amerikanischen B. A. – Bachelor of Arts – oder auch dem heutigen B. A. in Deutschland entspricht). Anschließend bemühte er sich um die Zulassung zum Magisterstudium (*diplome d'etudes supérieures*) im Fach Germanistik. Sein großer Wunsch war es, eine Arbeit über Kafka schreiben. Doch kam diese, offenbar wegen Differenzen mit einem der zuständigen Professoren, nicht zustande.[13] Das Jahr 1952 veränderte Celans Leben in beruflicher und privater Hinsicht dann ohnehin so tiefgreifend, dass er schließlich sein Studentenleben beendete, ohne den Magisterabschluss oder gar die Promotion zu erreichen.

Nach einer Erinnerung Yves Bonnefoys, den Paul Celan schon bald nach seiner Ankunft in Paris kennenlernte und der einer seiner engsten Freunde bis ins Todesjahr blieb, hat dieser sich ihm gegenüber schon sehr früh dazu geäußert, wie er sich sein Leben in Frankreich vorstellte: »Vous êtes chez vous dans votre langue, vos réferences, parmi les livres, les œuvres que vous aimez.«[14] Andrei Corbea-Hoisie, der führende rumänische Celan-Forscher, hat 2017 in seinem Buch »Paul Celans ›unbequemes Zuhause‹. Sein erstes Jahrzehnt in Paris« ganz in diesem Sinne die Auffassung vertreten, der junge Mann habe seine »ständige Mühe« darauf verwandt,

> alle von der Wahlheimat gesetzten Filter der bürgerlichen Anerkennung (Studium, Einbürgerung, Berufsausübung) zu passieren, um hier jenseits seines Daseins als jüdisches Opfer der nazistischen Greuel oder später aufgrund seines wachsenden Ruhmes als Dichter deutscher Sprache als ein gewöhnlicher Mitbürger akzeptiert zu werden.[15]

Tatsächlich ist das Bestreben Paul Antschels (wie er ja immer noch offiziell hieß), sich zu integrieren, ja, sich zu assimilieren und ein »gewöhnlicher Mitbürger«, ein Franzose unter Franzosen zu werden, unübersehbar. Und das ist eine wichtige Erkenntnis, die alle Legenden von der nur träumerischen Existenz des Dichters ohne Bodenhaftung und nur vom Trauma des Verlusts der Mutter geschlagen Lügen straft. In allen drei Bereichen, die Corbea-Hoisie näher untersuchen konnte, hat der junge Mann zwischen 1948 und 1958 mit einer beachtlichen pragmatischen Hartnäckigkeit an seinen Zielen festgehalten und diese auch erreicht, wenngleich teilweise erst nach langer Wartezeit. All das – und natürlich dann auch seine Heirat mit der Französin Gisèle de Lestrange am Ende des Jahres 1952 – zeigt, dass Paul Celan zumindest bis weit in die 50er Jahre hinein nie ernsthaft eine Alternative zu dem Leben in Paris erwogen hat. Deutschland war weit weg, und das war ganz offenkundig gut für den aus seiner deutschsprachigen Heimat Vertriebenen. Er war, was die Bewältigung des täglichen Lebens anging, Realist und Pragmatiker – und kein Träumer.

Der Weg vom Staatenlosen (der er durch seine Flucht aus Rumänien geworden war) zum ordentlichen französischen Staatsbürger war mühselig und langwierig. Celan war ein *étranger*, ein Fremder,

der erst einmal einen Antrag auf Einbürgerung (*naturalisation*) stellen musste. Das Recht, einen solchen Antrag zu stellen, erwarb man erst, wenn man seinen ständigen Wohnsitz für fünf Jahre in Frankreich hatte – es sei denn, man konnte ein Diplom einer französischen Hochschule vorweisen. Dann war man bereits nach zwei Jahren antragsberechtigt. Theoretisch war dieser Zeitpunkt für Paul Celan schon im Sommer 1950 gekommen, als er die *licence* erworben hatte. Aber er schaffte es erst am 3. Januar 1951, beim Polizeirevier an der Sorbonne einen solchen Antrag einzureichen. Danach musste er immer wieder neue Anträge stellen, Unterlagen nachreichen (die er zum Teil gar nicht haben konnte), persönliche Vorladungen über sich ergehen lassen und Rückschläge hinnehmen. Vor allem wurde von ihm gefordert, einer ordentlichen Berufstätigkeit nachzugehen und so viel Geld zu verdienen, dass er dem französischen Staat nicht zur Last fiel. Ein Mann, der Gedichte schrieb, und noch dazu in deutscher Sprache, war den Behörden verdächtig. Dementsprechend ging man mit ihm um und wies ihn immer wieder ab. Auch seine Heirat mit einer Französin im Dezember 1952 brachte keinen Durchbruch. Immerhin gestattete man ihm, am 15. Juli 1954 – nachdem er bereits sechs Jahre in Frankreich lebte – letztmals das Gesuch auf Einbürgerung einzureichen. Wichtig war dem Mann von inzwischen Mitte dreißig, der im westdeutschen Literaturbetrieb mittlerweile einen klingenden Namen hatte, dabei vielleicht am meisten, dass sein Antrag auf Namensänderung von Antschel zu Celan genehmigt wurde. In seinem Ersuchen in der Namensfrage spielte er auf seinen »nom de plume« an, unter dem er mittlerweile in französischen wie ausländischen literarischen Kreisen bekannt sei. Dieser Name (Celan)

> semblait avoir une consonance plus française que mon vrai nom. [...] Ce nom comporte d'ailleurs, après inversion des deux syllables de mon nom actuel, cinq sur les huit lettres de celui-ci [Antschel].[16]

Es dauerte noch einmal ein ganzes Jahr, bis am 8. Juli 1955 sein *décret de naturalisation* unterzeichnet und er mit dem Namen Paul Celan französischer Staatsbürger wurde.[17] Als solcher konnte er von Januar bis März 1956 in Genf beim *Bureau International du Travail* als Übersetzer arbeiten und ab November desselben Jahres den

Deutsch-Lektor an der *École Normale Supérieure de Saint Cloud* für ein Dreivierteljahr vertreten. Aber erst im Herbst 1959 konnte er eine unbefristete Stelle als *Lecteur d'Allemand* an der ENS in der *Rue d'Ulm* antreten.

Doch damit ist weit vorgegriffen. Die Jahre 1948 bis 1952 stehen vor allem unter einem Ziel: ein Autor, ja, ein Dichter deutscher Sprache zu werden, nicht nur für sich, sondern in der Öffentlichkeit. Damit ging es freilich nicht recht voran. Das Wiener Debüt war quasi untergegangen, und in den Jahren 1949/50 erschienen nur spärlich neue Texte: ein paar Gedichte in der Zeitschrift »Die Wandlung« (vermittelt von Marie Luise Kaschnitz, die er im Oktober 1948 kennengelernt hatte), die Aphorismenfolge »Gegenlicht« in Rychners Zeitung »Die Tat« in Zürich, schließlich eigene Gedichte und Übersetzungen von Texten Bretons, Aimé Cesaires und anderer in dem schönen Heft »Surrealistische Publikationen«. Das war alles. Überdies entstanden nur wenige neue Gedichte. Der Pariser Anfang war hart und ernüchternd und ließ Celan immer wieder neu darüber nachdenken, wie er seiner Karriere als Dichter Schwung verleihen könne. Und vielleicht war es dieser Umstand, der Celan eine nähere Beziehung eingehen ließ, deren Folgen für ihn nicht absehbar waren. Es war gegen Ende des Jahres 1949, als er dem Ehepaar Yvan und Claire Goll begegnete.

Yvan Goll litt seit längerem an Leukämie, die er ab Oktober 1949 im Amerikanischen Hospital von Paris behandeln ließ. Hier suchte ihn Celan gleich am 6. November mit Grüßen von Margul-Sperber auf, schenkte ihm sein erstes Bändchen, »Der Sand aus den Urnen«, (das er doch eigentlich hatte makulieren lassen) und kam fortan mehrmals in der Woche ins Krankenhaus, häufig mit Klaus Demus zusammen, der im Jahr 1949/50 in Paris studierte. Seit 1947 arbeitete Goll an einer Sammlung von Gedichten in deutscher Sprache (den ersten seit den 20er Jahren), die seine Frau Claire 1951, nach seinem Tod, unter dem Titel »Traumkraut« veröffentlichte, sowie an einem zweiten deutschsprachigen Zyklus, »Neila« (publiziert 1954). Auf Yvan Golls Bitten übersetzte Celan in diesen Monaten einige Gedichte aus dessen jüngstem Band, »Élégie d'Ihpétonga suivi de Masques de cendre«, die dem Älteren so gut gefielen, dass er den Wunsch äußerte, Celan möge diese Übersetzungsarbeit nach seinem Tode fortsetzen. Ja, seine Zuneigung reichte so weit, dass er »Paul Celan, poète, habitant à Paris«, in seinem letzten Testament vom

9. Februar 1950 als eine von fünf Personen benannte, »die für einen Fond Claire et Yvan Goll verantwortlich zeichnen, falls seine als Universalerbin eingesetzte Frau, Claire Goll [...], vor oder gleichzeitig mit ihm sterben sollte«.[18] Als Yvan Goll am 27. Februar 1950 seiner Krankheit erlag, waren die Witwe Claire und Paul Celan und mit ihm andere junge Dichter wie Klaus Demus in Trauer vereint. Claire Goll rühmte noch bei der Herausgabe von »Traumkraut« 1951 in ihrem Vorwort, dass »junge Dichter« ihrem Mann in seinen letzten Lebensmonaten »ihr Blut geborgt hätten«.[19] Einer der Blutspender war Paul Celan. Dass mit der bereitwilligen Übernahme von Übersetzungen Goll'scher Gedichte, um die ihn die Witwe in diesen Wochen bat, eine Kette von Anschuldigungen und Denunziationen in Gang kam, die im Jahre 1960 ihren Höhepunkt erreichte, konnte der junge Autor damals nicht ahnen. Später verwünschte er den Augenblick, in dem er dem Ehepaar Goll begegnet war. Was bleibt, ist ein bewegendes Gedicht mit dem Titel »Der Tod«, das Celan zwei Wochen vor Golls Tod an dessen Sterbeort Neuilly-sur-Seine schrieb.[20]

Ein Freundeskreis in Paris bildete sich nur langsam, aber er bildete sich. Dabei gab es um 1950 in Paris keine Szene junger deutschsprachiger Poeten wie in London (zu der Franz Baermann Steiner, Hans Eichner, Jeremy Adler und Erich Fried, später auch Michael Hamburger gehörten). Das lag wohl daran, dass Frankreich bis Ende 1944 ein von den Deutschen besetztes Land war, und Großbritannien nicht. Celan war in Paris der einzige Deutsch sprechende unter Franzosen, ein Fremder unter Fremden, und das blieb noch lange so. Am Anfang waren besonders die beiden jungen Freunde wichtig, die wie er von weit her nach Paris geflüchtet waren: die schon genannten Isac Chiva und Serge Moscovici. Die drei studierten zunächst gemeinsam an der *Faculté des Lettres*. Später trennten sich ihre Wege. Moscovici wurde ein renommierter Sozialpsychologe, Chiva ein ebensolcher Ethnologe.[21] Nach und nach kamen Paul Celan manche dieser »Fremden« nahe. Einer der ersten war der ebenfalls schon erwähnte Yves Bonnefoy, der nach Celans Tod einen anrührenden Blick zurück auf den Freund in dieser Zeit geworfen hat:

> Sein Lächeln war, obwohl es häufig die Aufwallungen des verletzten Gedächtnisses verschleierte, die Zärtlichkeit selbst. Seine Bewegungen hatten, vor allem in den ersten Jahren nach Wien – in der Zeit des Zimmers in der rue des Écoles, der Mensen, der

archaischen Schreibmaschine mit ihrem Peristyl eines griechischen Tempels, der Mittellosigkeit –, etwas Nonchalantes, und sein Kopf neigte sich in schöner Bewegung zur Schulter, als wollte er den Freund, von dem man sich für einen Tag trennt, nach lebhaften nächtlichen Gesprächen lange durch die sommerlichen Straßen begleiten.[22]

Eine kurze Liebesbeziehung entstand im August 1949, als Celan die junge Holländerin Diet Kloos, Musikstudentin und später Oratoriensängerin, kennenlernte. Sie war 1941 in einer Widerstandsgruppe aktiv gewesen. Der Mann, den sie gerade geheiratet hatte, Jan Kloos, wurde Ende 1944 von der Gestapo verhaftet und einige Wochen später erschossen. Sie selbst wurde nach sieben Wochen Haft entlassen – verwitwet mit zwanzig Jahren. So waren Diet Kloos und Paul Celan durch den Hass auf die Nazis einander verbunden, aber doch auch durch ihre künstlerischen Neigungen und Diet Kloos' Offenheit für die Gedichte, die Celan ihr vorlas oder schickte. Die sehr persönlichen Briefe, die er an die Freundin richtete, sagen viel über seine anfängliche Ortlosigkeit, seine existentiellen Nöte, die Macht der traumatischen Vergangenheit über seine Gegenwart. So heißt es in seinem Brief an Diet Kloos vom 21. September 1949: »Ich brauche auch viele bittere Stunden, um mir das, was man das tägliche Brot nennt, zu erwerben: in Paris ist das für so ungeschickte Ausländer wie ich es bin, nicht leicht.«[23] Und weiter:

Ich glaube, Du hast mal die Linien meiner Hand angesehen, Diet; so wirst Du Dich vielleicht erinnern, daß meine Lebenslinie zweimal abreißt, um sich in zwei voneinander getrennten kleineren Linien fortzusetzen. Nun, mir will scheinen, daß ich gerade da stehe, wo dies zum zweitenmal geschieht, wo ich mich von mir selber abspalte, Gott weiß zu welchem Zweck. Immer weniger gleiche ich dem verspielten Knaben, der ich so gern war, und – verzeih – ich verschmerze das Unwiederbringliche schwerer als es einem erlaubt sein mag, der zu wissen glaubt, wie ein Auge im Dunkel strahlt.
All das, aber auch manches, das, aus der Vergangenheit herüberreichend, nicht zum Entwirren dienen kann, wird wohl noch geraume Zeit Macht über mich behalten[24]

Hier spricht ein hoch reflektierter Mann von Ende zwanzig über sich selbst, nüchtern und keineswegs wehleidig. Er weiß, dass die Wahl von Paris als Lebensort auf Dauer so etwas wie eine »Abspaltung« von seiner bisherigen Existenz erforderlich macht: das Ende einer »Lebenslinie« und den Beginn einer neuen. Das ist ein Akt nicht ohne Gewaltsamkeit. Und die Ahnung, dass »das Unwiederbringliche« Macht über ihn behalten werde »wohl noch geraume Zeit«, diese Ahnung sitzt tief. Einem späteren Brief an Diet Kloos hat Celan das Gedicht »Rauchtopas« beigefügt. Der Schluss des Gedichts lautet: »wo jedes Du ein Ast ist, / an dem ich hänge als ein Blatt, nie als ein Mensch.«[25] Der folgende Brief an die Freundin spielt noch einmal auf das Gedicht an, wenn der Schreiber konstatiert: »Und dazwischen: ich, Paul Celan, ein Mann, der vielleicht doch noch ein Baum wird, wenn der Abend es will.«[26] Ob der junge Jude damals schon die Kabbala so weit präsent hatte, dass er an den entwurzelten Gottesbaum Sefiroth dachte, der seine Wurzeln gen Himmel streckte und dessen Krone zur Erde gewandt war? Wohl eher nicht. Aber ohne Zweifel sind diese Jahre 1949, 1950, 1951 Jahre der Unsicherheit und der Suche nach Orientierung, die auch schrittweise gelingt.

Eine andere Liebesbeziehung dieser Zeit führte eher in ein endgültiges (so schien es zumindest) Scheitern hinein: Im Herbst des Jahres 1950 kam es noch einmal zu einem Versuch von Ingeborg Bachmann und Paul Celan, ihre bereits in Wien so schwierige Beziehung fortzusetzen. Die Freundin zog im Oktober nach Paris, aber im Dezember ging sie nach Wien zurück. Ein Zusammenleben wollte nicht gelingen, weil, so schrieb sie an Hans Weigel, »wir aus unbekannten, dämonischen Gründen uns gegenseitig die Luft wegnehmen«.[27]

Für den Sommer und Herbst 1951 ist noch die Begegnung Celans mit einer Berliner Studentin zu erwähnen, von der zunächst nur der Vorname »Hannele« bekannt war. Sie hieß damals Hannelore Scholz, hat später in Berlin als Übersetzerin für den Film gearbeitet und den Maler Egon Hoelzmann geheiratet. Die erhaltenen fünf Briefe Celans an diese Frau[28] lassen erkennen, dass es sich um eine zeitweise enge Beziehung handelte, denn Celans Ton in diesen Briefen ist von Nähe und Vertrautheit gekennzeichnet. Offenbar hat er Hannelore Scholz auch im August 1951 in London getroffen, als er seine Tante Berta Antschel besuchte. Vielleicht kam es auf dieser Reise zur Begegnung mit dem österreichisch-böhmisch-jüdischen Dichterkreis um Franz

Baermann Steiner, vielleicht auch nicht. Interessant ist, wie Celan sich in einem dieser Briefe zu Paris und seiner persönlichen Situation äußert:

> Bei mir nicht viel los. Tasten. [...] Kein Anschluß ans Leben: auf diese Formel ließe sich wohl das meiste bringen, was sich gebeten oder ungebeten gegen die Mitte drängt – kein richtiger, verpflichtender Anschluß an das, was man sein eigen nennt.[29]

Und an anderer Stelle die lebenskluge Einsicht: »Ja, Paris muss man sich ebenso erfinden wie alles übrige, sonst besteht es nicht.«[30] Celan schreibt Hannelore Scholz aber auch davon, wie er nach einer kurzen Reise in sein Hotel zurückkommt und sein Zimmer besetzt findet; keine günstige Konstellation, um sich in dieser Stadt heimisch zu machen und »Anschluß ans Leben« zu gewinnen. – Im Dezember 1967 – nach sechzehn Jahren! – kam es zu einem unverhofften Wiedersehen Celans mit Hannelore Scholz, als sie in Berlin seine Akademielesung besuchte und er sich drei Tage später noch einmal mit ihr traf.[31]

Im November 1951 begegnete Paul Celan der Malerin und Graphikerin Gisèle Lestrange, der er bis an sein Lebensende in Liebe verbunden bleiben sollte. Es war merkwürdig, dass die Frau, die fraglos der wichtigste Mensch in seinem ganzen Leben wurde – »un être vraiment exceptionel«,[32] wie er Petre Solomon 1957 schrieb –, den Namen »die Fremde«» trug, und natürlich war sich der Dichter dieser symbolischen Konstellation immer bewusst (gelegentlich sprach er liebevoll von seinem »Fräulein Seltsam«). Gisèle Lestrange war keine Jüdin, und sie sprach nicht deutsch. Sie entstammte der französischen Aristokratie – einer Familie, die sich während der deutschen Okkupation still verhalten und mit der Résistance nichts im Sinn gehabt hatte. Überdies war das Mädchen streng katholisch erzogen worden. Die Distanz der zwei Lebensläufe, die hier aufeinandertrafen, war also beträchtlich. Aber Gisèle Lestrange war eine souveräne, selbstbestimmte, von Vorurteilen freie Frau, und zudem war sie eine hochbegabte, sensible Künstlerin. So entstand eine zutiefst liebevolle, in der wechselseitigen künstlerischen Inspiration fruchtbare Beziehung, die auch den seelischen Erschütterungen des Autors seit den Diffamierungen des Jahres 1960 standhielt, im Grunde noch über Celans aggressive Akte gegen seine Frau und seinen Sohn und über die Trennung im Jahr 1967 hinaus. Am 23. Dezember 1952 heirateten Paul Celan und Gisèle Lestrange, und im Oktober 1953 kam ein Kind zur Welt, der Knabe François, der jedoch bald nach der Geburt starb. Im Juni 1955 wurde der Sohn Eric Claude geboren – Paul Celan wählte die Namen des verschollenen Freundes Erich Einhorn und des erreichbaren Wiener Freundes Klaus Demus als Namenspatrone. Passend dazu wurde der so lange Staatenlose, wie schon erwähnt, im gleichen Sommer 1955 endlich als Franzose eingebürgert. Eine spürbare ökonomische Absicherung erlangte die junge Familie, als Gisèles Mutter, die Marquise Odette de Lestrange, sich 1954 in ein Kloster zurückzog und ihren Nachkommen, darunter auch Celans Ehefrau, ihren Besitz vermachte.[33]

War es das, was Paul Celan »Anschluß ans Leben« verschaffte, die Ehe, das gemeinsame Kind, die Rolle als Vater? Ja, so wird es wohl gewesen sein. Andrei Corbea-Hoisie urteilt pointiert:

Die Leidenschaft für anarchistische und nihilistische Schriften, mit der er prahlte, und seine öffentlichen Revoltegesten, die mehr als einfache Allüren waren, kohabitierten mit einer eigentlich geheimen (klein)bürgerlichen Abneigung gegen jede Sorte Leichtfertigkeit im zivilen Leben [...] Das äußere Bild, das der von Frau und Kind umgebene Dichter vermittelte, wirkte fast patriarchalisch (oder zumindest durchaus »bürgerlich«) auf diejenigen, die zum Abendessen [...] eingeladen waren.[34]

Erika Tophoven, die Frau des Übersetzers Elmar Tophoven, die oft zu Gast war in der Familie, erlebte die Beziehung Celans zu seiner Frau als gleichzeitig »liebenswürdig und formell, höflich und kontrolliert«, »ohne Spontaneität und augenfällige Gesten der Zärtlichkeit.«[35]

Was auf den ersten Blick irritiert, leuchtet nach einigem Nachdenken ein. Paul Celan war nicht nur avantgardistisch, politisch links oder gar revolutionär. Er arrangierte sich im Paris der frühen 50er Jahre mit den gegebenen Umständen, und auch wenn man seine Verbindung mit Gisèle Lestrange eine Liebesheirat nennen möchte, so wird man gleichzeitig nicht übersehen, dass sie ihn seinem Ziel, sich zum französischen ›Normalbürger‹ zu machen und als solcher anerkannt zu werden, einen entscheidenden Schritt näher brachte. Aber es sollte nicht vergessen werden, dass die Wurzeln von Paul Celans neuer Bürgerlichkeit, die sich auch in seiner Art, sich zu kleiden, oder in seinem auffallend höflichen Umgang mit anderen Menschen zeigte, in seiner Kindheit und Jugend in der Bukowina liegen: in der eher altmodisch anmutenden Erziehung durch Vater und Mutter und in der österreichisch-kakanischen Lebensart generell.

Corbea-Hoisie konstatiert am Ende seiner Recherche zu den Lebensumständen Paul Celans in den 50er Jahren, es habe »eine bewundernswerte Vielfalt von Beziehungen in den verschiedensten und nicht selten gegensätzlichen bis inkompatiblen Milieus [gegeben], die er genau zu trennen wusste«.[36] Und er nennt anschließend eine große Zahl von Namen aus den Bereichen Verwandtschaft, Fluchtgefährten, Wiener Freunde, neue Pariser Bekanntschaften, rumänische Exilanten und ehemalige Czernowitzer. Nein, Celan war nicht andauernd einsam und unglücklich im ersten Jahrfünft seines Pariser Lebens. Er unternahm lange Spaziergänge durch die große Stadt, er ging ins Kino, er besuchte Antiquariate und Cafés. Er lud Leute zum Essen ein, wenn er gerade einmal genug Geld hatte, und genoss die Gemeinsamkeit. Er feierte, er tanzte und sang.

Die ersten beiden Sätze von Rilkes »Die Aufzeichnungen des Malte Laurids Brigge« (die Celan so liebte) nach der Ankunft des Protagonisten in Paris lauten: »So, also hierher kommen die Leute, um zu leben, ich würde eher meinen, es stürbe sich hier.«[37] In den Jahren 1948 bis 1952 folgte Paul Celan diesem manierierten Romanbeginn von 1910 in keiner Weise. Er lebte. Was für ihn in diesen Jahren keine Rolle spielte – und nicht zu seinem Nachteil –, das war Deutschland.

Wo aber ist der Lyriker Paul Celan geblieben in diesen ungefähr vier Jahren von seiner Ankunft in Paris im Sommer 1948 bis zum Frühjahr 1952, als er der Einladung zum Treffen der Gruppe 47 folgte und zum ersten Mal nach Deutschland reiste? Nun, er schloss Ende April 1952 den Band »Mohn und Gedächtnis« ab, der sein erstes offizielles Buch werden sollte (nach der von ihm selbst gewünschten Makulierung seines ersten Bändchens, »Der Sand aus den Urnen«, vom Sommer 1948),[38] für das er aber noch keinen Verlag gefunden hatte. In diesem neuen Band versammelte Celan 56 Gedichte, von denen 26 bereits in dem ersten Wiener Bändchen standen, während die meisten neueren Texte vorab in deutschsprachigen Zeitschriften erschienen. Der Autor schied jetzt – das ist bemerkenswert – Gedichte aus, die er vor 1943 geschrieben hatte, und das heißt: Gedichte, die vor seinem Wissen um den Tod der Eltern entstanden

waren. Schaut man sich die Entstehungsdaten der Gedichte aus
»Mohn und Gedächtnis« genauer an, dann fällt auf, dass sowohl
in dem Jahr des Umzugs von Wien nach Paris 1948 als auch in den
folgenden Jahren 1949 und 1950 jeweils nur eine Handvoll lyrischer
Texte entstand, wohingegen Celan 1951 immerhin etwa ein Dutzend
Gedichte schrieb, die in dem vierten und letzten Zyklus, »Halme
der Nacht«, versammelt sind. Der Zyklus schließt mit dem Gedicht
»Zähle die Mandeln« (entstanden im April 1952), einem von Celans
berühmtesten Gedichten, das er selbst auch immer wieder vorgetragen hat – in Niendorf vor der Gruppe 47 ebenso wie im Rundfunk,
in Israel 1969 und bei einer Vielzahl von Lesungen in westdeutschen
Städten. Das Gedicht beginnt:

Zähle die Mandeln,
zähle, was bitter war und dich wachhielt,
zähl mich dazu:[39]

Die beiden letzten Verse nehmen diesen dreifachen Imperativ vom
Anfang wieder auf, und sie zeigen, dass Paul Celan an den Maximen
seiner früheren Gedichte seit 1943 entschieden festgehalten hat.
Seine Gedichte sind kein Vogelgezwitscher in einem ästhetischen
Nirgendwo. Vielmehr haben sie immer ihren Ort und ihre Zeit, ihr
Datum. Das entscheidende Datum ist für den Dichter das geplante
und sodann in die Tat umgesetzte Mordprogramm der deutschen
Nationalsozialisten, am ehesten zu fassen in jenem »20. Jänner«
1942, an dem ein Dutzend SS-Offiziere und ein zweites Dutzend führende Nazibürokraten in einer schönen Wannseevilla die sogenannte
Endlösung der Judenfrage durchorganisierten (nicht »beschlossen«,
wie oft fälschlich zu lesen). Von diesem Datum wird Paul Celan
erst im Vortrag seiner Büchnerpreis-Rede am 22. Oktober 1960
in Darmstadt sprechen (und auch da nur andeutungsweise). Vermutlich waren seine historischen Kenntnisse um 1952 auch noch
nicht so differenziert, dass er von der konkreten Bedeutung dieses
20. Januar 1942 gewusst hätte. Aber von der Intention her besteht
dieses ›Schreibprogramm‹ schon seit der Nachricht von der Ermordung der Mutter im Spätwinter 1943. Das Gedicht »Der Reisekamerad«, wohl 1951 entstanden, hat einen wichtigen Platz in der
Reihe der Gedichte Celans, in denen er einen expliziten Bezug seines
Gedichteschreibens zu der toten Mutter herstellt:

Deiner Mutter Seele schwebt voraus.
Deiner Mutter Seele hilft die Nacht umschiffen, Riff um Riff.
Deiner Mutter Seele peitscht die Haie vor dir her.

Dieses Wort ist deiner Mutter Mündel.
Deiner Mutter Mündel teilt dein Lager, Stein um Stein.
Deiner Mutter Mündel bückt sich nach der Krume Lichts.[40]

In den drei Versen der ersten Strophe ist die Seele der Mutter (deren Körper offenbar nicht mehr existent, sprich: die verstorben ist) das grammatische Subjekt, und damit auch der Leitstern, die Geleitende in klippenreicher See, ja, sogar die Antreibende bei der Jagd auf die »Haie«. In der zweiten Strophe wechselt die Perspektive. »Dieses Wort« ist jetzt das handelnde Subjekt, das als »Mündel« der Mutter, unter ihrer Vormundschaft und Geleit tätig wird. Es ist nicht einfach identisch mit dem empirischen Individuum, das Gedichte schreibt. Vielmehr teilt das Mündel der Mutter »dein Lager, Stein um Stein«, ist also gleichsam Bettgenosse und »Reisekamerad« dessen, der hier schreibt und sich selbst anspricht, sein Alter Ego. Die »Krume Lichts«, nach der sich »[d]ieses Wort« »bückt«, kann man als das – vielleicht – gelingende Gedicht verstehen, das nie Selbstzweck ist, sondern immer unter der Vormundschaft der toten Mutter seine Form findet. Der Sprechende ›macht sich bitter‹, möchte »zu den Mandeln« gezählt werden, wie es in dem auf »Der Reisekamerad« wenige Seiten später folgenden Gedicht »Zähle die Mandeln« heißt, das den Band abschließt.[41]

Als Autor dieser und ähnlicher Gedichte machte sich Paul Celan am 21. Mai 1952 auf den Weg zur Tagung der Gruppe 47 in Niendorf an der Ostsee, unweit Lübeck. Zum ersten Mal seit seiner Durchreise durch Südwestdeutschland im Juli 1948, von Innsbruck über Straßburg mit dem Ziel Paris vor Augen, betrat er deutschen Boden.

»Ein *Fremder* war da gewesen«
Lesen vor der Gruppe 47

Über Paul Celans Lesung vor der Gruppe 47 im Mai 1952 in Niendorf an der Ostsee ist mittlerweile viel geschrieben worden, vielleicht schon zu viel. Aber fragt man nach dem Wechselverhältnis zwischen diesem Autor und den Deutschen, dann ist es unvermeidlich, auf dieses seltsame Ereignis einzugehen. Schließlich markiert es Celans Eintritt in die deutsche Literaturgesellschaft und fügt ihm gleichzeitig eine tiefgehende Kränkung zu. Der berichtende Anteil soll dabei so kurz wie möglich gehalten werden. Was immer noch nottut, ist eine überzeugende Analyse dessen, was Theo Buck »die unbegreifliche, diffamierende Ablehnung« des Dichters und seiner Gedichte in Niendorf nennt.[1]

Nein, diese Ablehnung ist ›begreiflich‹, und eben um das, was diese begreiflich macht, soll es im Folgenden gehen. Dabei ist die ausführlichste, im Urteilen entschiedenste Darstellung von Klaus Briegleb, zuerst 1997 in Aufsatzform und 2003 ausgeweitet zu einer »Streitschrift« mit dem Untertitel »Wie antisemitisch war die Gruppe 47?«, nur bedingt hilfreich. Denn sie reduziert die Gruppe 47 auf eine Agentur zum Zweck der »Mißachtung« des Judentums und der Shoah und den Erfinder und Leiter Hans Werner Richter zu einem von Angst getriebenen Mann vor einem »Tabu«, nämlich der »Angst vor einer wirklichen Begegnung mit *Juden und Judentum nach der Shoah*«.[2] Briegleb hat diesen geradezu verschwörungstheoretischen Ansatz für die gesamte zwanzigjährige Lebensdauer der Gruppe – von 1946 bis 1967 – unerbittlich durchgezogen und verfehlt damit sowohl das Phänomen Gruppe 47 wie auch ihren Leiter, den er regelrecht diffamiert. Kein Wunder, dass Sabine Cofalla in ihrer bahnbrechenden Studie »Der ›soziale Sinn‹ Hans Werner Richters«, den sie ihrer Edition der Korrespondenz des Leiters der Gruppe 47 beigegeben hat, die Lesung Celans und damit auch Brieglebs Aufsatz von 1997 (den sie kannte) fast vollständig ignoriert und die Titelfrage von Brieglebs späterem Buch in ihrer gesamten Studie nicht einmal berührt.[3] Dass dieser richtige Momente der Ablehnung von Paul Celan trifft (und ein wichtiges Moment ist latenter, nicht zu Bewusstsein kommender Antisemitismus), steht außer Frage. Aber die Rigidität und Pauschalität von Brieglebs ›Methode‹ rauben seiner »Streitschrift« die Überzeugungskraft. Allerdings geht auch Heinz Ludwig Arnold fehl, wenn er Briegleb den Satz entgegenhält: »[D]ie Gruppe 47 war vermutlich genauso antisemitisch wie *die* Deutschen damals auch.«⁴ Wenn das stimmte, dann wäre die frühe Gruppe 47, die sich als dezidiert antifaschistisch verstand, tatsächlich *ziemlich* antisemitisch gewesen. Denn das gilt für eine (west)deutsche Bevölkerung, die keine zehn Jahre zuvor noch mehrheitlich an Volk und Führer glaubte, allemal.

Im Folgenden soll vor allem Paul Celan selbst zu Wort kommen – in den aufschlussreichen, um Erklärung ringenden Briefen, die er an Gisèle Lestrange schickte. Außerdem hat die Studie eines Insiders der Gruppe 47 besonderes Gewicht, nämlich Rolf Schroers' Aufsatz »Gruppe 47 und die deutsche Nachkriegsliteratur« von 1965, dessen literatursoziologische Analyse wie von Pierre Bourdieu inspiriert wirkt⁵ und damit manches von Cofallas Studie aus dem Geist Bourdieus vorwegnimmt. Doch zunächst die Tatsachen.

Das erste Mal spricht Ingeborg Bachmann in ihrem Brief an Paul Celan vom 3. November 1951 davon, dass er eine Einladung der Gruppe 47 zu einer Tagung im Frühjahr 1952 zu erwarten habe, die »irgendwo in Westdeutschland« stattfinden werde, und sie nennt Milo Dor, einen gemeinsamen Freund aus der Wiener Zeit, als weiteren Vermittler. Bachmann betont die Wichtigkeit einer solchen Tagung, »weil die ganze deutsche Presse eingeladen ist, die Literaturleute der deutschen Sender etc., die sofort die besten Erzaehlungen, Gedichte etc. kaufen.«⁶ Celan antwortet erst mehr als drei Monate später auf diesen und einen weiteren Brief der Frau, die noch vor kurzem seine Geliebte war und die er jetzt – nach seiner immer enger werdenden Beziehung zu Gisèle Lestrange – explizit auf ein Verhältnis der Freundschaft verpflichten möchte. Wiederum mehrere Wochen später, am 9. Mai 1952, berichtet Bachmann aus Wien, dass sie und Milo Dor Hans Werner Richter eine Einladung Celans zur Tagung der Gruppe 47 abringen konnten – in Niendorf bei Lübeck, wo der Nord-Westdeutsche Rundfunk (NWDR) ein Tagungshaus direkt an der Ostsee unterhielt. Dem Brief lag eine Postkarte bei, auf der Richter Celan (von dem er so gut wie nichts gelesen hatte) zur Teilnahme an der Tagung einlud.⁷

Für den staatenlosen Dichter in Paris war das ganze Vorhaben ein Abenteuer, aber doch ein sehnlich erwartetes. Er war zwar von Paris aus bereits in der Schweiz und in London gewesen, aber in das Land der Deutschen zu reisen, wo die Mörder seiner Eltern lebten – das war etwas anderes. Er war im Besitz eines Reiseausweises für Flüchtlinge und durfte jetzt, am 21. Mai 1952, auch ohne Schwierigkeiten mit der Eisenbahn von Paris nach Hamburg fahren, freilich tat er das voller Unbehagen und vielleicht auch Angst. An Gisèle Lestrange, die ein gutes halbes Jahr später seine Ehefrau wurde, schrieb er kurz vor seiner Abreise:

> Mein Engel,
> diese Zeilen werden Sie in dem Augenblick erreichen, in dem mein Zug in Hamburg, Deutschland, halten wird ... Heute, drei Stunden vor meiner Abfahrt, spüre ich, wie fremd mir dieses Land ist. Fremd trotz der Sprache, trotz vieler anderer Dinge ... Ma chérie, ich werde immer nur mit Ihnen leben können, bei Ihnen, in Ihrem Land, in Paris. Paris habe ich zwar vor Ihnen geliebt, aber für Sie, Sie dort erwartend.[8]

Es ist bemerkenswert, dass Celan nicht nur die Fremdheit von Deutschland betont, sondern auch ein Bekenntnis zu Frankreich und Paris anschließt, als Versprechen für Gisèle, aber auch – und ebenso wichtig – im Sinne eines verpflichtenden Bekenntnisses vor sich selbst; fast so, als ob eine Abkehr von Paris als dem Domizil der vergangenen vier Jahre und ein Umzug nach Deutschland zur Debatte gestanden hätte. Das war nicht der Fall, aber Celan war klar, dass ihn die nähere Bekanntschaft mit dem Land der Täter, die die gleiche Sprache sprachen wie er selbst, verstören und, ja, wohl auch in Angst versetzen musste. Auch in dem Brief an die Geliebte vom nächsten Tag aus Hamburg – die Stadt gefällt ihm, von deren Zerstörung durch die Bomben sieht er wohl wenig – betont er vor allem: »mein Leben hat nicht viel Sinn, wenn ich fern von Ihnen bin«.[9] Sechs Tage später, nachdem er seine Gedichte vor der Gruppe gelesen hat, heißt es im nächsten Brief nach Paris: »alles ist so überwältigend gewesen, so verworren, widerspruchsvoll.«[10] Augenscheinlich fehlen ihm gerade Gisèle, der Französin, gegenüber, die nicht deutsch spricht und der alles Deutsche noch ganz fremd ist, die geeigneten Worte, um sie wirklich ins Bild zu setzen. Stattdessen betont er, dass ihm eine Aufnahme beim NWDR in Hamburg 400 Mark eingebracht habe. Das war für ihn zu der Zeit viel Geld und somit erwähnenswert. Im Brief vom 30. Mai, zwei Tage später (inzwischen ist Celan nach Frankfurt a. M. weitergereist), betont er Gisèle gegenüber, dass er wohl »jedes Nachdenken auf später [...] verschieben« müsse. »Sicherlich brauche ich Abstand und Ihre Gegenwart.« Und weiter heißt es:

> Alles in allem sind die Ergebnisse gut, obgleich sie nicht außergewöhnlich sind. Ich habe ein gutes Drittel der deutschen Schriftsteller kennengelernt – ich denke dabei nur an die, denen man die Hand drücken kann, ohne Gewissensbisse haben zu müssen. Doch unter diesen findet man eine große Zahl Ungebildeter, Aufschneider und Halbversager, und sie haben es nicht versäumt, mich aufs Korn zu nehmen. Ich habe Widerstand geleistet, und ich glaube sagen zu können, daß ich mich behauptet habe. (Das ist natürlich eine Vereinfachung, entschuldige bitte, aber ich komme gerade von Leuten, bei denen Vereinfachungen gang und gäbe sind.)[11]

Das sind nun schon besser greifbare Aussagen, von denen vor allem zwei bemerkenswert sind: Zum einen nimmt Celan die versammelten dreißig, vierzig westdeutschen Autoren als tendenziell homogene Gruppe wahr; homogen einerseits darin, dass sie wohl keine Nazis waren (man kann ihnen »die Hand drücken«), und homogen zum anderen auch darin, dass es sich (zurückhaltend ausgedrückt) nicht gerade um brillante Leute handelt. Zweitens ist ihm bewusst geworden, dass er eine handfeste Konfrontation mit dieser offenbar von ihm sehr verschiedenen Gruppe erlebt und sich in dieser Konfrontation behauptet hat. Einen Tag später, am 31. Mai, kann er die Vorgänge in Niendorf noch ein Stück genauer beschreiben und seine eigene Rolle darin reflektieren. Der Brief beginnt mit einer Schilderung von Missverständnissen und Irrtümern in der »Wiener Gruppe« (die er mit Milo Dor, Reinhard Federmann, Ilse Aichinger und Ingeborg Bachmann *nolens volens* bildet) schon bei der Ankunft in Hamburg. Und die Missverständnisse setzen sich in Niendorf fort: Toni Richter, die Frau des Gruppenchefs, hält Celan für einen Franzosen und bewundert sein »so perfektes Deutsch«. In der Hotelhalle sieht er etwa »50 Personen [...] in tiefen Sesseln« sitzen, die auf ihn den »Eindruck einer Versammlung von Leuten« machen, »die sich bürgerlich mit einer Welt ausgesöhnt hatten, deren Erschütterungen sie immerhin zu spüren bekommen hatten. Nun ja ...«[12] Erneut kommt dem jüdischen Autor aus der Bukowina zu Bewusstsein, dass er von vornherein ein ganz anderer, dass er der Fremde ist und die »Versammlung« von nichtjüdischen Autoren deutscher Sprache sich offenbar mit der Vergangenheit sieben Jahre nach dem Ende der NS-Herrschaft »bürgerlich« arrangiert hat. Dadurch ist sowohl emotionale als auch intellektuelle und ästhetische Nähe von vornherein sehr eingeschränkt. Celan macht erstmals eine fundamentale Erfahrung, die in den folgenden fast zwei Jahrzehnten, wenn er sich in (West-) Deutschland aufhält, wieder und wieder Bestätigung erfahren wird: Ich, Paul Celan, bin anders als ihr Deutschen.

Und tatsächlich erfährt der junge Autor dieses Anderssein bei seiner eigenen Lesung am Abend des ersten Tages in zutiefst kränkender Weise. Er liest »Todesfuge« und einige andere Gedichte[13] und spürt sofort, dass er diese »Versammlung« mit seiner Stimme nicht erreicht hat, ja, im Gegenteil:

> diese Stimme mußte angefochten werden, damit die Ohren der Zeitungsleser keine Erinnerung an sie behielten ...
> Jene also, die die Poesie nicht mögen – sie waren in der Mehrzahl – lehnten sich auf. Am Ende der Sitzung, als man zur Wahl [des Preisträgers der Gruppe für das Jahr 1952] schritt, haben sich sechs Personen an meinen Namen erinnert.[14]

Dass Celan den Gruppenpreis nicht erhielt (sondern Ilse Aichinger), ist hier nicht weiter von Bedeutung. Wichtig ist, dass der Autor die Mehrheit der Gruppe 47 als durch und durch poesiefeindlich, borniert auf Zeitungslektüre und nicht im mindesten erschütterbar durch das, wovon seine Gedichte sprachen – er las ja die »Todesfuge« –, wahrnahm. Seine Stimme, er selbst in seiner ganzen fremdartigen Dichterexistenz »mußte angefochten werden«. Celan verwendet diese Formulierung zweimal und spricht auch vom »Ersten Waffengang«. Was war geschehen? Der Autor hatte vor allem die »Todesfuge« mit kraftvoller, erhobener Stimme nach Art der Wiener Burgschauspieler der 30er Jahre vorgetragen, teilweise fast singend und ohne Furcht vor Pathos. Und das war den zuhörenden Männern im gleichen Alter wie Celan, die fast alle Soldaten der Wehrmacht gewesen waren, zutiefst fremd. Es stieß auf ihre geballte, geradezu körperliche Abwehr, die sich entsprechend laut vernehmen ließ. Aus welchem Grund sie diesen Dichter, diese Stimme und wovon sie sprach, abwehrten, »anfochten«, wird den meisten von ihnen nicht bewusst gewesen sein. So erinnerte sich Walter Jens 1976 in einem Interview:

> Als Celan zum ersten Mal auftrat, da sagte man: »Das kann doch kaum jemand hören!« Er las sehr pathetisch. Wir haben darüber gelacht. »Der liest ja wie Goebbels!« sagte einer. Er wurde ausgelacht, so daß dann später ein Sprecher der Gruppe 47, Walter Hilsbecher aus Frankfurt, die Gedichte noch einmal vorlesen mußte. Die »Todesfuge« war ja ein Reinfall in der Gruppe! Das war eine völlig andere Welt, da kamen die Neorealisten nicht mit, die sozusagen mit diesem Programm großgeworden waren.[15]

Der Vergleich von Celans Vortragsweise mit Goebbels kam vom Gruppenleiter Richter persönlich. Konnte es für einen Juden eine schlimmere Beleidigung geben, als mit Goebbels verglichen zu werden? Die Charakterisierung von Celans Vortragsweise als »Singsang [...] wie in der Synagoge« stammt ebenfalls von Richter.[16] Jens' salopp formulierte Erinnerung akzentuiert die tiefgreifende ästhetische Differenz zwischen Celans subtil reflektierter, hoch poetischer Gedichtsprache wie ihrer tönenden Artikulation und der hemdsärmligen Prosa, die die große Mehrheit der Gruppe 47 schrieb – zu Recht. Aber noch wichtiger ist Jens' implizite Beschreibung des Gruppenverhaltens, weil sie das ganze *Set* von gewohnten Verhaltens- und Reaktionsweisen, kurz: den *Habitus der Gruppe*, sehr genau trifft (ohne dass ihm, Walter Jens, das wirklich klar war!). Celan selbst hebt darauf immer wieder ab. So nennt er seine Kollegen von der Gruppe »Zeitungsleser«, »Fußballspieler«,[17] »Ungebildete[], Aufschneider und Halbversager«,[18] Vereinfacher oder »Menschen ganz ohne Niveau«.[19] Das mag arrogant klingen, trifft aber die geistige Verfassung und den gemeinschaftlichen Habitus der meisten Kollegen aus der Gruppe genau. Rolf Schroers hat in seinem Essay von 1965 Formulierungen gefunden, die denen Celans ähneln, ja, sie boshaft zuspitzen. Er spricht von »Stammtisch«, »rauhbeinige[m] Beisammensein« und einem »Zustand ungehobelter Kameraderie, der Hemdsärmeligkeit, der geschlossenen Duzbrüderschaft, diese[m] tatsächlich etwas ›Obergefreitenhafte[n]-nach-Entfernung-der-Vorgesetzten‹«.[20] Und er spricht ein treffendes Urteil über die literarische Bedeutung der Gruppe 47: »Eine allgemeine Kameraderie konnte literarische Bestimmtheit und Profilierung nicht ersetzen. [...] Die unberühmte Gruppe machte nicht berühmt, sie wurde berühmt durch ihre berühmt gewordenen Mitglieder.«[21]

Doch hier geht es gar nicht um die literarische Bedeutung der Gruppe. Es geht um das, was (mit Pierre Bourdieu) *Habitus* genannt wird. Bourdieu meint damit die Wahrnehmungs-, Denk- und Handlungsschemata, die ein Mensch im Lauf seiner Sozialisation angenommen, ja, regelrecht inkorporiert hat und die ihn in den meisten Situationen seines Lebens instinktiv, spontan und eher vorbewusst reagieren und handeln lassen.[22] Bourdieu vergleicht einmal das Agieren und Reagieren aus einem Habitus heraus mit dem von Noam Chomsky analysierten Generieren von gesprochener Sprache, deren Zustandekommen uns, den Sprechern, in der Regel gar nicht recht zu Bewusstsein kommt. Wir sprechen einfach gemäß dem, was wir zumeist unbewusst gelernt haben. Man könnte auch an Karl Marx' schönen Satz »Sie wissen das nicht. Aber sie tun es« denken.[23] Die wesentlichen Merkmale des Habitus der 47er heißen: Abwehr des irritierend Fremden, Verdrängung, dass man mit diesem irritierend Fremden als Soldat tagtäglich zu tun hatte, und Einrichtung in einer Festung von eingeübten Verhaltensweisen, die mit Hilfe derer, die sich nach den gleichen Mechanismen reproduzieren, immer wieder bestätigt werden. Tatsächlich hatten fast alle frühen Mitglieder der Gruppe 47 eine ähnliche Sozialisation durchlaufen. Die meisten kamen aus kleinbürgerlichem, nichtakademischem Milieu. Sie waren Mitglieder der Hitlerjugend gewesen und wurden Flakhelfer oder Soldaten der Wehrmacht mit Fronterfahrung – oder sie hatten zumindest in paramilitärischen NS-Organisationen Dienst getan.[24] »Der Erlebnisgrund der Autoren der Gruppe 47 war die unbewältigte Vergangenheit«, stellte Schroers 1965 treffend fest.[25] Aber dieser ›Erlebnisgrund‹ blieb unbearbeitet (das war sogar Gruppendoktrin und galt als unnötig, denn wer »zur Gruppe gehörte, war dadurch ›entnazifiziert‹«)[26] – oder dieser ›Grund‹ wurde in fragwürdiger Weise ›bearbeitet‹ und umgeschrieben, wenn z. B. Alfred Andersch, der doch immerhin desertiert war, dem verbrecherischen Krieg der Nazis pathetisch nachrief: »das junge Deutschland [...] stand für eine falsche Sache [...]. Aber es stand.«[27] Briegleb nennt diesen Satz treffend »das Phantasma einer phallischen Wir-Erzeugung.«[28] Im gleichen Artikel aus dem Jahr 1946 träumte Andersch von einem Ausweg aus dem »zerstörten Ameisenberg Europa« durch einen

Brückenschlag zwischen den alliierten Soldaten, den Männern des europäischen Widerstands und den deutschen Frontsoldaten, zwischen den politischen KZ-Häftlingen und den ehemaligen Hitlerjungen (sie sind es schon längst nicht mehr!).[29]

Es kann einem noch heute der Atem stocken, wenn man bedenkt, was für eine merkwürdige ›Koalition‹ sich Andersch hier zurechtphantasiert – und wer in dieser ›Koalition‹ fehlt. Es sind, einmal mehr, die Juden, von denen doch einige der Vernichtung entgangen waren. Und so war es auch bei den Treffen der Gruppe 47: Das Massenverbrechen der Ermordung der europäischen Juden war kaum je ein Thema. Es gab Ausnahmen, gerade bei dem Treffen 1952. Paul Celan konnte die »Todesfuge« lesen, und Ilse Aichinger, die Verfasserin des Romans »Die größere Hoffnung« – er erzählt von einer Gruppe rassisch verfolgter Kinder und ihren Ängsten –, erhielt sogar im gleichen Jahr den Preis der Gruppe, freilich für einen anderen Text. Auch an den vergessenen Thomas Gnielka, der 1952 aus seinem nie vollendeten Roman »Die Geschichte einer Klasse« las – Luftwaffenhelfer werden kurz vor Kriegsende Zeuge der Judenvernichtung im KZ Auschwitz, und der das erzählt, war einer von diesen kaum 18-Jährigen –, ist zu erinnern.[30] Aber das waren eben Ausnahmen, die sich nicht wiederholten. In diesem entscheidenden Punkt ist Klaus Briegleb Recht zu geben: Der Mord an den Juden war als literarisches Thema und erst recht in den Diskussionen nach den Lesungen in der Gruppe (fast) ein Tabu, und ebenso gab es keine Anstrengungen, mit schreibenden jüdischen Kolleginnen und Kollegen *als Juden, die die Shoah überlebt hatten*, ins Gespräch zu kommen. Deshalb von »dem Tabu der Angst vor Juden« als der Kerndoktrin der Gruppe 47 zu sprechen, wie Briegleb das tut,[31] geht allerdings zu weit. Immerhin wurden nicht wenige deutsch schreibende Juden zu Gruppentreffen eingeladen – und sie kamen, von Aichinger, Dor, Federmann, Hildesheimer, Walter Maria Guggenheimer und Celan bis zu Fried, Jakov Lind und Weiss, schließlich auch die Kritiker Hans Mayer und Marcel Reich-Ranicki (Briegleb nennt sie böse »Alibi-Juden«)[32] –, aber ein Gespräch über das Verhältnis von nichtjüdischen Deutschen und Juden, die deutsch sprachen und schrieben, kam in der Gruppe nie zustande, geschweige denn ein anhaltender Diskurs.

Das führt zu Celans Lesung der »Todesfuge« zurück. Was wäre zu hoffen gewesen? Vielleicht ein längeres betroffenes Schweigen, vielleicht behutsame Zeichen der Anerkennung für dieses große Gedicht; vielleicht die Bitte, es (selbst!) noch ein zweites Mal zu lesen; vielleicht (wiederum: behutsame) Fragen zum Lebenslauf des Kollegen, der kein Rumäniendeutscher, kein sogenannter Volksdeutscher war, sondern ein Bukowiner Jude (wo lag diese Bukowina eigentlich?); der mit Glück überlebt hatte und jetzt schon fast vier Jahre in Paris lebte. Nichts dergleichen geschah. Es gab nur sehr vereinzelt Interesse daran, diesen so fremden Menschen[33] und Autor näher kennenzulernen. Stattdessen vehemente Abwehr, die sich in schroffer, ästhetisch verbrämter Kritik, Beschwerden über das Pathos, das man doch längst überwunden habe, oder Lachen, ja, Auslachen äußerte. Das heißt nicht zwingend, dass manche oder gar die Mehrheit der schreibenden Kollegen in der Gruppe Antisemiten waren. Aber es heißt, dass fast alle Voraussetzungen fehlten, zu einer Verständigung über die beiden konträren Habitus-Systeme zu kommen, eine tragfähige Brücke zwischen ihnen zu bauen und gute kollegiale, vielleicht sogar freundschaftliche Beziehungen aufzunehmen. Germinal Civikov spricht von einer »heute seltsam anmutende[n] Verstörtheit und Verkrampftheit der 47er im Umgang mit dem Autor der ›Todesfuge‹«.[34] Es entstand eine im Grundsätzlichen schiefe Konstellation, die sich als dauerhaft erweisen sollte: Missverständnisse, Fremdheit, Kränkungen, mit oder ohne Absicht; Unfähigkeit der meisten mit Celan altersgleichen Kollegen, die Verstrickungen der eigenen Biographie zureichend zu durchschauen und einen Zustand der Wahrhaftigkeit mit sich selbst zu erlangen. Man denke nur an Günter Grass, der Celan zeitweise nahestand und der über sechzig Jahre brauchte, bis er 2006 seine selbstgewählte Mitgliedschaft in der Waffen-SS öffentlich machte. Hermann Lenz, auch er über Jahre Soldat der Wehrmacht, der 1951 vor der Gruppe gelesen hatte und sich nach 1952 von ihr fernhielt, ist wohl der Einzige aus dieser Autoren-»Versammlung«, mit dem Paul Celan lange und vertrauensvoll befreundet sein konnte.

Rolf Schroers, der Geistesverwandte Pierre Bourdieus (er gebraucht in dem genannten Aufsatz auch zweimal den Begriff »Habitus«, obwohl er eigentlich kein theoretischer Kopf ist), verwendet wie dieser die Metapher »Feld«, um der Literatur einen anschaulichen sozialen Ort zu geben.[35] Damit meint er wie Bourdieu das Spiel- und Kampffeld, auf dem Schriftsteller ihr soziales und kulturelles Kapital anbieten und gegebenenfalls tauschen. Mit seiner Niendorfer Lesung vor der Gruppe 47 hatte Paul Celan dieses Feld betreten, und das entsprach auch seinem Willen. Zum Glück hörte ihm Ernst Schnabel zu, der ehemalige Matrose und spätere Offizier eines Geleitboots der NS-Kriegsmarine, der jetzt Intendant des NWDR in Hamburg war und ihn sofort zu einer Lesung für den Funk einlud.[36] Auch der Cheflektor der Deutschen Verlags-Anstalt (DVA) in Stuttgart, Willi A. Koch, war von Celans Gedichten sehr angetan, lud ihn zu einer Lesung in Stuttgart ein und stellte ihm die Veröffentlichung eines Lyrikbandes in Aussicht, zu der es dann auch kam. Das war Genugtuung für den jungen Dichter, der nach der gewollten Makulatur seines ersten Lyrikbandes, »Der Sand aus den Urnen« von 1948, ohne Buch dastand. Paul Celan war im Begriff, ein Autor auf dem großen westdeutschen Buchmarkt zu werden. Seine Gedichte hatten, so schreibt Peter Goßens zu Recht, »nicht wegen, sondern trotz oder besser gegen die *Gruppe 47* Erfolg«.[37]

In einem Brief an den Schriftsteller Klaus Mampell, der im Hauptberuf Genetiker war und den er noch aus den USA kannte, schrieb Thomas Mann am 17. Mai 1954:

> [...] daß Sie sich von der ›Gruppe 47‹ haben [...] auf den Leim locken lassen, wundert mich doch. Ich kenne die Unverschämtheit der sogenannten jungen Generation da drüben. Sie hängt auch wohl mit der lächerlichen Wirtschaftsblüte der amerikanischen Lieblingskolonie ›Westdeutschland‹ zusammen, diesem frechen und unmoralischen Wohlsein nach Schandtaten, die mit der Höllenfahrt nach 1945 schlossen, und an die heute zu erinnern nichts weiter als bolschewistisch ist.[38]

Nun, Mann hatte gewiss keine zureichende Kenntnis von den deutschen Zuständen und speziell der Gruppe 47, aber der Schluss seiner Auslassung trifft doch genau das Skandalon, dass die Erinnerung an die nazistischen »Schandtaten« und die »Höllenfahrt nach 1945« lange Zeit keinen Platz in der Ausformung des neuen kulturellen Gedächtnisses der noch jungen Bundesrepublik Deutschland hatte und gern dem weltanschaulichen Gegner im Osten (den »Bolschewisten«) zugeschoben wurde. Eugen Kogon, der Autor des bahnbrechenden Buches »Der SS-Staat: Das System der deutschen Konzentrationslager«, polemisierte zum Jahreswechsel 1946/47 gegen die gängige Rechtfertigungsfigur, »die Schuld an den bestehenden Zuständen ein wenig auf ›Fehler, die der Nationalsozialismus gemacht hat‹, und in der Hauptsache auf die Alliierten, die gesiegt haben«, zurückzuführen. Schlimmer noch:

> die Opfer des Luftkrieges also wiegen die Konzentrationslager-Greuel gleichwertig auf; die Mißhandlung und teilweise Ausrottung fremder Völkerschaften durch Deutsche – »wenn es wirklich wahr ist!« – findet nun ihr Gegenstück in der Ausweisung von zwölf Millionen Deutschen aus dem Osten; [...] sie rechnen sich gegenseitig nur auf. [...] Eingesehen wird nahezu gar nichts, von diesem Teil der Nation.[39]

In ganz ähnlicher Weise hat Hannah Arendt diese Haltung 1950 bei ihrem ersten Besuch (West-)Deutschlands beschrieben: »Herzlosigkeit« und »Gleichgültigkeit« gegenüber den Opfern der Verbrechen, deren Täter aus der eigenen Mitte kamen, »Flucht vor der Wirklichkeit« als »Flucht vor der Verantwortung«.[40] Sie erlebte die Deutschen »gewissermaßen sprachlos und unfähig [...], irgendwelche Überlegungen zu äußern.«[41] Dass bei dieser hilf- und sprachlosen Haltung auch die Scham eine gewichtige Rolle spielen konnte, hat jüngst zu Recht Harald Jähner geltend gemacht.[42]

Mit der Scham hängt das Problem des Unsagbaren zusammen: Wie konnte man überhaupt über das Verbrechen der Ermordung von sechs Millionen Juden sprechen? War hier nicht die Grenze der Sagbarkeit erreicht und Schweigen angemessen? Die Gruppe 47 hatte sich in dieser Situation der Sprachnot der Methode des »Kahlschlags« verschrieben: Die missbrauchte, verhunzte Nazi-Sprache sollte durch eine knappe, nüchterne Sprache ohne überflüssige Adjektive und Attribute ersetzt werden. Vor allem sollte der Sprache das falsche Pathos ausgetrieben werden. Urs Widmer hat 1965 rückblickend diesen Mythos von der erfolgreichen Erneuerung der deutschen Sprache mittels »Kahlschlag« in Frage gestellt und gezeigt, dass das »›Dritte Reich‹ [...] die Sprache in einem weit größeren Maße zerstört [hatte], als man annahm«;[43] dass die deutsche Sprache also auch viel tiefer umgegraben werden musste, als die Autoren des »Kahlschlags« wohlmeinend im Sinn hatten. Wiederum ist es ein Zitat von Alfred Andersch, das die eigene Programmatik *ad absurdum* führt:

Und allmählich dämmert unter der Totenmaske der nationalen Machtansprüche das wahre Gesicht der Völker herauf. Nirgend stärker als in Deutschland, wo die Maske nicht langsam abgenommen wird, sondern klirrend zerspringt, unter den Hammerschlägen eines tragischen Geschicks.[44]

Die Metapher am Ende dieses Textes meint offenbar die Naziherrschaft und den von ihr entfesselten Weltkrieg. Mit Recht fragte Widmer, ob »das Jahr Null« überhaupt existiert habe. Nicht nur bei Andersch, sondern auch bei H. W. Richter, Heinrich Böll und Wolfgang Borchert fand er eine Melange aus

> Hesse, Expressionismus, Rilke und Hemingway. Die Unsicherheit war groß. – In den seltensten Fällen war die Sprache der ersten Nachkriegsjahre ›kahl‹. Sehr wenige Schriftsteller haben vor 1948 begonnen, den deutschen Sprachwald zu roden.[45]

In einem Gespräch mit Ingeborg Bachmann während des Nienburger Treffens hat Paul Celan offenbar von einem deutschen »Urwald« gesprochen, von dem er unter diesen deutschen Kollegen umgeben sei, und er hatte sie offenbar darum gebeten, »in diesem deutschen ›Urwald‹« bei ihm zu sein.[46] Nun, es waren die rüden Umgangsformen der Abwehr und Verdrängung, es war ein Gestrüpp hartnäckiger Weltanschauungsreste und ein nur schwer zu durchdringendes Dickicht kontaminierter Sprache, auf die der junge Dichter aus Frankreich 1952 in der nahen Fremde Deutschland stieß. Die Auseinandersetzung mit diesem deutschen »Urwald« beschäftigte ihn sein ganzes weiteres Leben. Am 9. Februar 1961, inmitten seiner tiefen Krise wegen der Plagiatsanschuldigungen, schreibt Celan an den (Noch-)Freund Rolf Schroers: »Ja, weisst Du: begonnen hat das alles bereits in Niendorf.«[47]

Zwei Schiffe, die sich nicht begegnen
Bremen 1958

Als Paul Celan im Dezember 1957 die Nachricht erhielt, dass ihm am 26. Januar 1958 der Bremer Literaturpreis verliehen werden sollte, schrieb er an den Sekretär der Bremer Jury Eberhard Lutze: »Diese Nachricht gehört für mich zu den schönsten, die mich je erreicht haben.«[1] Seit seiner Lesung vor der Gruppe 47 in Niendorf waren gut fünfeinhalb Jahre vergangen. In diesem Zeitraum hatte sich die Bundesrepublik rapide verändert, und damit auch ihr literarisches Feld. Der Autor war mittlerweile auf dem Weg zum anerkannten, ja, zum herausragenden Lyriker (West-)Deutschlands seit dem Ende des NS-Regimes. Das hatten seine beiden ersten offiziellen Lyrikbände bewirkt, die weithin zur Kenntnis genommen und gewürdigt wurden, wenn auch häufig in einem fatalen Sinn. Die Feuilletons der großen Zeitungen waren in den 50er Jahren noch überwiegend in den Händen von älteren Herren, die großenteils Nazis gewesen waren (wie Friedrich Sieburg von der »Frankfurter Allgemeinen«). Dementsprechend wurden die Rezensionen auch von ehemaligen Nazis geschrieben, die zumeist nur etwas jünger waren, im Fall Celans allen voran Hans Egon Holthusen und Curt Hohoff, beide vom Jahrgang 1913.

Hohoff hatte bis 1945 für die Wochenzeitung »Das Reich« und die überwiegend linientreue Kulturzeitschrift »Das Innere Reich« geschrieben, offenbar auch noch, während er Soldat der Wehrmacht war. Jetzt zögerte er nicht, mit seinem Aufsatz »Flötentöne hinter dem Nichts« einen entschieden bösartigen Verriss zu »Mohn und Gedächtnis« mit kaum verhüllt antisemitischen Untertönen zu veröffentlichen, den er bald darauf in sein Buch »Geist und Ursprung. Zur modernen Literatur« übernahm und ausweitete. Er wies auf Celans Herkunft aus der Bukowina und die Ermordung beider Eltern im KZ hin und folgerte daraus:

Daher klammert er sich an die Vergangenheit und die Betäubung (»Mohn und Gedächtnis« heißt die Gedichtsammlung), sucht Anschluß an den Symbolismus, die Drogendichtung, die ›reine Poesie‹. [...] Der naive Leser wird nichts verstehen, der abgebrühte

erkennt Traklsche Motive. [...] Metaphorisch ist alles überladen, unverständlich, grammatisch spannungslos.
Wenn die Sprache innere Wahrheit spiegelt, verdient der Dichter Celan Mitleid. Aber es ist ein Korn Berechnung auf Wirkung darin, das mißtrauisch macht. [...] Die Philologie zersplittert an solchen Gedichten wie an jenen Stellen der Mischna [mündliche Version des Talmud], wo die Wissenschaft resigniert.²

Der letzte Satz stellt klar: Hier schreibt offenbar ein vom Talmud geprägter Jude, von dem nur wirres Zeug zu erwarten ist, das kein Mensch verstehen kann. Aber »die Philologie« vom Schlage Hohoffs »resigniert« nicht vor einem solchen jüdischen Elaborat, sie tut es als wertlos ab. Der ursprüngliche Titel der Besprechung »Flötentöne hinter dem Nichts« folgte überdies dem Topos, dass solche Gedichte zwar vielleicht schön, aber doch nihilistisch seien und der Leser sich der »rhythmischen Lullung« dieses »Magier[s]«³ verweigern möge. Paul Celan hat sich im Juli 1956, als die Plagiatsanschuldigungen Claire Golls bereits eine gewisse Öffentlichkeit erreichten, an diese ›Besprechung‹ erinnert und Alfred Andersch brieflich mitgeteilt, was er von diesem »›führenden‹ Kritiker Deutschlands, Anno Domini 1954« hielt.⁴

Stärker symptomatisch als solche kategorische Ablehnung war in den westdeutschen 50er Jahren eine Lektüre von Celans Gedichten (an erster Stelle immer wieder »Todesfuge«), die diese als ästhetische »Bewältigung« und »Überwindung« der Gräuel von Auschwitz verstehen wollte. Mit dieser Lesart konnte man sich, auch und gerade als Deutscher aus der Tätergeneration, identifizieren, was am Ende sogar noch einen Genuss dieses Gedichts möglich machte. Diese Tendenz zeigt beispielhaft die Besprechung von Hans Egon Holthusen, einem Mann, der 1933 in die SS eingetreten war und 1937, als Obersturmführer im Reichssicherheitshauptamt, die Aufgabe übernahm, weltanschauliche »Feinde« in Kunst und Kultur zu bekämpfen. Jetzt, zehn Jahre nach Auschwitz, sah Holthusen das Gedicht »Todesfuge« »der blutigen Schreckenskammer der Geschichte entfliegen [...], um aufzusteigen in den Äther der reinen Poesie.« Der Autor habe sein Thema »bewältigen können«, »indem er es ganz ›leicht‹ gemacht, es in einer träumerischen, überwirklichen, gewissermaßen schon jenseitigen Sprache zum Transzendieren gebracht« habe.⁵ Dass hier ein überlebender Jude in seiner Muttersprache Deutsch über den nazistischen Massenmord schrieb, war nicht der Erwähnung wert. Aber auch der junge Heinz Piontek, mit achtzehn Jahren Soldat der Wehrmacht geworden und mittlerweile selbst ein beachteter Lyriker abseits der Gruppe 47 (Celan lernte ihn im Januar 1955 persönlich kennen),[6] diagnostizierte mit Blick auf die »Todesfuge« »reine Poesie« und »magische Montage«,[7] und Paul Schallück, den Celan in Niendorf kennengelernt hatte und den er schätzte, fand – ohne Frage wohlmeinend – endlich »das Unaussprechliche ausgedrückt«.[8] Diese Rezeptionslinie der 50er Jahre setzte sich noch in den 60er Jahren ungebrochen fort – z. B. bei Alexander Lernet-Holenia, der die »Todesfuge« rühmte als das »weitaus erhabenste deutsche Gedicht der letzten zwanzig Jahre«, durch das selbst das Geschehen von Auschwitz »sublimiert, ja geheiligt« werde.[9]

Wohlgemerkt: Alle diese Kritiker, selbst Holthusen, meinten ihre Zuschreibungen lobend – und realisierten doch nicht, dass sie das Gedicht, indem sie es von der verbrecherischen Wirklichkeit, von der Geschichte der Opfer möglichst weit wegrückten, entwerteten und die Absicht des Autors verfälschten.[10] Der eigene Wunsch nach Entrückung des sehr wirklichen Massenmords an den Juden führte zu einer Projektion: dass nämlich das Gedicht und sein Autor ebendas stellvertretend leiste – ästhetische Harmonie und deren Genuss als Fortsetzung der Verdrängung mit anderen Mitteln. Doch wenn die »Todesfuge« überwiegend solche Reaktionen zeitigte, wenn sie in der wahrlich nicht erinnerungssüchtigen Wirtschaftswunderära die Lesebücher eroberte: War ihr dann nicht tatsächlich ein »impliziter Leser« im Sinne solch prekärer Lesarten inhärent? Paul Celan muss es, mit wachsendem Erschrecken, so empfunden haben, und er zog, schweren Herzens und in einer sich über mehrere Jahre hinziehenden Arbeit an der eigenen Sprache, seine Konsequenzen daraus. Am 2. Dezember 1958 – inzwischen ist dieser schwierige Prozess abgeschlossen – schrieb er lakonisch an den Literaturwissenschaftler Jean Firges: »Es geht mir nicht um Wohllaut, es geht mir um Wahrheit.«[11] Und Hugo Huppert vertraute er 1966 in einem Gespräch an: »Auch musiziere ich nicht mehr, wie zur Zeit der vielbeschworenen ›Todesfuge‹, die nachgerade schon lesebuchreif gedroschen ist. Jetzt scheide ich streng zwischen Lyrik und Tonkunst.«[12]

Diese Entwicklung von Celans lyrischem Sprechen manifestiert sich bereits, und besonders prägnant, in seiner sogenannten Bremer Rede vom 26. Januar 1958. Doch zunächst ist der historische

Kontext in Erinnerung zu rufen, in dem die Verleihung des Bremer Literaturpreises 1957/58 an Paul Celan stattfand. Der Staat Bundesrepublik Deutschland hatte sich konsequent in eine Richtung entwickelt, die der Autor – als Beobachter von Paris aus, der aufmerksam deutsche Zeitungen las und das Land seit 1954 mehrfach besucht hatte – nicht gutheißen konnte. Zwar bejahte er das demokratische System und seinen Schutz der individuellen Freiheiten. Aber die Integration des Landes in die westlichen Institutionen, die Wiederbewaffnung und den Beitritt der Bundesrepublik zur NATO 1955 sah er mit Skepsis. Vor allem nahm er immer wieder irritiert wahr, dass die nur wenige Jahre zurückliegende Naziherrschaft samt ihren Massenverbrechen auf allen gesellschaftlichen Ebenen systematisch ausgeblendet wurde. Von einer »Bewältigung der Vergangenheit« konnte in den 50er Jahren nicht die Rede sein. Die Westalliierten hatten zwar versucht, die Deutschen »umzuerziehen«. Doch das gelang nicht. Zwölf Jahre Mittäter- oder doch wenigstens Mitläufertum, Wegschauen und Nicht-wissen-Wollen der meisten waren nicht von heute auf morgen ins Gegenteil zu verkehren. Verfolgung und Deportation der Juden waren mitten in der deutschen Gesellschaft vor sich gegangen, nicht irgendwo außerhalb. Dass dies so geschehen konnte, setzte einen, von Ausnahmen abgesehen, antisemitischen Konsens in der deutschen Bevölkerung voraus, der mit dem 8. Mai 1945 nicht einfach verschwunden war.

Dieser mentalen Erbschaft entsprachen wichtige Entscheidungen auf der politischen Ebene. Gleich nach der Staatsgründung 1949 wurde ein Straffreiheitsgesetz für Nazitäter erlassen, und 1950 wurde das Entnazifizierungsprogramm der Alliierten für beendet erklärt. 1951 durften per Gesetz Tausende von ›Staatsdienern‹ – Richter, Staatsanwälte, Polizisten, Wehrmachtsoffiziere, Verwaltungsbeamte, Lehrer, Professoren – wieder in den Öffentlichen Dienst zurückkehren. Dementsprechend waren Rechtsprechung, Verwaltung und Bildung noch für zwei Jahrzehnte Bundesrepublik orientiert: die Nazivergangenheit beschwichtigend und verdrängend. Dass diese Art »Vergangenheitspolitik« der politischen Amnestierung und sozialen Reintegration der Mitläufer möglicherweise unvermeidlich war, steht hier nicht zur Debatte.[13] Im Blick auf Paul Celan geht es darum, wie sich solche Eindrücke vom ›neuen Deutschland‹ in seiner Wahrnehmung bündelten. Hinzu kam Schlimmeres: der Wiederaufstieg von Angehörigen der NS-Eliten, die an der Vorbereitung von

Massenverbrechen beteiligt gewesen waren. Es ging nicht nur um Adenauers Kanzleramtschef Hans Globke, der 1935 die sogenannten Nürnberger Gesetze kommentiert hatte, oder Minister Theodor Oberländer, sondern um Hunderte von Männern, die z. B. Gestapo-Chefs und Einsatzgruppenkommandanten gewesen waren. Zunächst versammelten sie sich, von der Justiz zumeist ungeschoren gelassen, in »Kreisen«, »Stammtischen« und »Clubs«, bis es vielen von ihnen gelang, wieder Führungspositionen in Wirtschaft und Justiz einzunehmen.[14] Zum Opportunismus gesellte sich die Provokation: Bereits bis zum Jahr 1960 wurden von der Polizei über 600 Fälle von Hakenkreuz- und Parolen-Schmierereien registriert, bevorzugt an Synagogen. Offiziell wurde von seiten der Regierung zugleich die Rhetorik der »Wiedergutmachung« gepflegt – mit Reparationszahlungen an Israel, als ob das, was geschehen war, je »wiedergutzumachen« wäre.

So ist es unvermeidlich, dass Celan immer wach, immer angespannt, ja, skeptisch oder sogar misstrauisch gegenüber diesem Deutschland und seinen Bewohnern eingestellt war, seien sie nun Kollegen oder auch nicht. Tatsächlich lernte er das Land in diesen Jahren ein wenig kennen, vor allem anlässlich der Lesungen, die bald aus seinem Leben nicht mehr wegzudenken waren. 1953 tritt eine Pause ein, aber 1954 ist er zwei volle Wochen unterwegs und liest in Frankfurt, Düsseldorf, München, Stuttgart und Esslingen. In dieser Zeit besucht er auch Heinrich Böll (den er seit Niendorf kennt) und durchstreift mit ihm als Führer das zerbombte Köln. Auch im Januar und Februar 1955 liest Celan in mehreren westdeutschen Städten und besucht das Hölderlin-Archiv in Bebenhausen bei Tübingen. Im September folgen weitere Lesungen. Ende April/Anfang Mai 1956 nimmt er an einem Treffen französischer und deutscher Autoren in Vezelay in Burgund zum Thema »Der Schriftsteller vor der Realität« teil, und im Oktober ist er zu Gast beim sogenannten Grünwalder Kreis in Köln, den Hans Werner Richter leitet. Hier wie bei anderen Gelegenheiten geht es Celan auch darum, sich der Unterstützung von Kollegen gegen die Plagiatsvorwürfe von Claire Goll zu versichern, die ihm aber zumeist nicht in dem von ihm gewünschten Maß zuteilwird. Anfang Februar 1957 ist Celan neuerlich im Rheinland, wo er Böll und Rolf Schroers besucht. 1957 ist das Jahr mit den – bis zu diesem Zeitpunkt – häufigsten und längsten Aufenthalten des Dichters in der Bundesrepublik. Im Juni liest er in Tübingen und Stuttgart, und im September nimmt er in Lübeck seinen ersten Literaturpreis in Empfang, zugesprochen vom Kulturkreis im Bundesverband der Deutschen Industrie. Einen Monat später reist er wieder in die Bundesrepublik, diesmal nach Wuppertal, um an einer Tagung der dortigen »Bund«-Vereinigung teilzunehmen. Das Thema lautete »Literaturkritik – kritisch betrachtet«. Hier lernt er Peter Huchel und Hans Mayer (zu der Zeit noch Professor an der Universität Leipzig) kennen, denen er zeitlebens verbunden bleibt. Wuppertal ist aber auch der Ort der Wiederbegegnung mit Ingeborg Bachmann, die er seit Niendorf nicht mehr gesehen und mit der er auch nicht mehr korrespondiert hatte. Beider Liebe lebt heftig auf und setzt sich fort bis zum neuerlichen Ende der Beziehung im Sommer 1958. Im Dezember 1957 ist Celan ein weiteres Mal in Westdeutschland unterwegs, zu Verlagsgesprächen in Frankfurt, zu Lesungen in Tübingen und beim Rundfunk in München, wo er aber vor allem Ingeborg Bachmann besucht.

Paul Celans an seine Frau Gisèle gerichtete Briefe aus diesen Jahren enthalten regelmäßig Äußerungen zum ›neuen Deutschland‹ und seinen Bewohnern. Und diese Äußerungen lassen kaum Sympathien für dieses Land erkennen. Nicht nur, dass er eine Stadt wie Düsseldorf, »die sich rühmt, die eleganteste Deutschlands zu sein«, nichtssagend findet (und ebenso den »Spaziergang am Rhein entlang«).[15] Nein, er meint vor allem die Menschen: »die Leute, denen man begegnet, die man auf der Straße sieht, haben mit Sicherheit nichts Anziehendes, ganz im Gegenteil.« Ihm ist bewusst, dass er das »Glück« hat, »hier eine Elite zu kennen«.[16] Damit meint er in diesem Fall, im März 1954, Rolf Schroers, Paul Schallück und Heinrich Böll. Weniger als ein Jahr später, Ende Januar 1955 in Stuttgart, ist sein Urteil noch härter:

> Ich schlafe schlecht hier: die menschliche Landschaft in diesem unglücklichen Land (das sich seines Unglücks nicht bewußt ist) ist höchst beklagenswert. Die seltenen Freunde, die wahren, sind enttäuscht, resigniert, entmutigt.
> Heute abend werde ich ihnen die Gedichte vorlesen, über ihre Köpfe hinweg, und es wird ein wenig so sein, als wollte ich meinen Hörern jenseits ihrer selbst begegnen, in einer zweiten Wirklichkeit, die mein Geschenk an sie sein wird.[17]

Im September des gleichen Jahres schreibt er wiederum aus Düsseldorf, und diesmal noch negativer als zuvor:

[...] ich fühle mich so fremd und verloren in diesem Land, in dem man sonderbarerweise die Sprache spricht, die meine Mutter mich gelehrt hat ... [...] Denn soviel ist sicher, dieses Land gefällt mir nicht. Es ist merkwürdig, aber ich habe den Eindruck, daß alle diese Sprachprobleme, die sich mir stellen, im Grunde sehr nebensächlich sind ...[18]

Ein paar Tage später kommt Celan auf die Frage zurück, wie er seine deutsche Sprache lebendig und vielgestaltig erhalten könne, und er stellt fest, dass seine »Ängste in dieser Hinsicht [...] gegenstandslos« seien:

Wenn es noch Quellen gibt, aus denen neue Gedichte (oder Prosa) hervorsprudeln könnten, so werde ich sie nur in mir selber finden und nicht etwa in den Gesprächen, die ich in Deutschland mit Deutschen auf Deutsch führen könnte.
Dieses Land, ich mag es überhaupt nicht. Ich finde die Leute erbärmlich. Natürlich gibt es Ausnahmen, doch sie sind selten, und um sie zu treffen, brauche ich mich nicht in Deutschland aufzuhalten.[19]

Ein Dreivierteljahr später, im September 1955, schreibt er (wiederum aus Düsseldorf): »Denn soviel ist sicher, dieses Land gefällt mir nicht.«[20] Fürwahr eine ernüchternde, für einen Deutschen (wie den, der hier schreibt) schmerzliche Bilanz. Aus späteren Jahren werden gelegentlich auch freundlichere Ansichten über Deutschland und die Deutschen zu zitieren sein. Für die ganzen 50er Jahre ist die Bilanz eindeutig negativ.

Ein Wort taucht häufig auf, wenn der Autor über Deutsche spricht, die ihm eigentlich sympathisch sind. Es ist das Wort »Resignation«. So schreibt er am 28. Januar 1955 aus Stuttgart, »daß die Resignation fast der wichtigste Gesichtspunkt im Verhalten der Leute ist, die nicht des Nazismus verdächtigt werden können.« So spricht er mit einem Journalisten über eine von ihm selbst als antisemitisch wahrgenommene Kritik seines Lyrikbandes »Mohn und Gedächtnis«. Daraufhin – so Celan – äußert der Zeitungsmann: »Man muß etwas tun: das ungefähr hat er zu mir gesagt, in einem Ton echter Empörung, doch ohne den Willen zu handeln.«[21] Ob er dann handelte, ist nicht belegt.

Die Lesung in Bremen am 7. Februar 1957, also ein Jahr vor der Verleihung des Bremer Literaturpreises an Paul Celan, wurde zu einem – einmaligen – Fiasko. Ihr Ablauf gab einen Vorschein von dem, was sich, ausgelöst durch die von Claire Goll erhobenen Plagiatsvorwürfe, ab Mai 1960 voller Dramatik abspielte und eine tiefe Verstörung und Beschädigung des Individuums Paul Celan zur Folge hatte. Was war geschehen? Rudolf Hirsch, der Cheflektor von Paul Celans neuem Verlag S. Fischer in Frankfurt, war auch Mitglied der Jury, die den jeweiligen Bremer Literaturpreisträger auswählte. In diesem Gremium war Celan schon seit 1954 als Kandidat diskutiert worden. Jetzt, im Dezember 1956, ging es am Ende nicht um seine Wahl, aber wenigstens um die Einladung zu einer Lesung. Diese wurde ausgesprochen, und so kam der Dichter am 7. Februar 1957 nach Bremen und las im Goldenen Saal in der Böttcherstraße, offenbar vor überwiegend jüngerem Publikum. Zum Ablauf der Lesung gibt es einen Erinnerungsbericht von Oswald Döpke, damals Leiter der Hörspielabteilung von Radio Bremen und zu der Zeit gut bekannt mit Ingeborg Bachmann, die gerade kurz zuvor den Bremer Literaturpreis in Empfang genommen hatte.[22] Döpke erinnert sich, dass sich im Anschluss an die Lesung ein Zuhörer zu Wort meldete. »Ich hatte den Eindruck«, so schreibt Döpke, »der fragende Student erhoffte, Celan möge die ungeheuerliche Unterstellung [ein Plagiator zu sein] auch hier noch einmal zurückweisen.« Aber:

> Celan wurde bleich. Er sprang auf, schrie, er verbäte sich derartige Unverschämtheiten, die nichts anderes seien als blanker Antisemitismus, und rannte aus dem Saal. Ich folgte ihm auf die Böttcherstraße und versuchte ihn zu beruhigen. Ich sagte, daß mir ein sich offen bekennender Antisemitismus kaum begegnet sei […] Nein, schrie er, da gebe es nichts zu erklären, das sei eine gezielte Provokation gewesen, er bedaure es, sich auf die Lesung eingelassen zu haben, und begann zu weinen. […] Da passierte es: »Lieber Herr Celan, Sie sollten Claire Goll …«, hatte ich sagen wollen, ich sagte aber: »Lieber Herr Goll, Sie sollten …« Celan verstummte, sah mich wild an, drehte sich um, rannte zum Bahnhof und nahm den nächsten Zug nach Paris.[23]

Auch wenn Döpkes Erinnerung möglicherweise verkürzt und schief ist: Das entscheidende Moment – Celans massive und heftige Reaktion auf den Plagiatsvorwurf (der vermutlich noch nicht einmal einer war!)[24] signalisiert, dass er diese Anschuldigung grundsätzlich als Infragestellung seiner ganzen Existenz wahrnahm und entsprechend reagierte. Wenn dann noch ein Fauxpas wie der von Döpke passierte (falls es wirklich so war), war keine Verständigung mehr möglich. Wie stark der Autor von den Vorfällen in Bremen getroffen war, zeigt ein Brief an die Freunde Hanne und Hermann Lenz in Stuttgart sechs Wochen nach der Lesung: »Ich selbst war in der Zwischenzeit einmal in Bremen, zu einer Lesung, es ist mir, um es in aller Kürze zu sagen, noch nie so schlecht ergangen wie in dieser vornehmen Hansestadt ...«[25]

Ein Jahr später, Ende Januar 1958, ging es Celan nun wirklich besser in Bremen, denn er war der neue Preisträger. Wie es dazu kam, ist auch eine besondere Geschichte, und dass sie für den Autor kein Ende mit Schrecken nahm, ist nur der Tatsache zu verdanken, dass niemand ihn über die sich über Jahre hinziehenden Querelen um seine Person in der Jury und über die wahre Rolle von Rudolf Alexander Schröder informierte. Der Doyen der Jury und zu der Zeit in Bremen fraglose Autorität in kulturellen Dingen (der Senat, also die Regierung des kleinsten Bundeslandes Bremen, machte ihn 1946 zum Direktor der Kunsthalle) hatte Schwierigkeiten anzuerkennen, dass nicht er allein, sondern eine Gruppe von mehreren Herren (in den 50er Jahren gab es nie eine Dame in der Jury) gemeinsam den (die) jeweilige(n) Preisträger(in) finden sollte. Jedenfalls zeigen die Protokolle der Jurysitzungen von 1953 bis 1959 (also bis zu Schröders Rücktritt), dass er *keine* Entscheidung der Jury zu akzeptieren bereit war, die nicht seinem Willen entsprach. So ist schon die Wahl des ersten Preisträgers als eklatante Fehlentscheidung zu werten, denn die Satzung forderte, mit dem Preis den »literarischen Nachwuchs« zu fördern – und der erste Preisträger, der ehrenwerte Heimatdichter Heinrich Schmidt-Barrien, war im Jahr der Preisvergabe 52 Jahre alt. Im zweiten Jahr des Bremer Literaturpreises kam mit dem Wolfenbütteler Bibliotheksdirektor und Autor Erhart Kästner und dem Münsteraner Germanisten Benno von Wiese Kompetenz in die Jury (freilich war von Wiese Nazi gewesen),[26] und diesmal konnte sich die Eminenz Schröder auch nicht komplett durchsetzen. Zwar erreichte er eine Halbierung des Preises (von der Satzung nicht vorgesehen) und konnte so seinem Vorschlag Herbert Meier (einem jungen Schweizer Dramatiker) zum Erfolg verhelfen. Aber er musste die Kröte namens Ilse Aichinger schlucken, für die die Mehrheit der Jury votierte und die so die andere hälftige Preisträgerin wurde.[27] In diesem Durchgang 1954/55 hatten auch erstmals Heinrich Böll und Paul Celan in den Diskussionen der Jury eine Rolle gespielt. Doch ein Jahr später behielt Schröder noch einmal die Oberhand. Zunächst war es Erhart Kästner, der den 60-jährigen (!) Ernst Jünger ins Spiel brachte – was er später bedauerte. Rudolf Hirsch und Benno von Wiese machten sich für Celan stark. Beide fehlten allerdings bei der entscheidenden Abstimmung im Dezember 1955, und da Schröder jetzt Jünger favorisierte, um Celan zu verhindern, kam es tatsächlich zur Wahl Ernst Jüngers zum Bremer Literaturpreisträger des Jahres 1956; eine Entscheidung, die in der sozialdemokratisch regierten Freien Hansestadt Bremen heftiges Missfallen erregte. Schließlich wurde der Preis damals noch vom Senat verliehen und war nicht die Angelegenheit einer autonomen Jury. Doch der Senat biss gewissermaßen die Zähne zusammen und akzeptierte die Wahl Jüngers.[28] Ein Jahr später passten Hirsch, von Wiese und am Ende auch Kästner besser auf und erreichten die Wahl Ingeborg Bachmanns – freilich, wie bereits erwähnt, mit dem Zugeständnis, dass Schröders Favorit Gerd Oelschlegel auch einen halben Preis erhielt, womit sich das Spiel des Durchgangs 1954/55 wiederholte.

Ende 1957 war es dann so weit: Paul Celan wurde von der unveränderten Jury, allerdings in Abwesenheit Schröders, zum Literaturpreisträger des Jahres 1958 gewählt, und das gegen so starke Konkurrenz wie Heimito von Doderer, Alfred Andersch und (erstmals) Günter Grass. Kästner hatte schon in einem Brief vom 20. Dezember 1955 sehr überzeugende Gründe für die Nominierung Celans genannt, indem er den »tiefen künstlerischen Ernst seiner lyrischen Bemühung« rühmte und ihn vom Vorwurf des »artistischen Manierismus« freisprach, und er betonte, »daß Celan vielmehr aus echten persönlichen und politischen Leiden Gedichte entstehen zu lassen vermag«.[29]

Solche von Kästner erneut vorgetragenen Argumente pro Celan verstimmten Schröder beträchtlich. Hatte er sich schon »mit allen mir verfügbaren Mitteln« einer Nominierung von Ingeborg Bachmann widersetzt (so resümierte er jetzt, ein Jahr später), weil er sie »für eine harmlose Anrainerin unseres gegenwärtig dünn besiedelten Parnasses« hielt,[30] so grenzte er sich nunmehr ein weiteres Mal von Celan ab, bei dem er »einen Unterschied der ›Haltung‹ und zwar einer vitalen« diagnostizierte, den er freilich nicht geneigt war, genauer zu erläutern. Aus »Gewissensgründen« verweigerte er seine Beteiligung an der Nominierung in irgendeiner Form.[31] Besonders ärgerlich war Schröder, wie er schrieb, die Vorstellung, die Bremer Ehrungen zu seinem eigenen 80. Geburtstag gemeinsam mit der Preisverleihung an Celan entgegennehmen zu sollen – so ärgerlich, dass er zunächst darauf bestand, »die Nominierung Celans um ein Jahr« zu verschieben.[32] Dass dies nicht geschah und auch Schröder am Ende sich vom »Schreck über die mir zugemutete Wahl Celans« erholte,[33] war vor allem für den ahnungslosen Preisträger erfreulich.

So kam es denn am 26. Januar 1958 zur denkwürdigen Doppelfeier: dem 80. Geburtstag eines Hauptvertreters der sogenannten Inneren Emigration und der fünften Vergabe der gemeinhin ›Rudolf Alexander Schröder-Preis‹ genannten Bremer Auszeichnung an einen jüngeren Dichter, der aus dem Judentum kam. Celans liebevoller Hinweis in seiner Dankrede auf die u. a. von Schröder inaugurierte Bremer Presse, seine bereitwillige Benennung eines Lieblingsgedichts von Schröder für eine Art Festschrift,[34] endlich sein so verehrungsvolles Aufblicken zum Namenspatron seines Preises[35] – all das macht deutlich, dass, überraschend vielleicht, Ablehnung nicht von dem jüngeren Autor ausging, sondern von dem über vierzig Jahre älteren. Schröder hat diese Ablehnung in seiner Dankrede bei dem ihm und Celan gemeinsam gewidmeten Festakt am 26. Januar 1958 noch einmal bestätigt, wenn er sagte:

> Lieber Herr Celan, mir kam in diesen Tagen der Gedanke, als seien wir wie zwei Schiffe, die sich auf der Fahrt begegnen – mein Kurs weise streng nach Norden, der Ihre nach Süden.[36]

Freilich irritiert dieser Satz Schröders umso mehr, wenn man weiß, dass dieser selbst als junger Mann als »Wanderer aus Norden« (mit Schiller zu sprechen)[37] nach Italien gereist war und (unter anderem) »Römische Elegien« geschrieben hatte. Jetzt, Jahrzehnte später, klingt die diametrale Entgegensetzung der beiden ›Schiffskurse‹ (Hanna Klessinger hat sie eine »rätselhafte Allegorie« genannt)[38] doch fast so, als ob der alte Dichter den Weg nach Süden als jugendliche Verirrung abtue. Hierzu passt auch der humorige Vergleich, den Erhart Kästner in seine Laudatio auf den Preisträger einflocht. Er erinnerte an das Verhältnis von Theodor Fontane zum jugendlichen

Gerhart Hauptmann: Der Ältere schätzte den Jüngeren hoch und förderte ihn nach Kräften, aber er wollte ihm nur ja nicht persönlich begegnen (und es gelang ihm auch, das zu vermeiden).[39]

Paul Celan hat den – schroff abweisenden – Hintersinn des merkwürdigen hanseatischen Schifffahrtsbildes von Schröder vermutlich nicht durchschaut – wie sollte er auch, wusste er doch nichts von den internen Auseinandersetzungen in der Jury um seine Person und um sein Werk. Vielmehr musste er davon ausgehen, dass Schröder, als *spiritus rector* des Preises, ihm gewogen sei, ja, an der Vergabe des Preises an ihn die Hauptverantwortung trug. Bedenkt man, wie die in diesen Jahren bereits vereinzelt vorgebrachten Plagiatsvorwürfe den Autor verstörten (wie bei seiner Bremer Lesung ein Jahr zuvor), dann kann man sich ausmalen, wie er reagiert hätte, wären ihm die Querelen in der Jury, und zumal die panischen Abwehrgesten Schröders, zu Ohren gekommen. Aber warum war das Verhältnis der beiden Autoren so prekär? Was unterschied sie so elementar?

Nun, man kann auf Schröders Haltung als Repräsentant der Inneren Emigration zurückgehen, sein Lavieren in den ersten Jahren der NS-Herrschaft, seine Lesung vor der Hitlerjugend in Hannover 1937 oder seine Teilnahme an den völkisch dominierten Dichtertreffen bei Hans Grimm in Lippoldsberg, wie man umgekehrt auf seine Nähe zur Bekennenden Kirche verweisen kann.[40] Und man kann eine geradezu schreckliche Passage aus einem Brief an Bernt von Heiseler vom 3. April 1945 (also kurz vor Kriegsende) zitieren:

> Mich beunruhigt aber eine andere Sorge, und das ist die wegen der unsäglichen Schlamm- und Schmutzflut, mit der die zurückgekehrte und vollends aller Scham und Rücksicht entblösste literarische juiverie nun bald alle Kanäle unseres Schriftwesens verstopfen und verdrecken wird, so dass unsereinem der letzte Atemraum in noch ganz anderer Weise als bisher als bisher wird ausgefochten [sic] werden.[41]

Dieses beispiellose Ressentiment gegen die (jüdischen) Exilierten der NS-Zeit und ihre befürchtete Rückkehr in ein Deutschland nach Hitler steht gewissermaßen am Anfang des Bremer Literaturpreises, auch noch zwölf, dreizehn Jahre später. Aber im Grunde erschließt sich Schröders Haltung, sein (kultureller) Habitus im Sinne Bourdieus bereits durch die Lektüre weiterer Passagen aus seinen Briefen an die Jurykollegen zwischen 1955 und 1957. Und es lohnt sich, das zu tun, weil es Aufschluss gibt über die Gegensätze und Kräfteverhältnisse im literarischen Feld Westdeutschlands der 50er Jahre, auf die der fremde Gast aus Paris traf. Es handelt sich bei Schröder und Celan – das hat der Ältere klar erkannt – »um einen Unterschied der ›Haltung‹ und zwar einen vitalen«, wobei er in diesem Brief vom 30. Oktober 1957 darauf verzichtet, zu erläutern, was genau er mit ›Haltung‹ meint:

Der Gedanke, daß ich an meinem 80. Geburtstag Herrn Celan sozusagen die Fackel weiterreichen und ihm seinen Anspruch auf Klassizität bestätigen solle, ist leider zu schön um Wirklichkeit zu werden. Für mich würde das zu diesem einigermaßen notorischen Datum eine spontane capitis deminutio bedeuten, deren Vollzug ich lieber meinen Kritikern überlasse. Ich kann von mir aus Celan ebenso wenig preiskrönen wie etwa Picasso, obwohl ich nicht daran denke, beiden die Begabung abzusprechen. [...]
Mit Herrn Celan steht für mich die Sache so, daß ich das schwere Geschick, das ihn mit so vielen andern getroffen hat, daß ich überdies sein Talent und den Ernst seines dichterischen Wollens in vollem Umfang würdige. Ich bin zudem – und Sie haben das selbst miterlebt – jederzeit bereit, das Dichtertum Celans gegen ungerechte Mißkennung zu verteidigen. Weiter kann ich mit gutem Gewissen nicht gehen. Mir ist das namentlich auch in den letzten Jahren bei wiederholter Beschäftigung mit unsrer jüngsten Lyrik immer deutlicher geworden. Nicht etwa daß ich mein ›Werk‹ gegen das der Jüngeren ins Treffen führen wollte. Ich denke im großen und ganzen von meiner eigenen Leistung nicht übertrieben hoch. Es handelt sich für mich um einen Unterschied der ›Haltung‹ und zwar einen vitalen, der, wenn mich nicht alles täuscht, mit dem Alters- oder Generationsunterschied, wenn überhaupt, nur ganz zufällig und äußerlich zu tun hat. Mit zwanzig und dreißig Jahren habe ich mich der Zumutung, etwa Richard Dehmel oder Theodor Däubler – beides dichterische Ingenien – mit meiner Beihilfe als Klassiker zu inthronisieren, mit Entschiedenheit entzogen. Ebenso ist es mir mit Rilke und dem heute wieder so eifrig zitierten Georg Heim [sic] gegangen, während ich jeder Ehrung eines Kafka oder Trakl mit Vergnügen zugestimmt hätte. – Die Kriterien dieses Verhaltens zu entwickeln, ist, wie Sie begreifen

werden, in einem Brief kein Raum, sie würden eine Abhandlung erfordern, zu deren Verfertigung mir jede Neigung fehlt. [...] Was Herrn Celan betrifft, so gönne ich ihm von Herzen die Genugtuung des jetzt so stattlich dotierten Bremer Preises. Es ist mir aber aus den angedeuteten Gewissensgründen nicht möglich durch ein persönliches Votum oder gar durch die doch wohl vorgesehene öffentliche Vertretung mich an der Nominierung Ihres Kandidaten zu beteiligen.[42]

Man kann, bei aller Irritation über die rigide ›Haltung‹ Schröders, nicht umhin, seine gleichzeitige Noblesse wahrzunehmen. Hier spricht ein Mann, der weiß, dass seine Zeit sich dem Ende zuneigt, und der einem Dichter ganz anderer Provenienz, der unter einem völlig verschiedenen »Neigungswinkel seines Daseins« schreibt, zumindest zum Teil Respekt zollt. Was er jedenfalls vermeiden will, ist, diesem, durch die Gleichzeitigkeit der öffentlichen Ehrung Celans und seiner selbst, zu nahe zu kommen, damit ihrer beider Dichtertum vermengt zu sehen und gar noch als Anwalt von Celans Poesie dazustehen. Diese Vorstellung, so zeigen Schröders briefliche Äußerungen von Ende Oktober bis Ende Dezember 1957 (nachdem am 25. November offiziell die Entscheidung der Jury für Celan fiel), ist ihm, zumindest zeitweise, regelrecht zum Albtraum geworden.[43]

Doch was ist gemeint, wenn Schröder von einem »Unterschied der Haltung« zwischen sich und Paul Celan spricht? Nun, was den alten Autor vom jüngeren unterschied, war erstens eine andere Auffassung vom Verhältnis eines Schriftstellers zu seiner Leserschaft (hochtrabend gesprochen: zu seinem ›Volk‹), zweitens ein anderer Blick auf die jüngste deutsche Geschichte, konkret: auf die Naziherrschaft und ihre Verbrechen, und drittens eine grundverschiedene Einstellung zur ästhetischen Moderne. Alle drei Differenzen werden deutlich in einem ausführlichen Brief Schröders an Kästner, den er bereits am 20. Dezember 1955 geschrieben hat. Darin heißt es:

> Wer Gedichte schreibt, wie Celan, verzichtet im Grunde auf das Soziale der dichterischen Funktion. Er schreibt ›hermetische‹ Verse, ein Verfahren, das eine innere Haltung voraussetzt, über die man urteilen mag, wie man will, und die zu verurteilen gerade in seinem Fall mir gewiß nicht einfällt. Wohl aber scheint mir die Kluft zwischen dem Hermes Trismegistos und dem Psychopom-

pos, dem ›hermeneutischen‹ Gott der ›homines mercuriales‹ eine im Grunde unüberbrückbar große zu sein. – M. a. W.: die Verse des Herrn C. dünken mich, soweit sie etwas sind (und ich leugne, wie gesagt, dies ›etwas‹ in keiner Weise), die Angelegenheit eines kleinen Kreises von ›Kennern‹.
Mutet man nun – und das würde doch mit der Zuerkennung eines Preises aus öffentlichen Mitteln ohne weiteres verbunden sein – einer breiten Öffentlichkeit solche Kennerschaft, genauer gesagt, solches *Verständnis* zu, so tut man im Grunde doch etwas recht Willkürliches und eigentlich nicht voll zu Verantwortendes. Für das Publikum, das doch nun einmal – nolens volens – bei all diesen Preisverteilungen (denn was ist ›die Stadt‹ oder ›der Staat‹?) die Rolle des Mäzenaten spielt, kommt doch auch heute noch das alte horazische ›et doceri, et delectari‹, das und nichts anderes in Frage. [...]
Nun aber: was soll gedachter Mäzen an den Versen des Dichters Celan loben, was tadeln? Beides muß in diesem besonderen Fall *grundsätzlich* über seine Befugnisse gehen. [...]
Nun glaube ich schon, zu gewahren, daß dieser Paul Celan zu seiner ›poésie pure‹ aus Nötigungen gekommen ist, die wieder ihren sehr dringenden, bitteren und zwingenden Anlaß hinter sich haben. Aber das *einseitige* Losungswort führt in einen impasse. Die Flucht aus der geschichtlichen Gemeinsamkeit führt in einen Substanzverlust, der auf keine Weise wettzumachen ist. Denn diese Puristen werden aus dem Rufer in der Wüste zum Rufer in die Wüste des eigenen Innern. Und die gibt nichts anderes her als Steine, wofür grade Celan wörtliche Belege genug bietet; auch der Versucher von Matth. 4,3 kann ihr nichts anderes entnehmen. Das mögen nun meinetwegen geschliffene Diamanten sein, Brot sind sie nicht, und genau auf diesem Punkt setzen meine Bedenken wegen unsres Mäzens ein. Ist der arme Wicht imstand, einen Korund von einem geschliffenen Stück Glas zu unterscheiden, und das bei knurrendem Magen? [...]
In summa: ich erkenne das poetische Fluidum der Celanschen Gedichte, halte es aber weder für durchgehends dicht noch für sehr tief. Es rührt durch den Ton einer Klage, hinter der das unaussprechlich Grauenvolle steht, von dem wir alle wissen. Aber ob das genügt, um einen Preis zuzuerkennen, der doch schließlich dem literarischen Verdienst (Dienst!) ›als solchem‹ gelten soll?[44]

Auch Schröder erkennt an, dass Celan aus »Nötigungen gekommen ist, die wieder ihren sehr dringenden, bitteren und zwingenden Anlaß hinter sich haben« – aber schon die Art der bewusst unkonkreten, gewundenen Formulierung lässt erkennen, dass Schröder nicht gewillt ist, sich konkret auf die Massenverbrechen der NS-Zeit und das, was sie den Überlebenden aufbürdeten, einzulassen. Als Hintergrund der Gedichte Celans benennt Schröder bezeichnend vage »das unaussprechlich Grauenvolle [...], von dem wir alle wissen.« Wissen – ja, aber es doch bitte nicht aussprechen! Celan sprach es aus, das »Grauenvolle«, und damit entzog er sich nach Schröders Meinung mittels »Flucht aus der geschichtlichen Gemeinsamkeit«, womit er unterstellte, dass, was »geschichtliche[] Gemeinsamkeit« sei, immer noch von den Deutschen vorgegeben werde. Das hätte seinen guten Sinn haben können, wenn Schröder damit die Gemeinsamkeit der deutschen Täterschaft im Auge gehabt hätte, aber das war durchaus nicht der Fall. Implizit wird vom jüdischen Überlebenden verlangt, sein »*einseitige*[s] Losungswort« (das meint offenbar seine unabweisbar aus der Shoah herrührende Identität, die von Kästner erkannte Verschmelzung von »echtem persönlichem und politischem Leiden«), das ihn doch nur in einen »impasse«, in eine Sackgasse, geführt habe, aufzugeben, andernfalls sei »Substanzverlust« nicht zu vermeiden. 1955 hatte sich die Jury mehrheitlich noch Schröders Auffassung zu eigen gemacht und Celan »Selbstisolierung und die Flucht aus und vor der Welt, die sich in vielen Versen verbirgt«, vorgeworfen.[45] Entweder, so lässt sich Schröders Maßgabe pointieren, gibt der Außenseiter bitte schön seine Außenseiterrolle auf und wird, will er Anerkennung finden, endlich ›normal‹, indem er sich der deutschen Definition von ›Geschichte‹ unterwirft – oder er muss selber sehen, wo er bleibt. Für vom »Mäzen Volk« (d. h. aus deutschen Steuergeldern) finanzierte Preise kommt er jedenfalls nicht in Frage.

Der veröffentlichte Lobpreis der Bremer Jury vom Dezember 1957 – also nicht Schröders, sondern derer, die den Autor preisgekrönt sehen wollten! – war nicht weit entfernt vom Blick Schröders auf die jüngste Geschichte. Der Text ergeht sich höchst allgemein über Celans Deutung von »Schicksal und Tod, Verhängnis und Erlösung« in »Traumbildern und Symbolen, die manchmal an Bilder von Marc Chagall erinnern können«, und er raunt dunkel vom »Schicksal der Juden«. Der Benennung dieses vermeintlichen Fatums, des Massenmords an den Juden durch die Deutschen, geht man erfolgreich aus dem Weg. Verdrängung, wohin man schaut, nicht nur bei Schröder. Und auch ein Rudolf Hirsch, Celans zutiefst verständnisvoller Lektor bei S. Fischer und selbst Jude, der im Zweiten Weltkrieg illegal in Amsterdam gelebt hatte, lässt sich auf diese gängige Sprachregelung ein.[46]

Neben dem gestörten Verhältnis zur jüngsten deutschen Geschichte ist die Ästhetik der zweite entscheidende Konfliktpunkt. Was Rudolf Hirsch und Erhart Kästner an Celans Gedichten faszinierte und was auch der gewendete Benno von Wiese inzwischen interessant finden konnte (die Geburtsjahre der drei liegen nahe beieinander, zwischen 1903 und 1905), wehrte Schröder aus tiefstem Herzen ab. Diese ablehnende Haltung gegenüber Celan ist begründet in seinem grundsätzlichen massiven Affekt gegen die Moderne, als deren abschreckender Inbegriff ihm gerade *dieser* Autor erschien. Die Moderne, als Gesellschaftsverfassung, als Denkweise und auch als ästhetische Haltung: das ist (für Schröder und die ihm Geistesverwandten) das Fremde, das Gefährliche, das Erschreckende, das Bodenlose, ja, sogar das A-Soziale (und das ist in der Tat ein großer Teil der Wahrheit über die Moderne). Sich der Moderne zu stellen heißt, sich einzulassen auf das komplexe Neue, das Unheilvolle, das Sinnentleerte. In der radikalsten Form ist das die Shoah, veranstaltet von den »Meistern aus Deutschland«; der fabrikmäßige Massenmord als letzte Entzauberung einer von Bildungsbürgern wie Schröder doch immer wieder unterstellten Sinn- und Heilsgeschichte des christlichen Abendlands. Das hatte keinen Platz in Schröders Weltbild, und es sollte auch jetzt keinen erhalten. So moniert er, dass es Celan bisher nicht gelungen sei, »aus dem Gefängnis seines eigenen Jammers in die Freiheit des Humanum ›sine sine‹ hinüberzutreten. Nur dort aber kann die Poesie leisten, wozu sie als Funktion des Menschengeists und der Menschenseele berufen ist.«[47] Offenbar spricht hier ein Mensch, dem auch die Massenverbrechen des 20. Jahrhunderts seinen Glauben an den Menschen als unverbrüchliche Verkörperung des Wahren, Guten, Schönen nicht zu nehmen vermochten, der alles, was dem widersprach, erfolgreich ausblendete – und gebieten wollte, dass auch andere diesen Habitus annehmen sollten. Menschen wie Primo Levi, Jean Améry, Paul Celan und Zehntausende andere konnten dem aus Erfahrungsgründen nicht folgen.

Der Abwehraffekt gegen die Katastrophen der Moderne ist nun bei Schröder immer auch ein Affekt gegen die ästhetischen Mittel der Moderne. Er setzt diese – nicht nur in Bezug auf Celan – gleich mit Hermetismus und einer »poésie pure«, die er sogar zu schätzen vorgibt, wenn sie sich denn mit einer »poésie engagée und poésie engageante« zusammentut. Fast möchte man sagen: Ebendieses poetologische Gebot erfüllt kein Autor so überzeugend (und selbst überzeugt) wie Paul Celan, aber das sah Schröder ganz anders. Er taxiert Celan als Formalisten, an dessen Versen »sich gewiß [...] manches loben« lasse. »Aber«, so heißt es weiter,

> die Welt ist noch nie von der Form sondern immer nur von der Substanz gestaltet oder geheilt worden. Wo der Form (›Schulform‹) Rang zugesprochen wird, dominiert alsbald die Jungfernzeugung des Manierismus, dessen Verhältnis zur Welt im Grunde beides ist, Mißachtung und Ohnmacht. [Solcher] einseitige ›Pharisäismus‹ des Puristen mag bestenfalls sein eigenes Gesetz erfüllen, aber er bleibt außerhalb des Weltgesetzes aller Weltgesetze, nach dem einer des anderen Last tragen soll[48]

– womit Celan ein weiteres Mal die soziale, mitmenschliche Funktion seiner Dichtung rundweg abgesprochen wurde.

Doch Schröders ästhetischer Affekt gegen den Modernisten Celan ist noch genauer fassbar. Celan praktizierte eine Ästhetik des Gedichts, die »das, was geschah«, das Wirkliche des Massenmords, ins Gedicht hob – freilich ohne es mit traditionellen Verfahren der Mimesis abzubilden, ohne direkt ›darüber‹ zu schreiben. Celans Gedichte, »wirklichkeitswund und Wirklichkeit suchend«,[49] entwarfen eine eigene Wirklichkeit des Gedichts in komplexen, polyvalenten, subversiven Metaphern und Tropen, die die Angebote der abendländischen Dichtung zwar aufnahmen, aber gleichzeitig verwarfen und ihre implizite Sinngebung widerriefen. Das war es, was Schröder, völlig zu Recht, als einen »Unterschied der Haltung, und zwar einen vitalen«,[50] erlebte, dem er sich, unter Berufung aufs »Volk als Mäzen«, entzog. Dass Paul Celans Gedichte, wie auch seine Bremer »Ansprache«, ein verzweifelter Versuch waren, zu »Dialog« und »Begegnung« zu gelangen, trotz und jenseits dessen, was damals geschehen war: Das konnte und wollte Schröder nicht wahrnehmen. Er blieb auf Kurs »streng nach Norden« und wies Celan den Kurs »nach Süden« zu – was, wie gesagt, aus der Sicht eines norddeutschen Protestanten ein bedenklicher, wo nicht verdächtiger Kurs ist.

Der Festakt der Preisverleihung (nach der Ehrung Schröders zu seinem 80. Geburtstag) entbehrte wohl nicht der Feierlichkeit. Es wurden (nicht vom Autor) vier seiner Gedichte gelesen (darunter »Todesfuge«), Erhart Kästner trug seine gehaltvolle Laudatio vor, und schließlich folgte Celans eher kurze, aber ungemein dichte und eindringliche Dankesrede. Sie ist, als eine der wesentlichen poetologischen Äußerungen des Autors, schon oft interpretiert worden, weshalb dies hier nur andeutungsweise geschehen soll. – In einem kurzen Brief an seine Frau, geschrieben um »Mitternacht« nach dem Tag der Preisverleihung, erwähnt der Dichter nur, dass es »ziemlich angenehme Leute« waren, mit denen er noch zu tun hatte, unter ihnen »Schröder natürlich (wirklich sympathisch)«.[51] Ein weiteres Mal steht einem vor Augen, wie nichtsahnend Celan war, was die massiven Vorbehalte der Grauen Eminenz Schröder ihm gegenüber angeht, und dass sein Unwissen gut für ihn war.

Celans Rede beginnt, befremdlich vielleicht, nicht mit einer Anrede seines Publikums. Allerdings wird die Anrede – nach zwei räsonierenden Sätzen über den Zusammenhang von »Denken und Danken« sowie »›gedenken‹, ›eingedenk sein‹, ›Andenken‹, ›Andacht‹« – mittelbar nachgeholt, indem es dann heißt: »Erlauben Sie mir, Ihnen von hier aus zu danken.« Und dann folgt ein rätselhafter Satz, dessen Zweideutigkeit wohl bisher nicht wahrgenommen wurde: »Die Landschaft, aus der ich – auf welchen Umwegen! aber gibt es das denn: Umwege? –, die Landschaft, aus der ich zu Ihnen komme, dürfte den meisten von Ihnen unbekannt sein.« Der letzte Halbsatz ist bisher kaum beachtet worden, er klingt ja auch harmlos: »Die »Landschaft« (die im Zweiten Weltkrieg zerstörte Bukowina) »dürfte den meisten von Ihnen unbekannt sein«, natürlich. Das heißt aber auch umgekehrt: Manchen von Ihnen, verehrte Herren im Publikum, Männer in den besten Jahren, Honoratioren, ist sie möglicherweise nicht unbekannt, waren Sie doch vielleicht in dieser fernen Gegend als Soldaten der Wehrmacht oder als was auch immer. Man mag das Insistieren auf diesem Halbsatz übertrieben finden (man kann ihn auch als völlig harmlos lesen), aber die Lektüre vieler Texte Celans, von Gedichten ebenso wie von Briefen oder Notaten in Prosa, zeigt, dass dieser Autor auch eine ironische, sarkastische, ja, blasphemische Seite hatte; pointiert gesagt: dass er auch boshaft sein konnte. Die Gründe dafür liegen auf der Hand: Es sind seine eigenen Erfahrungen im Umgang mit Deutschen, im

Krieg und auch seither. Jedenfalls ist es ergiebig und geschieht bisher zu selten, Celan auch in dieser Perspektive zu lesen.[52] Man kann sicher sein, dass dieser Autor immer ein waches Bewusstsein von der Situation hatte, wenn er vor einem deutschen Publikum sprach, vor Menschen, die eine persönliche Geschichte aus der Kriegszeit in sich und mit sich trugen – nur, dass diese Geschichten der seinen diametral entgegengesetzt waren. Im Zweifelsfall waren es Tätergeschichten.[53]

So lässt Celan, nachdem er sich Schröders ungemein liebenswürdig erinnert hat, vor seinen Zuhörern die Landschaften seiner Kindheit und Jugend Revue passieren: nach der Bukowina, »dieser nun der Geschichtslosigkeit anheimgefallenen ehemaligen Provinz der Habsburgermonarchie«, das »Erreichbare, fern genug, das zu Erreichende« namens Wien. Das Einzige, was ihm inmitten wiederkehrender Verluste blieb, war »die Sprache«.

> Sie, die Sprache, blieb unverloren, ja, trotz allem. Aber sie mußte nun hindurchgehen durch ihre eigenen Antwortlosigkeiten, hindurchgehen durch furchtbares Verstummen, hindurchgehen durch die tausend Finsternisse todbringender Rede. [...] Ging hindurch und durfte wieder zutage treten, ›angereichert‹ von all dem.

Auf engstem Raum sagt der Dichter, was sein Schreiben nach der Shoah ausmacht, nach dem Tausendjährigen Reich und der »todbringenden Rede« seiner »Meister«. Gedichte sind »Versuch[e], Richtung zu gewinnen« in dieser extremen geschichtlichen und menschlichen Situation. Und indem das Gedicht solches tut, ist es »nicht zeitlos«. Vielmehr versucht es, »durch die Zeit hindurchzugreifen – durch sie hindurch, nicht über sie hinweg.« Hier ist vorweggenommen, was dann in der Büchnerpreis-Rede unter den Stichworten »Datum« und »Akut« artikuliert wird. Was davon den Zuhörern in Bremen verständlich war, inwieweit sie realisierten, dass auch sie, als Leser, mit einer solchen ›Arbeit‹ des Gedichts gemeint sein konnten, sei dahingestellt. Celans Bremer Rede enthielt explizit dieses Angebot, wenn er das Gedicht »eine Flaschenpost« nannte, die »irgendwann und irgendwo an Land gespült werden« könnte, »an Herzland vielleicht.« Am Ende der Episode Bremen 1958 steht diese großherzige, noble Geste, zugleich eine Perspektive für die eigene zukünftige Lyrik, die erklärtermaßen »dialogisch« sein sollte.[54]

Wieder nach Paris heimgekehrt, schrieb der Dichter am 5. Februar einen Brief an Schröder, der geradezu ergreifend ist in seiner vorbehaltlosen, aufrichtigen Dankbarkeit. Gleich eingangs erinnert sich Celan daran, dass Schröder ihn in seinem Zimmer im Gästehaus des Bremer Senats persönlich abgeholt und ihm freundlich die Hand gedrückt habe – Letzteres für ihn stets aufs Neue ein Ausdruck von Zugewandtheit und Vertrauen. Mit Schröders »Gegenwart« habe sich für ihn »ein großes, geräumiges Heute« aufgetan. Dabei, so gesteht er, sei ihm,

> als ich nach Bremen fuhr, recht bange [gewesen]: so viele Menschen, die ich nicht kannte, so viele Existenzen, ins Unmittelbare gerückt durch den beglückend-unheimlichen Umstand einer Preisverleihung, soviel unbefragbare, hinzunehmende Nähe! Und all das, nicht wenig gefürchtet, trat nun zurück: Sie standen davor.
> Sie standen davor, als Person und als Wort angeblickt und gehört, die Augen, die Ohren ringsum hatten oben, nicht unten zu tun.[55]

Dass der Autor von Bangnis, ja, Furcht spricht, die ihn auf der Reise nach Bremen begleitet habe, ausgelöst von der Erwartung, vor »so viele[n] Menschen, die ich nicht kannte«, sprechen zu müssen, »so viele[n] Existenzen, ins Unmittelbare gerückt«, gegenüberzustehen, »soviel unbefragbare [...] Nähe« hinnehmen zu müssen von deutschen Zuhörern – es kann als verklausulierte Erläuterung zu dem Halbsatz, mit dem Celan seine Bremer Dankesrede begann, gelesen werden: »[d]ie Landschaft, aus der ich zu Ihnen komme, dürfte den meisten von Ihnen unbekannt sein.« Vielleicht ja hatten sich unter den mehreren hundert Zuhörern des Festakts in der Oberen Rathaushalle »Existenzen« befunden, deren unmittelbare, »unbefragbare, hinzunehmende Nähe« den Überlebenden der Shoah ängstigen konnte. Wahrscheinlich erinnerte er sich auch an das desaströse Ende seiner Bremer Lesung vom 7. Februar 1957. Das heute noch zum Mindesten Befremdliche ist, dass Celan die Bremer Graue Eminenz Schröder »als Person und als Wort« nichtsahnend für den Garanten dessen hielt, dass ihm irgendwelche fragwürdigen »Existenzen« nichts hatten anhaben können.

Das zweite Deutschlandgedicht
»Wolfsbohne« (1959)

Wolfsbohne

> ... o
> Ihr Blüten von Deutschland, o mein Herz wird
> Untrügbarer Kristall, an dem
> Das Licht sich prüfet, wenn   Deutschland
> Hölderlin, Vom Abgrund nämlich ...

> wie an den Häusern der Juden (zum Andenken
> des ruinirten Jerusalems), immer etwas u n -
> v o l l e n d e t gelassen werden muß ...
>   Jean Paul, »Das Kampaner Thal«

Leg den Riegel vor: Es
sind Rosen im Haus.
Es sind
sieben Rosen im Haus.
Es ist
der Siebenleuchter im Haus.
Unser
Kind
weiß es und schläft.

(Weit, in Michailowka, in
Gaissin, in
der Ukraine, wo
sie mir Vater und Mutter erschlugen: was
blühte dort, was
blüht dort? Welche
Blume, Mutter,
tat dir dort weh
mit ihrem Namen?

Mutter, dir,
die du *Wolfsbohne* sagtest, nicht:
Lupine.

Gestern kam einer von ihnen und
tötete dich
zum andern Mal in
meinem Gedicht.

Mutter.

Mutter, wessen
Hand hab ich gedrückt,
da ich mit deinen
Worten ging nach
Deutschland?

In – –, sagtest du immer, in
– – an
der Elbe,
auf
der Flucht.
Mutter, es wohnten dort ...

    Du, die du Wolfsbohne sagtest.
    Sie, die die Wolfsschanze bauten. – Wer
    lebt?
    Auf der Atemspur lebst du, auf
    Atemsuche, im
    Gedicht.

Mutter, ich habe
Briefe geschrieben.
Mutter, es kam keine Antwort.
Mutter, es kam eine Antwort.
Mutter, ich habe
Briefe geschrieben an –
Mutter, sie schreiben Gedichte.
Mutter, sie schrieben sie nicht,

DAS ZWEITE DEUTSCHLANDGEDICHT

wär das Gedicht nicht, das
ich geschrieben hab um
deinet-
willen, um
deines
Gottes
willen.
Gelobt, sprachst du, sei
der Ewige und
gepriesen, drei-
mal
Amen.

Mutter, sie schweigen.
Mutter, sie dulden es, daß
die Niedertracht uns verleumdet.
Mutter, keiner
fällt den Mördern ins Wort.

Mutter, sie schreiben Gedichte.
O
Mutter, wieviel
fremdester Acker trägt deine Frucht!
Trägt sie und nährt
die da töten!

Mutter, ich
bin verloren.
Mutter, wir
sind verloren.
Mutter, mein Kind, das
dir ähnlich sieht.)

   Leg den Riegel vor: Es
   sind Rosen im Haus.
   Es sind
   sieben Rosen im Haus.
   Es ist
   der Siebenleuchter im Haus.

Unser
Kind
weiß es und schläft.

Mutter, Unverlorene, mit uns,
den Unverlorenen,
siegst du.
Und mit uns Wahr und Gerecht und Gerade,
um
der versöhnenden
Liebe
willen.

Fünfzehn Jahre vergehen, bis Paul Celan dem Wort ›Deutschland‹ wieder einen Platz in einem Gedicht einräumt. Es ist das Gedicht »Wolfsbohne«, entstanden am 21. Oktober 1959 in Paris, wo der Autor nun seit mehr als einem Jahrzehnt lebt. Das Wort ›Deutschland‹ taucht hier zweimal auf: einmal in einem der beiden Mottos – dem von Friedrich Hölderlin – und einmal mitten im Gedicht: »Mutter. / Mutter, wessen / Hand hab ich gedrückt, / da ich mit deinen / Worten ging nach / Deutschland?« Jetzt wird offenkundig nicht ein »Meister aus Deutschland« imaginiert wie in der »Todesfuge«. Vielmehr sagt der Sprecher des Gedichts »Wolfsbohne«, dass er mittlerweile selbst dieses Land betreten habe. Hernach taucht das Wort ›Deutschland‹ in Celans lyrischem Werk nie wieder auf.[1] In einem Nachlassgedicht ohne Titel von 1965, das mit der Anrede »Mutter, Mutter« beginnt und Parallelen zu »Wolfsbohne« aufweist, begegnet das Adjektiv »deutsch« in einer Verszeile mit »meisterlich«.

Es gibt wohl kein zweites Gedicht Paul Celans (außer dem von 1965, das mit »Mutter, Mutter« einsetzt), in dem sich der Autor so direkt als Sprechender zu erkennen gibt. Hier, in »Wolfsbohne«, spricht nicht irgendein lyrisches Ich-Konstrukt, hinter dem sich sein Urheber versteckt. Nein, hier spricht der Mensch Paul Celan, vormals Antschel, kaum verhüllt; ein Empörter und zutiefst Verletzter; ein Jude. Und die, die ihn so tief verletzt haben, sind Deutsche. Sie bzw. einer von ihnen im Besonderen lassen sich in diesem Fall namentlich benennen. Was Paul Celan so erregte, war eine Rezension seines neuen Gedichtbands, »Sprachgitter«, von Günter Blöcker im West-Berliner »Tagesspiegel« vom 11. Oktober 1959, die

Celan am 17. Oktober von einer Bekannten namens Edith Aron erhielt.² Blöcker, 1913 geboren, wurde 1939 als Soldat eingezogen und war von 1942 bis Kriegsende als Dramaturg bei der Ufa täig. Es ist nicht bekannt, wie er seinen »Austritt als Soldat« der Wehrmacht im Kriegsjahr 1942 bewerkstelligen konnte.³ Nach 1945 etablierte er sich rasch als Literaturkritiker bei einigen Zeitungen und Rundfunkanstalten. Was hatte er geschrieben, dass Celan davon so verstört wurde? Unter der Überschrift »Gedichte als graphische Gebilde« behauptete Blöcker schon im ersten Satz, dass der Titel des Gedichtbandes »Sprachgitter« »ungewöhnlich treffend und entlarvend zugleich« sei. Das Wort »entlarvend« in der Besprechung eines Gedichtbandes ist nicht nur »ungewöhnlich«. Vielmehr desavouiert dieser Gestus die Rezension von Beginn an als – ja, niederträchtig. Blöcker deklariert, dass Celans Lyrik

> nur selten einem Objekt gegenübersteht. In der Regel entwickelt sie ihr verbales Filigran wie Spinnfäden gewissermaßen aus den Sprachdrüsen selbst. Celans Metaphernfülle ist durchweg weder der Wirklichkeit abgewonnen, noch dient sie ihr.

Diese »graphische[n] Gebilde« folgten nicht der »Anschauung«, sondern »einer allzu selbstbesessenen Kombinatorik«, und ihr

> Mangel an dinghafter Sinnlichkeit wird auch durch Musikalität nicht unbedingt wettgemacht. Zwar arbeitet der Autor gern mit musikalischen Begriffen: die vielgerühmte ›Todesfuge‹ aus ›Mohn und Gedächtnis‹ oder, in dem vorliegenden Band, die ›Engführung‹. Doch das sind eher kontrapunktische Exerzitien auf dem Notenpapier oder auf stummen Tasten – Augenmusik, optische Partituren, die nicht voll zum Klang entbunden sind.

Der Dichter habe, so der Kritiker weiter,

> der deutschen Sprache gegenüber eine grössere Freiheit als die meisten seiner dichtenden Kollegen. Das mag an seiner Herkunft liegen. Der Kommunikationscharakter der Sprache hemmt und belastet ihn weniger als andere. Freilich wird er gerade dadurch oftmals verführt im Leeren zu agieren.⁴

Paul Celan reagierte auf diese Zuschreibungen (die für ihn zutiefst kränkende Anwürfe waren) umgehend. Er schrieb Briefe an Freunde und Kollegen, so an Ingeborg Bachmann und Max Frisch (den er noch nicht persönlich kannte), Rolf Schroers, Paul Schallück, Nelly Sachs, Hans Magnus Enzensberger, Peter Szondi und an seinen Lektor im S. Fischer Verlag, Rudolf Hirsch. In Paris sprach er mit Günter Grass, der Lektorin Elisabeth Borchers und Peter Hamm. »Nur Schroers, Sachs und Szondi antworteten rasch, Schroers schrieb zusätzlich an Blöcker, Grass rief ihn an«, so liest man bei Barbara Wiedemann.[5] Die Nennung dieser Namen zeigt schon, wie viele und bemerkenswerte Kolleginnen und Kollegen Celan inzwischen kennengelernt hatte. Doch nicht alle verstanden, was ihn bis in den Kern seiner Existenz traf und buchstäblich niederwarf. Vor allem Ingeborg Bachmann und Max Frisch hielten Celans empörte Reaktion für übertrieben und sahen in ihr ein Zeichen verletzter Eitelkeit. Bachmann kannte kränkende Rezensionen, verstand aber zunächst nicht, dass Celan einen solchen Fall immer und immer wieder im Kontext des nazistischen Antisemitismus und seiner Gewaltverbrechen erlebte – und das zu Recht. Die Folge war eine immer weiter wachsende Entfernung Celans von der Frau, die zwei Jahre zuvor noch einmal seine Geliebte geworden war. Und die Folge waren Seelenqualen auf beiden Seiten.

Paul Celan kannte einige topische Figuren aus Blöckers Kritik bereits aus den Rezensionen zu seinem ersten offiziellen Gedichtband, »Mohn und Gedächtnis« von 1952. Dort war schon von »Etuden und Fingerübungen« (Heinz Piontek) und »musikalische[n] Inventionen, kontrapunktische[n] Übungen« (Andreas Donath) die Rede.[6] Was den Autor an Blöckers Rezension verletzte, zeigt der Brief, den er am 23. Oktober per Einschreiben an die Feuilleton-Redaktion des »Tagesspiegel« in West-Berlin schickte. Er steht hier im vollen Wortlaut, weil er einen Paul Celan zeigt, der bislang so noch nicht erkennbar war: einen Polemiker, Sarkastiker und Ironiker von Graden:

> Da ich, wie die Dinge in Deutschland nun einmal wieder sind, nicht annehmen kann, dass einer Ihrer hoffentlich zahlreichen Leser zu der in Ihrer Ausgabe vom 11. Oktober d. J. erschienenen Besprechung meiner Gedichte (Rezensent: Günter Blöcker) das gesagt hat, was dazu gesagt werden muss, tue ich es selbst: <u>das mag</u>, wie ja auch <u>meine grössere Freiheit der deutschen Spra-</u>

che – meiner Muttersprache – gegenüber, an meiner Herkunft liegen.
Ich schreibe Ihnen diesen Brief: der Kommunikationscharakter der Sprache hemmt und belastet mich weniger als andere; ich agiere im Leeren.
Die »Todesfuge«, als deren leichtsinnigen Autor ich mich heute bezeichnen muss, ist tatsächlich ein graphisches Gebilde, in dem der Klang nicht bis zu dem Punkt entwickelt ist, wo er sinngebende Bedeutung übernehmen kann. Entscheidend ist hier nicht die Anschauung, sondern die Kombinatorik.
Auschwitz, Treblinka, Theresienstadt, Mauthausen, die Morde, die Vergasungen: wo das Gedicht sich darauf besinnt, da handelt es sich um kontrapunktische Exerzitien auf dem Notenpapier.
Es war tatsächlich hoch an der Zeit, denjenigen, der – das mag an seiner Herkunft liegen – nicht ganz gedächtnislos deutsche Gedichte schreibt, zu entlarven. Wobei so bewährte Ausdrücke wie »kombinationsfreudiger Intellekt«, »duftlos« usw. sich ganz besonders empfehlen. Gewisse Autoren – das mag an ihrer Herkunft liegen – entlarven sich übrigens eines schönen Tages selbst; ein kurzer Hinweis auf die erfolgte Selbstentlarvung genügt dann; woraufhin man unangefochten über Kafka weiterschreiben kann.
Aber, werden Sie einwenden, unter »Herkunft« z. B. versteht der Rezensent ja nichts anderes als den Geburtsort des Autors jener graphischen Gebilde. Ich muss Ihnen zustimmen: Blöckers Wirklichkeiten, nicht zuletzt die freundlichen Ratschläge am Ende seiner Rezension, sprechen unzweideutig für diese Auffassung. Dieser Brief hat also, werden Sie nun, einen Schlusspunkt setzend, sagen, mit der Besprechung nichts zu tun. Auch hier muss ich Ihnen zustimmen: Tatsächlich. Nichts. Nicht das geringste. Ich agiere im Leeren.
P. C.
(Paul Celan)
P. S. Alles in diesem Brief durch Unterstreichungen Hervorgehobene stammt aus der Feder Ihres Mitarbeiters Blöcker.[7]

Paul Celan markiert mit diesem Schreiben explizit zwei Strategien des Rezensenten Blöcker, die beide die Tendenz des Zunichtemachens in sich tragen. Nicht zufällig baut der Autor gegen Ende des Briefes die Wörter »Nichts. Nicht das geringste« ein. Da ist zum einen der

Versuch, die Gedichte Celans in eine möglichst große Entferung zur Wirklichkeit zu rücken. Sie zielen auf eine *Entwirklichung der Texte* (»graphische Gebilde«, »Kombinatorik«, »kontrapunktische Exerzitien auf dem Notenpapier«, »duftlos«), so dass sie für die Leser (denn für diese schreibt ein Rezensent) möglichst nichts mehr mit der Wirklichkeit der Vernichtungslager zu tun haben, von denen Celans Brief bewusst einige nennt. Die zweite Tendenz in Blöckers Besprechung geht noch einen Schritt weiter. Sie zielt auf die *Entwirklichung des Autors*. Ihm wird zugeschrieben, dass er die deutsche Sprache kaum zur Kommunikation gebrauche, vielmehr »im Leeren« agiere, was wohl an seiner »Herkunft« liege. Das Wort ›Jude‹ vermeidet Blöcker, das könnte als diskriminierend verstanden werden, kaum fünfzehn Jahre nach der Shoah.[8] Aber »Herkunft« tut es auch. Auf subtile Weise wird der Autor solcher Gedichte wie »Todesfuge« und »Engführung« aus der Gemeinschaft der ›normalen‹ Deutschen ausgeschlossen. Und die ›Normalen‹, das sind die, die weder etwas mit dem Massenmord an den Juden zu tun haben noch so fremdartige Gedichte wie die Celans lesen wollen. Natürlich ist Celans Brief der Text eines Gekränkten, aber seine Polemik trifft das verkappt Denunziatorische an Blöckers Rezension gleichwohl genau.

Das Gedicht »Wolfsbohne«, die eigentliche Antwort des Dichters auf Blöckers Text, beginnt mit einer Anrede des Sprechenden an sich selbst – oder an die Mutter seines Kindes (das ist nicht zu entscheiden), grammatikalisch in der Form des Imperativs. Das Leben im Haus muss geschützt werden: »Leg den Riegel vor«; außerhalb desselben gibt es offenbar Feinde, mögliche Eindringlinge, das Böse. Dabei wird das zu schützende, einträchtige Leben der kleinen Familie in diesem Haus – und das, was schützt – mit »Es sind / sieben Rosen im Haus« jüdisch konnotiert; das zeigen spätestens die Verse 83/84: »Es ist / der Siebenleuchter im Haus.«[9] Das Alarmierende des »Leg den Riegel vor« wird am Ende der Strophe ein wenig zurückgenommen, wenn es von dem Kind heißt, dass es um diese Situation wisse und schlafe. Aber wenn man den Kontext, in dem dieses Gedicht entstand, nicht kennt, kann einen dieser Anfang des Gedichts durchaus alarmieren.

Das erste Schriftzeichen der zweiten Strophe, eine Klammer, markiert den Beginn eines über weite Strecken rückwärts, in die Unheilsgeschichte gerichteten Textes. Der Sprechende (wir wissen:

es ist auch der Autor selbst) erinnert sich an die Ukraine mit ihren Todeslagern Michailowka und Gaisin, »wo / sie mir Vater und Mutter erschlugen«. Der selten gebrauchte *Dativus ethicus* »mir« verdeutlicht das Einschneidende des Verlusts beider Eltern: *ihm*, der hier spricht, ist das geschehen, nicht irgendwem. Und direkt daran knüpft sich die Assoziation an das, was wohl dort in der Ukraine auf den Feldern geblüht haben mag, nämlich die auch in unseren Breiten häufige, stickstoffreiche, in verschiedenen Farben blühende, schön anzusehende Futterpflanze Lupine. Die ermordete Mutter hatte sie »Wolfsbohne« genannt, nicht Lupine, wie in den meisten deutschsprachigen Regionen üblich. Der Bezug zum Wolf, zum Wölfischen = Tödlichen wohl auch, ist in beiden Wörtern gegeben, aber in dem Wort, das die Mutter gebrauchte, doch wohl offensichtlicher. Dachte Celan an den Bitterstoff in den Lupinensamen, der zu Atemlähmung führen kann? Assoziierte er diese Tatsache vielleicht mit den massenhaften Vergasungen in den Vernichtungslagern? Eine spätere Strophe (V. 37) assoziiert zur Wolfsbohne die »Wolfsschanze«, Adolf Hitlers Kriegs-Hauptquartier in Ostpreußen, das freilich auch der Ort des missglückten Attentats von Graf Schenk von Stauffenberg war. Hitler hatte vor 1933 oft den Tarnnamen Wolf getragen, auf den ja sein Vorname Adolf zurückgeht. In der Wolfsschanze, der er selbst diesen Namen gegeben hat, hielt er sich seit Beginn des Krieges gegen die Sowjetunion im Juni 1941 als Oberbefehlshaber sehr häufig auf. Er verließ sie endgültig am 20. November 1944, als die Rote Armee nur noch 100 Kilometer entfernt stand.

In der folgenden Strophe »Gestern kam einer von ihnen und / tötete dich / zum andern Mal in / meinem Gedicht. // Mutter« blendet das Gedicht abrupt zur Gegenwart des Sprechers über und setzt das vormalige Morden in der Ukraine »in eins«[10] mit der Vernichtung, die er in der literarischen Kritik »eine[s] von ihnen« sieht. Ein komplexer Vorgang: Der Kritiker vernichtet mit seiner Kritik, so die Vorstellung, das dem Andenken der Mutter gewidmete Gedicht, ihre »Grabstelle«, und indem er das tut, tötet er die Mutter »zum andern Mal«. Das ist das durchgehende Motiv des Gedichts: dass dieser Kritiker gleichsam einen Dreifachmord begehe: am Gedicht, an der verstorbenen Mutter und am Urheber des Gedichts. Sowohl aus der zeitlichen Nähe von 1959 als auch aus dem Abstand von nunmehr 60 Jahren wird man sagen dürfen, dass hier der Wirkkraft einer einzelnen Literaturkritik zu viel zugetraut wird. Und gleichzeitig hat Paul Celan recht, wenn er diese Zuschreibungen vornimmt. Er lebt in Paris, aber er besucht mittlerweile die Bundesrepublik recht häufig – und ist dabei immer umgeben von Hunderten und Tausenden deutscher Menschen, von denen die meisten fünfzehn, zwanzig Jahre vorher zumeist Mitläufer, wenn nicht Mittäter das Naziregimes waren. Und Täterschaft hatte viele Facetten, z. B. auch Berufe, in denen Akademiker oder Schriftsteller arbeiteten. Solche unvermeidlichen Assoziationen greift die nächste Strophe auf, in der der Autor sich fragt, »wessen / Hand [er] gedrückt« habe, »da ich mit deinen / Worten ging nach / Deutschland?« Man kann an Bertolt Brecht denken, der in zwei seiner »Buckower Elegien« im Jahr 1953 ebendieses banale, aber doch höchst folgenreiche Phänomen aufgriff, dass die Deutschen (und das gilt natürlich für beide deutsche Staaten) acht oder fünfzehn Jahre nach dem Ende des Hitlerregimes noch weitgehend dieselben waren, die sie gewesen waren:

VOR ACHT JAHREN

Da war eine Zeit
Da war alles hier anders.
Die Metzgerfrau weiß es.
Der Postbote hat einen zu aufrechten Gang.
Und was war der Elektriker?[11]

Für Paul Celan, dem ein Händedruck viel bedeutete,[12] ging es um mehr als um unvermeidliche Zufallsbegegnungen auf der Straße. Es ging ihm um Kolleginnen und Kollegen, von denen er manche für Freunde hielt – und die ihn enttäuschten; sei es, dass sie auf seine Briefe gar nicht reagierten (V. 43) und schwiegen (V. 62), sei es, dass sie eine Kritik wie die Blöckers für ein notwendiges, aber hinzunehmendes Übel des Literaturbetriebs hielten (wie Bachmann und Frisch auf unterschiedliche Weise). Dieses Schweigen wird von Paul Celan wahrgenommen als Duldung dessen, »daß / die Niedertracht uns verleumdet, / Mutter, keiner / fällt den Mördern ins Wort.« (V. 63-66) Eine starke Zuspitzung: Die schweigenden Kollegen werden damit der Beihilfe zum Mord angeklagt, und damit werden Brücken abgebrochen, die hernach kaum wieder begehbar sind.

Die beiden voraufgehenden Strophen von »Wolfsbohne« hatten zurückgeblickt auf die Erinnerungen der Mutter Friederike Antschel, die während des Ersten Weltkriegs in Aussig an der Elbe in Böhmen gelebt hatte – aus Furcht vor antisemitischen Pogromen, wie sie gehäuft in Bessarabien und der westlichen Ukraine geschahen. Die Verse 36 bis 41 der eingerückten Strophe stellen die entscheidende Frage:

> Du, die du Wolfsbohne sagtest.
> Sie, die die Wolfsschanze bauten. – Wer
> lebt?
> Auf der Atemspur lebst du, auf
> Atemsuche, im
> Gedicht.

Es ist ein geradezu optimistisches Moment, das sich in diesem ansonsten bitteren, ja, verzweifelten Gedicht Geltung verschafft: »Wer / lebt?« Es ist die Mutter mit ihrem Zauberwort Wolfsbohne; ermordet zwar, aber zu neuem Leben kommend »im / Gedicht«, wobei das Gedicht mit dem lebendigen Atem »in eins« gesetzt wird; ein Konzept, das dem späteren Gedichtband »Atemwende« zugrunde liegt. Das heißt aber auch, dass denen, »die die Wolfsschanze bauten«, und allen ihren Nachfolgern (Literaturkritiker inbegriffen) kein Weiterleben zugebilligt wird. Soweit ich sehe, ist das in dem gesamten lyrischen Werk sonst nicht so unmittelbar zu finden: dass das Gedicht quasi zum Schauplatz eines Kampfes erhoben wird zwischen einem Bösen, das im Nazitum und seinem Weiterleben inkarniert ist, und einem Guten, das im Mutteridol und (stellvertretend) im Gedicht sich manifestiert. Aufs Ganze gesehen wird aber ebendas als Movens des Dichtens von Paul Celan generell erkennbar: Es ist der leidenschaftliche Versuch, dem fortgesetzten Verhängnis des mörderischen Nazitums das ganz Andere der Sprache des Gedichts entgegenzusetzen. Wieder und wieder.

Ab dem Vers 47 schaut der hier Sprechende auf die Gedichte schreibenden Kollegen und stellt die Behauptung auf, »sie schreiben Gedichte. / Mutter, sie schrieben sie nicht, / wär das Gedicht nicht, das / ich geschrieben hab um / deinet- / willen [...]«. Natürlich ist hier »Todesfuge« gemeint, das »Grab« für die grablose Mutter. Stimmt die Behauptung? Oder ist sie nicht maßlos selbstbezogen und eitel? Doch, tatsächlich hat kein anderes deutsches Gedicht so wie »Todesfuge« seit seinem Erscheinen in dem Band »Mohn und Gedächtnis«

1952/53 unter Lesern, vor allem aber auch unter den schreibenden Kollegen gewirkt – ob nun erschütternd oder als Ärgernis. Man könnte einen kleinen Band zusammenstellen mit direkten oder indirekten Reaktionen auf dieses Gedicht – bis hin zu dem erwartungsvollen Publikum, das Celan in Israel hatte und das darauf hoffte, dass er die »Todesfuge« läse (was er nicht tat). Und irgendwann war das Gedicht tatsächlich auch »lesebuchreif gedroschen«, wie der Dichter selbst feststellte.[13] Doch hier, in »Wolfsbohne«, geht es ihm erkennbar um diejenigen schreibenden Kollegen, die sich quasi von seinem Gedicht und seinem schreckensvollen Inhalt ernährten:

Mutter, sie schreiben Gedichte.
O
Mutter, wieviel
fremdester Acker trägt deine Frucht!
Trägt sie und nährt
die da töten!

Die etwas dunklen Verse meinen wohl Folgendes: Ein deutscher Gedichteschreiber der Zeit um 1959, dessen lebensgeschichtliche Prägungen noch aus der NS-Ära stammen, ist der »fremdeste Acker« gegenüber dem, was er sich da zu eigen macht, nämlich das schreckliche Schicksal der Mutter (und aller anderen Opfer der Shoah).[14] Davon lässt er sich inspirieren (befruchten) und trägt das so Empfangene aus – in eigenen Gedichten oder in anderen, im Grunde parasitären Beiträgen (so der Vorwurf) zur Verwurstung des Schrecklichsten.[15] Was dabei herauskommt, »nährt / die da töten!« Für einen zufällig überlebenden Juden, der unter diese nichtjüdischen Zeit- und Schreibgenossen gefallen ist, eine verzweifelte Situation. Von dem nahezu triumphalen Gestus der Verse 37 bis 40 (»Wer / lebt?«) ist angesichts dessen nichts geblieben, wie die Verse 73 bis 78 zeigen:

Mutter, ich
bin verloren.
Mutter, wir
sind verloren.
Mutter, mein Kind, das
dir ähnlich sieht.)

Die Triade von Mutter, Sohn und dem Enkelkind, das seiner Großmutter ähnlich sieht, wird als »verloren« bezeichnet. Kein »Verloren war Unverloren, / das Herz ein befestigter Ort«, wie es in dem knapp zwei Jahre später entstandenen Gedicht »Nachmittag mit Zirkus und Zitadelle«[16] aus dem Band »Die Niemandsrose« heißt. Doch dieser Hinweis zeigt, dass Paul Celan in diesen Jahren enormen psychischen Schwankungen ausgesetzt war. Eine einzelne veröffentlichte Kritik, die er als verkappt antisemitisch wahrnahm (und das mit guten Gründen), konnte ihn im Tiefsten erschüttern. Aber die Kräfte des Widerstehens waren noch vorhanden und kämpften sich wieder ans Tageslicht. Das Gedicht »Wolfsbohne«, das neunzehnmal die Mutter anruft, endet, nachdem der lange in Klammern gesetzte Text beendet ist, mit einer Wiederholung der ersten Strophe – und einer Ergänzung (Verse 79-87): Frieden, Sicherheit, Sinn bietet das Haus, in dem »der Siebenleuchter« steht – die Menora, eines der ältesten und heiligsten Symbole jüdischer Religiosität. Freilich ist es dafür nötig, »den Riegel« vorzulegen. Das Feindliche und Böse ist keineswegs endgültig gebannt. Das manifestiert sich in dem am 31. Januar 1965 geschriebenen Gedicht »Mutter, Mutter«, das sich wie eine Fortsetzung von »Wolfsbohne« liest:

Mutter, Mutter.

Der Luft entrißne,
der Erde entrißne.

Herunter-,
Herauf-
gezerrte.

Vor die Messer
schreiben sie dich,
kulturflott, linksnibelungisch, mit
dem Filz-
schreiber, auf Teakholztischen, anti-
restaurativ, proto-
kollarisch, prä-
zise, in der neu und gerecht
zu verteilenden Un-

menschlichkeit Namen,
meisterlich, deutsch,
mannschmannsch, nicht
ab-, nein wiesen-
gründig,
schreiben sie, die
Aber-Maligen, dich
vor
die
Messer.[17]

Wieder ist es eine Literaturkritik, diesmal im renommierten »Merkur« und geschrieben von dem linksliberalen, des Antisemitismus eigentlich unverdächtigen Reinhard Baumgart (1929-2003). Und der Essay unter dem Titel »Unmenschlichkeit beschreiben. Weltkrieg und Faschismus in der Literatur«[18] reflektiert auch schwerwiegende Probleme wie eben die Frage, ob Dichtungen zur Shoah von »jener Schönheit sein können, die das Unsägliche durch Kunstaufwand beredt macht, den Schrecken zur Ordnung ruft, einzirkelt und befriedet«. Eben dafür wählt Baumgart als Beispiel die »Todesfuge« »etwa [!] und ihre Motive, die ›schwarze Milch der Frühe‹, der Tod mit der Violine[?!], ›ein Meister aus Deutschland‹, alles durchkomponiert in raffinierter Partitur.« Daraus erwachse »schon zuviel Genuß an Kunst, an der durch sie wieder ›schön‹ gewordenen Verzweiflung.«[19] Abgesehen davon, dass Baumgart mit dem Topos von raffiniert durchkomponierter Partitur auf einen der oft wiederholten Topoi der Kritik an Celans Lyrik (wie schon Blöcker) zurückgreift, so trifft sein Haupteinwand tatsächlich ein Problem, das den frühen Gedichten des Dichters immanent und zumal bei »Todesfuge« unübersehbar ist: die staunenswerte Schönheit des Gedichts, die, da es »im Angesicht der Shoah« geschrieben ist, die Frage unabweisbar macht, ob ebendieser hohe ästhetische Reiz den Leser nicht auf einen falschen Weg führen könne. Paul Celan hat es wohl im Lauf der späten 50er Jahre selbst ähnlich empfunden und darauf verzichtet, das Gedicht noch öffentlich zu lesen (was nicht heißt, dass er es verworfen hätte).[20] Das Dilemma liegt darin, dass hier ein nicht existenziell betroffener deutscher Intellektueller quasi von oben herab dekretierte, was in dieser Frage sein dürfe und was nicht. Was in der deutschen Öffentlichkeit noch der 60er Jahre erkennbar fehlte, das war eine Sensibilität für die naturgegebene Verletzbarkeit von Menschen wie Paul Celan, für die sich solche Fragen niemals akademisch abstrakt stellten. Zudem haben wir es im Jahre 1965 mit einem Menschen zu tun, der mittlerweile schwere psychische Krisen durchgemacht und auch schon einen Klinikaufenthalt hinter sich hat – im November desselben Jahres wird die Einweisung in eine psychiatrische Klinik für mehrere Monate folgen.

Dennoch gelingt mit diesem neuen »Mutter«-Gedicht ein anrührender Text. Wieder imaginiert er die Vergegenwärtigung der Ermordeten durch rücksichtslose Intellektuelle, die diesmal als »kulturflott« und »linksnibelungisch« charakterisiert werden; will sagen, nicht mehr als biedere und offensichtlich antisemitische Reaktionäre, sondern als *up to date* und quasi *chic* aufgemachte, nichtsdestotrotz messerscharf agierende professionelle Schreiber, die die Frage des Wie-Schreibens im Angesicht der Shoah, die doch niemanden mehr umtreibt als Paul Celan selbst, nicht existenziell angeht. Sie sind es für den hier Sprechenden, durch die die Mutter wieder die »[d]er Luft entrißne, / der Erde entrißne. // Herunter-, / Herauf- / gezerrte« (V. 2-6) wird. Die Luft steht für den Rauch, die Erde für die Asche, die von der grablos Ermordeten als Einziges geblieben sind. Von dort oben und dort unten wird sie ein weiteres Mal gewaltsam heruntergerissen und heraufgezerrt wie vor ein Gericht, als ob sie selbst Schuld hätte. Das rätselhafte »linksnibelungisch« taucht 1968 ein weiteres Mal in dem Gedicht »Port Bou – deutsch?« auf;[21] hier sei nur vermerkt, dass es für Celan eine Chiffre für rabiate israelkritische deutsche Linke geworden ist, wie sie in der 68er-Bewegung eine Rolle spielten. Reinhard Baumgart ist dieser Richtung nicht zuzurechnen, und die sarkastische Abfertigung seiner grundlegenden Dissertation über die Ironie im Werk Thomas Manns mit »mannschmannsch« ist auch bei gutem Willen nicht als gelungen witzig einzuschätzen. Das Gleiche gilt für das Wortspiel »nicht / ab-, nein wiesen- / gründig« mit dem ursprünglichen, vom jüdischen Vater Theodor W.[iesengrund] Adornos herkommenden Familiennamen des Frankfurter Philosophen, dem damit unterstellt wird, er habe sich aus Opportunitätsgründen von dem leicht als jüdisch zu identifizierenden Nachnamen getrennt. Und natürlich geht es auch um Adornos berühmtes Diktum, wonach es »barbarisch«, wo nicht »unmöglich« sei, »nach Auschwitz« Lyrik zu schreiben.[22] So verspürt man am Ende Bedauern: Es gelingt Paul Celan in dem zweiten »Mutter«-

Gedicht – fünfeinhalb Jahre nach dem ersten – nicht überzeugend, das vorherrschende politische und kulturelle Klima in der Bundesrepublik Deutschland so präzise anzugreifen, wie das zu wünschen gewesen wäre. Er trifft Momente einer neuen Selbstgerechtigkeit von Intellektuellen, die sich tatsächlich anmaßt, darüber zu urteilen, wie die »Unmenschlichkeit« quasi »neu und gerecht« zu »verteilen[ ]« und hernach darzustellen sei (V. 14 f.). Doch macht er es sich mit der Brandmarkung dieser »Aber-Maligen« als »meisterlich, deutsch« zu einfach. Baumgart ist nicht Blöcker und schon gar nicht Holthusen.

Das Stichwort »meisterlich, deutsch« kann uns aber zurückführen zu einem der beiden rätselhaften Mottos über dem Gedicht »Wolfsbohne«, und zwar zu dem von Jean Paul. Celan liebte diesen Autor, was schon daran erkennbar ist, dass er in Wien 1948 – als nun wirklich mittelloser Mann – eine vielbändige wertvolle Jean-Paul-Ausgabe erwarb, die er zeit seines Lebens in Ehren hielt. Es geht um den Halbsatz »wie an den Häusern der Juden (zum Andenken des ruinirten Jerusalems), immer etwas u n v o l l e n d e t gelassen werden muß« aus der Erzählung »Das Kampaner Tal«. Die Erzählung von 1797 ist, so scheint es, einer wirklichen Reise in das schöne Pyrenäental von Campan gewidmet, aber eigentlich geht es um eine Disputation über die Unsterblichkeit der Seele – und beides sagt letztlich nichts dazu, warum Celan diese unscheinbare Anmerkung (mehr ist es nicht bei Jean Paul) ausgewählt hat. Es geht um die Aussage als solche: Juden folgen einem Gebot, an ihren Häusern »immer etwas unvollendet« zu lassen, und der Grund dafür ist die Pietät: dass niemals die Zerstörung des Tempels (das »ruinirte[ ] Jerusalem[ ]«) vergessen werden dürfe; also das »Andenken« an etwas Ruiniertes, das ist: etwas Unvollendetes. Damit stellt sich dieses Motto entschieden gegen Blöckers Vorwurf der »gegliederten Sprachflächen«, der »Kombinatorik« wider alle »Anschauung« und »dinghafte [...] Sinnlichkeit«, der »kontrapunktische[n] Exerzitien auf dem Notenpapier«, des »kombinationsfreudigen Intellekts«[23] – alles ›meisterliche‹ Qualitäten, die Celan für sich ablehnt, weil er gerade das für sich in Anspruch nimmt: Anschauung, Sinnlichkeit, existenzielle Nähe zur vergegenwärtigten schrecklichen Wirklichkeit von Gewalt und Mord. Das impliziert naturgemäß, ›immer etwas unvollendet zu lassen‹ – bei Paul Celan weniger (aber auch) ›zum Andenken an das ruinirte Jerusalem‹, und umso mehr zum Andenken an die Shoah, das ›ruinierte‹ Judentum schlechthin. Somit verbirgt sich in dem Motto von Jean Paul eine poetologische Aussage: Dichtung »im Angesicht der Shoah« wird nie rein rational, ausgedacht und zurechtkombiniert, ›perfekt‹ und ›nur schön‹ sein dürfen. Man ist hier schon sehr nahe an den Gedanken, die der Dichter im Lauf des Jahres 1960 bei der Ausarbeitung seiner Dankesrede für den Georg-Büchner-Preis unter dem Titel »Der Meridian« zu Papier bringt. Da heißt es z. B.:

> Wer nur der Mandeläugig-Schönen die Träne nachzuweinen bereit ist, der tötet auch sie, die Mandeläugig-Schöne, zum andern Mal. Den [Vergasten &] Krummnasigen, Kielkröpfigen, den Einwohnern der stinkenden Judengassen, den Mauschel-Mäulern – ihrer gedenkt das gerade Gedicht – das Hohe Lied [...][24]

Und dieses Gedenken muss der Forderung entsprechen, die Jean Paul in seiner beiläufigen Anmerkung notiert hat. Celan kommt in diesem Zusammenhang auf die zentralen Gedanken, die aber auch auf »Wolfsbohne« schon zutreffen. Die negativ aufgeladenen Stichworte heißen jetzt »Artistik«, »Akrobatik«, »Kunst-Kunst« oder »diverse keimfreie ästhetische Botschaften / synthetische Poesien /«; die »kybernetisch akkreditierte« Pseudopoesie. Noch einmal polemisch zugespitzt: »Das Keimfreie ist das Mörderische; [ ] im formal designing ist der Faschismus heute.«[25] Das sind Gedanken, die Paul Celan bewegen, wenn er an das ›neue Deutschland‹ um 1959/60 denkt. Es ist deutlich, dass dieser Dichter nicht bei 1945 stehenbleibt, sondern die politischen, moralischen und ästhetischen Linien auszieht, wie er sie sieht. Sein Deutschlandgedicht »Wolfsbohne«, dieser so extrem subjektive Mutter-Anruf, ist nicht nur der Kränkung durch Blöckers Text geschuldet, er ist auch in sich selbst das Manifest einer Gegen-Ästhetik.

Bleibt noch der Versuch einer Erläuterung zu dem Friedrich Hölderlin entliehenen Motto. In ihm steht das Wort ›Deutschland‹ – wie auch in »Wolfsbohne« selbst (V. 29); jedenfalls bemerkenswert, denn Celan hat das Wort – nachdem es in »Todesfuge« sechsmal auftauchte, viermal in der Wendung »der Tod ist ein Meister aus Deutschland« – seither in seiner Lyrik nicht wieder verwendet, und auch später nie mehr. In Briefen und anderen Lebenszeugnissen taucht das Wort sehr wohl auf. Es ist, als ob der Autor zumindest seine Dichtungen von dem kontaminierten Wort freihalten wollte.

Doch im Zitat aus Hölderlins hymnischem Entwurf »Vom Abgrund
nämlich« scheint offenkundig ein anderes Deutschland auf; eines,
dessen »Blüten« das Herz dessen, der hier spricht, erheben und
zu einem »[un]trügbare[n] Kristall« werden lassen, »an dem / Das
Licht sich prüfet, wenn« – ja, wenn was? Das sagt das Fragment in
der Handschrift Hölderlins aus dem sogenannten Homburger Folio-
buch nicht mehr. Am unteren Rand des Blattes kommt nach einem
freibleibenden Stück auf dem Papier nur noch das Wort »Deutschland«.[26] Was der deutsche Dichter Friedrich Hölderlin für Paul
Celan bedeutet hat, soll an anderer Stelle genauer erörtert werden.
Hier nur so viel: Der entscheidende Unterschied zwischen Hölderlins
Vorstellungen von einem ›anderen‹ Deutschland als »Vaterland« und
denen Paul Celans liegt darin, dass Hölderlin *vor der Shoah* lebte
und – so darf man unterstellen – sich so etwas wie den industria-
lisierten Massenmord an den Juden nicht einmal vorstellen konnte.
Ja, Hölderlin lebte sogar noch um ein Weniges vor der bald um sich
greifenden Ideologie vom Nationalstaat und vor dem National-
chauvinismus à la Ernst Moritz Arndt und Friedrich Ludwig Jahn.
Johann Gottlieb Fichte kannte und schätzte Hölderlin zweifellos,
aber das war der Erkenntnistheoretiker der »Wissenschaftslehren«
und der Sympathisant der Französischen Revolution, nicht der Autor
von »Der geschlossene Handelsstaat« oder gar der »Reden an die
deutsche Nation«. Kurz, Hölderlins Vision von Deutschland ist um
das Jahr 1800 eine absolut unschuldige, so wie es in einem Entwurf
von »Das nächste Beste« heißt: »Viel sind in Deutschland // Wohnsitze sind da freundlicher Geister, die // Zusammengehören«.[27] Ein
solches Deutschland ersehnte auch Celan, wohl wissend, dass dies
nach Hitlers Raubkrieg und dem Massenmord an den Juden nicht
mehr möglich war.[28] So ist dieses Motto mit Trauer besetzt, Trauer
darum, dass das Bild von einem Deutschland, das schöne Blüten
treiben könnte, obsolet geworden ist. Die Vorstellung vom Herzen
als »Untrügbare[m] Kristall« vermag Celan hingegen aufzunehmen.
Die dritte und letzte Strophe des Gedichts, das beginnt »Weggebeizt«
(etwa vier Jahre nach »Wolfsbohne« entstanden), lautet:

Tief
in der Zeitenschrunde,
beim
Wabeneis

wartet, ein Atemkristall,
dein unumstößliches
Zeugnis.²⁹

Das aus dem lebendigen Atem zum Eiskristall Gewordene als noch mögliches Zeugnis: Das ist das zeitgemäße Pendant zu Hölderlins »Untrügbare[m] Kristall«. Das ist der Status von deutscher Dichtung um das Jahr 1960. Das Dilemma der nahen und zugleich so fernen Fremde Deutschland hat sich im Vergleich zu 1945 entschieden verschärft.

Paul Celan war klar, dass »Wolfsbohne« ein außergewöhnlich persönliches und dadurch sehr spezielles Gedicht war. Gleichwohl wollte er es zunächst im Einvernehmen mit seinem Lektor Rudolf Hirsch im Almanach des S. Fischer Verlags veröffentlichen. Vermutlich unter dem Einfluss des Freundes Klaus Demus, der meinte, »daß es eigentlich kein Gedicht sei«, bat der Autor seinen Lektor darum, das Gedicht »nun ganz ins Private zurückkehren zu lassen«.³⁰ Das geschah dann auch, bis es 1997 in dem ersten Band mit Gedichten aus dem Nachlass publiziert wurde und unter Kritikern und sonstigen Lesern sofort Aufsehen erregte. Bekannt wurde durch diesen Band auch, dass Celan sein Gedicht am 25. April 1965 noch mit einem Zusatz versehen hatte, der bereits eingangs mit zitiert wurde:

Mutter, Unverlorene, mit uns,
den Unverlorenen,
siegst du.
Und mit uns Wahr und Gerecht und Gerade,
um
der versöhnenden
Liebe
willen.³¹

Das war des Dichters letztes, überraschend »versöhnendes« Wort in der *Causa* Blöcker.

Que sont mes amis devenus?
Deutsche Freundschaften und ihr Scheitern

Bei kaum einem anderen deutschsprachigen Schriftsteller der Zeit seit dem Zweiten Weltkrieg, die noch eine Hochzeit der Schriftkultur war, findet man so viele und so bedeutende Zeugnisse der Freundschaft wie bei Paul Celan. Denn er war ein fleißiger, ja, ein passionierter und begnadeter Briefschreiber. Und seine Briefe, ob an Freunde, an Geliebte oder, immer wieder an erster Stelle, an seine Frau Gisèle (diese durchweg in Französisch) sind häufig stilistische Meisterwerke, die ihresgleichen suchen. Sie enthalten tiefsinnige Gedanken, harsche Urteile über Sachen und Menschen – und eindrucksvolle Bekundungen der Zuneigung für die Menschen, die er mochte und die ihm wichtig waren. Dem hochgebildeten Autor war gewiss bewusst, dass er sich mit seinen Briefen der Freundschaft in eine lange und bedeutende Tradition stellte. Man denke nur an den Briefwechsel zwischen Goethe und Schiller, zwischen Hölderlin und seinen Freunden oder an Georges und Rilkes vielfältigen Briefverkehr. Natürlich standen auch für Celan reale Begegnungen im Mittelpunkt seiner Freundschaften oder Liebesbeziehungen. Es gab auch schon das Telefon, das er durchaus nutzte. Aber keine seiner wichtigen Freundschaften ist ohne das Medium Brief denkbar, und in keine gewinnt man so vielfältige Einblicke wie durch die jeweilige Korrespondenz. Dabei, so hat Barbara Hahn herausgefunden, geht es um ein Wechselspiel: »Produktive Freundschaften leben in einem Wechsel von Sprechen und Schreiben. Sie leben davon, dass die Freunde gemeinsam Zeit produzieren.«[1]

Paul Celan war ein Mensch, für den Freundschaften existenziell wichtig waren – in allen Phasen seines Lebens. Natürlich gilt das für die meisten Menschen, aber für manche wohl doch in besonderem Maße. Sind es in seiner Kindheit und Jugend vor allem kleine Gruppen und Cliquen, die wie ein anregendes Elixier gewirkt und dem jungen Paul Antschel pure Lebensfreude beschert haben, so lassen sich auch hier schon Namen nennen, die für lebenslange Freundschaft stehen, allen voran Gustav Chomed und Erich Einhorn. Beide gingen sie Paul Antschel zunächst durch die Kriegswirren verloren, um später doch wieder in sein Leben zu treten. In Bukarest ist es

Petre Solomon, mit dem den jungen Dichter eine besonders vertraute und intensive Beziehung verbindet. Er ist der Erste, mit dem Antschel (nunmehr Ancel) nicht deutsch, sondern rumänisch oder später auch französisch spricht und schreibt. In Wien wird mit dem Österreicher Klaus Demus zum ersten Mal ein Nichtjude ein wirklich enger Freund. Natürlich darf auch Ingeborg Bachmanns Name hier nicht fehlen. Aber es ist nicht zu übersehen, dass, wenn Celan zu einer Frau eine besonders enge Beziehung einging, diese fast immer einen erotischen Charakter hatte. Das gilt schon für Ruth Lackner (verheiratete Kraft) in Czernowitz, dann für Lia Fingerhut in Bukarest und nun in Wien für Ingeborg Bachmann. Später, in Paris, sind Diet Kloos und Brigitta Eisenreich enge Freundinnen und Geliebte zugleich.

Celans Freundschaften mit Männern haben ihren ganz eigenen Charakter, und in einigen wenigen Fällen möchte man auch von einer intimen, erotisch gefärbten Beziehung sprechen. Denn Paul Celan war ein Mensch – das zeigen nicht wenige Briefe –, der sich nach Freundschaft sehnte, nach Menschen, zu denen er uneingeschränktes Vertrauen haben konnte und zu denen er sich in einem wechselseitigen Treueverhältnis sah. Und da der Dichter ein hingebungsvoller Briefschreiber war, und zwar in allen Lebenslagen und Stimmungen, sind mehrere dieser Freundschaften (ihr Scheitern eingeschlossen) sehr gut und lebendig dokumentiert.[2]

Die Beziehungen zu anderen Menschen in dieser Weise emotional aufzuladen und entsprechende Erwartungen zu hegen hat natürlich auch eine Kehrseite. Und diese zeigte sich im Fall Celan in geradezu unerbittlicher Weise. Je höher die Erwartungen waren, mit denen er eine Freundschaft befrachtete, desto heftiger konnten auch die Enttäuschungen ausfallen. Paul Celans Freundschaften mit Deutschen (und das sind zumeist schreibende Kollegen), die in den 50er Jahren entstehen, folgen fast regelhaft diesem Muster – mal mehr, mal weniger intensiv. Und dieses Muster ist wiederum eng mit der Konstellation verknüpft, dass es um Beziehungen des jüdischen Autors zu nichtjüdischen Deutschen geht. Freundschaften mit Juden wie Peter Szondi, Jean Bollack oder Franz Wurm, denen Celan seit dem Ende der 50er Jahre nahekam, folgen diesem Muster nicht (sie sind zudem alle drei keine Deutschen). Auch die engen Beziehungen zu Franzosen wie André du Bouchet oder Edmond Lutrand (freilich ein Jude mit deutschem familiären Hintergrund) haben einen anderen Charakter. Das im Zweifelsfall verstörende und in vielen

Fällen die Freundschaft zerstörende Element ist, so zeigt sich, ›das Deutsche‹ und die in dieses ›Deutsche‹ eingelagerte jeweilige persönliche Geschichte zweier Partner. Was das im Einzelnen heißt, ist herauszufinden. Natürlich spielen die immer schlimmer werdenden Plagiatsanschuldigungen durch Claire Goll seit dem April 1960 eine zentrale Rolle beim Zerbrechen vieler Freundschaften. Entscheidend ist am Ende die hoch sensible Psyche des Menschen Paul Celan und der Ausbruch seiner schweren psychischen Erkrankung, die die Freundschaften absterben lassen.

Rolf Schroers, der für fast zehn Jahre engste unter Celans deutschen Freunden, hat in einer Tagebuchnotiz vom 18. August 1963 eine erhellende Formulierung zur Konstellation dieser Freundschaften gefunden, wenn er feststellte:

Und der Dichter Paul Celan auch, an dem wir als Personen einer nach dem andern scheitern, und zwar noch mit unserem Recht und gegen sein Unrecht, ja gegen seine Ungerechtigkeit, die ja nur der schneidende Name für die Unveräußerlichkeit seines Schicksals ist[.][3]

Es sei dahingestellt, ob Schroers mit seiner Verteilung von Recht und Unrecht die Wahrheit trifft oder nicht. Treffend ist jedenfalls seine Aussage, dass man »an« Paul Celan scheitern konnte und dass diesem Scheitern »die Unveräußerlichkeit seines Schicksals«, das ihm Deutsche zugefügt hatten, zugrunde lag.

Es ist das Treffen der Gruppe 47 in Niendorf im Mai 1952, das einige Freundschaften mit schreibenden Kollegen initiiert hat, so die mit Rolf Schroers und, deutlich weniger intensiv, mit Heinrich Böll und Paul Schallück. Andere, die Celan in Niendorf kennengelernt hat, bleiben hier unberücksichtigt, weil sich aus den Bekanntschaften keine Freundschaften entwickelten. Das gilt für Hans Werner Richter und Alfred Andersch,[4] aber auch für Günter Eich, den Ehemann von Ilse Aichinger, mit dem sich Paul Celan offenbar nur wenig zu sagen hatte.[5] Auch Walter Jens, Altphilologe in Tübingen und später Rhetorikprofessor, der in der Phase der Plagiatsanschuldigungen 1960/61 eine wichtige Rolle spielte, wird man nicht als engen Freund bezeichnen können.[6] Bei dem unmittelbar auf Niendorf folgenden Autorentreffen in Hamburg lernte Celan Günther Weisenborn kennen. Er las dessen autobiographisches Buch »Memorial« und war davon beeindruckt.⁷ Aber eine längere persönliche Beziehung ergab sich daraus nicht – leider, möchte man sagen, denn mit Weisenborn, der als Mitglied der Widerstandsgruppe »Rote Kapelle« der Vollstreckung des Todesurteils durch die NS-Justiz nur mit Glück entgangen war, hätte Celan vielleicht vertraut werden können. Zwei deutschsprachige jüdische Autoren, nämlich Wolfgang Hildesheimer und Erich Fried, hätten – so denkt man – enge Freunde sein können. Aber das war nicht der Fall. Auch Hildesheimer hatte Celan in Niendorf kennengelernt. Man sah und schrieb sich gelegentlich, doch eine Freundschaft wollte nicht entstehen. Im Gegenteil, als Celan Ende des Jahres 1959, empört über Günter Blöckers Rezension von »Sprachgitter«, Unterstützung bei Kollegen suchte, wurde er von Hildesheimer enttäuscht, der solche »Erfahrungen mit dem Hitler-Nachwuchs« (so ordnete Celan Blöcker ein) nicht so ernst nehmen wollte und als normal im Literaturbetrieb ansah.⁸ Die Beziehung zwischen Celan und Erich Fried, die sich seit 1951 (oder sogar schon früher) kannten, ist wiederum so kompliziert, dass sie in einem späteren Kapitel ausführlich zur Sprache kommen soll.⁹

Es ließen sich noch einige andere Schriftstellerkollegen nennen, die Celan im Lauf der 50er Jahre kennenlernte und auch zum Teil oder zumindest zeitweise schätzte: die Schweizer Max Frisch (zu dem, als neuem Partner von Ingeborg Bachmann seit dem Sommer 1958, die Beziehung von Beginn an schwierig war) und Friedrich Dürrenmatt (die beiden mochten sich),¹⁰ die Westdeutschen Walter Höllerer, Hans Magnus Enzensberger und Martin Walser, die Ostdeutschen Peter Huchel (den er nur einmal traf und sehr schätzte)¹¹ und Erich Arendt (der ihn in Paris besuchte, hoch verehrte und wohl auch imitierte, was zu Celans Ablehnung führte).¹² Jede Bekanntschaft oder Freundschaft erzeugte ein je eigenes Szenario und war von unterschiedlich starken oder auch schwächeren Gefühlen der Sympathie und Antipathie getragen. Hier sollen nur einige wenige Freundschaften näher beleuchtet werden, die für Paul Celan besonders wichtig waren und die beispielhaft für die Konstellation stehen, dass hier ein jüdischer Überlebender nach der Shoah sich mit deutschen Männern anfreundete, die allesamt Soldaten der Wehrmacht gewesen waren.

Hanne und Hermann Lenz

Eine lange Zeit unkomplizierte, sehr herzliche Freundschaft verband Celan mit dem Ehepaar Lenz. Hermann Lenz war im Juli 1952 in Stuttgart Zeuge von Celans Lesung gewesen, zu der ihr Verlag, die Deutsche Verlags-Anstalt (DVA), eingeladen hatte. Lenz, der selbst vor allem Prosa schrieb, aber auch Gedichte, war beeindruckt von dem sieben Jahre jüngeren Autor und dem, was dieser vortrug. Freilich war er zu scheu, um ihn schon bei dieser Gelegenheit anzusprechen. In einem späten Rückblick (1983) auf dieses Ereignis betont er, dass er »mit dem Gehörten einig« war:

> Es berührte mich. Und der Mensch, der die Gedichte vortrug, erschien mir als einer, der sich fremd fühlt; weshalb ich dachte, Gedichte und Person seien bei ihm eins.
> Der schreibt, wie er ist, sagte ich zu mir und wunderte mich, weil mir aus seinen Versen etwas nahekam, das ich zwar nicht benennen konnte, das mir aber als etwas Besonderes erschien. Der schaut hinters Klotzige, Irdische, Simple, Banale und Triviale, sagte ich zu mir selbst.
> Er bewegt sich wie einer, der dem Boden nicht traut.[13]

Wenn man sich daran erinnert, wie die schreibenden Kollegen von der Gruppe 47 wenige Monate zuvor in Niendorf auf Celans Lesung seiner Gedichte reagiert hatten, dann leuchtet einem ein, dass Celan und Lenz einander gleich bei der ersten Begegnung Vertrauen schenken konnten: Sie hatten eine verwandte Vorstellung von der Dichtung und vom Dichten.[14] Hermann Lenz kannte die Gruppe 47. Er hatte 1951 bei deren Treffen in Laufenmühle bei Ulm gelesen – und war dort ebenfalls auf Unverständnis gestoßen, wenngleich nicht so spektakulär wie Celan in Niendorf. Und Celans Vertrauen wuchs, als er hörte, dass Hermann Lenz' Frau Hanne jüdischer Herkunft war. Die beiden, Hermann Lenz und Hanne Trautwein, hatten sich 1937 an der Universität München kennengelernt. Sie, die Kunstgeschichte studierte, überlebte die Nazizeit mit Glück als angestellte Sachverständige eines Händlers für Beutekunst, während er als Wehrmachtssoldat an der Belagerung von Leningrad teilnahm. Ob er seinen Vorsatz wahrmachen konnte, nie auf einen Menschen zu schießen, ist nicht bekannt. Jedenfalls war er bis zum März 1945

Soldat, zuletzt an der Westfront, und atmete auf, als er in amerikanische Kriegsgefangenschaft geriet. 1946 konnten die beiden dann endlich heiraten. Ihre Liebe ist in einem Briefband von mehr als 1000 Seiten dokumentiert. Dass Hermann Lenz in den schlimmsten Jahren der Judenverfolgung unbeirrt an seiner Verlobten festhielt, verdient Hochachtung. Aber dieser Mann zeichnete sich ohnehin durch eine außergewöhnliche Charakterfestigkeit aus. Machtstreben war ihm fremd, und sein persönlicher Ehrgeiz hielt sich in Grenzen. Schon damals, in den 50er und 60er Jahren, wirkte er wie aus der Zeit gefallen, wie ein zweiter Robert Walser.

Es war ein deutscher Emigrant in Paris, Friedrich Hagen, der Celan auf den Autor Hermann Lenz aufmerksam gemacht hatte und ihm dessen 1947 erschienenen Wien-Roman »Das stille Haus« empfohlen hatte. Celan las das Buch – und er mochte es. Von Hagen erfuhr er auch, dass Hanne Lenz jüdischer Herkunft war. So kam es, dass Celan bei seinem Aufenthalt in Stuttgart im April 1954 von sich aus den Wunsch äußerte, im Haus der Familie Lenz zu wohnen, und schon am nächsten Tag, nach einer gemeinsamen kleinen Wanderung, bat er die beiden, zum Du zu wechseln – eine für den Autor aus Paris ungewöhnliche Geste zwei Deutschen gegenüber. Schließlich eignete er ihnen ein herausragendes Gedicht – »Nächtlich geschürzt« – persönlich zu, wobei er den Vornamen Hanne in Hannah abwandelte. Die Widmung übernahm er später in alle Buchausgaben.

Das Besondere an dieser Freundschaft ist, dass es eine Freundschaft zu dritt war, die Paul Celan sowohl mit Hermann als auch mit Hanne eng verband.[15] Gisèle Celan trat hinzu – man traf sich wiederholt in Paris und Stuttgart –, aber da sie kaum Deutsch verstand, geschweige denn sprach, blieb sie eher im Hintergrund. Trotzdem gab es eine schöne beiderseitige Gastfreundschaft und einen anhaltenden Austausch von Geschenken, vor allem für die Kinder. Hermann Lenz räsoniert in seinen Briefen des Öfteren über seine Lektüren und sein eigenes Schreiben, Celan fasst sich zumeist kürzer und schreibt am ehesten über bittere Erfahrungen im deutschen Literaturbetrieb. Auf die Mitteilung vom Tod von Hannes Vater Kurt Trautwein, der Professor für Mikrobiologie gewesen war und für sein Festhalten an der Ehe mit einer Jüdin, Hannes Mutter Marie Edith Cohen, berufliche Nachteile in Kauf genommen hatte, reagierte Celan sehr persönlich, aber auch ernüchternd – ganz anders, als in Kondolenzschreiben üblich. Er erinnerte Hanne an ihre Mutter, die im Februar

1942 eines natürlichen Todes gestorben war (wenig später wäre sie deportiert worden), und mit dem nichtjüdischen Vater sieht er eine Sphäre verbunden, »in der auch, aus größerer Ferne, Mütterliches mitsprach, Jüdisches.« All das sieht er durch den Tod des Vaters als »entrückt« an – »nein, Hanne, es ist *verloren*, ganz«, so korrigiert er sich umgehend.¹⁶ Und er bilanziert sodann: »Es gibt mancherlei Verwaistsein, aber keines, das wie dieses wäre: eindeutig, ohne die Spur des vielleicht von ungefähr Gekommenen darin.«¹⁷ Der Autor sieht erkennbar seinen eigenen, endgültigen Verlust der Mutter vor fünfzehn Jahren in dem Verlust gespiegelt, den die Freundin gerade erlitten hat. Ein Trost für die Betroffene konnte diese radikal selbstbezogene Reaktion Celans freilich kaum sein. Doch sie nahm es hin. Was sie nicht hinnahm, war, dass Celan ein knappes Jahr später offenbar Dritten gegenüber, darunter auch Günter Grass, das Werk ihres Mannes (und offenbar auch den Autor selbst) schlechtmachte. Ihr Brief vom 10. Oktober 1959 an den Freund in Paris – geschrieben kurz vor ihrer Abreise nach Israel – ist eine eindrucksvolle Verteidigung ihres Mannes, als eines unbedingt zuverlässigen, mutigen Menschen, und sie erlaubt Celan nicht, dessen Integrität in der Nazizeit in Frage zu stellen. Im Gegenteil, sie konfrontiert ihn in geradezu kühner Weise mit einem Nachdenken über die Freundschaft und die mit ihr verbundenen Verpflichtungen, das gar nicht anders als eine Lektion an seine Adresse verstanden werden kann. Ja, im Grunde spricht sie ihm ab, sich solchen Kriterien entsprechend zu verhalten. Celan antwortet nicht direkt darauf, vielleicht, weil inzwischen Blöckers »Sprachgitter«-Kritik erschienen ist und im Verhältnis zu dieser eminenten, implizit antisemitischen Kränkung anderes für ihn kaum Gewicht hat, und sei es auch eine so grundsätzliche Kritik an seinem Verhalten wie die von Hanne Lenz. Immerhin gesteht er ihr eine solche Kritik zu, und ein Gespräch in Paris nach ihrer Rückkehr aus Israel bringt ihr Verhältnis wieder einigermaßen ins Lot. In einem Brief, der diesem Gespräch folgt, gibt sie dem Freund zu bedenken, man solle

> sein Judentum nicht nur im »negativen« bewähren, im »sich wehren« gegen die Feinde, im Verteidigen der Angegriffenen; es kommt auch heute noch, immer noch und immer wieder darauf an, die Kraft des Judentums zu mehren, etwas von seinem Wesen vor die Völker zu bringen. Wer könnte das besser als Du? Denn –

dies hat Buber zu mir gesagt, in seinem Gespräch über Borchardt, seiner Kritik an Borchardt: »was gibt es Grösseres und Selteneres auf dieser Erde, als ein Gedicht, ein wirkliches Gedicht.«[18]

Wer weiß, vielleicht ist etwas von diesem Rat von Hanne Lenz in die Gedichte des Bandes »Die Niemandsrose« eingegangen, an dem er zu dieser Zeit schon arbeitete? Denn in dem von ihr beschworenen Sinn des Judentums kann man manche dieser Gedichte verstehen. Immerhin findet Celan die Kraft (und das sogar an seinem eigenen Geburtstag), Hermann Lenz einen sehr persönlichen Brief zu schreiben, in dem er seine Kritik an dessen neuem Roman, »Der russische Regenbogen«, eher behutsam formuliert.[19] Hermann Lenz' Antwort darauf ist entwaffnend: »Einem Freund wie Dir kann ich doch gar nichts übelnehmen.«[20] Es fällt auf, dass Lenz völlig darauf verzichtet, auf die Blöcker-Rezension einzugehen, die Celan so tief gekränkt hat. Das ist nicht seine Welt, das ist für ihn hässlicher Literaturbetrieb, den er nur verachten kann und zu dem ihm nichts einfällt. Auch Hanne geht in ihren Briefen darauf kaum ein, umso stärker aber auf die neuen Fälle von Antisemitismus in der Bundesrepublik. Besonders »erschreckt oder gewundert« hat sie sich deswegen nicht, so schreibt sie am 7. Februar 1960. Denn sie »habe nie geglaubt, dass sich in Deutschland irgendetwas in dieser Hinsicht wesentlich geändert hätte. Die Deutschen – und auch die anderen – sind eben wie sie sind.« Freilich fragt sie sich, wie man angesichts dessen »mit seinen Zeitgenossen noch eine gemeinsame Basis finden [soll] für ein Gespräch, für *irgendein* Gespräch.«[21]

Man würde vermuten, dass diese Freundschaft zu dritt ein Beispiel dafür sein könnte, wie sich das zutiefst gestörte Verhältnis zwischen einem überlebenden Juden und Menschen aus dem Land der Mörder überwinden ließe. Aber selbst diese Freundschaft war nicht von Dauer. Sie geriet endgültig in die Krise, als Claire Golls Plagiatsanschuldigungen von einer breiteren Öffentlichkeit aufgegriffen wurden und Paul Celan plötzlich am Pranger stand. Er forderte, wie schon nach der Blöcker-Rezension Ende 1959, von seinen Freunden nicht nur, dass sie ihn verstanden, sondern auch, dass sie sich bedingungslos solidarisch verhielten. Dabei wusste er selbst nicht wirklich, wie der westdeutsche Literaturbetrieb funktionierte. Hanne und Hermann Lenz versuchten den Freund in Paris brieflich und am Telefon zu unterstützen, wie es nur ging (und Hermann sparte nicht mit den gröbsten Schimpfwörtern für Claire Goll). Am 22. Oktober 1960 sind die beiden in Darmstadt noch Zeugen der Verleihung des Georg-Büchner-Preises an Celan und hören seine Rede »Der Meridian«. Doch ab dem Februar 1961 ist die Verbindung abgerissen. Celan hatte erwartet, Hermann Lenz hätte das Gutachten zur sogenannten Plagiatsfrage verhindern können, das Hermann Kasack als Präsident der Akademie für Sprache und Dichtung in Auftrag gegeben hatte. Doch dieses Gutachten verfasste die germanistische Hilfskraft Reinhard Döhl im Auftrag von Professor Fritz Martini, der einst Mitglied der NSDAP und der SA gewesen war und jetzt den germanistischen Lehrstuhl an der TU Stuttgart innehatte, und Hermann Lenz hatte nicht die geringste Möglichkeit einzugreifen. Ein halbes Jahr später, im November 1961, rief Celan dann sogar Hanne Lenz an, aber ein Treffen kam aufgrund von Missverständnissen nicht mehr zustande. Am 5. März 1962 appellierte Hanne ein letztes Mal, fast schon verzweifelt, an den Freund in Paris:

> Wir möchten Dir helfen – wenn wir nur wüssten, was wir tun könnten. Wir haben nichts mit Deinen Feinden zu tun, wie sollten wir auch, da wir in dieser Welt ganz alleine stehen.
> Wir sind Deine Freunde, glaub' es mir!
> Alles, alles Gute Euch dreien
> Hanne[22]

Paul Celan antwortete nicht mehr auf diesen Brief, und so endete eine singuläre Freundschaft zu dritt »in dem, was man gemeinhin eine Entfremdung nennt.« Das war das Fazit, das Hermann Lenz dreizehn Jahre nach Celans Tod zog. Aber ganz zum Schluss dieses Textes erinnerte er sich an den letzten Besuch des Freundes in der Bundesrepublik im März 1970, als er in Stuttgart auf der Tagung der Hölderlin-Gesellschaft seine Gedichte las. »Und er besuchte uns, und wir redeten zusammen, als hätte sich nichts verändert. Es war auch so und wird immer so sein.«[23] Eine beispiellose Freundestreue, die noch heute rühren kann.

Zu dieser besonderen Freundschaft gehört auch, dass Hermann Lenz den Freund zu einer Romanfigur gemacht hat. Damit war er nicht der Erste. Paul Celan war offenbar ein Mensch von charismatischer Ausstrahlung, der auf Anhieb faszinierte – ob als junger »beau ténébreux«[24] in Czernowitz und Bukarest oder als gereifter Mann in seinen 30er und 40er Jahren. Als Erste hat ihn Marie Luise Kaschnitz 1950 in ihrer Erzählung »Die Abreise« als fast magische Gestalt dargestellt, die sie bei der Lesung der »Todesfuge« beobachtet und deren eindrückliche Wirkung sie schildert.[25] 1951 haben ihn die Freunde Milo Dor und Reinhard Federmann in ihrem Kriminalroman »Internationale Zone« in der Figur des Petre Margul liebevoll porträtiert: als einsamen, stets in Geldnot befindlichen jüdischen Flüchtling aus Rumänien, der sich in Wien aus Freundschaft in finstere Geschäfte verwickeln lässt und dabei den sowjetischen Sektor als Gefahrenzone meiden muss. »Verloren«, »hungrig und verzweifelt« lassen ihn die Autoren in der Stadt umherziehen und davon träumen, nach Paris zu kommen, um endlich Anerkennung als Dichter zu finden.[26] Wenig später macht Rolf Schroers den Freund Celan in spektakulärer Weise zur Romanfigur, und auch in Günter Grass' »Blechtrommel« gibt es eine dem Dichter aus der Bukowina ähnliche Figur.[27]

Nun also Hermann Lenz in seinem stark autobiographisch geprägten späten Roman »Der Fremdling« von 1983. Der Protagonist heißt Eugen Rapp, ist mit einer Hanne Treutlein verheiratet und bekleidet beruflich die Funktion des Sekretärs eines Kulturvereins in Stuttgart, der Lesungen und Vorträge zu organisieren hat. Ähnlichkeiten mit der Lebenswirklichkeit des Autors sind kaum verhüllt, vielmehr bietet diese den – überschaubaren – Stoff des Romans. Höhepunkte sind die Lesungen zweier Autoren. Der eine ist Thomas Mann, der mit vollem Namen genannt und respektvoll und leicht ironisch zugleich dargestellt wird (wenige Monate vor seinem Tod 1955). Der andere heißt Jakob Stern und ist die wohl liebevollste und bewegendste Darstellung Paul Celans, die es gibt. In manchem berührt sie sich mit dem Erinnerungstext, der eingangs dieses Kapitels zitiert wurde. Dieser Stern wird Eugen Rapp vom Verlag als ein »deutscher jüdischer Herr, der in Rumänien gelebt und das Konzentrationslager kennengelernt hatte«, annonciert. Er »mache Verse wie George, zumindest ebenso großartige, aber trotzdem neue«.[28] Eugen Rapp ist von der Lesung Sterns tief beeindruckt: »Von Stern ging eine Strahlkraft aus; von ihm und seinen Versen.« Und wie in der Wirklichkeit wird auch im Roman darauf hingewiesen, dass Rapp den faszinierenden Dichter schon einmal zuvor hatte lesen hören. Jetzt also äußert dieser den Wunsch, in dem bescheidenen Haushalt der Rapps zu übernachten, und das Schöne an Lenz' Roman ist, dass er ohne Umschweife zu

Hanne Treutlein als zeitweiliger Figur im Blickpunkt umspringen kann. So erfahren wir auch ihre vorsichtigen, klugen Eindrücke, zuerst von dem »lange[n] Gedicht, das sie faszinierte« – gewiss die »Todesfuge«; dann von seiner äußeren Erscheinung, von diesem »mittelgroßen, eher kleinen Mann, wie Eugen selbst«. Und weiter heißt es:

> und sie freute sich, weil Stern sie mit ausgewählter Höflichkeit begrüßte, wie es zu einem gehörte, der in einem der Erblande der versunkenen österreichischen Monarchie geboren war (er deutete einen Handkuß an).
> Stern trug einen dunklen Lodenmantel, in dem er einem Pfarrer ähnelte, und hatte ein hochstirniges, brünettes Gesicht, das ebenmäßig war. Große braune Augen schauten sie von unten an[29]

Jakob Stern und mit ihm Paul Celan wird vor unserem geistigen Auge lebendig als ein Mensch, der ein Gespür hat für Menschen und die Dinge, die sie umgeben. »Das Höfliche und Feine gehörte dazu.«[30] So klingt ihr auch sein »österreichischer Tonfall [...] liebenswürdig im Ohr«. Und als sie bei der gemeinsamen Fahrt nach Esslingen, wo Stern lesen soll, über Männer nachdenkt, die einem oft körperlich nahekommen, geht ihr durch den Kopf: »Wenn dir Stern naheträte ...« Und das ist ihr offenbar (in der Fiktion des Romans) kein unangenehmer Gedanke. Aber sie scheucht ihn weg und kehrt zurück in ihr korrektes Ich. So deutet Lenz auf höchst diskrete Weise an, dass in dieser Freundschaft zu dritt auch erotische Momente einen Platz hatten. Doch in ihren Gesprächen im Roman geht es auch um Furchtbares: Jakob Stern erzählt, wie er nur mit Glück der Deportation entging, und Hanne denkt:

> Wie alles zusammenhing, und warum dieser Mann durchgekommen war und jener nicht ... (da kannst du in Gedanken nicht einmal den Satz zu Ende führen). Und sie erinnerte sich wieder jener beiden Schwestern ihrer Mutter, die abtransportiert und im Osten verschollen waren, weil man sie ermordet hatte. Dabei schien's ihr, als ob sie selbst auch daran schuldig wäre.[31]

Jakob Stern fährt weg. Hanne bleibt ein wenig verstört zurück. Und sie ist enttäuscht, dass Eugen sie nicht so versteht, wie sie es sich wünscht, sondern lieber etwas von sich erzählt. So gelingt es Hermann Lenz, dem wirklichen Erzähler der ganzen Geschichte, in subtiler Weise, zu vergegenwärtigen, wie von dem Besuch des Dichters Stern-Celan Inspiration ausgeht, aber auch eine leichte Irritation des ehelichen Gleichgewichts. Hermann Lenz hat mit seiner nur wenig verschobenen Darstellung des Freundes aus Paris ein Andenken an denselben geschaffen, das bleibt. »Der Fremdling« ist in diesem Roman nicht nur Stern-Celan, sondern Eugen Rapp selbst, der sich weder in der kleinen Welt seines Kulturvereins noch in der großen Welt der wirtschaftswunderlichen Bundesrepublik zu Hause fühlt, sondern immer als »ein Zaungast, Außenseiter oder als eine Randfigur«.[32] Das macht ihn zum desto besseren Beobachter.

Rolf Schroers

Ein anderer enger Freund – und, solange es dauerte, der engste und wichtigste unter den deutschen Freunden – wurde für Celan Rolf Schroers, von dem bereits im Niendorf-Kapitel die Rede war. Es ist eine faszinierende, aber auch rätselhafte Freundschaft über zehn Jahre, dokumentiert in einem ungemein dichten, zeitweise dramatischen Briefwechsel, der immerhin 200 Briefe auf 240 Seiten umfasst. Und das Rätsel liegt eigentlich darin, dass der Bukowiner Jude die Nähe gerade dieses so deutschen Mannes suchte. Entscheidend war gewiss, dass Schroers in Niendorf unbefangen, interessiert und liebenswürdig auf den ein Jahr jüngeren Celan zuging, wohingegen das Gros der 47er-Autoren befangen, desinteressiert und auch noch wenig liebenswürdig war. Und das Erstaunliche ist, dass der traumatisierte überlebende Jude Paul Celan sich auf ebendiese Freundschaft einließ – wohl wissend, dass der andere als Wehrmachtsoffizier in das Morden des Weltkriegs verstrickt, aber – so Celans Annahme – kein Nazi war. Schroers war für ihn ein irritierend sympathischer »Fremder« – tatsächlich vergleichbar der »fremden« Geliebten Ingeborg Bachmann.[33] Dass Schroers aber doch latent (›gebildet‹) antisemitisch war, musste Celan bei der Lektüre der Schrift »Der Partisan« mit Schrecken zur Kenntnis nehmen.

Schroers war der Sohn eines preußischen Beamten, der im Polizeidienst Karriere gemacht hatte. Dieser Vater Johannes Schroers war 1932 in die NSDAP eingetreten, wurde 1937 Kommandeur der Schutzpolizei in Köln und später Polizeipräsident von Bremen. 1942, im Krieg, machte man ihn zum SS-Brigadeführer. Im April 1945 setzte er sich mit anderen erfolgreich für eine kampflose Übergabe von Bremen an die Briten ein und wurde sogar für ein paar Tage Regierender Bürgermeister. Doch dann fand seine Karriere ein unrühmliches Ende: Von 1945 bis 1949 internierten ihn die Kanadier in einem Lager bei Oldenburg.

Der Sohn Rolf hatte Germanistik, Geschichte und Philosophie studiert und 1937 eine Ausbildung als Kavallerist erfahren. Im Krieg war er Soldat in Polen, Frankreich und Russland, wo er verwundet wurde. 1943 wurde er Offiziersanwärter, und von Februar 1944 bis zum Kriegsende 1945 hatte er den Rang eines Oberleutnants. Er wurde Mitglied, später Leiter eines Frontaufklärungstrupps in Italien in der sogenannten Abwehr. Schroers war zu keinem Zeitpunkt Mitglied der NSDAP, geschweige denn der SS. Eher verkörperte er den Typ des elitären Bildungsbürgers, dem die Nazis zu plebejisch waren. National gesinnt war er durchaus. Nach 1945 arbeitete Schroers als Publizist, unter anderem für die »Frankfurter Hefte« und die »Frankfurter Allgemeine«. Aber er verfasste auch belletristische Texte, so den Roman »Jakob und die Sehnsucht«, von dem noch die Rede sein wird, weil es in ihm eine Paul Celan nachempfundene Figur gibt. Von 1955 bis 1957 arbeitete Schroers als Lektor beim Verlag Kiepenheuer & Witsch in Köln. Seit 1950 nahm er fast regelmäßig an den Tagungen der Gruppe 47 teil. Allerdings endete Schroers' Quasi-Mitgliedschaft bei den 47ern abrupt, als Hans Werner Richter ab September 1959 Anschuldigungen lancierte, Schroers sei an Geiselerschießungen in Italien beteiligt gewesen.[34] Es ist bemerkenswert, dass Celan, an dessen Ohren diese Anschuldigungen natürlich auch drangen, in keinem seiner Briefe darauf einging.

Gleich am Anfang dieser Freundschaft steht ein Besuch Celans bei Schroers in Bergen in der Nähe von Frankfurt a. M., gerade einmal eine Woche nach Niendorf. In einem Brief an seine angehende Frau Gisèle Estrange berichtet Celan von dem

> kleine[n] Bauernhaus, es ist zugleich nett und unerquicklich, sehr deutsch, deutsch in einem Sinne, der einen zugleich abstößt und einen dann zum Nachdenken veranlaßt. Obgleich Schroers sehr liebenswürdig, sehr zuvorkommend gewesen ist – er hatte mich schon in Hamburg eingeladen, bei ihm zu wohnen –, habe ich es

doch abgelehnt, bei ihm zu bleiben, unter dem Vorwand, daß es zu weit sei, in Wirklichkeit aber, weil ich hier allzuviele Spuren einer Vergangenheit voller schrecklicher Dinge bemerkt hatte.[35]

Was das im Einzelnen gewesen sein mag – Fotos vermutlich von Männern in Uniformen der Wehrmacht oder auch der SS (man erinnere sich: der Vater), wie sie heute noch die Wände in manchen deutschen Wohnstuben zieren; völkische oder nazistische Bücher, vielleicht auch Gegenstände, die mit Insignien aus der Nazizeit versehen waren –, lässt sich wohl nicht mehr aufklären. Bemerkenswert ist die Nonchalance, mit der Schroers seinem jüdischen Gast so etwas zumutet. – Im folgenden Dreivierteljahr schreibt Schroers Celan unverdrossen eine Reihe von sehr zugewandten Briefen, mit denen er Celans anhaltendes Vertrauen gewinnt, so dass dieser ihn bald mit »Lieber Freund« anspricht. Ja, als Celan feststellt, dass sich der andere tatsächlich vehement – und erfolgreich – bei der Deutschen Verlags-Anstalt für seinen Gedichtband »Mohn und Gedächtnis« einsetzt, gestattet er Schroers, zuerst zwei Zeilen aus dem Gedicht »Zähle die Mandeln« und bald darauf sogar ein ganzes Gedicht, nämlich »Der Gast« (im Band »Von Schwelle zu Schwelle« gedruckt), dem dritten Kapitel seines Romans »Jakob und die Sehnsucht« als Motto voranzustellen. Und nachdem dieser Roman erschienen ist, setzt er sich mit Wärme für dessen Übersetzung ins Französische ein. Zweifellos war für den Noch-kaum-Autor aus Paris entscheidend, dass sein erster Lyrikband nun tatsächlich in einem seriösen deutschen Verlag erscheinen sollte. So schreibt er an Schroers:

> Brauche ich es Ihnen zu sagen: ich habe nichts sehnlicher herbeigewünscht, als den Augenblick, in dem meinen Gedichten die Brücke geschlagen wird zu diesem neuen Ufer – mir ist ein wenig bange bei dem Gedanken, daß ich ihnen nun folgen muß, aber wenn es für mich je einen Weg gab, so doch nur diesen – Sie helfen mir doch, ihn zu beschreiben, nicht wahr?[36]

Diese Sätze belegen, dass Paul Celan sich der Bedeutung seines Übertritts zu einem »neuen Ufer«, der literarischen Öffentlichkeit der deutschen Bundesrepublik, voll bewusst war. Und er ahnte, dass das nicht ohne Konflikte abgehen würde. Am 30. November 1953 trägt Celan dem ein Jahr älteren Freund in Deutschland schließlich das »Du« an, was dieser ohne Zögern aufnimmt. In den folgenden Jahren tauchen von beiden Seiten häufig Wörter wie »Nähe« »Freundschaft«, »von Herzen«, »Dein treuer« usw. auf. Schroers spricht sogar einmal von seiner »Liebe« zu Celan.37 Er vermittelt zwei Lesungen in Düsseldorf (er ist selbst im Herbst 1954 nach Meckenheim, einen Vorort von Düsseldorf, gezogen), und im Frühling 1954 wohnt der Freund aus Paris dann doch einmal einige Tage bei der Familie Schroers. Danach kommentiert Schroers brieflich: »wir haben uns sehr aneinander aufgebraucht die Tage. Ich spürte so etwas wie Erschöpfung« – und beschwört für die Zukunft die »offene Bereitschaft für einander«.38

Doch die Zeiten ändern sich: Rolf Schroers schreibt häufig an den Pariser Freund, Paul Celan antwortet seit dem Herbst 1956 eher karg. Schroers liest begeistert neue Gedichte von Celan und äußert sich zu ihnen. Celan hingegen ignoriert immer häufiger, dass Schroers ja auch ein Autor ist, der Bestätigung und Ermunterung braucht. Schroers findet immer häufiger Zeichen »verletzte[r] Trauer« an Celan. Antisemitische Reaktionen bei seiner Lesung an der Universität Bonn im November 1958 sowie die üblen Rezensionen von Curt Hohoff und H. E. Holthusen sind der Anlass.39 Schroers rät ihm, dergleichen zu ignorieren, aber das kann Celan nicht. So sind es immer wieder Vorfälle dieser Art, die Krisen auslösen, allen voran Claire Golls Plagiatsvorwürfe, über die Celan den Freund erstmals im Sommer 1956 informiert. Und Rolf Schroers erkennt die enorme Bedeutung dieser »Heimsuchung« durchaus richtig. Umgekehrt informiert er Paul Celan am 20. September 1959, dass Hans Werner Richter ihn denunziere und mit seinem »übel stinkenden Hass« verfolge.40 Celan antwortet umgehend am 22. September, und das in irritierender Manier. Er fragt nicht nach, was genau die Anschuldigung Richters umfasst. Vielmehr konstatiert er vage:

> die Welt setzt uns zu – was ich ebensowenig wie Du für sinnvoll halte. [...] Muß ich, wie Du mit H. W. Richter, mit Böll durch die Runden? Ich seh das nicht ein, ich brauche auch meine Galle für bessere Zwecke.

Und er schließt mit freundschaftlicher Geste: »Dieses Haus hier, ruft Gisèle aus dem Nebenzimmer herüber, steht Dir immer offen. / Dein Paul«.41 Celans Vergleich seiner eigenen Enttäuschung über die ignorante Haltung Heinrich Bölls gegenüber den Kränkungen, die er durch die genannten Rezensionen erlitten hatte, mit der Anschuldigung Richters an die Adresse von Schroers, er habe im Krieg Geiseln erschießen lassen, erscheint als völlig unangemessen: Hier eine gewiss hochgradige verbale Kränkung – dort die Beschuldigung, an NS-Massenverbrechen führend beteiligt gewesen zu sein. Die Situation offenbart zum wiederholten Mal die egozentrische Fixierung Celans auf sein erlittenes Unrecht. Eine Notiz aus Celans Tagebüchern vom 22. Oktober über ein Gespräch mit Günter Grass – genau einen Monat nach dem Brief vom 22. September – belegt allerdings, dass ihn die Vorwürfe gegenüber Schroers doch ernstlich beschäftigten:

> Graß, gestern, über Schroers; er würde sich, wenn er eines Tages erführe, Schroers habe als Abwehroffizier in Italien dreihundert Geiseln erschossen, nicht wundern. »Und was tätest du, Günter?« »Ich würde ihn anzeigen.«[42]

Freilich, ab dem 17. Oktober 1959 ist Paul Celan ohnehin zutiefst verstört, denn er hat die Besprechung Günter Blöckers zu »Sprachgitter« gelesen. Dadurch wird für ihn alles andere nebensächlich – eine verständliche, aber auch fatale Reaktion. Schroers bringt ihm telefonisch wie brieflich viel Verständnis entgegen und erklärt Blöckers Rezension für »falsch, dumm« und »infam«, und er bilanziert treffend: »Ich fasse Deine Entrüstung nur tiefer – nämlich als eine über einen Angriff auf die unverletzliche Quelle, ja, auf Deine eigentliche Weise der Existenz.« Doch indem er im gleichen Brief in Frage stellt, dass Blöckers Haltung »verkappte[r] Antisemitismus« sei, enttäuscht er den Freund in Paris. Zumal Celan Schroers' Räsonnement über die Sprache Wolfgang Hildesheimers, der sich »des Deutschen wie einer exzellent beherrschten Fremdsprache«[43] bediene, verständlicherweise »mehr als peinlich« fand.[44] Denn damit hatte sich Schroers – ohne es zu merken – auf die gleiche Argumentationsschiene wie Blöcker begeben, nämlich dass das Deutsch jüdischer Autoren leider nicht der Art der ›echt deutschen‹ Dichter entspreche. Bei Blöcker klang das so:

> Das mag an seiner Herkunft [der des jüdischen Autors] liegen. Der Kommunikationscharakter der Sprache hemmt und belastet ihn weniger als andere. Freilich wird er gerade dadurch oftmals verführt, im Leeren zu agieren.[45]

So nehmen die Enttäuschungen zu. Am 28. Oktober schreibt Schroers:

> Du traust uns nicht genug zu. Ich bin enttäuscht, daß ich Dich enttäusche. [...] Unser Verhältnis ist bestimmt durch Freundschaft, also Persönliches. Das aber entläßt weder mich noch Dich aus dem überpersönlichen Schicksal; wir haben das auszutragen. Ich für mich würde sagen, gerade wir beiden, wegen der Freundschaft.

Und weiter:

> Ich muß auf den Knieen hindurch, lieber Paul, jedenfalls noch, noch solange ich mich schuldig fühle. Und das tue ich. Und stelle mich den [Karl] Korn und den [Friedrich] Sieburg in eine Reihe, es ist ja keine Sache des Grades der Furchtbarkeit der Verstrickung, sondern die Verstrickung selber ist furchtbar. Ich muß, durch unsere Freundschaft hindurch, die Versöhnung suchen; bleibe in mein Kollektiv verstrickt wie Du in Deines gebannt. Die billigen Auswege zählen da nicht. Am wenigsten für mich, biblische Splitter und Balken.[46]

Das sind bemerkenswerte, hellsichtige Äußerungen über die bleibende »Verstrickung« eines ehemaligen deutschen Offiziers allein dadurch, dass er diese Rolle innehatte. Und Schroers tat weiter viel für diese Freundschaft: Er schrieb an Günter Blöcker und versuchte auf eindrucksvolle Weise, diesem Celans Verletztheit zu erklären. Doch Celan ist mit diesem Brief – man ahnt es schon – wiederum nicht einverstanden, weil Schroers es versäumt hat, den »Antisemit[en] Blöcker« zu kommentieren, der »ein jüdisches Grab und damit alle jüdischen Gräber, auch das Grab Kafkas, geschändet« habe.[47] Schon einen Tag zuvor, nach einem weiteren Brief von Schroers und einem Telefonat, hatte ein aufgewühlter, ja, ein verzweifelter Celan geschrieben:

> Wo ist Deutschland?
> Ausserhalb seiner Grenzen, in der Luft. Bei den Juden, die es gemordet hat.
> Wovon sprechen wir, wenn wir sprechen? Davon. Und von dem Gott, der solches wollte. Von der Rauchsäule Gott.[48]

Das heißt, das Deutschland, wie es einmal vor 1933 war, existiert nicht mehr. Es hat sich verflüchtigt, indem die ermordeten, in Asche und Rauch verwandelten Juden es gleichsam mit sich in die Lüfte genommen haben. Einen Gott gibt es dann auch nicht mehr. Er ist mit verbrannt, zur »Rauchsäule« geworden. Und wenn Deutschland überhaupt noch existieren kann, dann nur an diesem Ort: »Bei den Juden, die es gemordet hat.« Nun, das sind starke, paradoxe Aussagen, die uns später noch beschäftigen werden. Mit Blick auf die Freundschaft der beiden Autoren ist zu vermuten, dass Schroers diese pointierte Position, was nach der Shoah noch ›deutsch‹ sein könnte, nicht teilen kann.

In den Briefen der nächsten Wochen und Monate (dazwischen ein mehrtägiger Besuch von Schroers in Paris) geht es noch um Blöcker, vermehrt um die Plagiatsanschuldigungen von Claire Goll – »Deine Heimsuchung«, wie Schroers treffend schreibt[49] – und um den Bremer Literaturpreis für das Jahr 1960, den der Bremer Senat Günter Grass verweigert, obwohl die Jury ihn wollte. Celan forderte Schroers per Telegramm eindringlich dazu auf, für Grass zu stimmen, was dieser dann auch tat. Doch die Bremer Landesregierung blieb hartnäckig und ließ die Vergabe des Preises an Grass platzen.[50] Schließlich berichtet Schroers Celan am 26. Dezember 1959 von einem »schlimme[n] Weihnachten. In Köln wurde die Synagoge mit Parolen und Hakenkreuzen beschmiert. Die Täter – 25jährige, primitive Rabauken – wurden verhaftet.« Und natürlich verdammt Schroers diese Tat und befindet, dass die Deutschen dadurch »selbst beschmiert wurden.«[51]

So würde man erwarten, dass sich die Freundschaft zwischen Celan und Schroers durch die stürmischen Ereignisse des Jahres 1959 und die von beiden eingesetzten Energien, sie produktiv zu wenden, bleibend gefestigt hätte. Doch es kommt anders. Am 3. Januar 1960 schickt Schroers dem Freund in Paris seinen Essay »Juden«. Celan liest ihn und antwortet umgehend, am 5. Januar, und zwar zunächst auffällig verhalten. Er fordert Schroers eindringlich auf, in seine »eigene Enge (angustia)« zu gehen, so wie er in seine Enge gehen müsse – ein Motiv, das wenig später in der Büchnerpreis-Rede »Der Meridian« zentrale Bedeutung gewinnt, wenn Celan, gegen die Parole »Elargissez l'art«, seine Aufforderung setzt: »geh mit der Kunst in deine allereigenste Enge. Und setze dich frei.«[52] Gegen Ende dieses Briefes schreibt Celan geradezu beschwörend:

Unsere Freundschaft, Rolf: sie ist *unsere* Freundschaft, nur sie. Wir würden sie Lügen strafen, wenn wir sie als »exemplarisch« empfänden. Und darum darf und kann sie keinem ›allgemeinen Problem‹ unterlegt werden, auch nicht als Folie. […] Unsere Sache, sagt mir dieser Augenblick (dem ich vertraue), ist das Geheimnis. Es wird uns – wir sind auch *Alters*genossen – nicht entlassen. / Dein Paul[53]

Dieser auf den ersten Blick rätselhafte Passus macht doch wohl deutlich, dass Celan sich jederzeit der extremen, ja, paradoxen Konstellation seiner Freundschaft mit Schroers bewusst war. Denn auch wenn der Freund im Krieg nur Befehle befolgt hatte, so waren es doch Befehle, die zum Mord an allen zu Feinden erklärten ›Artfremden‹ beitrugen, seien es die Juden, seien es italienische Partisanen oder auch nur Dorfbewohner. Das ist das schreckliche »Geheimnis« einer innigen Freundschaft von zwei »Altersgenossen«, die noch fünfzehn Jahre zuvor auf absolut voneinander geschiedenen Seiten gestanden hatten: hier die Täter, von denen manche vielleicht nicht unmittelbar gemordet hatten, dort die Opfer, von denen manche, wie Paul Celan, mit Glück entkommen waren. Umso verstörender muss es für Letzteren gewesen sein, als Schroers wenig später, am 15. Januar 1960, die folgende Frage an den Freund in Paris richtete:

glaubst Du an eine duldsame Weise der Abwehr des Jüdischen, die jenem brutalen Leidenmachen, Vergasen, jener gemeinen Absprechung der Existenz nicht hoffnungslos und von Hause aus verfallen ist? Das wäre vielleicht kein Antisemitismus mehr. Du weißt, ich frage hier auf Carl Schmitt zu […], dessen Umgang mit mir Du beargwöhnst, und dem ich doch nicht abschwören will […].[54]

Es dauerte zwei Monate, bis Celan am 15. März 1960 antwortete – ohne Anrede –, indem er fast den ganzen Brief von Schroers noch einmal abschrieb (!)[55] und seinen Noch-Freund aufforderte, das einfach selber noch einmal zu lesen – eine Aufforderung, die dieser – er antwortete umgehend am 17. März – als »demütigend« empfand. Paul Celan spreche, so stellte er fest, immer nur seinen »Monolog, der den anderen verzehrt oder, stößt Du auf Grenzen, verstößt.«[56] Aber auch wenn man als Leser dieser Briefe im Abstand von sechzig Jahren einräumen muss, dass Celans unbedingte und egozentrische

Haltung für sein Gegenüber wohl oft schwer zu ertragen war, muss man dennoch festhalten, dass Schroers mit seiner sogenannten Frage im Grunde eine antisemitische Position vertritt, die sich zwar vom »Vergasen« distanziert, aber doch einer »Abwehr des Jüdischen« – wem gegenüber? und mit welchen Mitteln? – das Wort redet. Man ist an Ernst Jünger erinnert, der 1930 in seinem Essay »Über Nationalismus und Judenfrage« über die diametral entgegengesetzten »Gestalten« des Deutschen und des »Zivilisationsjuden« räsoniert hatte und zu dem Ergebnis gekommen war, es wäre besser, wenn dieser Jude, der »Meister aller Masken«, den »leiseste[n] Wahn, in Deutschland Deutscher sein zu können«, aufgebe.[57] Eine Auffassung, die Jünger noch im Jahr 1989 bekräftigt hat.[58] Es ist bewegend zu sehen, dass Celan, nach Schroers' Votum für einen quasi ›kommoden‹ Antisemitismus, ihm die Freundschaft nicht endgültig aufkündigt und ihn vielmehr fünf Wochen später noch einmal auffordert, über seinen »*haarsträubenden* Brief« und die Parole von einer »duldsamen Abwehr des Jüdischen« nachzudenken. »Ich hatte Dich gebeten, *Dir Gedanken zu machen, Rolf*! GEDANKEN. Denk nach, denk nicht drauf los!«[59] Am 20. Mai (inzwischen hat Celan einerseits die ihn beglückende Nachricht erhalten, dass er den Georg-Büchner-Preis bekommen werde, andrerseits nimmt die Goll'sche »Infamie« der Plagiatsanschuldigung seit dem 3. Mai Fahrt auf) wiederholt der Dichter seinen Appell zum Nachdenken und fügt den Satz hinzu: »Etwas, mir nicht völlig Erklärliches, steht nach wie vor zu Dir, – das dürftest Du wissen.«[60]

Danach stockt die Korrespondenz bis zum Monatsende des Oktober 1960. Im Juni war Rolf Schroers' Vater gestorben (Celan kondolierte offenbar nicht). Der Preisverleihung an Celan in Darmstadt am 20. Oktober 1960 blieb er fern. Auf mehrere Briefe des Freundes antwortete wiederum Celan nicht. Das lag wohl auch daran, dass er in diesen Wochen und Monaten mehr und mehr im Bann der Plagiatsvorwürfe stand. Anfang Februar 1961 gab es ein Telefonat der beiden, durch das Schroers offenbar klar wird, wie vernichtend der Freund in Paris durch diese Anschuldigungen getroffen ist. Sein ausführlicher Brief vom 7. Februar zeigt, wie ernst er die Angelegenheit jetzt nimmt und über welche konkreten Hilfsmaßnahmen er nachdenkt: eine philologisch fundierte Gegendarstellung oder eine Klage vor Gericht. Celan antwortet erkennbar positiv berührt von Schroers' Hilfsbereitschaft – und bemängelt doch gleichzeitig, dass die bereits in Gang gekommene Unterstützung für ihn zu eng philologisch oder zu vage sei. Und er bilanziert: »Ja, weisst Du: begonnen hat das alles bereits in Niendorf.«[61] Im nächsten Brief, vom 13. Februar 1961, zitiert er Hölderlins berühmtes Wort aus dem »Hyperion«: »Und [sic] so kam ich unter die Deutschen.«[62] Er, der inzwischen schon mehrere Jahre französischer Staatsbürger und gleichzeitig deutscher Dichter ist, muss mit Bitterkeit zur Kenntnis nehmen, dass ihm »unter die Deutschen« gekommen zu sein nicht gutgetan hatte. Ein weiteres Telefonat und wieder deutlich herzlichere Briefe lassen vermuten, dass die Freundschaft zumindest gekittet ist. Paul Celan ahnt nicht, welche Zeitbombe da tickt, als Schroers ihm am 15. Februar mitteilt, er habe endlich »wieder ein Kapitel fertig«. Es ist ein Kapitel der Schrift »Der Partisan«, die die Freundschaft endgültig zerstören wird.

Doch noch ist es nicht so weit. Im Juni 1961 besucht Schroers Celan drei Tage in Paris – vor allem, um mehr über die »Infamie« Claire Golls zu erfahren. Daraus resultiert ein Artikel von Schroers für die SPD-Zeitung »Vorwärts«, in dem er Celan vehement verteidigt. Der Freund in Paris bedankt sich am 30. Juni sehr herzlich für diese Stellungnahme, aber knapp zwei Wochen später gefällt sie ihm nicht mehr, und er bittet Schroers »nachdrücklich«, »diesen Aufsatz nicht in Umlauf zu bringen«. Warum? Celan findet inzwischen, Schroers habe den bereits zirkulierenden Gerüchten über seinen psychischen »Zusammenbruch« Nahrung gegeben und ihm damit »leider einen schlechten Dienst erwiesen.«[63] Auch dass er ihm das Wort »Genie« zuschreibt, missfällt ihm, weil er sich damit in die Nähe von »Wahn« und »Wahnsinn« gerückt sieht.

Schließlich bewegt Celan in diesen Wochen noch eine Veröffentlichung aus Köln. Die Bibliothek »Germania Judaica«, zu deren Gründern Paul Schallück gehört, gibt ein Buch heraus, in dem eine Würdigung von Paul Celans Lyrik stehen soll, aber auch ein Aufsatz aus der Feder von Clemens Heselhaus, einem ehemaligen Nazi (wie Celan weiß), über die Juden in der deutschen Literatur. Celan kommt zu dem Urteil: »Diese Verlogenheit, diese gemeine Wiedergutmacherei ist der Boden, auf dem die Hitlerei in ihrer heutigen Form gedeiht.« So kann er eine »Würdigung« seiner Person »in dieser Entourage« nur als »weitere[n] Hohn« erleben.[64] Wie sehr der Autor sich in dieser Zeit in seiner Identität als deutscher und zugleich jüdischer Dichter erschüttert sieht und wie sehr er sich Rolf Schroers in dieser Situation als treuen Freund an seiner Seite wünscht, zeigt sich darin, dass er ihm noch mit dem gleichen Datum 30. Juni eine Kopie des Gedichts »Nähe der Gräber« schickt, mit einer sehr persönlichen Erläuterung zu seiner Entstehung, als er auf dem Rückweg von Kiew nach Czernowitz an den Orten in Transnistrien vorbeikam, wo seine Eltern ihr Leben verloren.[65] Alles, was Celan in den Monaten der Goll'schen »Infamie« an Freunde sendet, sind mehr oder weniger verdeckte Appelle, die darauf zielen, seine existenzielle Situation als zugleich Überlebender und Diffamierter, seiner Identität Beraubter zu vergegenwärtigen. Schroers wiederum verteidigt seinen »Vorwärts«-Artikel und »seine Wahrheit«. Er geht so weit, dem Freund in Paris zu sagen, »daß die Bosheit Deine Liebesfähigkeit vergiftet hat«.[66]

Am 31. Oktober 1961 (an diesem Tag hat man noch telefoniert) schickt Schroers Celan seinen Essay »Der Partisan. Ein Beitrag zur politischen Anthropologie«. Dieser antwortet zunächst nicht darauf, macht aber ab dem 3. November Eintragungen und Randnotizen an Schroers' Text. Seine Zusammenfassung lautet so:

> Nazitum heute: unsauber zitiertes Judentum, hineinanalysiert in die Werwolf <(Waldgänger)>-Perspektive jüngerscher Provenienz. Das »rote«*Reich*«, als Resultat terroristischer Zusammenarbeit von Männerbünden. Blut und Boden mit René Char-Zitaten.
> Links-Reich + Polen als antirussisches und anti»welsches« Bollwerk.[67]

Der Deutsche Rolf Schroers spürt nicht, welche Zumutung seine Auslassungen für den Freund in Paris bedeuten müssen. Wie kann dieser hinnehmen, dass Schroers Wörter wie »Mischpoke«, »artfremd«, »ortsfremd«, »volksunmittelbar« oder »Artgleichheit« verwendet und sich mehrfach auf Carl Schmitt (und, indirekt, auf Ernst Jünger) beruft? Dass er Gedanken von René Char, dem Widerstandskämpfer, missbräuchlich mit seinen Gedanken vermengt? Dass er in diesem Essay auch noch Celan selbst mit seiner Rede »Der Meridian« zitiert (Lucile, »die auf dem Blutgerüst ruft: ›Es lebe der König!‹«) und in seine Argumentation für das »Unbehagen, das sich zum Widerstand klärt«, einzubeziehen versucht, muss diesen doppelt kränken. Aber es gibt auch einen Absatz in Schroers' Text, den Celan anstreicht, wohl weil er ihn beeindruckt hat und er ihn auf sich selbst bezieht in seinem immer verzweifelteren Kampf gegen die Goll'schen Anschuldigungen: »Denn die sicherste Erledigung des Gegners liegt darin, daß man ihn um sein emotionales Kapital bringt.«[68]

Paul Celan hat seine Anstreichungen nicht nach Düsseldorf geschickt und Schroers auch keinen weiteren Brief geschrieben. Dieser schreibt dem verlorenen Freund in Paris noch mehrfach, wirbt um ihn, fordert ihn auf, »nach Deutschland überzusiedeln, handfesten Umgang zu pflegen, die Mauern der Einsamkeit einzureißen.«[69] Zweieinhalb Jahre später, im Mai 1964, schreibt er in einem Brief an eine gemeinsame Bekannte, Hilde de La Motte, Celan habe an ihm »Ärger genommen« und deshalb sei »eine 10jährige gute Freundschaft abgebrochen.«[70] Ja, so war es und so blieb es.

So starb eine Freundschaft, in die beide viel investiert hatten. Beide vertrauten einander und vertrauten sich einander an. Beide haben nicht wahrhaben wollen, wie stark sie in ihren Biographien verwurzelt waren – hier der Bukowiner Jude, der die deutsche Kultur mit allen Fasern in sich aufgenommen hatte, aber zu einer Gruppe von Menschen gehörte, die ausgerottet werden sollten; dort der ebenfalls kultivierte Deutsche und Offizier der Wehrmacht, der sich nicht wirklich von seinem deutschnationalen Habitus und dessen ideologischem Fundament lösen konnte. Paul Celan hat es immer wieder abgelehnt, seine Freundschaft mit Schroers als »exemplarisch« anzusehen[71] oder auch sonst mit seiner Person ›exemplarisch‹ für das Judentum nach der Shoah zu stehen. Doch diese Freundschaft und ihr Scheitern ist am Ende exemplarisch. Sie demonstriert, was bis zum Anfang der 60er Jahre an ›Bewältigung der Vergangenheit‹ und an Versöhnung möglich war und was nicht. Beide Freunde haben mehrfach betont, dass sie Altersgenossen waren, der gleichen Generation angehörten. Aber ihr in ihrer Kindheit und Jugend inkorporiertes »natürliches Weltbild«,[72] die für ihre Generation typischen Erfahrungen in den Jahren 1939 bis 1945 waren so diametral entgegengesetzt, dass die Freundschaft scheitern musste. Im Blick auf Paul Celan hat das Scheitern dieser Freundschaft einen wesentlichen Anteil am Scheitern seines fast zwei Jahrzehnte anhaltenden Versuchs, das Nachkriegs-Deutschland trotz aller Bedenken und Vorbehalte anzunehmen und sich mit ihm zu versöhnen.[73]

Nicht nur der Briefwechsel zwischen Celan und Schroers dokumentiert die sprengenden Kräfte, die diese Freundschaft am Ende zerbrechen ließen, sondern auch ein Roman. Er heißt »Jakob und die Sehnsucht«, und Schroers hatte ihn schon zu großen Teilen geschrieben, als die beiden sich im Mai 1952 in Niendorf kennenlernten (er hatte dort auch daraus vorgelesen). Der Roman erzählt aus der Ich-Perspektive den Weg eines jungen Deutschen von seiner Kindheit und Jugend in Nazi-Deutschland bis zu seiner Teilnahme am Weltkrieg als Soldat der Wehrmacht an verschiedenen Kriegsschauplätzen. Parallelen zu Schroers' eigener Biographie und Familiengeschichte drängen sich geradezu auf. Dabei ist das in der damaligen Kritik überwiegend positiv aufgenommene Buch in einem Ausmaß vom Motiv der Schuld dominiert, das die sonstige westdeutsche Kriegsliteratur nicht kennt. Es kulminiert in dem Ereignis, dass der Ich-Erzähler, und nur er allein, über das Schicksal eines in Gefangenschaft geratenen Partisanen namens Paul entscheiden muss. Dieser eröffnet ihm, dass er ein »deutscher Jude« sei, und er bittet den deutschen Offizier, ihn zu erschießen, damit er sich nicht den zu erwartenden Qualen der Folter aussetzen müsse. Der Ich-Erzähler erfüllt ihm diese Bitte:

> Er hatte es so gewollt, und wie der Arm eines Götzen hatte ich zugeschlagen. Es war ein Genickschuß gewesen; ich wußte nur von dem grauenhaften Wort, – jetzt kannte ich die Tat. Man hebt den Arm und zieht den Abzug durch [...] Es war mir nichts entgangen, auch meine Gefühle hatte ich gut überwacht. Die Neugier durfte mit der Ausbeute zufrieden sein.[74]

Doch so souverän sich der Ich-Erzähler nach der Tat gibt, sie verfolgt ihn bis über das Kriegsende hinaus. Die eigenhändige Tötung eines Juden steht für einen Schuldkomplex dieses jungen deutschen Offiziers generell. Und seine Schuldgefühle leben dramatisch auf, als er nach Kriegsende, als Heimkehrer wieder im ländlichen Zuhause, eine *Displaced Person* kennenlernt. Es ist Daniel, der »Sänger« (vor allem russischer Lieder), der mit nahezu fotografischer Genauigkeit als Double von Paul Celan beschrieben wird: ein *beaux ténébreux*, der sich so vorstellt,

> lächelnd, aber mit trauriger Stimme. »Eigentlich bin ich schon Deutscher, von der Sprache her. Aber damals war ich es nicht [...] Ich stamme aus Rumänien, aus dem früheren Österreich. Meine

Eltern blieben [sic] dort.« Der Ernst wich einem Lächeln, und er sprach etwas leiser: »Ich bin Jude.«[75]

Daniel hat, so die Romanfiktion, als sowjetischer Soldat in Stalingrad gegen die Deutschen gekämpft. Jetzt, ins Nachkriegsdeutschland verschlagen, ist er nur noch »traurig« (keine Erzählpassage zu Daniel, in der dieses Attribut nicht vorkäme). An keiner Stelle wird dem Leser plausibel, warum dieser Daniel in Schroers' Nachkriegskapitel noch eine so prominente Rolle einnimmt – außer, dass es dem Autor ein Herzensbedürfnis war, einem Juden, den er leibhaftig als Freund gewonnen hatte, einen besonderen Platz in seiner Romanwelt zuzuweisen. Sein schlechtes Gewissen, sein tiefsitzendes Schuldgefühl wird er dadurch nicht los, so wie das im Roman auch Jakob nicht gelingt:

> Meinen Juden hatte ich loswerden wollen aus dem Gewissen, um jeden Preis […] Den Juden erschossen, Asta [die Ehefrau] versäumt, das Kind verlassen – die Erinnerungen bewegten sich lautlos hinter den gläsernen Wänden, aber die Schuld trieb sie auf zu Fleisch und Blut in den Träumen.[76]

So endet einer der merkwürdigsten deutschen Kriegsromane, erzählt aus der Perspektive eines um 1920 geborenen Deutschen, dessen Weltbild durchaus nazistische und speziell antisemitische Anteile hat (so zum Beispiel in der Darstellung der Reichspogromnacht am 9. November 1938 in Berlin). Ein Roman, der streckenweise gekonnt und spannend erzählt ist, der aber auch unerträglich sentimentale Passagen enthält. Besonders befremdet der dritte Teil, der der »Heimkehr« gewidmet ist und durch den die Gestalt des Daniel geistert. Es gelingt Schroers zu keinem Zeitpunkt, diese Konstellation plausibel zu machen. Und so wird eine Begegnung vor das Auge des Lesers gestellt, der das Misslingen von Anfang an eingeschrieben ist. Celan hatte Schroers erlaubt, diesem Teil des Romans sein Gedicht »Der Gast« voranzustellen. Es lautet:

Lange vor Abend
kehrt bei dir ein, der den Gruß getauscht mit dem Dunkel.
Lange vor Tag
wacht er auf

und facht, eh er geht, einen Schlaf an,
einen Schlaf, durchklungen von Schritten:
du hörst ihn die Fernen durchmessen
und wirfst deine Seele dorthin.[77]

Der Deutsche Rolf Schroers, gezeichnet vom Krieg und womöglich von eigener Schuld, hat versucht, seine »Seele dorthin« zu werfen, wo der fremde, der jüdische »Gast« stand, »der den Gruß / getauscht mit dem Dunkel«. Er hat ihn bei sich einkehren lassen und umgekehrt dieser ihn bei sich. Er hat seinem Romanhelden einen jüdischen Namen – Jakob – gegeben, und er hat diesen träumen lassen, dass er, der nichtjüdische Deutsche, von dem üblen Unteroffizier Leller als Jude enttarnt wird. Ein knappes Jahrzehnt lang gingen solche und andere Versuche der forcierten Annäherung an den fremden, den jüdischen Freund gut. Dann waren die Mächte der Zerstörung stärker, die sich aus einer finsteren Vergangenheit speisten.[78] Am 28. Oktober 1959 hatte Schroers geschrieben:

> Ich weiß, daß Du Dir die Blutschuld nicht abkaufen ließest. Ich weiß, daß ich ihr nicht entgehe – weshalb ich sie im »Jakob« ausdrücklich auf mich nahm. […] Ich muß auf den Knien hindurch, lieber Paul, jedenfalls noch, noch solange ich mich schuldig fühle. Und das tue ich.[79]

Paul Celan war von dem Roman – man staunt – angetan, ja, geradezu begeistert, und zwar so sehr, dass er, wie schon erwähnt, dem ein Jahr Älteren auf einer Postkarte aus Florenz vom 16. November 1953 spontan das Du anbot. »Ich las und las, bis tief in die Nacht hinein, wie ich seit langem nicht mehr gelesen hatte. […] Dieses Buch bedeutet mir mehr als Bücher mir bedeuten«.[80] Fühlte er sich geschmeichelt? Hatte er die Hoffnung, damit, so rasch zur literarischen Figur geworden, leichter im westdeutschen Literaturbetrieb zu reüssieren? Jedenfalls muss man – im Nachhinein – feststellen, dass ihn Schroers' in vielen Punkten fragwürdige Darstellung der Nazizeit und des Kriegsgeschehens, vor allem aber: des Verhältnisses eines deutschen Offiziers zu zwei Juden (Paul und Daniel), die er beide auf sich selbst beziehen konnte, offenbar nicht störte. Vermutlich war er schon allein davon positiv berührt, dass ein Deutscher, der Wehrmachtssoldat gewesen war, überhaupt nach der Schuld im Verhältnis zu den Juden fragte, auch wenn der Roman den wahren Dimensionen des Massenverbrechens in keiner Weise gerecht wurde.[81]

Heinrich Böll und Paul Schallück

Es ist Barbara Wiedemann zu verdanken, dass heute Rolf Schroers zusammen mit Heinrich Böll und Paul Schallück als das Trio der »rheinischen Freunde« wahrgenommen wird.[82] Ein Trio, insofern Paul Celan sie alle drei 1952 in Niendorf kennenlernte, aber vor allem, weil sie alle drei, in ähnlichem Alter, in der Wehrmacht gedient hatten. Und der Zufall wollte es, dass zwei von ihnen in Köln wohnten und der dritte, Rolf Schroers, ab 1954 im benachbarten Düsseldorf. So hat der Dichter aus Paris sie häufig ›auf einen Ritt‹ besucht (und bei dieser Gelegenheit für den Westdeutschen Rundfunk gelesen), und umgekehrt haben die drei ihn immer wieder einmal in Paris besucht. Doch die Freundschaften mit Böll und Schallück sind bei weitem nicht so eng wie die mit Schroers, was schon daran abzulesen ist, dass es mit diesen beiden Autoren nie zum Du gekommen ist. Böll war drei Jahre älter als Celan, dieser wiederum zwei Jahre älter als Schallück. Bei ihnen war Celan klar, dass er ihnen »die Hand geben konnte«.[83] Alle drei waren keine Nazis, aber vor der Wehrmacht gab es kein Entkommen. Alle drei wurden im Krieg verwundet, am schwersten Schallück, der 1944 mitten in Paris von Partisanen angeschossen wurde und danach, von den gleichen Partisanen ärztlich versorgt, ins Lazarett und in Kriegsgefangenschaft kam. Böll erging es ähnlich, auf Verwundung und Lazarett folgte die amerikanische Kriegsgefangenschaft.

Die Freundschaft mit Heinrich Böll kam ganz allmählich in Gang. Am Anfang stand, ein halbes Jahr nach Niendorf, im November 1952, bei einem Besuch Bölls in Paris, die Widmung der schon 1948 entstandenen Erzählung »Der Zug war pünktlich«, die ursprünglich den Titel »Zwischen Lemberg und Czernowitz« tragen sollte. In dieser Gegend war Böll als Soldat im Einsatz gewesen, und darüber sprach er mit Celan, den diese biographische Besonderheit natürlich sehr berührte. Dann sahen sich Celan und Böll bei zwei deutschfranzösischen Schriftstellertreffen, das erste 1953 in Paris und das zweite 1956 in Vézelay (an beiden nahm auch Schallück teil). Im März 1954 führte Böll den Gast aus Paris durch das zerbombte, kahle Köln, was diesem auch naheging. Im Herbst 1957 besuchte Celan Böll erneut und wohnte diesmal auch bei ihm. Und erst nach diesem Besuch kommt ein wirklicher Briefwechsel in Gang. Auslöser ist die Tatsache, dass Celan am 10. September 1957 in Lübeck den »Literaturpreis im Kulturkreis des Bundesverbandes der deutschen Industrie« bekommen hatte und bei der Preisverleihung mit Schrecken feststellen musste, dass neben ihm auch dem ehemaligen Nazi Friedrich Sieburg (jetzt beim Feuilleton der FAZ) der Preis zugesprochen wurde – und er diesem die Hand gedrückt hatte. Diesen Sachverhalt nimmt Celan zum Anlass, sich in einem Brief an Böll zu fragen, mit welchen anderen Geistesgrößen, die dem NS-Regime nahestanden, er schon zu tun hatte. Und er denkt zuallererst an Martin Heidegger, der ihm ein paar Monate zuvor seine Rede über Johann Peter Hebel mit Widmung geschickt hatte – und wie er sich darüber gefreut hatte. Und so fragt er sich: »Kann es mir, bei all dem Unbeantworteten in mir selbst, überhaupt gelingen, einen Ort zu finden, wo die Dinge, klar umrissen, für sich selbst sprechen?«[84] So wird Heinrich Böll in diesem ersten Brief, vom 14. September 1957, zu einem Freund, an den Celan sich in seiner eigenen Ambivalenz und Ratlosigkeit vertrauensvoll wenden kann. Er lässt diesem Brief noch einen zweiten folgen, weil seine Ratlosigkeit anhält. Bald darauf antwortet Böll ausführlich und freundschaftlich. Er kommt zu dem Schluss: »als Zeugen [sind] wir nicht berechtigt, dieses mörderische Geschwätz versöhnlich zu vergessen.«[85] Mit »mörderische[s] Geschwätz« meinte Böll vor allem Sieburgs 1941 im besetzten Paris gehaltene Rede »France d'hier et de demain«,[86] die Frankreich die Schuld am Krieg zuschob, die Kollaboration pries und auch sonst der NS-Ideologie entsprach. Briefe wie die Bölls und Celans zur *Causa* Sieburg stehen exemplarisch für das Problem der jungen Autoren, im literarischen Feld der 50er Jahre einen auch unter moralischen Kriterien angemessenen Ort zu finden. Sie sahen, wie dominant ehemalige Nazis oder Mitläufer wie Sieburg, Karl Korn, Clemens Heselhaus, H. E. Holthusen oder Curt Hohoff im Literaturbetrieb waren – einem Literaturbetrieb, von dem sie selbst wiederum abhängig waren.[87] Und auch die 1959 sich abzeichnende massive Krise in der Beziehung der beiden Autoren hat mit der veränderten literarischen Öffentlichkeit in der jungen Bundesrepublik Deutschland zu tun: Paul Celan wird im November 1958 zu einer Lesung an der Universität Bonn eingeladen, bei der ein Zuhörer eine antisemitische Karikatur kreisen lässt. Einer der Zuhörer, der belgische Student Jean Firges, der ein Jahr später die erste Dissertation über den Dichter vorlegte, hatte ihm brieflich davon berichtet.[88] Nun ist Heinrich Böll einer der befreundeten Kollegen, an die Celan sich, Unterstützung erhoffend, wendet.[89] Böll schweigt aber und lässt ihn vier Monate später wissen, dass er unter seinem neuen Roman – es ist »Billard um Halbzehn«, der im Herbst 1959 erscheint – so »tief begraben« gewesen sei, dass er nicht habe reagieren können. Aber der neue Roman werde »auch eine Antwort« auf seinen Brief enthalten.[90] Es nimmt nicht wunder, dass Celan von dieser Reaktion nicht erfreut ist. Aber dass er so kalt und verächtlich antworten würde, wie er es am 8. April 1959 tut, irritiert dann doch, wenn man an das stets freundliche und arglose Naturell von Böll, dem besonders »rheinischen« unter den Freunden, denkt. Celan verurteilt den »engagierten« Schriftsteller Böll ebenso wie implizit den Christen Böll. Der Höhepunkt seiner Beleidigungen ist der »Vorschlag«, den neuen Roman, wie schon das »Irische Tagebuch«, »Herrn Karl Korn« zu widmen, dem Verfasser »spaltenlange[r] Kolbenheyer-Aufsätze«. Das Ende des auf der Maschine geschriebenen Briefes lautet: »Ein bitterer Brief – Sie verdienen ihn. / Paul Celan (Paul Celan)«.[91] Heinrich Böll antwortet gleichfalls postwendend am 10. April, und auch er kann schneidend formulieren. Er nennt Celans Brief unumwunden, und völlig zu Recht, »eine Frechheit« und verteidigt sich nach Kräften als »Engagierter« gegen die Fraktion der »Nicht-Engagierten«, der sich der Kollege aus Paris lieber zurechnet. Er scheut sich nicht, den nun Nicht-mehr-Freund des »Hochmut[s]« zu zeihen, und bekennt sich seinerseits dazu, die Menschen zu lieben. Ein Detail zeigt Bölls hochentwickelte Sensibilität: Er wirft Celan vor, ihm einen derart bitteren, wo nicht bösen Brief in seine Privatwohnung geschickt zu haben, »in der meine Frau und ich arbeiten, meine Kinder spielen.« Und doch steht am Ende noch: »Sie kennen meine Telefonnummer« wie als Angebot zum neuerlichen Gespräch.[92] Es sind zwei Briefentwürfe Celans vom Juli 1961, also mehr als zwei Jahre nach dem letzten Brief Bölls, überliefert, in denen dieser sich zur Plagiatsanschuldigung Claire Golls, verstanden als Vorhaben, »meine Liquidation als Autor und damit als Person zu fördern«, äußert.[93] Aber erst am 27. September 1961 scheint er die richtigen Worte gefunden zu haben (und schickt den Brief auch ab): »wir haben einander wehgetan – ich denke oft daran. / Vielleicht ist es doch noch möglich, all das aufzuklären, aufzuhellen durch ein Gespräch – in Köln, in Paris, wo immer Sie es wünschen.«[94] Und Heinrich Böll (der sich gerade in der Villa Massimo in Rom aufhält) antwortet ihm umgehend: »ich bin sehr froh, daß Sie mir schreiben. Ich hatte nicht den Mut, Ihnen zu schreiben.«[95] So kommt tatsächlich eine freundliche und bald auch wieder freundschaftliche Beziehung in Gang. Am 23. Juni 1962 schickt Celan ein Exemplar von »Sprachgitter« an Böll und widmet es ihm, indem er den Abschnitt VI aus dem Gedicht »Stimmen« zitiert:

Jakobsstimme:

Die Tränen.
Die Tränen im Bruderaug.
Eine blieb hängen, wuchs.
Wir wohnen darin.
Atme, daß
sie sich löse.

Für Heinrich Böll,
   in Erinnerung an den deutschen
   Soldaten im Zug zwischen Lemberg
   und Czernowitz,
      herzlich
         Paul Celan[96]
23.6.62

Celan hat diese Strophe sehr bewusst für die Widmung ausgewählt. Sie spricht den – vielleicht – wiedergewonnenen Freund quasi als Bruder an. Und sei es eine von seinen eigenen, sei es eine von dessen Tränen – *eine* wird hängenbleiben und wachsen, so dass verwandte Seelen in ihr »wohnen« können. Paul Celan spürt, dass er einen so integren und mutigen Menschen wie Heinrich Böll an seiner Seite braucht; einen, mit dem sich gemeinsam trauern und kämpfen lässt. Auch die »Erinnerung an den deutschen Soldaten« Böll »im Zug zwischen Lemberg und Czernowitz« ist eine besondere Geste. Celan wusste, dass Bölls erste Erzählung, »Der Zug war pünktlich«, ursprünglich »Zwischen Lemberg und Czernowitz« hatte nennen wollen, weil er dort im Einsatz gewesen war. Und diese vom Zufall gefügte zeitweilige geographische Nähe in Celans Heimat Bukowina hatte damals, 1952, beide bewegt. Celan rief sie jetzt auf, um den Kollegen in Köln wieder zum Freund werden zu lassen.

Danach verlieren sich die brieflichen Spuren. Es naht ja auch der erste Aufenthalt Celans in einer psychiatrischen Klinik Ende des Jahres 1962. Aber im Mai und Juni sowie im Oktober und November des Jahres 1964 kommt es zu Treffen der beiden in Köln. Das letzte Zusammensein ist für den September 1966, wiederum in Köln, bezeugt. Eine Israel-Reise sagte Böll 1967 wegen des Sechs-Tage-Kriegs ab. Im Mai 1969 reist er dann wirklich nach Israel, und in seiner Rede »Deutsche Meisterschaft« zitiert er die schon im Titel anklingende »Todesfuge«. Auf die nach München vergebene Olympiade 1972 vorausschauend, sagte er:

Schließlich wird man in München wohl auch wieder das Deutschlandlied intonieren, und immer, wenn ich diese Melodie höre, höre ich einen anderen als den gesungenen Text. Ich höre einen Vers von Paul Celan: »Der Tod ist ein Meister aus Deutschland«.[97]

Es ist nicht bekannt, ob Celan diese Rede noch zur Kenntnis nehmen konnte. Er hätte sich wohl über sie gefreut. – Die Freundschaft zwischen Celan und Böll ist, so lässt sich bilanzieren, nicht gescheitert, aber nach der schweren Krise und dem Verstummen der Korrespondenz zwischen dem Frühjahr 1959 und dem Herbst 1961 ermüdet sie in der zweiten Hälfte der 60er Jahre. Sie hat sich erschöpft, so, wie Paul Celans Lebens- und Widerstandskraft sich erschöpft hat.[98] Das ist traurig, aber es ist nicht so radikal schmerzlich wie das Scheitern der Freundschaft mit Rolf Schroers.

Paul Schallück ist mit Sicherheit der anhänglichste und zuverlässigste von Paul Celans drei rheinischen Freunden. Er kam aus bescheidenen Verhältnissen. Der Vater war Buchbinder und Heimatdichter, die Mutter stammte aus Sibirien. Als Jugendlicher wollte Schallück Missionar werden, und manchmal kann man das seinen späteren Briefen und Essays noch anmerken. Durch seine schwere Beinverletzung aus dem Krieg blieb er lebenslang ein Gezeichneter. Schallück war ein durch und durch integrer, moralisch reflektierter (früher hätte man gesagt: anständiger) Charakter, der auch politisch eine klare antimilitaristische und antinazistische Haltung hatte und danach lebte. Ein verkappter Antisemitismus wie der von Schroers wäre bei ihm undenkbar gewesen. Als Celan ihm Ende Oktober 1959 Nachricht gibt von der Blöcker-Kritik, antwortet Schallück umgehend und bietet seine Unterstützung an. Er schickt dem Freund in Paris seinen kleinen Essay »Das Elend der Intellektuellen«, und es tröstet diesen, dass Schallück in Blöckers Rezension auch »Nazismus« erkennt, was, außer Schroers, keiner der angeschriebenen Freunde getan habe. Aber ab dem Herbst 1960 gerät auch diese Freundschaft in eine Krise. Der Auslöser ist einerseits, natürlich, die Goll'sche Plagiatsanschuldigung, die seit dem Artikel im »Baubudenpoet« im Mai 1960 immer breiter in der literarischen Öffentlichkeit wirkte. Schon dem Brief Celans vom 2. Juni merkt man an, dass er eine Äußerung Schallücks dazu vermisst, auch wenn er das nicht explizit sagt. Doch es kommt ein Zweites hinzu. Der Kölner Freund ist Mitinitiator und Vorstandsmitglied der »Germania Judaica. Kölner Bibliothek zur Geschichte des deutschen Judentums«, die eine positive Einstellung gegenüber Juden in Deutschland befördern möchte. Ab Anfang 1960 erscheint eine Schriftenreihe, die Schallück mit herausgibt. Er schickt Celan zwei Hefte dieser Reihe, und dieser ist empört, als er entdeckt, dass auch Clemens Heselhaus und Walter Höllerer mit den »Germania Judaica« zu tun haben.[99] »Germania Judaica« wird für Celan geradezu zum Schimpfwort, weil er die ganze Richtung einer Versöhnung von Deutschen und Juden nach der Shoah für verlogen hält.[100] Er schickt Schallück am 3. November noch ein gewidmetes Exemplar von »Gespräch im Gebirg«, obwohl der Kölner Freund im Oktober 1960 nicht nach Darmstadt zur Verleihung des Büchnerpreises gekommen war. Dann entsteht eine lange Pause mit beiderseitigem Schweigen bis zum Sommer 1961. Drei Briefentwürfe Celans vom 5. Juli und ein weiterer vom 11. Juli 1961 zeigen, wie tief verstört und oft grundlos alarmiert der Autor durch den Gang der Goll-Affäre inzwischen war und zu welch schiefen, in der Sache falschen Annahmen über Menschen, die ihm wohlgesinnt waren, er mittlerweile kam. Erst am 27. September 1961 – fast eineinhalb Jahre nach dem letzten ›normalen‹ Schriftwechsel – ist Celan endlich so gefasst, dass er Schallück gegenüber den richtigen Ton findet, der eine Wiederannäherung möglich macht:

ich denke oft an Sie und an unsere Freundschaft.
Wie mag es nur gekommen sein, dass soviel Unfreundliches zwischen uns getreten ist?
Lassen Sie uns einmal miteinander sprechen, lange und in Ruhe, – ich bin überzeugt, dass sich alles aufklären lässt.[101]

Die Parallele zum Verlauf der Freundschaft mit Heinrich Böll – der zeitweisen Entfremdung und der erfolgreichen Wiederannäherung – fällt ins Auge. Schon die Briefdaten zeigen das: Auch an Böll hatte Celan noch am 5. Juli 1961 einen harschen Brief geschrieben, aber nicht abgesandt, und ebenso hat er den freundlichen Appell an Böll, »all das aufzuklären, aufzuhellen durch ein Gespräch«, am 27. September 1961 zu Papier gebracht. Und wie Böll ist auch Schallück sofort zur Versöhnung bereit. Ein Besuch in Paris ist vorerst nicht machbar, weil Schallücks Gesundheit stark beeinträchtigt ist und ein Krankenhausaufenthalt bevorsteht. Aber der Freund in Köln findet in seinem Antwortbrief vom 20. Oktober 1961 so tief empfundene und zugleich klare Worte der freundschaftlichen Verbundenheit und Solidarität, dass ihn Celan nun nicht mehr zu seinen Feinden rechnet. Schallück spricht von der »Unverbindlichkeit« seiner Freundschaften mit den deutschen Kollegen, von »Einsamkeit« und »Bitternis« – und dergestalt korrespondiert seine seelische Verfassung mit der des Freundes in Paris. Dieser antwortet postwendend und betont nun seinerseits, wie sehr er die deutschen Kollegen brauche:

> Sie wissen nicht, lieber Paul Schallück (und auch ich wußte es nicht immer) wie sehr ich auf das, was in Deutschland geschrieben wurde, angewiesen war, was es mir bedeutete, so viele deutsche Schriftsteller zu meinen Freunden zu zählen.[102]

Bemerkenswerte Sätze in Celans extremer Krisensituation und der gerade erst vollzogenen Abkehr von Rolf Schroers. Die Konsequenz aus den so kränkenden Erfahrungen durch den westdeutschen Literaturbetrieb im Gefolge der Plagiatsanschuldigungen heißt also zu dem Zeitpunkt nicht: Rückzug auf die Bastion Paris, sondern Fortsetzung der schwierigen Beziehungen zu den Autoren in Deutschland, denen er sich noch menschlich verbunden fühlt. Und zu denen zählen Böll und Schallück, trotz allem. Anfang Dezember 1961 besuchen Schallück und seine Frau die Celans in Paris; ein Besuch, der dem Pariser Freund sichtlich guttut, wie auch weitere verständnisvolle Briefe aus Köln. Doch es gibt immer wieder neue Quellen der Irritation, so, wenn Schallück seine »Israel-Gedichte« nach Paris schickt oder ein neues Heft der Schriftenreihe »Germania Judaica«, der Celan grundsätzlich misstraut. In seinen Dank für den neuen Essayband von Schallück am 20. Juni 1962 fügt er ein kleines Räsonnement über die Lüge ein, das zeigt, für wie vergiftet er das literarische »Feld« hält: »die Lüge herrscht vor, Sie wissen es, und sie beherrscht, mimetisch hochbegabt, wie sie ist, das Feld und die Felder.«[103] Kurz darauf bittet er Schallück brieflich, sich um die alte Freundin Ruth Kraft zu kümmern, die, gerade erst aus Rumänien ausgereist, sich in Köln niederlassen will. Vielleicht gäbe es eine Stelle bei einem Museum oder – man staune – »eventuell bei der ›Germania Judaica‹?«.[104] Dummerweise tritt Schallück im September vom Vorsitz dieses Vereins zurück und verlässt ihn komplett, wofür er bei Celan natürlich Verständnis findet. So ist das Verhältnis der beiden Freunde wieder im Lot, und man besucht sich auch wieder. Schallück sieht Celan kurz nach dessen Entlassung aus der Psychiatrie in Paris Ende Januar 1963, und Celan besucht Schallück im Lauf der nächsten Jahre regelmäßig in Köln. Dieser reibt sich immer wieder einmal auf in Aktivitäten gegen ehemalige Nazis wie den Maler und Schriftsteller Hermann Stahl. Der schwadronierte in seinem Roman »Strand« von 1963 über die »Todesfuge« und polemisierte dagegen, dass dort der Tod »ein Meister aus Deutschland« genannt werde, da der Tod doch »zu groß und zu alt, kein deutsches Privilegium« sei, sprich: nicht nur die von Deutschen ermordeten Juden ›zählten‹, sondern alle Toten der ganzen Welt. Und Schallück schreibt im Mai 1964 im »Kölner Stadtanzeiger« gegen Artikel von Rolf Schroers über dessen Südamerikareise an, in denen dieser behauptet hatte, in Deutschland herrsche die »Stickluft philosemitischer Befangenheit, die ihre Opfer braucht. Erst wurden die Juden mit mörderischem Haß, jetzt werden sie mit mörderischer Pietät verfolgt.« Und deshalb könne er »Berliner Emigranten«, wie er sie in Bolivien traf, nicht empfehlen, nach Deutschland zurückzukehren.[105] Celan kommentiert so etwas nicht brieflich, vielleicht jedoch mündlich. Deutlich ist, dass er in Schallück einen absolut verlässlichen Streiter gegen alle Spielarten neonazistischer Umtriebe an seiner Seite weiß. Es folgen die Jahre 1965 bis 1967, in denen Celan sich mehrfach für Monate in der Psychiatrie behandeln lassen muss. Aber am 26. November

1967 – der Vietnamkrieg ist schon auf seinem Höhepunkt – ist Celan wieder einmal in Köln und widmet dem Freund sein Gedicht »Einem Bruder in Asien«, und gewiss gerade dieses, weil er sich mit Schallück eins weiß in der Verurteilung der Rolle der US-Amerikaner in diesem Krieg. Im Dezember dieses Jahres 1967 treffen sich die beiden Freunde noch einmal in Paris. Im Mai und schließlich im Juli 1969 kommt es anlässlich einer Lesereise Celans zu letzten Begegnungen in Köln; »endlich wieder einmal bei uns in Köln«, schreibt Schallück am 26. Mai 1969 als Widmung in sein gerade erschienenes Kinderbuch »Karlsbader Ponys«. – Eine Bilanz dieser Freundschaft fällt zwiespältig aus. Ohne Frage weiß Paul Celan die Sensibilität, die Verlässlichkeit und Treue des Kölner Kollegen zu schätzen, über alle Irritationen wegen der »Germania Judaica« einerseits und der Goll-Affäre andererseits hinweg. So gibt es keinen wirklichen Eklat in dieser Freundschaft. Gleichwohl meint man aus manchen Schreibpausen Celans und den häufig stummen, vielleicht doch gleichgültigen Reaktionen auf vielfältige intellektuelle ›Angebote‹ Schallücks doch herauszuhören, dass der Autor aus Paris die literarische Potenz des Kölner Freundes nicht allzu hoch einschätzte. Celan wusste, dass Böll oder Grass höhere Qualitäten als Prosaautoren hatten als Schallück. Offensichtlich war es leichter, sich mit einem solchen deutschen Freund nicht zu überwerfen als mit Schroers oder Grass. Damit ist die Besonderheit, aber auch die Grenze dieser Freundschaft bezeichnet.

Günter Grass

Günter Grass war in der Tat ein besonderes Kaliber, und die Freundschaft mit ihm war Paul Celan sehr wichtig. Er lernte ihn um die Jahreswende 1956/57 wohl durch die Vermittlung von Walter Höllerer in Paris kennen. Und es ›funkte‹ offenbar sofort. Grass war ein paar Monate zuvor, im Spätsommer 1956, mit seiner Frau Anna, einer Schweizerin, nach Paris gezogen; sie, um ihre Ballettausbildung fortzusetzen, er, der vorher u.a. als Bildhauer gearbeitet hatte, um, von einem neuen Umfeld inspiriert, zu schreiben, zu der Zeit vor allem Gedichte und Texte fürs Theater. Grass hat die Freundschaft mit Celan mehrfach in Interviews und Briefen beschrieben. Immer wieder betont er ihre Verschiedenheit, ja, Gegensätzlichkeit, die sich aber gerade als belebend und inspirierend erwiesen habe: »Wir hatten, so fremd wir einander sein mußten, so verschieden wir waren, ein Faible füreinander.«[106] Dabei beschränkt sich die eigentliche Freundschaftsbeziehung auf drei Jahre: 1957, 1958 und 1959. Aber das waren für beide wesentliche Jahre schöpferischer Arbeit: Celan in der Endphase des Bandes »Sprachgitter« und Grass, der sich nach Misserfolgen mit seinen dramatischen Versuchen der Prosa zuwandte und in einer Art Schreibrausch »Die Blechtrommel« niederschrieb. Natürlich ging es meistens um Literatur, wenn die beiden sich in Paris trafen, und häufig waren es regelrechte Streitgespräche, die sie führten. Aber der Jüngere war auch Zeuge und Helfer in psychischen Krisen des Freundes:

> Wir sahen uns häufig, oft genug, gelegentlich von seiner Frau Gisèle hilfesuchend herbeigerufen, fand ich ihn in Verzweiflung bedrängt und verletzt von tatsächlicher, vermuteter, aber auch suggerierter Feindschaft. Mein gegensätzliches Naturell machte es dann und wann möglich, ihn aufzuheitern, abzulenken, ihn zu mehreren Gläsern Calvados zu verführen.[107]

Grass hat immer wieder, und bewundernd, die viel größere Belesenheit und umfassende literarische Bildung des sieben Jahre Älteren hervorgehoben und sich besonders dafür bedankt, dass Celan ihn auf Rabelais aufmerksam gemacht habe, der sich dann als inspirierend auf seine Arbeit an der »Danziger Trilogie« auswirkte. Grass ließ sich von dem »so etwas Stefan-George-Hafte[n]« Celans nicht beirren und sagte ihm »gleich zu Anfang [...], ich bin nicht die Wand, zu der Du sprichst«.[108] Celan hat das offenbar akzeptiert – gewiss auch, weil er von dem Selbstbewusstsein und der vitalen Schöpferkraft des anderen beeindruckt war. Und so wurde er regelrecht zu einem Förderer und Helfer bei Grass' anfangs unsicherem Experiment, ein Prosaautor zu werden. Celan hatte, so Grass, ein »Gespür dafür, daß ich das Richtige gefunden hatte.«[109] Er habe ihn ermutigt,

> fiktive Gestalten wie Faingold, Sigismund Markus und Eddi Amsel, keine edlen, sondern gewöhnliche und exzentrische Juden in meine kleinbürgerliche Romanwelt zu fügen [...] Seine Hilfe kam nie direkt, sondern verschenkte sich in Nebensätzen, etwa auf Spaziergängen, in Parkanlagen. Mehr als auf die »Blechtrommel«

hat sich Paul Celans Zuspruch und Dreinreden auf den Roman »Hundejahre« ausgewirkt, etwa zu Beginn des Schlußmärchens vor Ende des zweiten Teils, sobald sich neben der Flakbatterie Kaiserhafen ein Knochenberg türmt, den das bei Danzig gelegene Konzentrationslager Stutthof speist.[110]

Es sind also jüdische Menschen, literarische und ganz reale (und das heißt: massenhaft ermordete), die in den Gesprächen der beiden Autoren eine zentrale Rolle spielen, und man kann davon ausgehen, dass gerade in die genannten »fiktiven Gestalten« manches von Grass' Wahrnehmung des jüdischen Freundes eingegangen ist. Anfang Februar 1959 hatte Grass die Niederschrift der »Blechtrommel« in Paris abgeschlossen. Anschließend verbrachte er einige Monate am Herkunftsort seiner Frau, in Lenzburg in der Schweiz, um die Druckfahnen seines umfangreichen Romans zu korrigieren. In dieser Zeit las er »Sprachgitter« und war sehr beeindruckt. In dem Schlussgedicht »Engführung« glaubte er »ein grosses Gedicht unserer Zeit, womöglich Dein grosses Gedicht erkannt zu haben«.[111] Celan antwortet ihm, fast postwendend, am 3. Mai: »ich war wirklich froh, als ich ihn [den Brief] las«. Das Urteil des in manchem so fremden Freundes bedeutet ihm viel, gerade in einer Zeit, in der er sich wieder und wieder vernachlässigt und verraten fühlt. Er erwähnt »ein Epistelchen von Böll« – gemeint ist dessen langes Schweigen nach der Blöcker-Rezension vom Oktober 1958 und ein nichtssagender Brief vier Monate später–, das ihn verärgert habe. Der Freund wisse ja, dass er »angesichts derartiger Großtaten hochzugehen« pflege. Wie nahe ihm, auch aus der Ferne, das Romanprojekt der »Blechtrommel« steht, zeigt der folgende Briefpassus: »so bin ich schon, Du weißts ja, seit längerem Zwergs genug, um mich über einiges Zersungenwerden zu freuen.«[112] Nach einem Urlaub der Familie Celan in Österreich trifft man sich Ende Juni in Zürich und unternimmt eine Segeltour auf dem See, an der auch der Psychiater Walter Georgi teilnimmt, den Celan im Dezember 1967 in Berlin wiedersehen sollte.[113] Bald nach Erscheinen der »Blechtrommel« widmet ihr Autor am 8. September 1959 Paul Celan ein Exemplar, und dieser beginnt umgehend mit der Lektüre. Schon einen Tag später lässt er Grass wissen, er befinde sich auf S. 230. Er lüftet seinen »Hut vor Oskar und seiner, also auch Deiner Blechtrommel [...] Klartext: Es gibt, sagt mein Onkel, nicht viele Trommeln wie diese. / Paul –«[114]

Inzwischen sind sich die Literaturhistoriker einig, dass das Jahr 1959 ein Epochenjahr für die deutsche Literatur nach 1945 ist. In diesem Jahr erschienen, neben Grass' »Blechtrommel« und Celans »Sprachgitter«, auch Uwe Johnsons »Mutmassungen über Jakob« (das gleichzeitig eine Zäsur für die DDR-Literatur bedeutete) und Heinrich Bölls »Billard um halb zehn«. Und es ist schon bemerkenswert, dass zwei dieser vier Autoren, Celan und Grass, wechselseitig die herausragende literarische Qualität, ja, den historischen Stellenwert ihrer gerade entstandenen Werke erkannten und anerkannten. Böll ist gewissermaßen der Dritte im Bunde (er wird, wie Grass, viel später und nach Celans Tod zum Nobelpreisträger gekürt). Uwe Johnson bleibt wohl nur ein Name für Celan; die »Mutmassungen« stehen in seiner Bibliothek, aber, wie es scheint, ungelesen.

Die schöne Eintracht zwischen Celan und Grass, die für das erste Dreivierteljahr 1959 bezeugt ist, geht Anfang 1960 abrupt zu Ende. Vielleicht war es schon Grass' Entwurf einer Satire über Claire Golls Plagiatskampagne, in der er die »Infamie« der Dame ebenso verspottete wie auch den »Detektivkomplex« der deutschen Literaturkritik, die Celan übelnahm. Offenbar konnte er es nicht ertragen, dass Grass etwas für ihn existenziell Entscheidendes auf die leichte, satirische Schulter nahm und sich über die Lyrik von Yvan Goll und Celan als »ähnliches Grün- und Buntzeugs« lustig machte.[115] Celan habe, so Grass' Erinnerung, seine Satire »mit säuerlichem Lächeln« aufgenommen.[116] Dazu mag auch beigetragen haben, dass Grass offenkundig die zeitliche Abfolge der in Rede stehenden Texte Celans einerseits und Yvan Golls andererseits, die den Plagiatsvorwurf begründen sollte, völlig gleichgültig war und er den Vorwurf des Plagiats und eines »eifersüchtig gezogene[n] Zauns«[117] grundsätzlich für unsinnig hielt. Gleichwohl war es für Celan selbstverständlich, am 30. Dezember 1959 beim Bremer Senat per Telegramm zu protestieren, als dieser dem Autor der »Blechtrommel« den Bremer Literaturpreis vorenthielt.[118] Einen Monat später, am 29. Januar 1960, gab es eine vorerst letzte Begegnung in Paris, über die Celan seinem Verleger Rudolf Hirsch berichtete:

> vorgestern [...] der Besuch von Grass ... Die alten kleinen und großen Verlogenheiten, vermehrt um die mittlerweile noch höher ins Kraut geschossene Selbstgefälligkeit [...] Ich mußte ihm die Freundschaft aufkündigen, ihm und seiner Frau die Tür weisen.[119]

Der Autor legte dem Brief an Hirsch seine Übersetzung des Hass-Sonetts XC von Shakespeare bei, die mit dem Vers »Mußt du mich hassen, haß mich ungesäumt« beginnt – lesbar als Kommentar zu befreundeten Menschen, die ihn gerade zutiefst enttäuschten; außerdem fügte er den Text von Rutebeufs »Complainte« über die verlorenen Freunde bei, von dem gleich noch die Rede sein wird. Damit endete eine Beziehung, die hernach den Namen Freundschaft eigentlich nicht mehr verdient. Grass ist aus Paris verschwunden und lebt jetzt in Berlin. Aus dem Jahr 1960, das für Celan wegen der Plagiatsanschuldigungen, aber auch wegen der Verleihung des Büchner-Preises von besonderer Bedeutung ist, gibt es keine Briefzeugnisse und wohl auch keine Begegnungen. Vom August und September 1961 sind zwei nicht abgeschickte Briefe des Dichters an Grass erhalten, die als werbende Signale zu verstehen sind, dass die Freundschaft wiederaufleben möge. So schreibt Celan am 22. September 1961: »soeben lese ich im ›Monde‹, daß Du in Paris bist. / Ich würde mich von Herzen freuen, wenn Du wiederkommen könntest.«[120] Aber da er den Brief nicht abschickte, konnte es zu keiner Begegnung kommen.

Im März 1962 schrieb der Dichter noch weitere drei Male an den entfernten Freund in Berlin, klagend und werbend – und schickte die Briefentwürfe am Ende nicht ab. Den nicht abgesandten Brief vom 9. März, auf grauem Papier geschrieben, beschloss er so: »Was also ist noch zu sagen? – Das Papier ist grau, und ... das Wort ›herzgrau‹ ist ein Wort Deines / aus Czernowitz stammenden / Pariser Freundes / Paul«.[121] Seit dem Gedicht »Sprachgitter« von 1957 gehörte »herzgrau« zu Celans Wortschatz, und während der Arbeit an der Büchnerpreis-Rede notierte er: »Dichtung ist himmel- und herzgraue Sprache der Zeit«.[122] Auch an Überlegungen des Dichters zu einer »graurere[n]« Sprache, die er in diesen Zeiten für angemessen hielt, lässt sich denken.[123] Bezogen auf die in die Brüche gegangene Freundschaft mit Grass, könnte das heißen: Celan hielt eine immer und zuverlässig vertrauensvolle, gleichsam vielfarbige Beziehung mit diesem nicht mehr für möglich. Vielleicht konnten, so war seine schmerzliche Erfahrung, Freundschaften gar nicht mehr anders als »herzgrau« sein in ebensolchen Zeiten, in denen auch die Sprache des Gedichts »dem Schönen« misstraute und »grauer« sein musste.[124] Lass es uns doch, so lautete Celans impliziter Appell, in diesem – bescheidenen – Sinne miteinander versuchen. Aber keine dieser Botschaften, in denen Celan betonte, dass er »unsere Freundschaft – es war *eine*, Günter – nicht für verloren« halte, erreichte Grass.[125] Vier Jahre später, 1966, lud Grass den Kollegen auf Briefpapier des Luchterhand Verlags (diesem verhasst, weil es der Verlag Yvan Golls war) zur Mitarbeit an einer Anthologie ein – kein Wunder, dass Celan absagte.[126] Dazwischen gab es wohl noch (nach der Erinnerung von Grass, mehr als dreißig Jahre später) »Besuche in Paris [...] wenn auch nur kurz«. Grass' Wahlkampfreisen für die SPD sah der ferne Freund »mit Grausen und Bewunderung.«[127] Die letzte Begegnung ist durch einen Brief von Grass an Uwe Johnson bezeugt. Da heißt es:

> Am 15. Oktober [1967] weilte ich in der Paulskirche und sah zu, wie unser aller Ernst Bloch seinen Preis bekam. [...] mir bot sich die Gelegenheit, nach vielen Jahren wieder einmal Paul Celan zu begrüßen. Ängstlich, steif, beinahe monumental hielt er sich an seinem Glas fest und wollte seiner eigenen Anwesenheit in Frankfurt nicht trauen, aber wir waren in Frankfurt. Am schönsten ist dort die Bahnhofsgegend.[128]

Grass fehlte offenbar die Sensibilität, Celan in seiner aktuellen seelischen Verfassung angemessen wahrzunehmen, und wohl auch die Bereitschaft, ihm zu helfen. Schließlich befand dieser sich gerade am Ende eines Psychiatrieaufenthalts von nahezu einem Dreivierteljahr. Wusste Grass nichts davon, oder wollte er es nicht wissen? Die große Verschiedenheit der beiden, die einst das Kapital ihrer wechselseitig inspirierenden Begegnung ausmachte, erwies sich jetzt als Hindernis. Es gab offenbar keine begehbare Brücke mehr zwischen ihnen, keine Freundschaft mehr.

Am 31. Januar 1960 schrieb Paul Celan einen Brief an seinen Verleger Rudolf Hirsch, in dem er aus Schroers' Brief vom 15. Januar an ihn die Passage über eine »duldsame Weise der Abwehr des Jüdischen« zitierte. Er kommentierte: »Dies nach acht Jahren Freundschaft, nach vielen, oft noch im Finstersten unternomenen Bemühungen ... glauben Sie, daß ich jetzt noch antworten muß?«[129] Und er schloss die Passage über Günter Grass und seine »weiteren kaltblütig geäußerten Lügen und Gemeinheiten«[130] an, die hier schon besprochen wurde. Des Weiteren fügte er seine Übersetzung des 90. (Hass-) Sonetts von Shakespeare bei. Vor allem aber schickte er Hirsch die Liedstrophe »La Complainte« von dem Poeten Rutebeuf (der Spitzname des ansonsten Namenlosen bedeutet so viel wie »rüder Ochse«) aus dem 13. Jahrhundert, die durch den Chansonnier Léo Ferré im Frankreich der 50er Jahre populär geworden war. Sie beginnt »Que sont mi ami devenu / Que j'avoie si près tenu / Et tant amé?« Celan hat diese Verse und die folgenden selbst übersetzt:

Was sind sie, die mir nah, geworden,
die Freunde hier und mancherorten,
    so nah, so lieb?

Nicht dicht gesät sind sie gewesen
und schlechte Saat ist es gewesen
    nichts, das da blieb[131]

Das sind Freunde, die der Wind mitnehmen kann
Und er wehte vor meiner Tür,
    nahm sie mit[132]

Der Dichter hatte zunächst die Absicht, einem Gedicht den Titel »Que sont mes amis devenus?« zu geben. In der ersten Fassung vom 20. Mai 1961 lautet der Anfang: »Einer – vielleicht / kommt einer, vielleicht / [wieder?] kommt er / wieder? // Welcher / kommt? // Einem tat ich das Wort auf: […]«[133] Daraus werden dann drei Tage später, leicht verändert, die ersten Verse des Gedichts »Einem, der vor der Tür stand«. Am 20. September 1961, im jüdischen Kalender der Versöhnungstag Jom Kippur, fügte der Dichter die Widmung »G. G.« hinzu, die er später – für den Druck des Bandes »Die Niemandsrose« – wieder tilgte.[134] Günter Grass war an diesem Tag in Paris, und Celan hoffte auf eine Begegnung, wie sein bereits zitierter Brief vom 22. September 1961 bezeugt. Aber zu einer Begegnung kam es nicht. Natürlich müsste eine genauere Analyse dieses schwierigen Gedichts sich auf den ganzen Text beziehen.[135] Aber so viel lässt sich für das zentrale Thema »Freundschaft«, um das es hier geht, festhalten: Rutebeufs Liedzeile »Que sont mes amis devenus?« wird spätestens seit Jahresbeginn 1960 zu einem traurigen, ja, verzweifelten Motto für Celans seelische Verfassung. Wenige Wochen zuvor, nach der Blöcker-Rezension von »Sprachgitter«, hatten einige Freunde wie Bachmann und Böll den Dichter enttäuscht. Hinzu kamen wenig später Schroers' unerträgliche Auslassungen über das Verhältnis von Juden und Deutschen. So fühlte der Dichter sich erstmals von mehreren seiner Freunde verlassen und verraten. Diese Stimmung nahm stark zu, nachdem die Plagiatsanschuldigungen Claire Golls durch die Veröffentlichung im »Baubudenpoet« Anfang Mai 1960 Fahrt aufgenommen hatten. Die Erzählung »Gespräch im Gebirg« vom August 1960 ist das erste poetische Zeugnis von Celans eigner Deutung seiner Situation. Der ursprüngliche Beginn des Gedichts »Einem, der vor der Tür stand« ist Ausdruck der verzweifelten Hoffnung, »Einer« der Freunde (ein bestimmter? welcher? wenigstens irgendeiner?) möge vor seiner Tür stehen, so dass er ihm sein »Wort« auftun könne. Nach der tiefen Enttäuschung Paul Celans durch Schroers' Essay zum Thema Juden kann man davon ausgehen, dass er anfangs mit dem »Eine[n]« Schroers meinte, der ihm wirklich nahestand und den er sich nicht aus dem Herzen reißen wollte. Vier Monate später, nach dem offenbar geradezu ersehnten, aber nicht zustande gekommenen Besuch von Günter Grass und der Absicht des Dichters, das Gedicht diesem (vielleicht nicht endgültig verlorenen) Freund zu widmen, wird man natürlich auch an diesen denken – so, wie die wachsende Zahl der persönlichen Enttäuschungen im Verlauf der Goll-Affäre es nahelegt, immer mehr verlorene Freunde in der Frage »Que sont mes amis devenus?« gemeint zu sehen.[136] In der »Nikomachischen Ethik« des Aristoteles findet sich der Satz: »Und es ist die Freundschaft fürs Leben das Notwendigste.«[137] Paul Celans Verluste zumal an deutschen Freunden sind in den Jahren 1960 bis 1962 dramatisch. Dementsprechend ging ihm viel vom Notwendigsten für das Leben verloren.

Mit diesem dramatischen, wo nicht tragischen Prozess auf der persönlichen Ebene ändert sich auch Paul Celans Ort und Bedeutung im literarischen Feld der deutschen Bundesrepublik. Niendorf 1952: Das war sein schwieriger, auch schon mit Belastungen und Kränkungen behafteter, aber am Ende doch erfolgreicher Eintritt in dieses Feld gewesen. Die drei Gedichtbände von 1953, 1955 und 1959 erschufen und befestigten den Ruf des Dichters in der deutschen und allmählich auch in der internationalen literarischen Öffentlichkeit: den Ruf des wichtigsten Lyrikers in deutscher Sprache nach Benns und Brechts Tod. Die wenigen abfälligen Rezensionen kränkten den Autor heftig, aber an seinem Aufstieg zum Stern erster Größe am Himmel der Lyrik änderten sie nichts. Erst die Rezension Blöckers und die Plagiatsanschuldigungen Claire Golls vom Mai 1960 erwiesen sich als schwerwiegende Eingriffe in die Psyche des Autors.

Was ihm jetzt und in den folgenden Monaten geschah, sah er, in verständlicher, aber doch maßloser Überhöhung, als Schändung des Grabs und der Ehre seiner Mutter an. So schrieb er am 25. Mai 1961 an die ihm seit dem ersten Zusammentreffen 1948 stets gewogene Marie Luise Kaschnitz, die im Oktober 1960 in Darmstadt die Laudatio auf ihn gehalten hatte, dass die »Ehre«, die sie in der Vergabe des Büchner-Preises an ihn gesehen habe, tatsächlich eine Ehre sei: »Marie Luise! Es *ist* eine Ehre; es ist eine Ehre, die Ihnen meine gemordete Mutter erwiesen hat, Ihnen, einer Deutschen. / Diese Ehre haben die Kasack-Martini-Süskind-Döhl-Höllerer-USW. besudelt.«[138] Und Celan schlägt Kaschnitz vor, den Büchnerpreis gemeinsam zurückzugeben. Aber auch diesen Brief schickte er nicht ab. – Bemerkenswert ist die hier von Celan vorgenommene Verkehrung der Rollen, die das literarische Feld anbietet. Der Autor bürdet allen anderen Akteuren im Feld gleichsam eine Bringschuld auf: Nicht er, der junge jüdische Autor deutscher Sprache, muss sich in der historischen Situation nach der Shoah bewähren, sondern alle anderen, die nichtjüdischen Deutschen, sollen den Ermordeten – und stellvertretend ihm, dem jüdischen Dichter – die Ehre erweisen. Man muss vermuten, dass die meisten Akteure im Feld diese ja auch maßlos anmaßende Konzeption Celans nicht einmal verstanden, geschweige denn, dass sie ihr hätten Folge leisten wollen.

So wird die Liste derer, die der Dichter für seine Gegner, ja, Feinde hält, lang und länger, während sich auf der Seite der verlässlichen Freunde immer weniger Namen finden.[139] Zu seinen ›Feinden‹ zählt er spätestens seit dem Herbst 1962 nicht nur die hier näher vorgestellten deutschen Freunde, sondern auch die Österreicher, allen voran Ingeborg Bachmann und selbst Klaus Demus (was für diesen wie für ihn selbst einen besonderen Schmerz bedeutete). Aber auch von Milo Dor und Reinhard Federmann, zwei alten jüdischen Freunden noch aus der Wiener Zeit, will er ab 1963 nichts mehr wissen. Kollegen wie Hans Magnus Enzensberger und Walter Höllerer oder Max Frisch, die nie enge Freunde waren, sind ihm mehr denn je suspekt. Und selbst seinen jüdischen Lektor und Verleger Rudolf Hirsch vom S. Fischer Verlag, der so viel für ihn und sein Werk getan hat, weist er seit dem Februar 1962 brüsk ab. Schon im Sommer 1960 waren ihm erste Zweifel an dessen Loyalität in der Goll-Affäre gekommen; Zweifel, die man bis heute nicht nachvollziehen kann.[140] Celans Bruch mit Hirsch, der als Berliner Jude nur mit Glück in Amsterdam überlebt hatte, ist besonders verstörend. Wie sehr hatte er ihn geachtet und bewundert als den Älteren, Hochgebildeten, der ab Mitte der 50er Jahre nicht nur sein neuer Verleger (zunächst mit Gedichten in der »Neuen Rundschau« und Übersetzungen) geworden war, sondern auch persönlicher Ratgeber und Freund. Jetzt, im Januar 1962, lässt Celan sich in einem Brief an den armen, weil unwissenden Siegfried Lenz über die Kampagne gegen ihn aus und behauptet, dass zu den »Fälschern« und dem »doppelten Spiel«, das diese trieben, auch Philosemiten und Juden gehörten, womit er an erster Stelle Rudolf Hirsch meinte. Dieses böse Spiel sei »vor kurzem in das Stadium der »›Endlösung‹« getreten.[141] Es stockt einem der Atem, wenn man das liest. Man muss zur Kenntnis nehmen, dass der überforderte Dichter in einen Ausnahmezustand psychischer Erregung eingetreten war, in dem Misstrauen, Verdächtigung, Übertreibung und auch schon Grenzüberschreitungen in Richtung auf völlig unangemessene, ja, absurde Behauptungen und Zuschreibungen zu registrieren sind. Es ist das noch nicht das Stadium der psychischen Erkrankung, die gegen Ende 1962 schließlich durchbricht, aber es sind Schritte auf dem Weg dorthin.

In gewisser Weise hat Paul Celan sich auf diese Weise selbst aus dem literarischen Feld herauskatapultiert. 1961 schlägt er die Wahl zum korrespondierenden Mitglied der Deutschen Akademie für Sprache und Dichtung in Darmstadt aus. Und seine Zusage, die Wahl zum korrespondierenden Mitglied der Akademie der Künste in Berlin anzunehmen, zieht er Anfang 1962 wieder zurück. Nahm er den Darmstädtern übel, dass sie das Gutachten von Döhl in Auftrag gegeben hatten, so kam die West-Berliner Akademie für ihn nicht in Frage, weil ihr u. a. Holthusen und Hohoff angehörten. Auch den österreichischen PEN, der ihn im Januar 1961 mit einer öffentlichen Solidaritätserklärung unterstützt hatte, verlässt er wieder, weil ein Mitglied, Paula Ludwig (selbst Jüdin), sich antisemitisch geäußert hatte. – Das Muster ist erkennbar: Paul Celan unternimmt alles, um Berührungen mit anderen Autoren (und deren Publikationen z. B. in Anthologien) zu vermeiden, die eine nazistische Vergangenheit haben und/oder in der Kontroverse mit Claire Goll nicht bedingungslos auf seiner Seite standen. Die Alternative, *innerhalb* der genannten Institutionen aktiv zu werden und daran mitzuarbeiten, sie aus einem antinazistischen Geist heraus zu erneuern, hat er offenbar nie erwogen; er hätte dann ja auch gegen das von ihm selbst verhängte Berührungsverbot gegenüber allem und jedem, was auch nur entfernt mit dem Ehepaar Goll oder alten Nazis zu tun hatte, verstoßen müssen. Diese Einstellung kann man bedauern, vor allem, weil Celan damit als Autorperson stigmatisiert ist, seinem wachsenden Ruhm zum Trotz. Anders als andere jüdische Autoren seiner Generation wie Erich Fried oder Peter Weiss, die auch deutsch schreiben und außerhalb Deutschlands wohnen, vermeidet er es, sich in öffentliche Debatten einzuschalten. Er ist nur selten anwesend in seiner nahen Fremde Deutschland, und wenn, dann so, wie Günter Grass es im Oktober 1967 beobachtete: als ob er »seiner eigenen Anwesenheit in Frankfurt nicht trauen« wollte.[142] Man darf verallgemeinern: in ganz Deutschland nicht.

»Gibt es mich überhaupt?«
Folgen einer Verleumdung

Das Jahr 1952 hat in Paul Celans Biographie eine besondere Bedeutung. Am 23. Dezember 1952 heiratete er Gisèle Lestrange. Er lernte, merkwürdig genug, fast gleichzeitig eine zweite Frau kennen, die Österreicherin Brigitta Eisenreich, die in Paris Ethnologie studierte. Sie wurde von 1953 an für fast zehn Jahre, parallel zu seiner Ehe, seine Geliebte und vertraute Freundin. Mit ihr konnte er sich in seiner Muttersprache austauschen, die diese in der ihm vertrauten österreichischen Klangfarbe sprach. Sie war zudem literarisch interessiert und schrieb selbst Gedichte. Und drittens ist 1952 das Jahr von Celans Eintritt in die westdeutsche Literatur, der sich durch seine Lesung vor der Gruppe 47 vollzog. Diese Lesung war, wie beschrieben, ein verstörendes Erlebnis, das ihn für alle Zukunft zu einem rasch irritierbaren und auch misstrauischen Menschen machte. Zwar konnte die so kontrovers aufgenommene Lesung seiner Gedichte vor den 47ern sein dichterisches Selbstbewusstsein nicht schwächen – Paul Celan wusste, wer er war und was er konnte –, aber er war alarmiert und reagierte immer schneller wie ein Angegriffener.

Diese Disposition der Reizbarkeit wurde durch die Anschuldigungen Claire Golls entscheidend verstärkt. Das begann im August 1953 mit ihrem ersten diffamierenden Rundbrief. Im Frühjahr 1956 erreichte Celan ein anonymer Brief, in dem (vermeintlich!) aus einer Rede des aus Siebenbürgen stammenden Lyrikers Georg Maurer auf dem DDR-Schriftstellerkongress in Ost-Berlin im Januar 1956 zitiert wurde: »Ich verweise auf den Meisterplagiator Paul Celan, der in seinen Versen mittelmäßig wiederholt, was Iwan Goll zur Meisterschaft gebracht hat.«[1] Vor allem diese (gefälschte) Aussage motivierte den Dichter im Juli 1956 zu einem Brief an Alfred Andersch, in dem er den Verlauf der »Infamie« – hier gebrauchte er den so treffenden Ausdruck zum ersten Mal, und gleich mehrfach[2] – ausführlich darstellte und Andersch um »Beistand« bat.[3] Celan hatte die Hoffnung, der Kollege, der als Mann des Rundfunks über vielfältige Verbindungen verfügte und außerdem die Reihe »Texte und Zeichen« herausgab (in der Celan ein Jahr zuvor Gedichte veröffentlicht hatte), würde sich seiner Sache annehmen. Bedauerlicherweise nahm Andersch die Angelegenheit nicht sehr ernst und tat letztlich nichts für den angegriffenen Kollegen.

Die Blöcker-Kritik zu »Sprachgitter« ist das erste Ereignis, bei dem der Autor versuchte, eine solche Kränkung zu bestehen, indem er sich der Solidarität seiner Freunde und Kollegen versicherte, vornehmlich der deutschen resp. deutschsprachigen, denen er einen nachhaltigen Einfluss auf die literarische Öffentlichkeit der Bundesrepublik zuschrieb. Noch im August 1960 heißt es in einem Brief – zu diesem Zeitpunkt schon sehr im Widerspruch zu anderen brieflichen Äußerungen des Autors –: »es gibt etwas, das keine Infamie mir nehmen kann: das sind *die Freunde*.«⁴ Aber bereits im Spätherbst 1959 erlebte er in dieser Hinsicht Enttäuschungen – Gleichgültigkeit, Nicht-Verstehen(-Wollen), vielleicht auch Feigheit –, so dass er begann, an einigen der Kollegen-Freunde zu zweifeln, ja, zu verzweifeln, wie beispielhaft das Gedicht »Wolfsbohne« zeigt.⁵

Nicht alle Verurteilungen von Kollegen-Freunden durch Celan sind nachvollziehbar, so dass man sagen kann: Bei der Blöcker-Affäre beginnt, was hernach in der Goll-Affäre immer häufiger wird: nämlich eine nicht immer gerechte, nicht immer sachliche Beurteilung der Initiativen von Freunden und Kollegen, die wirklich helfen wollen, aber seinen Ansprüchen nicht genügen können. Ein aus Celans Sicht falsch verwendetes Wort, eine harmlose Auslassung, ein aus seiner Sicht falscher Ort der Veröffentlichung – und schon verurteilt Celan einen ernsthaften oder doch wenigstens gutgemeinten Versuch, ihm publizistisch beizuspringen.⁶ Der Autor verfängt sich in einem Widerspruch: Er will seine massiv in Frage gestellte Souveränität behaupten oder wiedergewinnen – und verfolgt seine Absichten mit Mitteln, die ihn immer stärker seiner Souveränität berauben. Die zahllosen mit Vorwürfen und sehr pointierten Urteilen über Personen gespickten Briefe, die er in diesen Jahren 1959-62 schreibt – darunter Berge von Entwürfen und nicht abgeschickten Briefen –, demonstrieren diesen fatalen Prozess.

Ende April 1960, ein halbes Jahr nach der Blöcker-Rezension, erschien in der kleinen Münchener Literaturzeitschrift »Baubudenpoet« ein als »Leserbrief« getarnter Artikel Claire Golls mit dem Titel »Unbekanntes über Paul Celan«, der den Dichter in übler Weise als Plagiator der Gedichte ihres Mannes Yvan Goll diffamierte. Und die Feuilletons zweier maßgeblicher westdeutscher Zeitungen, nämlich »Christ und Welt« und »Die Welt«, griffen diese Anschuldigungen Monate später auf und verliehen ihnen kraft ihres guten Rufs Seriosität. Diese Vorgänge brauchen hier nicht im Detail dargelegt zu werden, weil Barbara Wiedemann das in ihrer Dokumentation mustergültig getan hat.[7] Ein entscheidender Punkt in der Kontroverse ist, dass Celans erster Gedichtband, »Der Sand aus den Urnen«, der 1948 in Wien erschienen war, im öffentlichen Bewusstsein von 1960 nicht existent war, nachdem der Autor ihn selbst noch im gleichen Sommer 1948 von Paris aus zurückgezogen und die Restauflage fast komplett hatte vernichten lassen. So hatte Claire Goll zunächst leichtes Spiel, Gedichte Celans, die 1953 in »Mohn und Gedächtnis« anscheinend zum ersten Mal öffentlich wurden, aber bereits in dem Buch von 1948 gedruckt waren, als von Yvan Golls späten Gedichten in dem Band »Traumkraut« von 1951 abhängig zu erklären. Die Abhängigkeit lag aber in diesen Fällen eindeutig umgekehrt, denn Yvan Goll hatte die Bildsprache des jungen Dichters, den er in seinen letzten Lebensmonaten kennengelernt hatte, bewundert – und seinerseits so manches ›übernommen‹. Des Weiteren hatte Claire Goll Celans Übersetzungen einiger Gedichtzyklen ihres Mannes ins Deutsche geplündert, und nicht umgekehrt.

Wenige Tage nachdem der Dichter den diffamierenden Artikel »Unbekanntes über Paul Celan« zur Kenntnis genommen hatte, brach er am 10. Mai 1960 zu einer Reise ins Rheinland und nach Frankfurt auf, um sich darüber zu beraten, wie auf diesen Anschlag angemessen reagiert werden könne. So traf er sich mit Vertretern des S. Fischer Verlags, unter anderem mit dessen Justitiar. Während er noch auf Reisen war – am 14. Mai –, erfuhr er durch einen Anruf seiner Frau, dass ihm der Büchnerpreis verliehen werden sollte. Von diesem Zeitpunkt an spielte sich das Leben des Autors zwischen zwei Extremen ab: hier die größtmögliche Verleumdung als Plagiator, die seine Autorexistenz in ihrem Kern bedrohte – dort die in Westdeutschland, ja, im ganzen deutschen Sprachraum, größtmögliche Anerkennung als einer der bedeutenden lebenden Autoren deutscher Sprache. Diese Spannung aushalten zu müssen wurde über Monate und Jahre zur existenziellen Notwendigkeit für den Dichter, der er immer öfter nicht gewachsen war.

Die Sommermonate des Jahres 1960 gingen noch dahin, ohne dass Claire Golls »Infamie« in der Breite wirkte. Am 22. Oktober erhielt Celan in Darmstadt den Büchnerpreis und konnte, im Anschluss an Marie Luise Kaschnitz' schöne Laudatio, seine große poetologische Rede »Der Meridian« halten. Aber drei Wochen später, am 11. November, begann die Pressekampagne gegen ihn im Feuilleton der »Welt«, wo Claire Golls Vorwürfe breit ausgewalzt wurden. Der Dichter fand in dieser Krise die besten Fürsprecher und Verteidiger seiner Unschuld, die nachwiesen, dass die Plagiatsvorwürfe haltlos waren. Das waren Peter Szondi (in der »Neuen Zürcher Zeitung« vom 18./19. November 1960) sowie Marie Luise Kaschnitz, Ingeborg Bachmann und Klaus Demus (im Herbstheft der »Neuen Rundschau«) und wenig später Wieland Schmied und Hans Magnus Enzensberger. Rolf Schroers' vehemente Verteidigung Celans folgte verspätet im Juni 1961. Auch der österreichische PEN und die Zeitschrift »FORUM« verwahrten sich gegen den »peinlichen Diffamierungsversuch« des »in Paris lebenden Österreicher[s; sic]«,[8] und schließlich übergaben sechs Büchnerpreisträger, unter ihnen Günter Eich, Max Frisch und Karl Krolow, der Deutschen Presse Agentur eine Erklärung der Sympathie »mit der Persönlichkeit und dem Werk eines Mannes, dessen menschliche und literarische Unbestechlichkeit für sie [die Preisträger] außer Zweifel steht.«[9] Der Feuilletonchef von »Christ und Welt«, Eckart Kleßmann, reagierte auf die neue Lage und tat am 17. Februar 1961 sein Bedauern kund, »dieser Beschuldigung damals nicht nachgegangen zu sein und die Tatsachen erst jetzt kennengelernt zu haben«. Ja, er distanzierte sich »ausdrücklich von den Verleumdungen der Claire Goll und ihres Anhangs« und entschuldigte sich explizit bei Paul Celan.[10] Noch im Januar 1961 hatte Celan die Affäre nicht für ausgestanden gehalten, denn er fuhr nach Tübingen, um sich mit Walter Jens zu beraten; einerseits über eine persönliche Reaktion auf die Angriffe, weil er mit den bisherigen Einsprüchen zu seinen Gunsten nicht zufrieden war, und andererseits wegen eines Textes von Jens selbst, den dieser für »Die Zeit« schreiben wollte. Und die Affäre zog sich weiter hin. Der vom Akademiepräsidenten Hermann Kasack beauftragte Fritz Martini, Professor an der TU Stuttgart, gab den Auftrag, das zeitliche Verhältnis der Texte von Yvan und Claire Goll zu denen Paul Celans akribisch philologisch zu klären, an einen fortgeschrittenen Studenten weiter, den cand. phil. Reinhard Döhl – und der brauchte bis in den März 1961 hinein, bis er sein Gutachten abgeschlossen hatte. Es erschien im April 1961 im »Jahrbuch der Akademie für Sprache und Dichtung«. Celan reagierte, nur zum Teil aus guten Gründen, »mit großer Enttäuschung und Verbitterung auf Döhls Untersuchung.« Barbara Wiedemann bilanziert weiter:

Viele langjährige Freundschaften zerbrechen am Unverständnis über die Reaktion, mancher hält sie für ein Zeichen psychischer Krankheit [...]. PC lehnt – das ist seine Antwort auf den Aufsatz [Döhls] – eine Wahl zum korrespondierenden Mitglied der Akademie [für Sprache und Dichtung] ab [...] und erwägt sogar, seinen Büchnerpreis zurückzugeben.[11]

Briefe Celans wie der an Marie Luise Kaschnitz vom 25. Mai 1961[12] und der an Klaus Demus vom 28. Mai 1961, dem er wegen dessen Brief an Hermann Kasack schwere Vorwürfe macht,[13] vor allem aber Briefe, in denen er Dritten gegenüber Rudolf Hirsch, seinen bisherigen getreuen Verleger und jüdischen Freund, als »agent provocateur« und »Doppelzüngler« diffamiert, stehen exemplarisch für seine Haltung, die es auch engen Freunden schwermacht, weiter an seiner Seite zu stehen. Selbst die Entschuldigung des »Welt«-Autors Rainer K. Abel und der gleichzeitige Rückzieher des Feuilletons dieser Zeitung im Juni konnten den Dichter nicht besänftigen. Immer häufiger ließ ihn sein »Argwohn Zusammenhänge und Treuebrüche« sehen, »die nicht existierten«.[14] Brigitta Eisenreich zitiert eine Notiz aus dem Nachlass des Dichters, die beispielhaft demonstriert, wie sich in seinem Kopf verdächtige Zusammenhänge herstellten, die es in der Wirklichkeit nicht gab: »Leiris erscheint bei Luchterhand (Chiva + Leiris > Brigitta > Izard)«.[15] Soll heißen: Im westdeutschen Luchterhand Verlag, in dem das Werk Yvan Golls veröffentlicht wird, erscheint jetzt auch (der eigentlich geschätzte) Michel Leiris, der wiederum mit dem alten, aber jetzt auch verdächtigen Freund, dem Ethnologen Isac Chiva, kollegial verbandelt ist, wie auch seine (Noch-)Geliebte Brigitta Eisenreich und deren Kollege Michel Izard, die beide als Ethnologen an der École pratique des hautes études (EPHE) tätig sind. Alle miteinander sind jetzt verdächtig, weil sie etwas mit dem Celan verhassten Verlag der Golls zu tun haben (sollen).

Zwei mögliche Initiativen kann man, rückblickend, vermissen: Zum einen eine strikt sachbezogene Stellungnahme des Autors selbst (die Zeitungen wie die »Frankfurter Allgemeine« oder die »Neue Zürcher Zeitung« gewiss abgedruckt hätten) und zum anderen eine Klage vor Gericht gegen die Goll'schen Verleumdungen. Auf die Blöcker-Kritik hatte er noch mit einem ausführlichen Leserbrief an den »Tagesspiegel« im sarkastischen Duktus reagiert; er erwog auch eine eigene Stellungnahme nach dem »Baubudenpoet«-Artikel, aber sie unterblieb letztlich. Der Zufall wollte es, dass Celan unmittelbar nach seiner Rückkehr aus Frankfurt am 17. oder 18. Mai 1960 eine Anfrage Hans Benders erhielt, einen Beitrag zur 2. Auflage der Anthologie »Mein Gedicht ist mein Messer« beizusteuern, und er antwortete direkt darauf mit einem konzentrierten Quasi-Essay, der der Frage nachgeht, was ein wahrhaftiges Gedicht sei, als die Hervorbringung eines »einmaligen und sterblichen Seelenwesens, das mit seiner Stimme und seiner Stummheit seinen Weg sucht.« Der Autor verglich das Gedicht mit einem Händedruck und formulierte als Konsequenz: »Nur wahre Hände schreiben wahre Gedichte.« Am zeitgenössischen Schreiben freilich meinte er beobachten zu können, »wie das ›Machen‹ über die Mache allmählich zur Machenschaft« werde.[16] Am gleichen Tag noch schrieb er an den ihm zugetanen Philosophiedozenten Otto Pöggeler: »Der Zufall (?) [...] gibt mir Gelegenheit, die G.[oll]-Sache auf ebenso diskrete wie deutliche Weise zu beantworten. Ich habe diese Gelegenheit beim Schopf bzw. bei einem der Haare aus diesem Schopf ergriffen.«[17] Nun, es überrascht, dass Celan wie selbstverständlich davon ausging, sein Beitrag zu Benders Anthologie werde von den Lesern als seine Antwort auf die Goll'schen Anschuldigungen verstanden werden. Es überrascht umso mehr, als er doch davon ausgehen musste, dass Benders Anthologie – eine Buchpublikation – frühestens in ein paar Monaten an die Öffentlichkeit treten würde (und so war es auch: Das Buch erschien im April 1961).

Zwar hat Celan die von Demus, Bachmann und Kaschnitz unterzeichnete Stellungnahme, die in der »Neuen Rundschau« erschien, vor- und mitformuliert, aber selbst keinen eigenen Text explizit zu den Goll'schen Verleumdungen publiziert. Und er hat sein Schweigen verteidigt, so in einem weiteren Brief an Otto Pöggeler vom 9. August 1960:

> es gibt etwas, das keine Infamie mir nehmen kann: [...] das ist, soweit ich da aufgesucht werde, wo ich allein bin, *mein Schweigen*. Mein Schweigen: mein – und das ist keineswegs irgendein als bloße Redefigur abzutuendes Oxymoron – *beredtes* Schweigen: ein stummes Wort, das *dagegen* steht, das gegen das Mörderische steht. – Ich denke zuweilen, *welcher* Stummheit diejenigen gegenübergestanden haben müssen, die so wortreich zu töten wußten.

Glauben Sie mir, lieber Herr Dr. Pöggeler: ich wünsche mir dieses Schweigen-können – ich wünsche es mir weiß Gott nicht aus Stolz.[18]

Das ist eine so hoch angesiedelte ethische Begründung des eigenen Schweigens, dass sie sich jeder Gegenrede entzieht. Allerdings steht sie im Widerspruch zu Celans Koautorschaft an dem erwähnten Text für die »Neue Rundschau«. Doch die notwendige Kritik an manchen von Celans Reaktionen auf die Plagiatsanschuldigung ginge in die Irre, wenn sie nicht gleichzeitig wahrnähme, dass hier die ganze Existenz eines Menschen auf dem Spiel stand, oder in den Worten eines Briefes von Peter Szondi: »ich kann es leider nicht ohne Pathos sagen: es geht darum, einen Menschen zu retten«.[19] Tatsächlich zeigt der weitere Verlauf der Jahre 1961 und 1962, dass Paul Celan die wohl schwerste Krise seines Lebens durchlief und deren Ausgang (seine ›Rettung‹) immer ungewisser wurde. Mittlerweile sind viele Zeugnisse aus dieser Zeit veröffentlicht, aus denen sich ein so bewegendes wie erschreckendes Bild der Qualen dieses Menschen gewinnen lässt. Da sind erstens die vielen Briefe und Briefentwürfe, zweitens Berichte wie der von Brigitta Eisenreich und drittens, natürlich, die in diesen Jahren entstandenen Gedichte, die dann in den Band »Die Niemandsrose« eingingen. So berichtet Eisenreich, wie Celan ihr irgendwann 1962 ein kleines Reclamheft mit Hölderlins »Der Tod des Empedokles« mitgebracht habe. War es, so fragt sie, »als Vor-Bild des Opfertods inmitten der verfolgenden Meute, wie Empedokles ihn vollbringt, eine verschlüsselte Botschaft?«.[20] Oder sie erinnert sich daran, wie Celan ihr im Sommer 1961 lange Passagen aus Hugo von Hofmannsthals Vortrag »Der Dichter und diese Zeit« von 1907 vorgelesen habe, wo es unter anderem heißt:

> So ist der Dichter da, wo er nicht da zu sein scheint, und ist immer an einer anderen Stelle als er vermeint wird. Seltsam wohnt er im Haus der Zeit, unter der Stiege, wo alle an ihm vorüber müssen und keiner ihn achtet. [...] Dies unbekannte Wohnen im eigenen Hause, unter der Stiege, im Dunkel, bei den Hunden; fremd und doch daheim; als ein Toter, als ein Phantom im Munde aller, ein Gebieter ihrer Tränen, gebettet in Liebe und Ehrfurcht; als ein Lebendiger gestoßen von der letzten Magd und gewiesen zu den Hunden; und ohne Amt in diesem Haus, ohne Dienst, ohne Recht,

ohne Pflicht, als nur zu hungern und zu liegen und in sich dies alles auf einer unsichtbaren Waage abzuwiegen«[21]

Man könnte noch weitere zwei, drei Seiten aus diesem Vortrag zitieren, in denen Hofmannsthal Gedanken und Bilder zur prekären Existenz des Autors in »diese[r] Zeit« aneinanderreiht, die auf frappierende Weise zu Celans ambivalenter Situation passen – als Verleumdeter, dem man einen Platz »unter der Stiege« angewiesen hat, »als ein Toter« und »Phantom im Munde aller«, der doch zur gleichen Zeit »Liebe und Ehrfurcht« erfährt. Celan hatte auch seinen Nicht-Ort in der deutschen Bundesrepublik vor Augen, wenn er sich diese Passage vorlas. Dort hatte er zwar renommierte Literaturpreise erhalten, aber bei Lichte besehen stand er »ohne Amt in diesem Haus [Deutschland], ohne Dienst, ohne Recht, ohne Pflicht« da. So kann man nachvollziehen, was Eisenreich weiter dazu schreibt: »Er las wie jemand, der nur für sich selber liest, oder für ganz andere, gar nicht Anwesende – gespenstisch muteten mich diese bei ihm verbrachten Stunden an.«[22]

Deutschland, das der Dichter seit 1952 immer häufiger besuchte, war ihm durch die Blöcker-Rezension und jetzt durch die Goll'sche Verleumdung allzu nahe gekommen. Es wurde ihm zur »Angstlandschaft«.[23] Sobald er die Grenze zur Bundesrepublik überschritt – so berichten mehrere Freunde –, wurde er ein anderer, wirkte angespannt und unfrei. Und hatte er nicht schon vor diesen persönlichen Verletzungen allen Grund dazu? Die Bundesrepublik der 50er Jahre, die der auf Integration der alten Nazis und Mitläufer ausgerichteten »Vergangenheitspolitik«[24] Konrad Adenauers folgte, war nicht der postnazistische Staat geworden, dem Celan hätte Vertrauen schenken können. So war er schon im Jahre 1956 äußerst betroffen über den politischen Eklat um den Film »Nacht und Nebel« von Alain Resnais über die NS-Vernichtungslager. Celan hatte den Filmtext von Jean Cayrol 1955/56 ins Deutsche übertragen – eine Arbeit, die er sehr ernst nahm und die ihn innerlich aufwühlte. Als der Film im Mai 1956 auf den Filmfestspielen von Cannes im Wettbewerb gezeigt werden sollte, wurde im Namen der Bundesregierung Beschwerde eingelegt, weil dadurch – so die offizielle Begründung – »Haß gegen das deutsche Volk in seiner Gesamtheit« erzeugt werde.[25] Die französische Regierung fügte sich dem deutschen Ansinnen und ordnete an, den Film aus dem offiziellen Programm zu nehmen. Es gab

Proteste, aber sie blieben erfolglos. Paul Celan verschaffte sich von solchen und vergleichbaren Vorgängen genaue Kenntnis, denn er war ein passionierter Zeitungsleser – auch westdeutscher Zeitungen. So wusste er, dass es in der Bundesrepublik bereits gegen Ende der 50er Jahre zahlreiche Fälle von Hakenkreuz- und Parolenschmierereien, bevorzugt an Synagogen, gab. Und er setzte solche Ereignisse im Lauf der Jahre immer stärker in Beziehung zu dem, was ihm als Akteur im literarischen Feld widerfuhr. Am 8. Februar 1962, als die Goll-Affäre eigentlich schon ausgestanden war, schrieb er an Alfred Margul-Sperber in Bukarest, dass die gegen ihn

> angezettelte Diffamierungskampagne in der sogenannten Bundesrepublik weitergeht. Etwas ist faul im Staate D-Mark – und nicht nur da. [...] All das steht auch in überdeutlichem Zusammenhang mit dem Wiederaufleben der guten alten (entsprechend übertünchten) Reichs-Ideen. Wobei man selbstverständlich gegen Hitler auftritt [...] Und weit und breit kein Mensch. Aber allerlei »Philosemiten« und »Juden«. Na ja.

In der Mitte dieses langen Briefes zieht Celan ganz persönlich Bilanz. Und diese Sätze sind ein Schlüsseldokument zu seiner existenziellen Situation zu diesem Zeitpunkt und weit über diesen hinaus:

> Nachdem ich als Person, also als Subjekt ›aufgehoben‹ wurde, darf ich, zum Objekt pervertiert, als ›Thema‹ weiterleben: als ›herkunftsloser‹ Steppenwolf zumeist, mit weithin erkennbaren jüdischen Zügen. Was von mir kommt, gelangt zur Redistribution – jüngst auch mein Judentum. [...] Sie erinnern sich an Will Vesper: – die *anonyme* Lorelei. Ich bin ebenfalls – wörtlich, lieber Alfred Margul-Sperber! – *der, den es nicht gibt*.[26]

Ein böser Zufall wollte es, dass im Dezember 1960 in der Zeitschrift »Der Monat« eine Erzählung mit dem Titel »Gibt es mich überhaupt?« von einem in Deutschland völlig unbekannten amerikanischen Autor namens R.C. Phelan erschien, und es ist nicht verwunderlich, dass Paul Celan diesen Autornamen für fingiert und die Erzählung, die diesen Titel trug, für eine besondere Perfidie hielt. Die Geschichte handelt von einem texanischen Farmer, der wie aus dem Nichts zum berühmten Schriftsteller wird. Am Ende stellt sich heraus, dass er seinen Roman »Früher Mittag« gar nicht selbst verfasst hat, sondern von einer Art Schreib-Maschine hat schreiben lassen. Kurz, den Autor gibt es gar nicht wirklich, er ist ein Niemand, ein Betrüger. Celan, der Sprachbewandte, hat den Autornamen natürlich gelesen als ›Erz-Phelan‹ oder ›Erz-Betrüger‹.[27] Bereits im Juli 1960 hatte er in einem Brief an Alfred Margul-Sperber berichtet, man bezichtige ihn »des Betrugs, der Erbschleicherei, des Plagiats«, und einige Absätze später wiederholte er, man prangere ihn »als Betrüger, Erbschleicher und Scharlatan« an.[28] So konnte er wohl auch gar nicht anders, als bei seiner (fragmentarisch gebliebenen) Übersetzung von Yessenins Gedicht »Černyj čelovek« (bei Celan: »Der Schwarze Mann«), vermutlich im Juli oder August 1960, an sich zu denken, wenn dort von »Einbrechern« und »Scharlatanen« die Rede ist und eine weitere Strophe lautete:

so, als ob er mir sagen wollte,
daß ich ein Gauner und Betrüger bin,
der jemanden schamlos und frech
bestohlen hat.[29]

Den literarischen Schlusspunkt dieses sarkastisch identifikatorischen Bezugs auf das Wortfeld ›Scharlatan‹, ›Gauner‹ und ›Betrüger‹ bildete dann – vielleicht auch im Rückblick auf die Lektüre der Erzählung »Gibt es mich überhaupt?« – die Niederschrift des Gedichts »Eine Gauner- und Ganovenweise gesungen zu Paris Emprès Pontoise von Paul Celan aus Czernowitz bei Sadagora« am 6. Februar 1961.

Die Frage im Titel der Erzählung »Gibt es mich überhaupt?« nahm Paul Celan in einem Brief an den alten Wiener Freund Reinhard Federmann noch mehr als ein Jahr später, im März 1962, mit Bitterkeit auf. Sie traf für den jüdischen Dichter den Kern dessen, was er als eine Kampagne aus dem Ungeist des Antisemitismus erleben musste.[30] In der Plagiatsanschuldigung lag für ihn die Absicht seiner Annihilierung als Autor, und das hieß für ihn ganz konkret: der Versuch, ihn geistig »auszulöschen«,[31] nachdem die physische Auslöschung zwischen 1942 und 1945 nicht gelungen war – die Plagiatsanschuldigung als nachholende Vollstreckung des Genozids am zufällig Überlebenden, der Rufmord als Mord. Dies kann man für eine übertriebene oder auch fehlgehende Interpretation der Ereignisse durch den Autor halten. Aber es ist kaum zu bestreiten, dass dieser subjektiven Lesart der Dinge ein objektives Moment innewohnte, und sei es nur eine erschreckende Ignoranz und Fühllosigkeit gegenüber den Empfindungen von Juden nach der Shoah – eine *infidelitas teutonica* sozusagen, die Celan in den Folgejahren wieder und wieder bestätigt fand. Und so unterzeichnete er den erwähnten Brief an Federmann entsprechend ironisch mit »Dein Itzig Plagiator *false* Paul Celan«, und in einem Nachsatz mit »Getarnter-, blutfahnenträgerischer- und lichtmörderischerweise Dein Paul«, als ob er ein Nazi wäre, der die vom Blut der Putschisten getränkte »Blutfahne« der Nationalsozialisten beim Marsch auf die Münchner Feldherrenhalle am 9. November 1923 trüge.[32] Dass auch Celans jüdische Identität angegriffen wurde, war schon in Claire Golls schlimmer Rede angelegt, er wisse »seine traurige Legende [sic]« von der Ermordung seiner Eltern, »so tragisch zu erzählen«.[33]

Durch all das, womit in den Jahren 1959 bis 1962 Celans Identität und Personalität radikal in Zweifel gezogen wurde, wuchs dem Titel des in Arbeit befindlichen Gedichtbandes »Die Niemandsrose« – und dem so häufigen Gebrauch des Wortes »niemand« – eine besondere Bedeutung zu. Es ist die selbstironische, sarkastische Feststellung, als ein zum »Niemand« Erklärter, seiner geistigen Urheberschaft Beraubter zu schreiben, damit in einem luftleeren Raum zu sprechen und ungehört zu bleiben. Die bitter vermerkte Nichtigkeit des jüdischen Autors korrespondiert mit zwei weiteren fundamentalen Leerstellen: Der Ort, der in drei Jahrtausenden Geschichte vom jüdischen Volk, allen Verfolgungen und Zerstreuungen zum Trotz, eingenommen wurde, ist seit dem Genozid leer, und ebenso leer ist der Platz Gottes: »Niemand knetet uns wieder aus Erde und Lehm, / niemand bespricht unsern Staub. / Niemand« – so beginnt Celans berühmter »Psalm«.[34] Man könnte sagen, dass der Ausgangspunkt des Autors diejenige Version jüdischer Theologie ist, die ein Wirklichwerden Gottes erst in der menschlichen Tat vollzogen sieht – ohne sie ist er nichts. Diese Auffassung lernte Celan z. B. in Hugo Bergmanns Aufsatz »Kiddusch haschem« (»Die Heiligung des Namens«) kennen, bei dem sie freilich, zionistisch gegründet, ihr Ziel im Zionsland findet.[35] Bei Celan hingegen wird diese theologische Vorstellung negativ pointiert: Nach der Shoah ist die gemeinschaftlich-menschliche Tat der Juden unmöglich geworden – »Ein Nichts / waren wir, sind wir, werden / wir bleiben« – also bleibt auch die Leerstelle Gott ungefüllt. Und Dichtung, Gesang ist nur *ex negativo* möglich: als »die Nichts-, die / Niemandsrose«.[36]

Oder doch nicht? Gab es noch einen anderen Weg? Von Zeit zu Zeit gehen von Paul Celan Signale aus, die ahnen lassen, dass noch lange nicht alles verloren ist. So schreibt er am 8. Juni 1961 an seine Frau Gisèle in großen, gesperrt gesetzten Buchstaben:

Ich verantworte
───────
Ich widerstehe
───────
Ich verweigere

8.6.1961[37]

Es konnte nicht ausbleiben, dass im Gefolge der massiven Verleumdungen des *Dichters* Paul Celan durch die Plagiatsanschuldigungen auch der *Mensch* angezweifelt werden musste, wie das schon Claire Goll in infamer Weise getan hatte. Celan reagierte darauf aufs Äußerste alarmiert. Das wurde – da ist der Höhepunkt der »Infamie« schon lange überschritten – besonders deutlich, als Rolf Schroers' Artikel »Literaturskandal« sehr verspätet am 28. Juni 1961 im »Vorwärts« erschien. Darin heißt es am Ende: »All das hat dem Dichter Paul Celan das Schicksal derer bereitet, die unter der Last ihrer Unschuld zusammenbrechen. Man darf diese Zeilen nicht mythologisch lesen, denn es geschieht konkret.«[38] Celan reagierte auf Schroers' Artikel zunächst ausgesprochen dankbar. Doch knapp zwei Wochen später monierte er, Schroers habe von seinem »Zusammenbruch« geschrieben und damit »bereits zirkulierenden Gerüchten Nahrung« gegeben und ihm »leider einen schlechten Dienst erwiesen.«[39] Diese zweite Reaktion des Dichters zeigt, wie besorgt er um sein Bild in der Öffentlichkeit war – und doch wohl auch, dass er zuweilen die Gefahr ahnte, tatsächlich einem seelischen Zusammenbruch nahe zu sein. In einem Brief von Jean Bollack an Peter Szondi vom 7. Januar 1961 findet sich eine Passage über den gemeinsamen Freund Paul Celan, die es wert ist, ausgiebig zitiert zu werden:

Weniger gut ist der unstillbare Argwohn [insatiable suspicion], der die Schritte von Paul bestimmt. [...] Ich habe Paul versprochen, niemals auf das Gerede über ihn zu hören, das seinen »Fall« durch eine mit diversen Namen belegte Gestörtheit [défalliance] erklärt. / Es ist aber nicht weniger richtig, daß er von seinen Freunden erwartet, daß sie für ihn handeln und für ihn zeugen [...] Nein, ich werde niemals von Paul sagen, daß er »gestört« sei – auch wenn ich gezwungen wäre, so zu denken –, aber gehetzt, das ist er gewiß, und wacht eifersüchtig über sein Verfolgtsein, und er bezieht aus einer belagerten Verschanzung – die in Wahrheit sorgfältig gehütet und bewußt abgegrenzt ist – die Ansprüche einer richterlichen Hoheit.[40]

Das ist ein wunderbares Zeugnis der Freundschaft, aber der Wert der Freundschaft für Paul Celan zeigt sich auch darin, dass Jean Bollack die Tendenzen in der Psyche des Dichters genau wahrnimmt und benennt, die es knapp zwei Jahre nach der Niederschrift dieses Briefes nötig machen werden, ihn als psychisch Kranken zu behandeln.

»Es lebe die krummnasige Kreatur!«
Eine Gestalt des Jüdischen

Was sein Judentum anging, so hatte Paul Celan zweifellos einmal bei dem angesetzt (und es auch nicht aufgeben wollen), was die Historiographie mit dem heiklen und am Ende irreführenden Wort als ›deutsch-jüdische Symbiose‹ bezeichnet. Im Jahre 1913 hatte der Celan so vertraute jüdische Philosoph und Sozialist Gustav Landauer für sich befunden:

> […] mein Deutschtum und mein Judentum tun einander nichts zuleid und vieles zulieb. […] Ich habe nie das Bedürfnis gehabt, mich zu simplifizieren oder durch Verleugnung meiner selbst zu unifizieren; ich akzeptiere den Komplex, der ich bin, und hoffe noch vielfältiger eins zu sein als ich weiß.[1]

Paul Celan, den diese Selbsterläuterung des verehrten Denkers immer wieder beschäftigte, wusste, dass die Position der deutsch-jüdischen Symbiose spätestens seit dem Massenmord an den Juden gescheitert war. Dennoch hielt er, was in diesen – so er selbst – »großartigen Worten« steckte, für nicht erledigt: »Wer trägt das aus? Dieser und jener, intermittierend. Aber *ausgetragen* – ja, das will auch *das* sein.«[2]

Wie kaum ein anderer hat Celan diesen epochalen Konflikt »ausgetragen«. Und er war ihm in einem Maße schutzlos ausgesetzt, das nach und nach über seine Kräfte ging und zu seinem Untergang beitrug. Die Jahre 1959 bis 1962 sind für den Autor eine Zeit, in der sich eine »Engführung« von Erfahrungen des ›Deutschen‹ und des ›Jüdischen‹ vollzieht, die nur in ihrem existentiellen Aufeinander-Bezogensein angemessen verstanden werden können: einerseits die neuerliche Traumatisierung durch das, was *aus* Deutschland und *von* Deutschen über ihn kam – und andererseits ein (vorübergehender) Halt in dem, was die Deutschen weitgehend ausgelöscht hatten: im Judentum.

Bei seiner Übersiedlung von Wien nach Paris im Juli 1948 hatte Celan in Innsbruck den alten Ludwig von Ficker besucht, der einst eng mit Georg Trakl befreundet war. Ihm las er seine Gedichte vor und freute sich besonders, so schrieb er an Alfred Margul-Sperber, »daß er ganz auf das Jüdische meiner Gedichte einging – Sie wissen ja, daß mir viel daran liegt.«[3] In der Tat ist »das Jüdische« an Celans Gedichten vor und auch nach 1948 augenfällig: thematisch und motivisch, mit manchen Bezügen auf das Alte Testament und vor allem im steten Bezug auf den Judenmord durch die Nazis und auf den Verlust der Mutter. Gleichwohl kann man bemerken, dass »das Jüdische« in dem Gedichtband »Von Schwelle zu Schwelle« von 1955 zurücktritt – so, wie es auch in Celans Pariser Alltagsleben der 50er Jahre kaum bedeutend ist. Gewiss ist, gesteigert dann in »Sprachgitter« (1959), die Shoah nahezu allgegenwärtig, aber jüdische Motive im engeren Sinne sind selten. Allerdings gibt es eine Kontinuität eindrucksvoller blasphemischer Gedichte, die, zumeist im chorischen Wir-Sprechen der Ermordeten, die Abwesenheit Gottes in der Shoah konstatieren; die den Vorwurf »Ihr lästert!« annehmen und das ursprüngliche Gebetsverhältnis des Menschen zu Gott provokativ umkehren, wenn es in »Tenebrae« heißt: »Bete, Herr, / bete zu uns, / wir sind nah«.[4] Hier äußert sich Celans »hadernde Hiobshaltung«,[5] sein Glauben-Wollen und Nicht-glauben-Können, das ihn bis an sein Lebensende begleitet.

Der auf »Sprachgitter« folgende Band »Die Niemandsrose« ist die lyrische Manifestation der schwierigen Jahre 1959-62 und der ganz eigenen Hinwendung des Autors zum Judentum. So schrieb Celan erläuternd an Ingeborg Bachmann:

> Verschiedenes ist da mit einverwoben, ich bin mitunter, denn das war so gut wie vorgeschrieben, einen recht »kunstfernen« Weg gegangen. Das Dokument einer Krise, wenn Du willst – aber was wäre Dichtung, wenn sie nicht auch das wäre, und zwar radikal?[6]

Die Gedichte der »Niemandsrose« korrespondieren wiederum mit einer Vielzahl von Prosanotizen zur Rede »Der Meridian« vom Sommer und Herbst 1960, die großenteils nicht in den Redetext eingegangen sind. Sowohl die Gedichte als auch diese Notizen in Prosa (und andere, die sich in dem Band »Mikrolithen« finden) lassen sich als explizite Selbsterklärung des Autors und seines Konzepts des Jüdischen an die Adresse der deutschen (literarischen) Öffentlichkeit lesen. Freilich hat er manches nicht veröffentlicht, und es ist später noch zu fragen, warum er sich so entschied. Schließlich ist festzuhalten, dass dieses Konzept des Jüdischen, das ihm gestalthaft vor Augen stand, vor allem für die Jahre 1959-62 gilt und es später zu einer Verschiebung von Celans Vorstellungen kam.

Die Selbsterklärung des Autors beginnt schon mit der Widmung des Gedichtbandes: »Dem Andenken Ossip Mandelstamms«.[7] Celan schreibt den Namen des ihm so vertrauten, ja, geliebten russischen Dichters immer so und charakterisiert ihn damit als einen ›vom Stamme der Mandel‹, für ihn gleichbedeutend mit ›vom Stamm der Juden‹.[8] Er nennt ihn »Bruder Ossip, der Russenjude, / der Judenrusse«.[9] Mit diesem Wahlbruder, seinem Alter Ego, verbanden ihn wichtige biographische Parallelen: Judentum, Verfolgung, Selbstmordversuch(e), Einsamkeiten, Plagiatsanschuldigungen, Verketzerung der Texte und Sympathien für einen »Sozialismus ethisch-religiöser Prägung«.[10] Celans Bedürfnis nach Identifikation mit dem seit 1934 Verbannten und Ende 1938 im GULAG, in der Nähe von Wladiwostok, zu Tode Gekommenen ging so weit, dass er damals, um 1959/60, als Todesort und -zeit Mandelstams noch nicht gesichert waren, lieber der Version Glauben schenkte, dass die Nazis den Dichter umgebracht hätten.[11] Schließlich gehört in diesen Kontext ein Lieblingszitat Celans, das er auch als Motto (in russischer Sprache) für das Gedicht »Und mit dem Buch aus Tarussa« (entstanden am 20. September 1962) benutzte, nämlich der von der russischen Lyrikerin Marina Cvetaeva stammende Satz »Alle Dichter sind Jidden«,[12] wobei Celan den abfälligen Ausdruck für ›Juden‹ (russisch ›židy‹ statt ›jevrej‹) wie Cvetaeva bewusst setzte, um den Akzent auf die Geste der Diffamierung und Ausgrenzung zu legen. Denn so sah, so empfand er sich zunehmend seit dem Mai 1960: als Einsamer, Fremder, Diffamierter, Ausgesetzter, Ausgestoßener, eben als ›Drecksjude‹ oder »Russenjude«, der mit seinen Gedichten in deutscher Sprache, Muttersprache und Mördersprache zugleich, unter ›Ungläubige‹ (im Sinne von Ungetreue, Verstockte, die historische Wahrheit des Massenmords Leugnende) gefallen war, auch wenn sein Lebensort nicht Deutschland, sondern Paris/Frankreich hieß. In diesem Sinne projizierte der Dichter sich und seine Lage auf die Person von Ossip Mandelstam. Mehrere Briefe aus den frühen 60er Jahren unterzeichnete Celan mit »Pawel Lwowitsch Tselan / Russkij poët in partibus nemetskich infidelium / s'ist nur ein Jud«.[13] Das heißt auf Deutsch etwa: »russischer Dichter in den Gebieten ungläubiger Deutscher«.[14] Mit »Lwowitsch« nahm er seinen Vatersnamen in seine Signatur auf.

Ganz entschieden artikuliert der Autor seine neue Position zum Judentum in dem Gedicht »Eine Gauner- und Ganovenweise«, das in der ersten Fassung vom 16. Februar 1961 noch »Eine deutsche Weise« heißt. Ein Brief von Fritz Martini hatte die Niederschrift des ersten Entwurfs ausgelöst. Der Literaturprofessor aus Stuttgart hatte, unter Hinweis auf das anstehende Gutachten seines Assistenten Döhl zu den Plagiatsvorwürfen, seinem Brief »eine Liste mit Fragen zu PCs Leben und literarischen Einflüssen« beigelegt,[15] die den Dichter zu einer scharfen Antwort an diesen Mann provozierte, von dem er wusste, dass er Mitglied der SA und der NSDAP gewesen war:

Was Ihre verschiedenen Fragen und insbesondere Ihre Frage nach meiner Vita betrifft, so muss ich Sie ersuchen, sich Gedanken zu machen. *Ich*, sehr geehrter Herr Professor, habe *Sie* niemals nach Ihrer Vita gefragt.[16]

Freilich entfernte er diesen Passus aus seinem Brief, und am Ende sandte er gar keinen Brief an Martini, weil die anstehenden Dinge in einem Telefonat geklärt werden konnten. In einer weiteren Version einer Antwort an Martini heißt es: »Meine Gedichte sind meine Gedichte. Sie bedürfen keiner biographischen Legitimierung: meine Gedichte sind meine Vita.«[17]

Das Gedicht (zuerst »Eine deutsche Weise« betitelt),[18] in dem der Dichter seine »Vita« und seine literarischen Einflüsse auf eine sehr spezielle Weise thematisiert, hat in der Endfassung vom 7. November 1962 (samt dem neuen Titel) den folgenden Wortlaut:

EINE GAUNER- UND GANOVENWEISE
GESUNGEN ZU PARIS EMPRÈS PONTOISE
VON PAUL CELAN
AUS CZERNOWITZ BEI SADAGORA

Manchmal nur, in dunkeln Zeiten,
Heinrich Heine, An Edom

Damals, als es noch Galgen gab,
da, nicht wahr, gab es
ein Oben.

Wo bleibt mein Bart, Wind, wo
mein Judenfleck, wo
mein Bart, den du raufst?

Krumm war der Weg, den ich ging,
krumm war er, ja,
denn, ja,
er war gerade.

Heia.

Krumm, so wird meine Nase.
Nase.

Und wir zogen auch nach *Friaul*.
Da hätten wir, da hätten wir.
Denn es blühte der Mandelbaum.
Mandelbaum, Bandelmaum.

Mandeltraum, Trandelmaum.
Und auch der Machandelbaum.
Chandelbaum.

Heia.
Aum.

Envoi

Aber,
aber er bäumt sich, der Baum. Er,
auch er
steht gegen
die Pest.[19]

Natürlich steckt das Gedicht voller literarischer Anspielungen. Sie hier alle aufzuzählen würde zu weit führen.[20] Aber einiges muss genannt werden, wenn man dieses merkwürdige Gedicht verstehen will. Das beginnt beim Titel, mit dem Celan einen Vierzeiler von François Villon aufnimmt. Mit der Anlehnung an den Dichter des

Spätmittelalters, der tatsächlich ein Erzgauner und -ganove war und der Vollstreckung eines Todesurteils nur mit knapper Not entrann, bekennt Celan sich zu den Außenseitern, ja, zu den *felons* und *outcasts* einer Gesellschaft, die von Künstlern ohnehin nichts wissen will, damals nicht und heute nicht. Und wie Villon mit der Ortsangabe »PARIS EMPRÈS PONTOISE«, so stellt auch Celan mit »AUS CZERNOWITZ BEI SADAGORA« die wirklichen Größenverhältnisse der genannten Orte auf den Kopf. Auch in Notizen zur »Meridian«-Rede hatte er erwogen, sich dem Darmstädter Publikum als aus Czernowitz bei Sadagora stammend vorzustellen und damit darauf hinzuweisen, wie wichtig ihm der Chassidismus war, den der Rabbi Israel, der Baal-schem, im 18. Jahrhundert in dieser kleinen Stadt begründet hatte.[21] Obendrein war Sadagora der Ort, aus dem seine Mutter stammte. Vor allem aber: Der Dichter nennt ohne Vorbehalt seinen vollen Namen als Urheber des Textes, der folgt. Nie vorher und auch nie wieder danach hat Celan das getan. Die Namensnennung ist wie ein Signal, das sagt: Ich bin es wirklich, der hier spricht, und kein anderer. Wer immer mir zuhört, möge das zur Kenntnis nehmen.

Das Heine-Motto seines Gedichts deutet Celan nur an, aber man muss es eigentlich ganz kennen, um zu ermessen, worauf die »Gauner- und Ganovenweise« hinauswill:

(An Edom)

Ein Jahrtausend schon und länger,
Dulden wir uns brüderlich,
Du, du duldest, daß ich atme,
Daß du rasest, dulde Ich.

Manchmal nur, in dunkeln Zeiten,
Ward dir wunderlich zu Mut,
Und die liebefrommen Tätzchen,
Färbtest du mit meinem Blut!

Jetzt wird unsre Freundschaft fester,
Und noch täglich nimmt sie zu;
Denn ich selbst begann zu rasen,
Und ich werde fast wie Du.[22]

Ursprünglich ist Edom ein anderer Name für Esau, den älteren Sohn Isaaks, der vom jüngeren Jakob übervorteilt wird. Die Nachkommen Edoms, die Edomiter, verfolgen deshalb die Nachkommen Jakobs, das Volk Israel, und am Ende steht der in Heines Gedicht angesprochene Edom für Judenhasser schlechthin, ob römisch, christlich oder jüdisch. Offenbar sieht der Sprecher des Gedichts sich und alle Juden in »dunklen Zeiten« – und so nun auch der Sprecher der »Gauner- und Ganovenweise«, Paul Celan. Kürzlich erst hatte »Edom« die »liebefrommen Tätzchen« mit seinem Blut gefärbt, und so stellt sich die Frage, ob der Sprechende aus dem Stamme Jakobs nicht auch seine Tatzen erheben, sich wehren und »rasen« müsse, um dadurch »fast wie Du« zu werden – der Jude dem Judenhasser gleich. Nun, Paul Celan nimmt, wovon Heines Gedicht spricht, nicht explizit auf. Aber als Kontext ist es gegeben, und damit eine widerständige, ja, wehrhafte Haltung gegen judenfeindliche Aktionen, welcher Art auch immer.

Das Gedicht spricht sodann von einem »Damals, als es noch Galgen gab« und »ein Oben«; eine Zeit, als Juden einen »Judenfleck« auf ihre Kleidung aufnähen mussten und damit gezeichnet waren. Das war so im Spätmittelalter, zu Zeiten Villons, und auch später, als man Landsknechtslieder sang, wie es der »Gauner und Ganove«, der hier spricht, auch tut; und das war so in der Nazizeit, als es auch »Galgen gab« und obendrein effektive Mordwerkzeuge neuerer Machart. Jetzt spricht ein Jude, für den das Vergangenheit ist; der keinen Judenfleck oder -stern mehr tragen muss und auch keinen Bart. Er hat, so teilt er uns mit, einen krummen Weg gehen müssen, aber dieser Weg durch die Galgen- und Verfolgungszeit hindurch war letztlich »gerade«. Es war der einzige Weg zum Überleben und damit der richtige Weg. Die Zeiten, als Juden krumme Wege gehen mussten, um zu überleben, scheinen vorbei zu sein. Aber sind sie es wirklich? Wie auch immer, der Jude, der hier spricht, will sich nicht mehr ›integrieren‹, anpassen an »die Barbarei des Gleichen und Geraden«,[23] nicht mehr so wie die Nichtjuden aussehen und sprechen. Vielmehr bekennt er sich zu seinem Anderssein, das auch Hässlichkeit einbegreift: »Krumm, so wird meine Nase. / Nase.«

Der Jude Paul Celan, der hier spricht, blickt weiter zurück auf das, was seiner jüdischen Gemeinschaft geschah und noch geschieht. Er tut das mittels eines bösen Wortspiels. Er lässt den blühenden, schönen Mandelbaum (er steht für alle Juden) groteske, schreckliche, tödliche Verwandlungen durchlaufen – »Bandelmaum // Mandeltraum, Trandelmaum. / Und auch der Machandelbaum« –, bis hin zum Grimm'schen Märchen also, in dem die Stiefmutter den Jungen tötet, kocht und ihrem Mann zum Essen vorsetzt. Am Ende stirbt die Stiefmutter, und der Junge wird wieder lebendig. Aber es bleibt eine schreckliche Geschichte, so wie die, die der überlebende Jude Paul Celan zu verkraften hat – und wie sie der russische Jude Mandelstam (vom Stamme der Mandel) erlitten hat, bis zu einem schrecklichen Tod. Doch der, der hier spricht, in der Manier Villons, fügt noch ein »Envoi« an, ein ›Geleit‹, und es ist ein »Aber«, also eine Gegenrede gegen das, was das Gedicht bis zu diesem Punkt resümiert hat:

Aber,
aber er bäumt sich, der Baum. Er,
auch er
steht gegen
die Pest.[24]

Im Bild des sich bäumenden Baums manifestiert sich jene Widerstandshaltung, die sich schon im Motto von Heine, versteckt, andeutete. Der hier spricht, er »bäumt sich« und »er / steht«. Er ist, der er ist, gegen alle Verleumdungen und Vernichtungsversuche. Was »*die Pest*« hier bedeutet, kann offenbleiben, so wie in Albert Camus' gleichnamigem Roman, den Celan gut kannte.[25] Natürlich wird man aus einem deutschen Kontext heraus zuerst an die ›braune Pest‹ der NS-Herrschaft denken, aber man kann auch an die Nachkriegszeit und die junge Bundesrepublik denken, die Paul Celan erlebte und in der die Goll'sche »Infamie« sich abspielte – eine ›Pest‹ für sich, gegen die der überlebende Jude sich nach Kräften ›aufbäumte‹. Jedenfalls sind bei dem Gedicht und seinem ›Nachtrag‹ klar politische Implikationen im Spiel: Der Autor hat seinen »Envoi« am 7. November 1962 formuliert – an dem Tag, an dem »Der Spiegel« in eigener Sache aus Hamburg von der Verhaftung seines Chefredakteurs Rudolf Augstein und den damit verbundenen Schikanen berichtete und auch eine Solidaritätserklärung der gerade in West-Berlin tagenden Gruppe 47 für die verhafteten »Spiegel«-Redakteure veröffentlichte. In einem Brief (-Entwurf) an Petre Solomon sprach der Dichter von dem ganzen Gedicht »Gauner- und Ganovenweise« schon am 19. März 1962 als »ce poème anti-nazi, cri«.[26]

Das Gedicht ist aber noch aus einem anderen Grund programmatisch: Der Autor führt in ihm ein Motiv ein (und auch das ist »anti-nazi«), das für ihn in diesen Jahren mehr und mehr Bedeutung gewinnt: Es ist ›das Krumme‹ – das Krumme der Nase und das Krumme der Wege, die der hier sprechende Jude gehen muss. Schon die Bezüge auf Ossip Mandelstam weisen in diese Richtung. Aber auch die Erfahrungen in der jungen Bundesrepublik spielen eine Rolle. In ihr gibt es nicht nur alten und neuen Antisemitismus, sondern auch Philosemitismus; ein Phänomen vor allem des Bildungsbürgertums, das sich an bestimmten literarischen Traditionen und Topoi erbaute: an dem guten Juden und der schönen Jüdin. Beispielhaft ist das einmal die Gestalt des weisen Juden Nathan, der so gebildet, gutbürgerlich und neutral religiös ist, dass man bei ihm nun wirklich nicht an die Gaskammern von Auschwitz denken muss, vielmehr sich geradezu angewöhnen kann, daran *nicht* zu denken. Es ist kein Zufall, dass in den Jahren nach 1945 kein anderes klassisches Drama so häufig auf die west- wie ostdeutschen Bühnen kam wie eben »Nathan der Weise«. Lessings Absichten waren die besten gewesen, schon in seinem frühen Einakter »Die Juden«, dessen Held ein jüdischer Handelsreisender ist, der am Ende auch von seinem Gegenspieler, der keine Juden mag, voll und ganz akzeptiert wird. Denn der Jude erweist sich in seinem Habitus wie in seiner Handlungsweise als durch und durch gutbürgerlich und obendrein noch edel.[27]

Vor allem aber wird in den 50er Jahren die schöne Jüdin (wieder) eine beliebte Gestalt der deutschen Literatur. 1955 erschien Lion Feuchtwangers historischer Roman »Die Jüdin von Toledo«, der denselben Stoff aus dem 12. Jahrhundert bearbeitete wie einst Franz Grillparzer in seinem gleichnamigen Theaterstück: Raquel, die schöne Jüdin, steigt auf zur Mätresse des christlichen Königs Alfonso, geht aber am Ende in den Wirren des Krieges unter. Aus einem Brief Celans an Hermann Lenz vom 21. März 1959 wissen wir, dass er sich besonders über Alfred Anderschs Romangestalt der schönen und obendrein getauften Jüdin Judith aus dem Roman »Sansibar oder der letzte Grund« (erschienen 1957) geärgert hat. Judith entkommt nach Schweden und entgeht damit der Vernichtung. Andere – nicht so schöne – Juden kommen in dem Buch nicht vor.[28] Vor diesem Hintergrund wird eine Notiz aus dem »Meridian«-Konvolut verständlich:

Wer nur der Mandeläugig-Schönen die Träne nachzuweinen bereit ist, der tötet auch sie, die Mandeläugig-Schöne, zum andern Mal. Den ~~Vergasten~~ Krummnasigen, Kielkröpfigen, den Einwohnern der stinkenden Judengassen, den Mauschel-Mäulern – ihrer gedenkt das gerade Gedicht – das Hohe Lied[29]

Auch Anne Frank und ihr in der westdeutschen Presse über alle Maßen gelobtes Tagebuch ist für Celan ein Beispiel eines verlogenen Philosemitismus, hinter dem der Massenmord an den Juden zu verschwinden droht:

Nicht an dem Schicksal des tagebuchführenden schönen Judenmädchens wird das Ungeheuerliche des Geschehenen deutlich. Der bucklige, stotternde, hinkende Jude, der vergast wurde – *er* ist das Opfer. Er, der Jud, ist dein Bruder – nimm ihn wahr und kehre um – zu dir, du bucklige, stotternde, hinkende – du königliche Kreatur![30]

Noch pointierter ist die folgende Notiz:

Erst wenn du mit deinem allereigensten Schmerz bei den krummnasigen und mauschelnden und kielkröpfigen Toten von Auschwitz und Treblinka und anderswo gewesen bist, dann begegnest du auch dem Aug und seiner Mandel.[31]

Das könnte meinen: Die Schönheit (das »Aug und seine[ ] Mandel«) tritt erst dann in ihr Recht, wenn der, der spricht, bei dem Schrecklichsten, das je geschehen ist, der Shoah, »gewesen« ist, und damit bei den furchtbar zugerichteten, auf ihre bloße – hässliche – Kreatürlichkeit reduzierten Juden in den Vernichtungslagern. Paul Celan geht es um diese Toten ebenso wie um die lebendigen Ausgesetzten und Ausgestoßenen, Krummen und Hässlichen, die ›Dreckjuden‹ oder Židy, die »Russenjude[n]«, kurz, die nackte menschliche Kreatur ohne hervorragende Eigenschaften. Mehrere, wiederkehrende Notizen aus den Vorbereitungen zur »Meridian«-Rede gehen den Spuren dieser natürlichen Kreatürlichkeit nach, die für den Autor »das Menschliche« schlechthin bedeutet, »das Krummnasige, Krummsprachige, Kielkröpfige –«.[32] Ebendas sieht er aktualisiert im

Gedicht, von seinem Wesen und nicht erst von seiner Thematik her – eine Schule wirklicher Menschlichkeit: es lehrt das Andere als das Andere d. h. in seinem Anderssein verstehen, es fordert zur Brüderlichkeit mit zur Ehrfurcht vor diesem Andern auf, zur Hinwendung zu diesem Andern, auch da, wo das Andre als das Krummnasige und Mißgestalte – keineswegs Mandeläugige – auftritt – angeklagt von den »Geradnasigen«.[33]

Das sind Worte, Sätze, die zeitlos anmuten und zugleich erstaunlich aktuell sind. Celan ruft Begriffe auf – »Brüderlichkeit«, »Ehrfurcht vor diesem Andern«, »Hinwendung zu diesem Andern« –, die man heute kaum noch auszusprechen wagt. Denn mit diesen Begriffen sind Haltungen im alltäglichen Leben verbunden, die fordernd und anstrengend sind.
Als der Dichter seine Erzählung »Gespräch im Gebirg« Theodor W. Adorno zuschickte, stellte er sie in seinem Begleitbrief vom 23. Mai 1960 als »etwas durchaus Krummnasiges« vor, »an dem das Dritte (und wohl auch das Stumme) vielleicht wieder gerade werden kann«.[34] Er hatte diesen kurzen Prosatext im August 1959 in Sils-Maria im Engadin geschrieben, nachdem das Treffen mit Adorno an diesem Ort nicht wie geplant zustande gekommen war. Und tatsächlich handelt es sich bei dieser Erzählung in »judendeutsch[er]« Sprache (so Celan selbst in diesem Brief), die um eine Begegnung zwischen dem Juden Klein und dem Juden Groß kreist, um eine durch und durch jüdische, »krummnasige« Geschichte.[35] Und es ist nicht der Jude Groß, sondern der Jude Klein, der krummnasige, der die Sympathien des Lesers auf sich zieht. Nach Jean Bollacks Meinung hat Celan Adorno in diesem Brief vom 23. Mai 1960 »mit viel Ironie« mitgeteilt, »daß er in diesem Text durch eine Figur repräsentiert wird, die etwas anderes darstellt als ihn, die sogar sein Gegenteil war: ein ›Jude‹, wie Adorno es eben nicht war. Weder war er als Jude groß noch ein großer Jude (wie Scholem).«[36] Mit anderen Worten: Der Dichter übt implizit Kritik an dem bürgerlich neutralen, professoralen Habitus, den Adorno angenommen und mit dem er sich vom krummnasigen Juden, der das Fremde, Nichtangepasste verkörpert, losgesagt hat. Dazu stimmt die von Reinhard Federmann überlieferte Bemerkung Celans zu Sils-Maria, wo »ich den Herrn Prof. Adorno treffen sollte, von dem ich dachte, dass er Jude sei […].«[37] Andererseits stammt gerade aus Adornos Philosophie

der wichtige Begriff des »Nichtidentischen«, der so einleuchtend mit Celans Vorstellung von der krummnasigen Kreatur inmitten einer Welt der Angepassten übereinstimmt.[38] Der Autor hat das in einem Brief an Franz Wurm vom 8. Juni 1963 bestätigt:

> die Krummnasigkeit steht, Sie haben es durchaus richtig gesehen, für jenes Partikuläre, Persönliche, und – lebenslänglich! – Individuelle, das auch aller Poesie eingeschrieben bleibt und das man in dieser nur dem Anschein nach so ›lyrischen‹ Zeit immer wieder Lügen zu strafen versucht.[39]

In einer weiteren Notiz zur »Meridian«-Rede spricht Celan von »Krummnasigkeit zweiten Grades, ein[em] erworbene[n] Atavismus«.[40] Das korrespondiert mit einer zunächst ebenso rätselhaften Stelle aus dem bereits erwähnten Brief an Adorno vom 23. Mai 1960: »Ob es [das »Gespräch im Gebirg«] sonst noch etwas ist? Erworbener und zu erwerbender Atavismus vielleicht, auf dem Weg über Involution erhoffte Entfaltung ...«[41] Krummnasig zu werden macht offenbar eine Art Regression nötig, einen bewussten Rück-Schritt auf eine frühere, kindliche, atavistische Einstellung, die paradoxerweise neu ›erworben‹ werden muss. Sie hinter-geht gleichsam den Wust ideologischer, politisch-propagandistischer Redeweisen und Verhaltensnormen, geht zurück hinter das ganze hybride Projekt Aufklärung; sie krümmt sich zurück (das wäre »Involution«) und gelangt so zu den primitiven, aber authentischen Grundlagen menschlichen Lebens, vom Dichter eine »Krummnasigkeit zweiten Grades« genannt.[42] Bedenkt man die Bedrängungen, denen Celan infolge der Goll'schen Verleumdungen ausgesetzt war, so kann einem sein so trotziger wie bedachter Rückzug auf diese sehr besondere Haltung, ein Jude zu sein, durchaus einleuchten.

Eines der Gedichte, in dem diese Haltung auch eine Rolle spielt, ist »... rauscht der Brunnen«, entstanden am 30. April 1961.[43] Der Dichter stand erkennbar noch – oder wieder – im Banne der Goll-Verleumdungen. Er hatte wahrscheinlich gerade das ›Gutachten‹ von Reinhard Döhl zu den Plagiatsanschuldigungen im frisch ausgelieferten »Jahrbuch der Deutschen Akademie für Sprache und Dichtung« zur Kenntnis genommen und war dadurch neuerlich daran erinnert worden, wie Claire Goll und andere seine Gedichte nicht nur bewusst falsch datiert, sondern teilweise auch falsch zitiert hatten. Jetzt nennt er, teilweise ›verkehrt‹, Wörter und Wortfolgen aus eigenen Versen, die laut den Anschuldigungen ein Plagiat beweisen sollten, so den Schlussvers des Gedichts »Kristall«: »sieben Rosen später rauscht der Brunnen«. Er resümiert, wie seine Verse durch die Plagiatsanschuldigungen und unsaubere Zitate versehrt, »verkrüppelt« und »geschunden« worden sind: »Ihr meine mit mir ver- / krüppelnden Worte, ihr / meine geraden. // Und du: / du, du, du / mein täglich wahr- und wahrer- / geschundenes Später / der Rosen –:« Wie der Dichter dabei im Einzelnen verfährt und sich u. a. auf die Lyrikanthologie »Mein Gedicht ist mein Messer« von Hans Bender bezieht, hat Barbara Wiedemann im Detail dargelegt. Das soll hier nicht wiederholt werden.[44] Aber in seiner letzten Strophe geht das Gedicht »… rauscht der Brunnen« über eine Auseinandersetzung mit dieser Kränkung weit hinaus. Die im Futur formulierte Vision des hier Sprechenden schließt eng an das Konzept der »Krummnasigkeit zweiten Grades« an, auch wenn das Wort hier nicht auftaucht:

Wir werden das Kinderlied singen, das,
hörst du, das
mit den Men, mit den Schen, mit den Menschen, ja das
mit dem Gestrüpp und mit
dem Augenpaar, das dort bereitlag als
Träne- und-
Träne.

Wahrhaftige Menschenliebe (die getrennten »Men« und »Schen« wachsen wieder zu »Menschen« zusammen), das »Gestrüpp«, das vielleicht den Ort meint, an dem man Ermordete liegen ließ, ohne ihnen die Augen zu schließen, und die Tränen, die Trauer um das »Augenpaar / das dort bereitlag« – man ist an die »Jakobsstimmen« des kleinen Zyklus »Stimmen« aus »Sprachgitter« erinnert[45] –: all das zusammen, »in eins« gesetzt, ermöglicht eine neue Haltung des Dichtens und Singens, jenseits von Mord und Rufmord, und mit ihr eine alt-neue Gattung. Es ist »das Kinderlied« als quasi wieder erworbene »atavistische«, arglose, wahrhaftige Form des Sprechens.[46]

Der Dichter führt in dem Kontext des Wechselbezugs von »Menschlichem« und »Jüdischem« ein Wort ein, das zunächst stark irritiert. Er spricht vom »Verjuden« und erläutert es als

das Anderswerden, Zum-anderen-und-dessen-Geheimnis-stehn
– ~~Menschenliebe~~ – Liebe zum Menschen ist etwas anderes als
Philanthropie – Umkehr – dazu scheint es ja nun doch zuviel
Einbahnstraßen zu geben. – Gegenverkehr und Umkehr, das ist
zweierlei aber auch auf den Feldwegen scheint es, ach, wenig
Gelegenheit dazu zu geben[47]

Zweifellos spielt Celan mit dem Stichwort »auf den Feldwegen«
auf Martin Heidegger an[48] und gibt seinem Bedauern Ausdruck
– bemerkenswert im Jahre 1960! –, dass dieser weiter auf seiner
»Einbahnstraße« unterwegs sei und an »Umkehr« offenbar nicht
denke. Doch bleiben wir bei den Überlegungen des Autors zum »Verjuden«, gleichfalls aus den Vorarbeiten zur Rede »Der Meridian«:

> Man *kann* verjuden; das ist zwar, zugegeben, schwer und ist,
> warum nicht auch das zugeben? – sogar schon manchem jüdisch
> geborenen Juden mißlungen; gerade deshalb halte ich das für
> empfehlenswert.[49]

An anderer Stelle dieser Notizen, als es um das Gedicht geht, kommt
Celan auf sein Konzept des »Verjudens« zurück. Er beschreibt das
Gedicht als »Ärgernis«, das allein dadurch ist, dass es »unerschütterlich, es selbst bleibt« und so

> zum Paria und Juden ~~in~~ der Literatur [wird]. Es wohnt im Ghetto.
> an der Peripherie; an Festtagen darf es, schön gekleidet, hervor. –
> Nun, man kann verjuden. Das kommt bekannterweise nur äußerst
> selten vor, geschieht aber doch. Etwas wie Verjudung scheint
> mir zum Verständnis des Dichterischen, auch des exoterischen,
> empfehlenswert zu sein.[50]

Aus diesen und ähnlichen Notizen wird deutlich, dass Celan vorschlägt, ›das Jüdische‹ (frei von ideologischen Vorbelastungen), ›das
Menschliche‹ (in einem zugegeben recht allgemeinen Sinn) und ›das
Gedicht‹ (als eine »Schule wirklicher Menschlichkeit«) in *einem*
Horizont (oder auf einem Meridian angesiedelt) zu sehen. Dabei sind
alle drei Entitäten unter einen hohen ethischen Anspruch gestellt.
›Verjuden‹ meint: menschlicher zu werden im Sinne von Zugewandtheit, Freundlichkeit, Bereitschaft zum Gespräch, Brüderlichkeit, Ehr-

furcht, Anerkennung des Kreatürlichen, frei von Gewalttätigkeit.«\
Es ist letzten Endes nur ein Wort für \ das Sich-im-Anderen-Erkennen, es ist Einkehr beim Anderen als bei sich selbst, es ist Umkehr.«[51]

Vielleicht hat Yevgeny Yevtushenkos großes Gedicht »Babij Jar«, das Celan übersetzt hat, ihn auch in seinem Konzept des »Verjudens« bestärkt. Laut Brigitta Eisenreich hat er erwogen, dessen Anfangsvers »Über Babij Jar, da steht keinerlei Denkmal« als Motto für seine im April 1961 begonnene »Walliser Elegie« zu verwenden. In diesem Poem erklärt sich der Nichtjude Yevtushenko in eindrucksvoller Weise zum Juden:

> Ich bin alt heute,
> so alt wie das jüdische Volk.
> Ich glaube, ich bin jetzt
>   ein Jude.
> [...]
> Und bin – bin selbst
>   ein einziger Schrei ohne Stimme
> über tausend und aber
>   tausend Begrabene hin.
> Jeder hier erschossene Greis –:
>   ich.
> Jedes hier erschossene Kind –:
>   ich.[52]

Vom lebenspraktischen Umgang Paul Celans mit dem Konzept (oder darf man sagen: der Strategie) des »Verjudens« wissen wir wenig; am ehesten noch aus den Erinnerungen von Brigitta Eisenreich. Sie berichtet davon, wie ihr Freund in den späten 50er Jahren immer häufiger Bücher über das Judentum, und zumal den Chassidismus, kaufte, bei Besuchen mitbrachte und ihr nahelegte, diese Bücher auch zu lesen. Aber daraus ging noch nicht hervor, dass in dem Dichter ein ganz neues Konzept des Jüdischen heranreifte. Der Autor übergab Eisenreich Gedichte oder Gedichtentwürfe (so zu »Benedicta«; vor allem zu »Radix, Matrix«, in das offenbar Momente aus ihrer eigenen Kindheitserfahrung, der ihm »vom Abgrund her, [...] von der Heimat her Verschwisterte[n]«,[53] eingingen), und sie folgte diesen Wünschen Celans gern und lernte viel über die Juden und ihre Geschichte. Doch als sie eines Tages seiner Aggressivität wegen weinte, sagte er zu ihr: »Ein Jude weint nicht«, und ein andermal: »Verjude doch!« Brigitta Eisenreich reagierte darauf genauso irritiert, wie es wohl die meisten Deutschen oder Österreicher(innen) dieser Generation getan haben würden. Das Wort ›verjuden‹ schien ein für alle Mal als Naziwort festgelegt, pejorativ verwendet, wenn es um kulturelle oder gar sogenannte rassische Merkmale ging. ›Verjudet‹ hieß dann: etwas oder jemand eigentlich nicht Jüdisches(r) hätte (natürlich) negative, degenerative jüdische Eigenschaften angenommen. Paul Celan hat diese historische Gegebenheit kühn auf den Kopf gestellt. Wo die Nichtjuden es kategorisch abgelehnt hatten und immer noch ablehnten, dass sich die Juden ihnen anglichen oder mit ihnen vermischten, sollten jetzt die Nichtjuden Juden werden – in dem höchst anspruchsvollen, emphatischen Sinn, wie es die Notizen zur »Meridian«-Rede nahelegen. Brigitta Eisenreich bilanziert diesen Versuch Celans so:

> Wie oft hat er in dieser Zeit Mensch-Sein und Jude-Sein in eins gesetzt, wie ich nunmehr aus publizierten Briefwechseln und anderen Zeugnissen ersehen kann. Diese existentielle Forderung sprach aus vielen seiner Gedichte; in der Privatsphäre betraf sie offensichtlich nicht nur mich, sondern auch andere: seine Frau, seine beruflichen Kontaktpersonen, seine besten Freunde, seinen ärztlichen Freund [Jean] Starobinski, von dem er Hilfe und Heilung erhoffte. Zu einer solchen Wesensänderung aber war ich nicht bereit. Seiner Trost-Losigkeit war ich, war vielleicht *niemand* gewachsen.[54]

Der vorletzte Satz dieses Rückblicks ist besonders aufschlussreich: Brigitta Eisenreich hat Celans ›Programm‹ des »Verjudens« als eine Aufforderung zur »Wesensänderung« aufgefasst, und zu einer solchen war sie verständlicherweise nicht bereit. Eisenreich hatte fraglos eine antinazistische Einstellung und war zutiefst betroffen über die Shoah. Und dennoch wollte ihr Celans Idee des »Verjudens« nicht einleuchten. Dem Dichter müssen wohl selbst Zweifel daran gekommen sein, denn in seiner Büchnerpreis-Rede, wie er sie im Lauf des Oktober 1960 ausformuliert hat, findet sich nicht einmal andeutungsweise etwas von diesem ›Programm‹. Offenkundig, und realistischerweise, hielt er die Deutschen Anno 1960 nicht für reif für eine solche Verhaltensumkehr. Und damit hatte er zweifellos recht.

Vermutlich wäre er von den Berichterstattern der Preisverleihung nur missverstanden oder verlacht worden.

Eisenreich weist zu Recht auf Spuren dieses ›Programms‹ in Briefen des Dichters hin. Gerade seine Ehefrau Gisèle, die Nichtjüdin, und seinen Sohn Eric hat er immer wieder in einer »jüdischen Gemeinschaft [...] des Herzens«[55] zusammen mit sich selbst gesehen und Gisèle als »meine Jüdin«[56] angesprochen. Oder er hat sie daran erinnert, dass sie eine »verheiratete Antschel« ist.[57] Immer wieder ging es Paul Celan darum, »das Jüdische – also *eine* Gestalt des Menschlichen«[58] zu behaupten, nicht mehr und nicht weniger. So findet sich im Gedicht »Hüttenfenster« (wohl Ende 1962 entstanden) die merkwürdige Wendung »Menschen-und-Juden«,[59] und in der dritten und letzten Version des Gedichts »Mandorla« vom 23. Mai 1961 wird der Vers »Judenlocke, wirst nicht grau« am Ende nicht einfach wiederholt, wie in den ersten beiden Fassungen. Vielmehr ersetzt der Dichter ihn mit »Menschenlocke, wirst nicht grau.«[60]

Man fragt sich, wie vielen Deutschen in der Mitte der 60er Jahre beim Lesen dieser Gedichte aufgegangen ist, was für ein ungemein großzügiges Angebot ihres Autors sie enthielten: nämlich ›das Jüdische‹ als eine menschliche Seinsweise mit dem Besten des Menschseins schlechthin »in eins« zu setzen – unter der einen, doch wohl selbstverständlichen Prämisse: das Jüdische als »*eine* Gestalt des Menschlichen« anzuerkennen.

»So kam ich unter die Deutschen«
Im Literaturbetrieb der 60er Jahre

Paul Celan hat immer wieder Gedichte geschrieben, die sich wie Zwischenbilanzen seines gelebten Lebens lesen lassen, ohne dass sie aufdringlich biographische Details ausbreiten würden. Im Gegenteil, die in solche Gedichte eingegangenen »Daten« werden entweder verhüllt und verschoben – oder sogar ganz aus der Endfassung eines Gedichts entfernt. Ein solches Gedicht ist »Oben, geräuschlos«, entstanden am 24. Mai 1958, das Einblick gibt in Celans Verständnis seiner selbst und seiner Lage in Paris, nachdem er beinahe zehn Jahre in der Hauptstadt Frankreichs lebt:

Oben, geräuschlos, die
Fahrenden: Geier und Stern.

Unten, nach allem, wir,
zehn an der Zahl, das Sandvolk. Die Zeit,
wie denn auch nicht, sie hat
auch für uns eine Stunde, hier,
in der Sandstadt.

(Erzähl von den Brunnen, erzähl
von Brunnenkranz, Brunnenrad, von
Brunnenstuben – erzähl.

Zähl und erzähl, die Uhr,
auch diese, läuft ab.

[...]

Der Fremde, ungebeten, woher,
der Gast.
Sein triefendes Kleid.
Sein triefendes Auge.

[...]

Sein Kleid-und-Auge, er steht,
wie wir, voller Nacht, er bekundet
Einsicht, er zählt jetzt,
wie wir, bis zehn
und nicht weiter.¹

Der Sprecher dieses Gedichts hält sich offenbar im Freien auf. Er blickt nach oben und sieht »Geier und Stern«, »geräuschlos« – vielleicht einen Raubvogel in großer Höhe und den Morgenstern, die Venus, die man auch am Taghimmel sehen kann. Unten dagegen, in der »Sandstadt« (im Vorläufer dieses Gedichts als »Paris« benannt),² lebt das »Sandvolk«, durch die Zehnzahl recht eindeutig als Gruppe von Juden zu verstehen. Der hier spricht, ist ein Jude und damit Angehöriger des in alle Winde zerstreuten »Sandvolks«. Ist ihm die Stadt Paris Heimat geworden? Was gibt ihm, nachdem er zehn Jahre in ihr gelebt hat, Halt? Es ist gerade nicht die französische Gegenwart, in der im Mai/Juni 1958 beunruhigende Veränderungen vonstattengehen. General de Gaulle wird auf den Schild gehoben und schafft mittels eines Verfassungsreferendums die Vierte Republik ab.³ Nein, es ist die Erinnerung an das Brunnenland der Bukowina, die, »nach allem« Schrecklichen, was geschehen ist, dem »wir« des »Sandvolks« Halt gewährt. Von ihm ist zu erzählen, seine Schönheiten sind zu bewahren. In Paris, der auf Sand gebauten Stadt, ist und bleibt der Sprecher des Gedichts offenbar »der Fremde, ungebeten, woher, / der Gast«, jederzeit, auch ohne gelben Stern, erkennbar: »Sein triefendes Kleid. / Sein triefendes Auge«. Doch entscheidend ist: »er steht«, er nimmt seine Lage an, unbeirrbar, widerständig, stolz. Ein Motiv macht sich geltend, das den Dichter auch im kommenden Jahrzehnt der 60er Jahre begleiten wird: sein ›Stehen‹ und Widerstehen gegen allen Kränkungen und Verletzungen.

Zwei Jahre später entsteht »Zwölf Jahre« – auch dies ein Gedicht, das die eigene Biographie gleichsam bilanziert. Es steht in der Mitte des ersten Zyklus der »Niemandsrose« und ist am 14. Juli 1960 entstanden – auf den Tag genau dem zwölften Jahrestag von Celans Ankunft in Paris, und zugleich der Tag des Sturms auf die Bastille 1789, der das Ende des Ancien Régime einläutete:

ZWÖLF JAHRE

Die wahr-
gebliebene, wahr-
gewordene Zeile: ... *dein
Haus in Paris – zur
Opferstatt deiner Hände.*

Dreimal durchatmet,
dreimal durchglänzt.

. . . .

Es wird stumm, es wird taub
hinter den Augen.
Ich sehe das Gift blühn.
In jederlei Wort und Gestalt.

Geh. Komm.
Die Liebe löscht ihren Namen: sie
schreibt sich dir zu.[4]

Die ersten sieben Verse blicken zurück: Ein Vers aus dem Gedicht »Auf Reisen«, geschrieben beim Aufbruch aus Wien im Sommer 1948 und auch so etwas wie eine kleine Bilanz, wird zitiert und auf drei Verse umbrochen.[5] Ja, die Erwartung von damals hat sich bewahrheitet: Paris ist zum Lebensort dessen geworden, der hier spricht; zum Ort, wo seine Hände Gedichte schreiben (seine Art, Opfer zu bringen) und wo mittlerweile auch seine Frau Gisèle, die Graphikerin, mit ihren Händen künstlerisch tätig ist. Es waren zwölf Jahre intensiven Lebens – »dreimal durchatmet«, mit Atem (das ist: Leben) erfüllt – und ebenso Jahre, die »durchglänzt« waren, vielleicht zu verstehen als vom Glanz literarischer Anerkennung erfüllte Jahre (mit drei Gedichtbänden und drei Literaturpreisen in Deutschland). Doch dann: eine Leerzeile, nur Punkte für eine Zäsur, Abbruch einer überwiegend glücklichen Zeit und – die zweiten sieben Verse – Beginn einer neuen Zeit, in der »das Gift blüh[t]. / In jederlei Wort und Gestalt«. Ohne Zweifel ist die Goll'sche Plagiatsanschuldigung gemeint, die diese seit August 1953 in Umlauf gebracht hat. Aber es dauerte bis zum April 1960, dem Erscheinen von Heft 5 der Zeitschrift »Der Baubudenpoet«, bis die »Infamie« eine breitere Öffentlichkeit erreichte. Zweieinhalb Monate später konstatiert der, der hier spricht, wie seine Sinne gelitten haben: »Es wird stumm, es wird taub / hinter den Augen.« Die Verleumdungen haben ihn schwer beschädigt und auch tendenziell »stumm« gemacht. Doch die letzten drei Verse des Gedichts widersprechen diesem Verstummen vehement. Mit »Geh. Komm.« zitiert der Dichter Worte aus Georg Büchners Drama »Dantons Tod« (II. Akt, 3. Szene),[6] gesprochen von Lucile zu ihrem Geliebten Camille, der bald hingerichtet werden wird; von Lucile, die vor ihrem eigenen Tod noch das absurde »Gegenwort« »Es lebe der König!« sprechen wird, das Celan so beeindruckt hat.[7] »Die Liebe löscht ihren Namen: sie / schreibt sich dir zu.« Das Ich dessen, der hier spricht, adressiert sich hier selbst: Geh weg von dem, was dich verletzt hat und zu zerstören droht. Komm her zu dem, was dir guttut. Und das ist die Liebe, die sich dir zuschreibt. Du hast sie erfahren dürfen in den zwölf Pariser Jahren seit 1948, und kannst auch weiter auf sie bauen.

So zeigt das Gedicht »Zwölf Jahre« einen Paul Celan im tiefen Widerspruch; einem Widerspruch, der im zwei Jahre zuvor geschriebenen Gedicht »Oben, geräuschlos« den Dichter noch nicht bedrängte. Das Dilemma der »Nahen Fremde Deutschland« hat sich vertieft, je mehr der Dichter ein Akteur auf dem literarischen Feld der Bundesrepublik wurde. Und das wurde er durch die Goll'schen Verleumdungen, insofern diese sich auf westdeutschem Terrain zwischen Hamburg und München, zwischen Frankfurt a. M. und West-Berlin ausbreiteten. Das Jahrzehnt zwischen 1960 und 1970 zeigt einen Autor, der, wenn er sich nicht gerade in einer psychiatrischen Einrichtung befindet, ständig auf Reisen ist, und das bevorzugt nach Westdeutschland. Trotz aller Vorbehalte gegenüber dem ›neuen Deutschland‹, die sich inzwischen zu entschiedener Ablehnung, wo nicht Hass, ausgewachsen haben, erwägt Celan mehrfach und ernsthaft, sich in diesem Land für längere Zeit niederzulassen. West-Berlin spielt in seinen Überlegungen eine besondere Rolle, aber auch Frankfurt und Freiburg i. Br. zieht er in Erwägung.

Zwei Wochen bevor Celan nach Darmstadt fährt, um den Georg-Büchner-Preis in Empfang zu nehmen, entsteht am 5. Oktober 1960 in Paris das Gedicht

Stumme Herbstgerüche. Die
Sternblume, umgeknickt, ging
zwischen Heimat und Abgrund durch
dein Gedächtnis.

Eine fremde Verlorenheit war
gestalthaft zugegen, du hättest
beinah
gelebt.⁸

Auch dieses Gedicht reflektiert die eigene Existenz »zwischen Heimat und Abgrund« wie die vorherigen. ›Heimat‹ wird aufgerufen durch die unwillkürliche Erfahrung der Herbstnatur, mitten in der großen Stadt, die freilich »stumm« bleibt. »Die / Sternblume, umgeknickt«, vielleicht eine Herbstaster, »deren Blüte an die Strahlen eines Sterns erinnert«⁹ – und natürlich wird man auch an den Judenstern, »umgeknickt«, denken, die unauslöschlich im Gedächtnis gebliebenen Gewalterfahrungen des Juden, der hier spricht. »Eine fremde Verlorenheit« (das Adjektiv bekräftigt das Substantiv): das ist die ehemalige, verlorene, fremd gewordene »Heimat« Bukowina, die dem hier Sprechenden plötzlich in seiner Vorstellung »gestalthaft« – vielleicht, wie so häufig, in Gestalt der ermordeten Mutter – gegenwärtig wird. Aber es ist nur ein Phantasma, eine Einbildung: »du hättest / beinah / gelebt«, heißt es im Konjunktiv des Irrealis. Das Wort »Abgrund« ist, wie das Wort »Heimat«, nicht selten in Celans Gedichten aus diesem Zeitraum. Die beiden Wörter markieren die extreme Ausdehnung seines Bewusstseinsraums: hier die Erinnerung an eine glückliche Zeit in einer vertrauten Landschaft, dort die gähnende Leere, das Nichts, der »Abgrund« für den, der weder an seinem jetzigen Lebensort, Paris, noch an seinem ›Sprachort‹ Deutschland einen Halt findet. Der Dichter kannte seit längerem den hymnischen Entwurf Friedrich Hölderlins, den der Herausgeber Friedrich Beißner mit dem Versanfang »Vom Abgrund nämlich« markiert hatte und den Celan zu einem der beiden Mottos seines Gedichts »Wolfsbohne« gemacht hatte.¹⁰

Fragt man nach dem ›Ort‹, an dem Paul Celan seit der Goll'schen »Infamie« von 1960 lebt, kommt man über ein Einerseits-andererseits, ja, ein ›Nirgendwo‹ nicht hinaus. Das ist auch Thema des großen Gedichts »Und mit dem Buch aus Tarussa«, dessen Sprecher sich, teilweise im Gedenken an Ossip Mandelstam, an Vergangenes erinnert und wägt, woher er kommt und wo er jetzt, im September 1962, steht; er, der nach der schwierigen Formel »der Reiche / weitestes, der Großbinnenreim [...] / Sprachwaage, Wortwaage, Heimat- / waage Exil« zu leben hat.¹¹ Er ist einer, der immer wieder abzuwägen und in der Waage zu halten hat: die beiden Sprachen, in denen er lebt und sich artikuliert, und die beiden Seelenlandschaften, die in seinem Bewusstsein anwesend sind: die verlorene Heimat und der Alltagsort Paris, sein »Exil«. Mehrfach zitiert der Dichter in dieser Zeit die berühmte Hölderlin-Zeile aus dem »Hyperion«: »So kam ich unter die Deutschen«, manchmal auch die kurz darauf folgenden Sätze:

> ich kann kein Volk mir denken, das zerrißner wäre, wie die Deutschen. Handwerker siehst du, aber keine Menschen, Denker, aber keine Menschen, Priester, aber keine Menschen, Herrn und Knechte, Junge und gesetzte Leute, aber keine Menschen.¹²

Es ist nicht unwahrscheinlich, dass der in diesen Jahren so häufig emphatische Gebrauch des Wortes ›Mensch‹ in den Gedichten wie in den vielen Briefen Celans auch von dieser Hölderlin-Stelle getragen ist.

Und gewiss wird er bei dem Satz »So kam ich unter die Deutschen« auch an die Nebenbedeutung von ›unter-etwas-kommen‹ gedacht haben: nämlich: ›unter-die-Räder-kommen‹. ›Unter die Deutschen kommen‹ heißt eben auch – für ihn persönlich, und vor nicht allzu langer Zeit: für Millionen Unschuldige – ›unter die Räder kommen‹. Die 60er Jahre sind für Paul Celan, so darf man vorwegnehmend behaupten, das Jahrzehnt, in dem er endgültig in der Falle Muttersprache – Mördersprache gefangen ist. Er will und kann von der Muttersprache Deutsch als Dichtersprache nicht lassen – und zur gleichen Zeit bedrängt ihn die Mördersprache Deutsch in Gestalt ihrer noch lebenden Protagonisten. Schon am 2. Februar 1961 (kurz nach dem Blitzbesuch bei Walter Jens in Tübingen, der beabsichtigte, einen Artikel pro Celan in der »Zeit« zu veröffentlichen) hatte er an Klaus Demus geschrieben:

> Ich habe noch viel unternommen in diesen letzten Monaten: um es verantworten zu können, mit Gedichten an *diese* Öffentlichkeit zu gehen! Es war, ich weiß es, umsonst. Aber ich war es jener sich immer wieder meldenden Instanz schuldig, die in allem Geschriebenen mitspricht – mitverstummt.¹³

Er las dann im Mai dieses Jahres 1961 in Hannover (zum ersten Mal seit seiner Lesung in Darmstadt nach der Entgegennahme des Georg-Büchner-Preises im Oktober 1960), aber danach nicht bis zu zwei Lesungen im Sommer 1963 in Göttingen und Tübingen. Natürlich spielten auch die langen Aufenthalte in der Psychiatrie seit Jahresende 1962 eine hinderliche Rolle, was Lesungen anging, aber entscheidend für Celans Abstinenz waren seine Bedenken gegenüber »*diese*[*r*] Öffentlichkeit«.

Wie und in welcher Tonlage sich Celan in Briefen seit Beginn der Goll'schen Verleumdungen zu Deutschland und den Deutschen äußert, hängt erkennbar vom Adressaten ab. So sind seine Briefe an den alten Mentor Alfred Margul-Sperber in Bukarest, von dem er weiß, dass er zuweilen auch mit den realsozialistischen Machthabern heult, voll von Verurteilungen der Bundesrepublik als bösartigem kapitalistischen Staat. Celan wandte sich erst nach einer Pause von zwölf Jahren wieder an Margul-Sperber, und der Grund ist offensichtlich: Er möchte, da ihn mehrere deutsche Kollegen schon nach der Blöcker-Rezension enttäuscht haben und das sich aus seiner Sicht gerade zu wiederholen drohte, die Solidarität des Auslands gewinnen. Zunächst, am 30. Juli 1960, bittet er Margul-Sperber um »Abschriften« derjenigen seiner Gedichtmanuskripte, die sich noch in Bukarest befinden. Gleich eingangs spricht er von den »Umtriebe[n] des Neonazismus in der Bundesrepublik« und erklärt, dass »der Versuch, mich und meine Gedichte zu zerstören«, im »deutlichen Zusammenhang« mit diesen Ereignissen stünde »inmitten der wiederauflebenden Hitlerei«. Diverse »Nazis und ›Nicht-Nazis‹« hätten sich sogleich angesprochen gefühlt, »das sofort nachzusprechen und nachzuschreiben«. Ja, die westdeutschen Autoren bezeichnet er pauschal als »Goebbels-Nachwuchs«, mit dem er nicht spreche.[14] Mehr als eineinhalb Jahre später, am 8. Februar und dann noch einmal im September 1962, wendet sich Celan weitere Male an Margul-Sperber (der ihm nicht geantwortet hat, weil er schwer erkrankt war) und spricht gleich zweimal von Westdeutschland als der »sogenannte[n] Bundesrepublik«, »diesem so goldenen Westen«, und konstatiert: »Etwas ist faul im Staate D-Mark.« Dieses Bonmot gefällt ihm so gut, dass er es in einem Brief an Theodor W. Adorno noch einmal verwendet.[15] Aber auch das »wirtschaftswunderliche Wien« im Lande Österreich findet er nicht besser als die deutsche Bundesrepublik. In beiden Ländern werde er totgeschwiegen. Vor allem könnten ihm die »Herren in Westdeutschland« sein »no pasarán« aus dem Gedicht »Schibboleth« nicht verzeihen. Daran knüpft er interessante Bemerkungen zum Literaturbetrieb in Westdeutschland, die später noch beleuchtet werden sollen. Zunächst genügt die Feststellung, dass der Autor – vielleicht auch aus dem opportunistischen Kalkül, dass er damit Margul-Sperbers Engagement für ihn leichter wecken könne – Gefühle gegenüber (West-)Deutschland artikuliert, die von Ablehnung, Misstrauen und Verachtung getragen sind.

Bemerkenswert (und eigentlich jenseits des Erwartbaren) ist ein kleiner Briefwechsel, den Paul Celan im Dezember 1962 mit Hans Habe geführt hat. Habe, 1911 in Budapest als ungarischer Jude mit dem Namen János Békessy geboren und im Zweiten Weltkrieg Leiter einer Einheit der US-amerikanischen Armee, die nach der Landung in der Normandie im Juli 1944 erfolgreich »Psychological Warfare« gegen die deutschen Truppen führte, hatte in der »Zeit« die Gruppe 47 scharf angegriffen. Er hatte die Position vertreten, dass »die literarischen Einwände gegen die Emigranten, das Totschweigen ihrer Werke, die Ablehnung einer Diskussion, dieser ganze unterbewußte Nationalismus der Ach-so-anti-Nationalisten« eine wirkliche Aufnahme der Exilschriftsteller in Westdeutschland unmöglich mache.[16] Celan hatte die Polemik Habes, die ihm aus dem Herzen sprach, gelesen – wie auch Artikel des Feuilleton-Chefs Rudolf Walter Leonhardt, der den 47ern nahestand und in der Goll-Affäre eher Leute hatte zu Wort kommen lassen, die den Plagiatsvorwurf stützten. Deshalb schickte er Habe seinen Gedichtband »Mohn und Gedächtnis«, der mittlerweile die 5. Auflage erreicht hatte. Nachdem Habe ihm herzlich gedankt hatte, antwortete Celan ihm mit einem ausführlichen Brief. Er betonte, dass die Zusendung des Buches »ein Zeichen meiner Solidarität« gewesen sei (für den Dichter in diesen Jahren das Wort, das mehr als jedes andere seine eigene Erwartung gegenüber den Kollegen artikulierte). Er gab seiner »Beunruhigung« über »das Wiederaufleben jenes sich ›liberal‹ gebenden Antisemitismus in Deutschland« Ausdruck und schloss mit einem Zitat von Karl Jaspers:

Der Wahn ist auch dort, wo Hitler und der National-Sozialismus mit den entschiedensten Worten abgelehnt werden, dann aber sogleich die analoge, ja identische Denkungsart sich zeigt. In der Tat, Nationalsozialismus kehrt nicht wieder. Dasselbe Unheil nimmt andere Gestalt an.[17]

Der Herausgeber des kleinen Briefwechsels zwischen Celan und Habe, Arno Barnert, hat darauf hingewiesen, dass der Dichter in seinem Brief an Habe wohl bewusst die Schreibung »National-Sozialismus« gewählt habe, während das Wort in der Quelle zusammengeschrieben erscheint. Wie Habe sieht auch Paul Celan in der »Literatur der enttäuschten Hitlerjungen«,[18] von denen sich viele als Sozialisten verstanden, einen gefährlichen Nationalismus fortwirken, der noch häufig mit Antisemitismus amalgamiert ist. Hans Habe antwortete Celan sehr freundlich auf diesen Brief und schickte ihm zwei seiner Bücher. Doch der Briefwechsel schlief ein, und auch ein von Habe angekündigter Besuch in Paris kam wohl nicht zustande.

Zur schärfsten Verurteilung des westdeutschen Literaturbetriebs kam Paul Celan in einem Brief an Siegfried Lenz, dem der Bremer Literaturpreis 1962 zugesprochen worden war. Celan kannte Lenz entfernt aus Niendorf 1952. Doch das war lange her. Inzwischen hatten beide Autoren literarisch reüssiert, wenn auch auf sehr unterschiedlichem Terrain; Lenz damals in erster Linie als Dramatiker, aber auch als Erzähler. Celan spricht nur indirekt von den Goll'schen Verleumdungen – offenbar, weil er sich gar nicht vorstellen kann, dass ein deutscher Schriftsteller nichts von diesem Skandal gehört haben könnte (was aber für Siegfried Lenz ganz offenbar zutrifft). Und so ist es auch ausgeschlossen, dass Lenz in seiner Bremer Dankesrede auf die Affäre angespielt hätte (wie Celan vermutet). Celan behauptet in diesem Brief – dessen Empfänger wird an dieser Stelle, ebenso wie späteren Lesern, der Atem gestockt haben –, dass die Kampagne gegen ihn »vor kurzem in das Stadium der ›Endlösung‹ getreten« sei.[19] Da man kaum unterstellen mag, dass Celan über die sogenannte Endlösung, den nazistischen Massenmord an den Juden, scherzen wollte, muss man annehmen, dass er, zumindest zeitweise, die Bundesrepublik für nichts anderes als eine unmittelbare Fortsetzung des NS-Staates hielt, die jetzt auf ihre Weise, notdürftig demokratisch verkleidet, an der Vollendung des Willens der Nazis – der Ausrottung der Juden und alles Jüdischen, genannt »Endlösung« – arbeitete. Siegfried Lenz' umgehende Antwort, »tief betroffen«, erschrocken und beunruhigt, ist eindrucksvoll in ihrem Ernst und ihrer Sensibilität. Und da Celan das aufmerksam registrierte, vermag er Lenz anders – überzeugender – zu schreiben als in seinem ersten Brief. Was ihm so gelingt, ist eine klare Darstellung seines Status als überlebender Jude nach der Goll'schen »Infamie«. Auch dieser Brief ist nicht frei von Zuspitzungen, die aus Ressentiments erwachsen. Aber Celan findet hier Formulierungen zum Verhältnis von Jüdischem und Deutschem in seiner Person, die unmittelbar einleuchten:

> Sehen Sie, lieber Siegfried Lenz, ich *bin* Jude. Womit ich nicht zuletzt auch sagen möchte, daß ich mich keineswegs für einen *Vertreter* des Judentums oder gar für dessen Anwalt halte. Ich *bin* es nur. Aber ich habe dieses Judesein *gelebt*. Und bin mit dem *Gelebten* – auch das *Geschriebene* gehört dazu – dorthin gegangen, wo ich, meiner Sprache nach, immer war und immer zuhause bleibe: nach Deutschland. Ohne jedes Ressentiment [...].[20]

Den letzten Halbsatz darf man in Zweifel ziehen, alles andere hat Geltung. Es ist das über allem stehende Vermächtnis Paul Celans, dass er mit seinem gelebten und erlittenen »Judesein« aus den Jahren des »Churban«, wie er einige Jahre später den Massenmord an den Juden nennen wird,[21] »nach Deutschland« gegangen ist und einem lesenden Publikum Gedichte übergeben hat in der Sprache, die er mit seinen Lesern teilt: einer deutschen Sprache, die hindurchgegangen ist »durch die tausend Finsternisse todbringender Rede« und »wieder zutage« getreten ist, »›angereichert‹ von all dem.«[22] Das haben auch einige andere jüdische Autorinnen und Autoren deutscher Sprache getan, aber vielleicht keine(r) so deutsche Leser treffend und verstörend wie er.

Auch wenn man Paul Celan wohl nicht zu den theoretisch fundierten Analytikern des literarischen Feldes unter den Schriftstellern dieser Jahre zählen kann (wie beispielsweise Hans Magnus Enzensberger), so hat er doch bemerkenswerte Wahrnehmungen und gedankliche Ansätze zu diesem Thema beigesteuert, die freilich dadurch eingeschränkt sind, dass sie nie ohne den oft forcierten Bezug auf seine eigene Person auskommen. Für den hier betrachteten Zeitraum seit der Goll'schen »Infamie« heißt das entscheidende Stichwort: »Verdrängung«. In mehreren Briefen (so an Siegfried Lenz und an Theodor W. Adorno), aber auch in Prosanotizen aus den Jahren 1960 bis 1962 spricht Celan wiederholt von der »Verdrängung« seiner Person und Autorschaft aus der deutschen Öffentlichkeit. So schreibt er am 21. Januar 1962 an Adorno: »Was gegen mich angezettelt wurde, *ist* Verdrängung – au sens le plus fort du terme.«[23] »Und das Warum dieser Verdrängung« beginnt der nächste Satz verheißungsvoll – aber dann folgt keine begriffliche Klärung dieser wichtigen Frage, sondern Celan weist auf neueste literarische Texte hin, die Adorno unmöglich kennen kann. Etwas später wird er deutlicher, wenn er behauptet, er, der »polnisch-welsche Jude«, werde »abgeschoben« und es komme zu einer »Neuverteilung der Celan-Imago«. Bewusst verwendet Celan hier mit Imago einen Begriff Adornos.[24]

Aber entscheidend ist ein anderes: Der Dichter sieht sich abgedrängt, verdrängt und am Ende, im Zuge einer Neuverteilung des symbolischen Kapitals (mit Bourdieu zu sprechen), *ersetzt* durch einen anderen Autor, der auch über den Zweiten Weltkrieg und seine Verbrechen Gedichte schreibt, aber kein Jude ist. Gemeint ist Johannes Bobrowski aus der DDR, drei Jahre älter als Celan, aus Tilsit im ostpreußischen Memelland gebürtig, Gefreiter der Wehrmacht und bis 1949 in sowjetischer Kriegsgefangenschaft. Paul Celans zunächst freundlicher Blick auf den Kollegen aus dem Osten verdüstert sich, als er den Eindruck gewinnt, den er in Briefen an Adorno oder auch Margul-Sperber zum Ausdruck bringt: Nicht mehr ich, Paul Celan, die authentische jüdische Stimme, darf an die Shoah erinnern und das Totengedenken gleichsam anführen. Nein, ich werde verdrängt, kaltgestellt, ausgeschlossen aus dem Literaturbetrieb, einmal mehr also: »ich bin der, den es nicht gibt.«[25]

In dem bereits erwähnten Brief an Alfred Margul-Sperber, ein halbes Jahr später geschrieben als der an Adorno, nämlich im September 1962, geht Celan, der »karpatisch Fixierte«, wie er sich hier nostalgisch nennt, etwas genauer auf die westdeutsche literarische Szene ein. Eine »Wiederaufforstung des literarischen Geländes« sei »siebzehn Jahre nach dem sogenannten Kahlschlag« notwendig geworden, und die gehe mittels eines »genealogische[n] Läuterungs- und Reinigungsprozess[es]« vonstatten, wodurch die »vielen eigenwüchsigen Stämme und Bäume und Stammbäume« der deutschen Literatur wiederbelebt würden. Ja, so befindet der Autor, »gelegentlich zaubert man sogar Pruzzisches aus dem Boden«.[26] Was sich zunächst wie eine sarkastische Kritik des von den Nazis geförderten Konzepts einer »Literaturgeschichte der deutschen Stämme« von Josef Nadler anhört (in den 30er Jahren auf den Leitbegriff ›Rasse‹ hin umgeschrieben), zielt erneut auf Johannes Bobrowski, der wenig später, Ende Oktober 1962, auch noch mit dem Preis der Gruppe 47 ausgezeichnet werden wird. Doch ehe die interessante Polemik Celans gegen Bobrowski, die auch Thema zweier langer Gedichte wird, noch einmal näher beleuchtet werden soll, muss seine Behauptung von der Verdrängung seiner Person und seines Werks aus dem literarischen Feld der Bundesrepublik noch einmal aufgenommen werden. In Celans nachgelassener Prosa findet sich folgendes Notat:

> Zu:
> *Der Verdrängte*
> Es muß ihn geben, es muß ihn geben – in der deutschen Gegenwartsliteratur. Dieser Verdrängte – genauer: einer dieser Verdrängten – bin ich.
> Niendorf. Ostsee – die Fahrt dorthin Hildesheimer
> H. Werner Richters Wort von der Todesfuge (Goebbels – Frau Kleeborn. – / Ingeborg, dann Ilse Aichinger – [...]
> Das(Jüd)ische als das Anrüchige und umgekehrt: das Anrüchige als das Jüdische.
> Mein Name – Celan, Célan, Zelan. –[27]

Frappierenderweise hat der Dichter diese Notizen in unmittelbarer zeitlicher Nähe zur Verleihung des Georg-Büchner-Preises am 20. Oktober 1960 aufgeschrieben, also zur Zeit seines bis dahin größten literarischen Erfolgs. Gleichwohl sieht er sich als »Verdrängten«, Kaltgestellten, Ausgeschlossenen und spannt den zeitlichen Bogen von der Tagung der Gruppe 47 in Niendorf (diese mittlerweile acht Jahre alte Erfahrung ist offenkundig anhaltend traumatischer Natur) über die gerade anstehende Preisverleihung (die er ein »Alibi« nennt, um ihn hernach »umso besser heruntermachen zu können«)[28] bis in alle Zukunft. Auch von seiner »Entjudung«[29] spricht er, also dem einigen Kritikern unterstellten Trick, ihn seiner jüdischen Eigenschaften zu entkleiden bzw. diese einem Nichtjuden zuzuschanzen: »Bobrowski wird mit meinen Attributen ausgestattet.«[30] Oder er spricht vom »Tot- und Zuschandenschwätzen meines Namens« und sieht darin – man höre und staune – »die Rache der Homosexuellen an dem im anderen Lager Stehenden, der ein Dichter ist, anders als sie.«[31] Der Autor nennt auch einige Namen von ihm bekannten, zum Teil mit ihm befreundeten Männern, die er als Homosexuelle identifiziert zu haben glaubt.

Aus der Rückschau, fast sechzig Jahre später, sieht man: Paul Celan, der große und öffentlich misshandelte Poet, ist auch ein Kind seiner Zeit, und das heißt in diesem Fall: homophob und bereit dazu, Homosexuelle zu diskriminieren. Ist ihm nicht bewusst, dass er damit ›Andersartige‹, (ihm) Fremde ausgrenzt – so, wie das Antisemiten auf der ganzen Welt mit den Juden tun? Celans Abwehr von Homosexualität lässt erkennen, dass er sich nicht näher mit dem Phänomen ›Verdrängung‹ beschäftigt hat, denn das hieße auch: theoretisch, z. B. mit Hilfe der Psychoanalyse. »*Das Verdrängte*«: das ist ein fruchtbarer und wohl auch ins Zentrum treffender Ansatz, wenn man nach Celans (Nicht-)Ort im literarischen Feld der 50er und 60er Jahre fragt. Aber der Dichter selbst ist eine differenzierte Ausführung seiner Skizze schuldig geblieben.

Überdies kann von ›Verdrängung‹ jüdischer Autorinnen und Autoren, die deutsch schreiben, schon in den 60er Jahren nicht mehr die Rede sein, weder in West- noch in Ostdeutschland. Arnold Zweig (den Celan schätzt) und Anna Seghers, Stefan Heym und Stephan Hermlin, später dann Jüngere wie Jurek Becker sind anerkannte Autoren in der DDR (und wenn sie angegriffen werden, dann nicht, weil sie Juden sind).[32] In der Bundesrepublik gehören in den 60er Jahren – neben Paul Celan selbst und Nelly Sachs – Peter Weiss und Erich Fried zu den bekanntesten Autoren überhaupt; gewiss auch, weil sie Linke sind und damit den Ansichten vieler junger Menschen nahe. Es dauert noch bis in die 70er Jahre, aber dann gehören auch Mascha Kaléko, Rose Ausländer und Hilde Domin zum Kanon deutschsprachiger Lyrik im 20. Jahrhundert; eine Entwicklung, die Paul Celan nicht mehr miterlebt hat.

Celans Polemik gegen Johannes Bobrowski ist es wert, noch einmal aufgegriffen zu werden. Nachdem er zunächst wohlwollend eingestellt war gegenüber Bobrowski und seinen Gedichten, hat seinen Sinneswandel zunächst vor allem ein gemeinsamer Bekannter, Peter Jokostra, bewirkt, indem dieser ihm briefliche Äußerungen des Kollegen über den Band »Sprachgitter« weiterreichte. Bobrowski, wenngleich von Celans Lyrik fasziniert, hatte den Band von 1959 als »elegant aufgemachte Alchimistenküche«, »Destillieranstalt« und »Parfümfabrik« abqualifiziert. Nach anfangs herzlichen, von Bobrowski als »geradezu brüderlich« empfundenen Briefen Celans kam es zum Bruch. Inzwischen hatte Celan wohl auch erfahren, dass Bobrowski 1944 in der Zeitschrift »Das Innere Reich« debütiert hatte. Und er sprach ihm jetzt – wie erwähnt – das Recht ab, »›Pruzzisches‹ aus dem Boden« zu zaubern, sprich: als damals Tatbeteiligter, als Soldat der Wehrmacht, Gedichte aus dem Geist christlicher Versöhnung zu heucheln, wenn er um die vor eintausend Jahren im Zuge christlicher Missionstätigkeit ermordeten Menschen vom Stamm der Pruzzen trauerte. In Bobrowskis »Pruzzischer Elegie« hieß es: »Volk / wie keines, der Freude! / wie keines, keines! des Todes –«.[33] Das las Celan als eine zweifache unerlaubte Substitution im Gedicht: die Ersetzung des Volks der gemordeten Juden durch das der vormals ausgerotteten Pruzzen – und die Abschiebung des jüdischen Dichters der Shoah zugunsten eines christlichen Autors, der als deutscher Soldat zumindest mittelbar am Mord an den Juden beteiligt war. Am schärfsten – was damals nicht erkannt wurde – hat Celan in dem Gedicht »Hüttenfenster« reagiert. Das Gedicht spricht von denen, die den »Schwarzhagel« der Vernichtung »säten« – ohne Zweifel sind die Soldaten der Wehrmacht gemeint –, sie (fährt das Gedicht fort) »schreiben ihn weg / mit mimetischer Panzerfaustklaue! –«[34] »Und wollen im Mordjahr / gewesen sei[n], die sie gemordet«, heißt es in einer Vorstufe zu »Hüttenfenster«.[35] Was Celan zutiefst kränkte, war diese Verkehrung: Dem überlebenden Opfer sprach man die Authentizität seines Sprechens ab – die anderen, die einst auf der Seite der Täter standen, feierte man für ihre ›Bewältigungsliteratur‹ und ließ sie die Stellvertretung der Opfer übernehmen. Ein Autor wie Bobrowski wurde plötzlich ›namhaft‹, während Celan durch die Goll'sche »Infamie« sein Name genommen wurde. Das sind die Gründe, warum Celan dem Kollegen die »Klaue« – eine tierische, missratene Hand – zumaß und nicht die menschliche »Hand« als Ausweis des »wahren« Gedichts, wie er es in seinem Brief an Hans Bender vom 18. Mai 1960 deklariert hatte.[36]

Ebenfalls scharf polemisch hat Celan mit dem Gedicht »Ars poetica 62« auf die Situation im literarischen Feld gegen Ende des Jahres 1962 reagiert – wie er sie selektiv wahrnahm: R. W. Leonhardts Attacke gegen die Emigranten in der »Zeit«, die Verleihung des Preises der Gruppe 47 an Johannes Bobrowski (Peter Weiss war knapp unterlegen), die schon fast peinliche Bewerbung ihres neuen ›Meisterlyrikers‹ Bobrowski durch seinen westdeutschen Verlag, die Deutsche Verlags-Anstalt in Stuttgart, in dem dieser gewissermaßen die Nachfolge Celans antrat (bis hin zur Gleichartigkeit der schmalen schwarzen Bände, in denen einst »Mohn und Gedächtnis« und »Von Schwelle zu Schwelle« erschienen waren). In der Hauszeitschrift zitierte man Werner Weber, der in der »Neuen Zürcher Zeitung« über Bobrowski geschrieben hatte:

Dieser Meister des Wortes kann Verse und Gedichte machen, machen im alten Stil der alten Griechen und Römer. Er kennt die Gesetze des Versbaus; er hat sie studiert bei den wissenden Dichtern von Pindar bis zu Valéry. *Keinen ahmt er nach*; aber er weiß um ihre Geheimnisse und ebenso um die des deutschen Versbaus sogenannter freier Rhythmen: all dem entnimmt er das ihm Gemäße und verwandelt es in den eigenen Ton.[37]

Diese Sätze – vor allem das »Keinen ahmt er nach«, das er zweifach unterstrich – empörten Celan so sehr, dass er auf die Rückseite des Blattes »Weber (le salaud)« schrieb.[38] Das Gedicht »Ars poetica 62« geriet ihm zu einem mehr oder weniger verhüllten Rundumschlag gegen die ganze literarische Szenerie, am deutlichsten gegen eine verfehlte Nachahmung der deutschen Hymnentradition, wie er sie in Bobrowskis Gedichten sah. In diese Szenerie hinein versetzte der Sprecher des Gedichts (Paul Celan) sich selbst und gab sich, in enger Anlehnung an den Jäger Gracchus aus Franz Kafkas gleichnamigem Erzählungsfragment (und an Franz Kafka selbst), als Menschen auf der Grenze zwischen Leben und Tod zu erkennen. Als jüdischer Autor nach der Shoah bleibt ihm keine Wahl, als sich an dieser »vernähten Zäsur« abzuarbeiten – mit Franz Kafka als Verbündetem, dem er schon durch die Namensähnlichkeit (Kafka = Dohle, Amsel = Amschel, Antschel/Celan) verbunden ist.[39]

Aus der historischen Distanz von mehr als fünfzig Jahren und im Blick auf die durch und durch integre Gestalt, die Bobrowski war, wird man sagen dürfen, dass Celan in seiner vehementen Abwehr des Kollegen entschieden zu weit ging und diesem Unrecht tat. Bobrowski war sich des Dilemmas, in dem er steckte, bewusst: Im Gegensatz zu Nelly Sachs oder Paul Celan besaß er keine selbstverständliche Legitimation, von den Opfern zu sprechen. Am 12. August 1960 schrieb er an Christoph Meckel:

> Aber bei mir: Das Thema Osten usw. gehört mir ja im Grunde gar nicht, ich bin weder Pole noch Russe und schon gar nicht Jude. Das einzige, was mich berechtigen könnte, ist: wenn ichs nicht sage, ist wieder einer weniger, der es den Deutschen, also meinen Leuten, vor Augen stellt.[40]

Wäre es besser gewesen, der ehemalige Wehrmachtssoldat Bobrowski hätte geschwiegen und sich dem Gespräch verweigert, das er mit seinen Gedichten doch gerade anstieß? War nicht gerade Celans Lyrik aufs Gespräch ausgerichtet? Jahre vergingen, und Bobrowski trug über Peter Jokostra die Bitte an Celan heran, ihm sein Gedicht »Wiedererweckung« widmen zu dürfen. Am 2. November 1965 antwortete Celan Jokostra und verbat sich eine solche Widmung, ja, dass ihm dieses Gedicht »auch nur zugeschickt« werde. Zu diesem Zeitpunkt war Bobrowski schon zwei Monate tot.[41]

Die vehemente Reaktion Paul Celans auf einen wohlmeinenden Kollegen, der kein Nazi gewesen war, noch Ende 1965, als der Höhepunkt der Goll'schen Verleumdungen schon fünf Jahre zurücklag, ist ein Indiz dafür, dass die ursprüngliche Wunde nicht verheilt war und der Dichter immer noch im Banne dieser »Infamie« stand. Bei Nietzsche heißt es: »Alles verletzt. Mensch und Ding kommen zudringlich nahe, die Erlebnisse treffen zu tief, die Erinnerung ist eine eiternde Wunde.«[42] Diese Worte treffen die Situation Paul Celans seit dem Mai 1960 ziemlich genau. Er hat sie in zahllosen Briefen in diesem Sinne artikuliert, und die existenzielle Verletzung liegt auch den Gedichten der »Niemandsrose« zugrunde, deren letzte Anfang 1963 entstanden sind. Pointiert kann man sagen, dass der Zustand, in den hinein den Dichter die Goll'schen Verleumdungen samt ihrem Gefolge gebracht haben, bis an sein Lebensende anhielt, unterbrochen durch Zeiten, in denen seine seelische Verfassung günstiger war.

Doch erst einmal, kurz vor Jahresende 1962, gerät Celans Psyche ganz aus dem Lot. In den Skiferien mit Gisèle und Eric greift er einen unbeteiligten Passanten an und beschuldigt ihn, die Goll'schen Verleumdungen zu unterstützen. »Im Zug reißt er seiner Frau ein gelbes Tuch vom Hals, weil es ihn an den gelben Judenstern erinnert.«[43] Offenbar hat er Wahnzustände. Er braucht ärztliche Hilfe und lässt sich erstmals in eine Psychiatrie in der Nähe von Paris einweisen. Spätestens ab Ende 1962 wird man also sagen müssen, dass Celan zumindest zeitweise ernsthaft krank war. Dabei war ihm schon seit längerem bewusst, dass er auf einem schmalen Grat balancierte. Ihm sei klar, so schrieb er z. B. schon im April 1962 an Petre Solomon, nachdem er ihm über die Goll-Affäre berichtet hatte, »daß die berichteten Dinge, aus der Ferne betrachtet, den Anschein des Unwirklichen haben müssen« und er in Gefahr sei, von seiner »Wut mitgerissen«, seine eigene Darstellung »unglaubhaft zu machen«.[44]

Im September 1962 schrieb er dem Freund nach Bukarest: »Meine Nerven sind eben nur meine Nerven und sie haben versagt – aus sehr realen, sehr objektiven Gründen.«[45] Erst vom Dezember 1963 ist ein weiterer Brief Celans an Solomon überliefert, in dem er diesem von »einer ziemlich starken Depression«, berichtete, die er ein Jahr zuvor durchgemacht habe.[46]

Auch wenn bis heute die Unterlagen zu Celans Klinikaufenthalten nicht zugänglich sind, wird man sagen dürfen, dass es keine Anzeichen einer Geisteskrankheit auf organischer Basis gibt. Die ihm als Individuum mitgegebene melancholische Disposition und hohe Empfindungsfähigkeit sind damit nicht zu verwechseln. Sie waren Begleiter, wohl auch Voraussetzung seiner poetischen Einbildungskraft und seiner Begabung, das im Zusammenhang der Shoah Erlittene als Dichter im Gedächtnis zu bewahren und zu betrauern. Dieses für sich war genug, um das Leben eines so sensiblen Menschen wie Celan für seine ganze Dauer zu verschatten. Aber es war noch nicht das, was ihn psychisch erkranken ließ und am Ende sogar in die Selbsttötung trieb. Dazu bedurfte es dessen, was er als die Reinszenierung des alten, antisemitischen Nazistücks erlebte, wenn auch nicht mehr auf der Ebene der physischen Liquidierung, sondern auf der geistigen. Dass sich seine Wahrnehmung des ›neuen Deutschland‹ auf diese Tendenz konzentrierte, vieles forcierte und dabei andere, dem Nazismus gegenläufige politische und kulturelle Momente ausblendete, kann man bedauern. Es ändert nichts daran, wer und was ihn auf diesen selbstzerstörerischen Weg gebracht hat, den zu vermeiden ihm nicht gegeben war.

An einigen Vorgängen aus den Jahren 1963-65 lässt sich zeigen, wie sich dieses für Celan charakteristische Wahrnehmungsmuster immer wieder erneuerte und die bereits mit Niendorf 1952 in Gang gekommene Kette von Verstörungen des Autors wie nach einer inneren Logik fortsetzte.

So war er im Januar 1963 (zu der Zeit in psychiatrischer Behandlung) zutiefst entsetzt, als Rudolf Walter Leonhardt in der »Zeit« anlässlich des Abdrucks von Yevgeny Yevtushenkos Langgedicht »Babij Jar« in verschiedenen Übersetzungen, unter anderem – unautorisiert – der Celans, behauptete, 33 771 ukrainische Juden seien in der Schlucht dieses Namens in der Nähe von Kiew »von Russen« erschossen worden – wo doch zweifelsfrei geklärt war, dass die Massenexekution vom September 1941 das Werk der SS war.[47]

›Die andern‹ sollten es gewesen sein, nicht Leute aus dem eigenen Volk.

Am 2. Mai 1964 rezensierte Hans Egon Holthusen den Band »Die Niemandsrose« in der »Frankfurter Allgemeinen Zeitung«. Rückschauend auf »Mohn und Gedächtnis«, monierte er die »damalige Vorliebe für die ›surrealistische‹, in x-Beliebigkeiten schwelgende Genitivmetapher (›Weißhaar der Zeit‹, ›Mühlen des Todes‹, ›weißes Mehl der Verheißung‹)«. Der Literaturwissenschaftler Peter Szondi, der 1944 als Fünfjähriger mit seiner Familie nach Bergen-Belsen deportiert worden war, unternahm es, für den Freund in Form eines Leserbriefs zu antworten. Er wies darauf hin, dass gerade kürzlich, im Frankfurter Auschwitz-Prozess, die Wendung »lasse ich die Mühle in Auschwitz arbeiten« Adolf Eichmann zugeschrieben worden war. Szondi warf Holthusen vor, dass er »die Erinnerung an das, was gewesen ist, durch den Vorwurf der Beliebigkeit zu vereiteln« trachte. Holthusen entgegnete empört und verständnislos: Celans Gedicht »Spät und tief«, aus dem die drei zitierten Metaphern stammten, habe »mit dem Thema Auschwitz und Nazigräuel überhaupt nichts zu tun«.[48] Mit der Verkennung dessen, wovon »Spät und tief« kaum verhüllt spricht, bestätigte Holthusen Szondis Vorwurf (der auch der Celans war) in eklatanter Weise. Wenige Wochen nach dieser Kontroverse fuhr die Familie Celan gemeinsam mit Peter Szondi über das Dorf Oradour-sur-Glane, wo die SS am 10. Juni 1944 642 Menschen ermordet hatte, in die Dordogne, um mit dem befreundeten Ehepaar Mayotte und Jean Bollack zusammenzutreffen. In Celans den Bollacks gewidmetem Gedicht »Le Périgord« verknüpfen sich in für ihn typischer Weise verschiedenartige Erfahrungen: die gerade unternommene eigene Reise, Friedrich Hölderlins Reise in den Südwesten Frankreichs im Jahre 1802 (die das Gedicht »Andenken« inspirierte), die Auslöschung Oradours und die aktuell erfahrene Missdeutung durch Holthusen. »Ein weither Gekommener, schließt du / mancherlei Kreis, auch hier, / auch solcherart, in / verbrannter Gestalt«[49] – so heißt es in dem Gedicht. Des Autors Dilemma war, dass sich die eine große Wunde immer wieder öffnete und dass sich zu viele fatale Kreise immer wieder in so folgerichtiger Weise schlossen. Die Botschaft war eigentlich immer wieder die gleiche: Deutschland und seine Bewohner, unter die er gekommen war, taten ihm nicht gut.

Während eines Aufenthalts in der Schweiz (im Anschluss an den Besuch der Dordogne) notierte der Dichter in einem Arbeitsheft:

»Szondi: ich solle mit Deutschland ganz brechen und mit Bollack und [Manès] Sperber Deutsch sprechen; das sei ja meine Heimat.«[50] Nun, Paul Celan ist diesem Rat Szondis nicht gefolgt. Aber dass es Gespräche gab, in denen solche extremen Auswege aus dem Dilemma diskutiert wurden, zeigt, wie nahe er einem ›Abbruch der Beziehungen‹ zu Deutschland tatsächlich gekommen war. Umso mehr ist man verwundert, einen langen Brief an seine Frau, den er am 1. November 1964 aus der »graue[n] Stadt« Hamburg an sie geschrieben hat, zu lesen, in dem der Dichter ausschließlich darüber räsoniert, in welcher deutschen Stadt er es am ehesten länger aushalten könne. Denn, so befindet er:

> Natürlich wäre es gut, wenn ich ein wenig in Deutschland leben könnte, doch wenn mir auch die Sprache wiederkommt, so ist die Fähigkeit, mich zu konzentrieren, zu lesen, zu schreiben, immer noch sehr weit weg. Ich nehme unregelmäßig auf und vergesse.[51]

Die letzte Passage bezieht sich ohne Zweifel auf seinen Psychiatrieaufenthalt im Jahr zuvor und die medikamentöse Therapie, die er seither anwenden musste und die ihn wohl sehr müde machte. Am plausibelsten erscheint ihm zu diesem Zeitpunkt Köln. Doch:

> Selbst Köln, das ich noch wegen seines Nachklangs auf meinen ersten Spaziergang mit Böll liebe – zerstörte romanische Kirchen [...] – selbst Köln mit seinen Möglichkeiten auch, Leute in der Stadt selbst und in der Nähe zu sehen [...] scheint mir kein Ort zu sein, an dem ich arbeiten kann – [52]

Er nennt neben Böll Paul Schallück, die Lektorin Elisabeth Borchers (in Neuwied) und den Lyriker Kay Hoff, deren Nähe ihm sympathisch wäre, um dann doch in der Unentschiedenheit zu verharren: »Du siehst, ma chérie, wie ich umherziehe ... wie schlecht ich umherziehe.«[53] Gleichwohl gilt: »Das Jahr 1964 dürfte das Jahr mit Celans größter Deutschland-Präsenz gewesen sein.«[54]

Tatsächlich aber kam der Dichter nicht zur Ruhe. Im Januar 1965 musste er im neuen Heft der Zeitschrift »Merkur« gleich zwei Aufsätze zu seiner Lyrik lesen, die ihn sehr verletzten. Der eine, von Reinhard Baumgart, ist bereits in dem Kapitel »Das zweite Deutschlandgedicht: ›Wolfsbohne‹ (1959)« besprochen worden.[55]

Baumgart ging es um die ästhetische Vollkommenheit des Gedichts im Angesicht von Auschwitz, und er hatte, mit Bezug auf »Todesfuge«, eindringlich die Frage gestellt, ob ebendiese Vollkommenheit den Leser nicht auf einen falschen Weg führen könne, wo am Ende der »Genuß an der Kunst, an der durch sie wieder ›schön‹ gewordenen Verzweiflung« stehe.[56] Paul Celan hat es wohl im Lauf der späten 50er Jahre selbst ähnlich empfunden und darauf verzichtet – mit wenigen Ausnahmen –, das Gedicht öffentlich zu lesen. Das Problem lag, wie dargestellt, darin, dass hier ein nicht existenziell betroffener deutscher Intellektueller quasi von oben herab dekretierte, was in dieser Frage sein dürfe und was nicht. Was in der deutschen Öffentlichkeit der 60er Jahre fehlte, das war eine Sensibilität für die naturgegebene Verletzbarkeit von Menschen wie Paul Celan, für die sich solche Fragen niemals akademisch abstrakt stellten.

Kaum weniger irritierte ihn der andere »Merkur«-Aufsatz. Er stammte von dem Musik- und Literaturkritiker Kurt Oppens (dessen Vater Jude war und in Auschwitz ermordet wurde; Oppens selbst hatte lange in der Emigration in den USA gelebt) und trug den Titel »Blühen und Schreiben im Niemandsland«. Manches in Oppens' Aufsatz erinnert an Günter Blöckers Verriss von »Sprachgitter« vom Oktober 1959, so, wenn Oppens die rhetorische Frage stellt: »Ein sporadisch auftauchender, verzweifelter und radikaler Ästhetizismus?«[57] Doch am meisten verletzte den Dichter Oppens' Satz: »Celan betrat seine Bühne als ein Toter.«[58] Er erinnerte ihn an die Goll'sche »Infamie«, deren Ziel ja tatsächlich die Vernichtung seiner Autorperson war. Damit hatte Oppens freilich nichts zu tun. Interessant ist, dass Celan zwar recherchierte, wer denn dieser Oppens sei (der nicht Baumgarts Bekanntheitsgrad hatte), aber entweder nichts über Oppens' jüdische Herkunft und sein Leben in der Emigration in Erfahrung brachte – oder das nicht wissen wollte.[59]

Barbara Wiedemann hat in ihrer Dokumentation »Paul Celan – Die Goll-Affäre« Texte aus dem Nachlass Celans veröffentlicht, die auf die Aufsätze von Baumgart und Oppens reagieren. Darunter befindet sich ein sprachlich merkwürdig wenig durchgearbeitetes Langgedicht vom Januar 1965, in dem der Autor quasi Strophe für Strophe registriert und verurteilt, wer ihn kritisiert oder auch: wer ihn gelobt hat in einer für ihn nicht akzeptablen Weise. Die Schlussstrophen dieses Textes zielen vermutlich vor allem auf Enzensberger und seine – aus Celans Sicht – Manipulation der armen, hilflosen Nelly Sachs. Da heißt es:

Ehemalige Hitlerjungen
halfen ihm aus seinen Erlebnissen heraus
und hängten sie derjenigen über,
die sie nicht gehabt hatte
und sich willig ins neue Konzept
der Ehemaligen fügte.
Von der Ehemaligen gnaden
wurde sie zur
schlechthinnigen Jüdin.
Man nannte sie königlich – wovon
war ihr Purpur rot?
»Mag sein«, verkündete sie,
»daß das Schicksal meines Volkes
an mir leuchtet.«
Mag sein
       Doch wie?
Aber das
aus ihr selber Leuchtende
töteten sie.[60]

Der Schluss dieses Textes fragt: »Wer und was / trieb Nelly Sachs in den Wahnsinn?« und zitiert ihren Satz, den er sie selbst in Stockholm hatte sagen hören: »›Die in Auschwitz / litten nicht das, was ich leide.‹« Und Celan fragt: »Wer förderte das? Und welche Schuld / tobte dahinter?«[61]

Der Text ist interessant, weil er zeigt, dass Celan Vorgänge im westdeutschen Literaturbetrieb mit besonderer Schärfe und nicht selten dramatisiert wahrnahm, die ihn und andere jüdische Akteure betrafen. Nelly Sachs war in den Jahren nach 1947 in allen vier Besatzungszonen bekannt geworden als jüdische Autorin deutscher Sprache, die mit Glück die Shoah im schwedischen Exil überlebt hatte. Aber schon zehn Jahre später war sie nicht mehr recht präsent im Gedächtnis der Leser. In dieser Situation entdeckte Hans Magnus Enzensberger sie quasi neu und verhalf ihr zu einem nunmehr anhaltenden Ruhm, der in der Verleihung des Literatur-Nobelpreises Ende des Jahres 1966 kulminierte. Paul Celan korrespondierte lose mit

Nelly Sachs seit 1954 und lernte sie im Mai 1960 persönlich kennen, als sie in Meersburg am Bodensee den Droste-Preis entgegennahm. Es entstand eine enge, von beiden Seiten mit großer Wärme und Herzlichkeit getragene Freundschaft. Sie wurde allerdings dadurch getrübt, dass bei Nelly Sachs sehr bald nach ihrer Deutschlandreise eine schwere psychische Erkrankung begann und sie auch in den folgenden Jahren ernste seelische wie körperliche Leiden ertragen musste. Celan, der die kranke Freundin noch im September 1960 in Stockholm besucht hatte, war in den folgenden Jahren umso mehr irritiert über ihre Äußerungen, auf die der obige Text anspielt; Äußerungen, die er der Presse entnahm, aber auch aus ihrem eigenen Munde gehört hatte. Nelly Sachs erscheint als die Dichterin, die gewissermaßen dem eigenen plötzlichen Ruhm nicht gewachsen ist, sondern sich vereinnahmen lässt – oder auch vielleicht, wie in der zuletzt zitierten Äußerung zu Auschwitz, von einem Überlebensschuldsyndrom besetzt ist, das Paul Celan nicht unbekannt war. So gerät am Ende auch die so wichtige Freundschaft der beiden jüdischen Dichter Sachs und Celan unter die Räder der Deutschen.

Auch die Trennung des Autors von seinem Verlag S. Fischer in Frankfurt a. M. im Juni 1966 – immerhin der älteste und renommierteste deutschsprachige Verlag jüdischer Provenienz – gehört in diesen Kontext eines von Übergriffen und Manipulationen gekennzeichneten westdeutschen Literaturbetriebs. Anlass war die nicht autorisierte Übernahme von vier Versen aus dem Gedicht »Mit allen Gedanken« (gerade in der »Niemandsrose« erschienen) in die Anthologie »1945 – Ein Jahr in Dichtung und Bericht«, die Hans Rauschning (offenbar nicht verwandt mit Hermann Rauschning) herausgegeben hatte; vier Versen aus einem Liebesgedicht (so Celan selbst),[62] die plötzlich eine weltgeschichtliche Umbruchsituation, den Zusammenbruch des Deutschen Reiches und seinen Wiederaufbau ›be-deuten‹ sollten: »Wer / sagt, daß uns alles erstarb, / da uns das Auge brach? / Alles erwachte, alles hob an.«[63] Celan fühlte sich und seine Gedichtzeilen instrumentalisiert, zumal Rauschning in seinem Buch u. a. Texte von Ernst Jünger abgedruckt hatte. Problematisch war nur, dass der Dichter dem Ehepaar Gottfried und Brigitte Bermann Fischer die Schuld für etwas gab, mit dem diese beiden gar nicht befasst gewesen waren. Seit 1958 hatte sich eine herzliche Beziehung zu dem Verleger-Ehepaar herausgebildet. Beide Fischers standen in der Goll-Affäre auf seiner Seite, was auch für

Rudolf Hirsch, seinen langjährigen Berater, Lektor und Freund im Hause S. Fischer gilt, der inzwischen aus dem Verlag ausgeschieden war. Celans Verhältnis zu Klaus Wagenbach, seinem Lektor zwischen Ende 1959 und Juni 1964 (nach der Trennung von Hirsch), war zunächst durchaus von Vertrauen getragen. Aber das half alles nichts. Celan zählte Bermann Fischer und seine Frau nach dem Eklat um das Buch von Rauschning nun auch zur gegnerischen Front, sprach von »den vielen schlechten Erfahrungen« mit dem Verlag und kündigte am 21. Juni 1966 die Kooperation auf. Gottfried Bermann Fischer reagierte zutiefst enttäuscht – und kühl.[64]

Trotz anhaltender Verstörungen der geschilderten Art waren die zwei Jahre vom Frühjahr 1963 bis zum Frühjahr 1965 eine dichterisch produktive Phase. Der größte Teil des Bandes »Atemwende« entstand, bis sich Celan im Mai 1965 – wie Shakespeares König Lear »Ins Hirn gehaun – halb? zu drei Vierteln?«[65] – wieder für Wochen in eine psychiatrische Klinik begeben musste. Im September 1965 konnte er den Band jedoch beenden. – Und auch der folgende Band, »Fadensonnen« – mit 105 Gedichten der umfangreichste Band Celans überhaupt, entstanden zwischen September 1965 und Juni 1967 –, ist ein eindrucksvolles Zeugnis der anhaltenden und originellen Produktivität des Dichters. Das gilt auch uneingeschränkt für alle während Aufenthalten in der Psychiatrie entstandenen Gedichte. Celan hat selbst elf Gedichte, die zwischen dem 8. März und dem 9. April 1966 in der Psychiatrischen Universitätsklinik Paris entstanden (wo er von Anfang Februar bis Mitte Juni 1966 in einer geschlossenen Abteilung untergebracht war) separiert und als Zyklus »Eingedunkelt« in einem Sonderband der »Bibliothek Suhrkamp« mit dem Titel »Aus aufgegebenen Werken« erscheinen lassen, der im Herbst 1968 herauskam (mit Texten von Samuel Beckett, Wolfgang Hildesheimer, Uwe Johnson, Wolfgang Koeppen, Karl Krolow, Hans Erich Nossack, Nelly Sachs, Martin Walser und Peter Weiss).[66]

Ja, Paul Celan wurde im Lauf der 60er Jahre zu einem psychisch ernstlich kranken Mann. Nicht nur wurden schwere Depressionen zu einem immer häufigeren Begleiter, hinzu kamen Wahnzustände, in denen eine akute Gefahr von ihm ausging. Am 24. November 1965 – einen Tag nach seinem 45. Geburtstag – versuchte er, seine Ehefrau Gisèle mit einem Messer zu töten. Sie musste, gemeinsam mit Sohn Eric, »mitten in der Nacht Zuflucht bei Nachbarn« suchen.[67] Natürlich folgte darauf eine lange Phase psychiatrischer Behandlung (sie dauerte, wie schon erwähnt, bis in den Juni 1966 hinein, also ein halbes Jahr). Am 24. Januar 1967 war es die zufällige Begegnung mit Claire Goll bei einer Veranstaltung im Pariser Goethe-Institut, die den Dichter tief verstörte. Nur fünf Tage später, am 30. Januar 1967,[68] wandte er dieses Mal die Gewalt gegen sich selbst. Er unternahm einen »Selbstmordversuch mit einem Messer, das sein Herz nur knapp verfehlt[e]. Seine Frau rettet[e] ihn im letzten Augenblick. Notoperation [...] an der schwer verletzten linken Lunge.«[69] Zwei Wochen später, am 13. Februar, wurde er erneut in die Psychiatrische Universitätsklinik Paris eingewiesen, wo er bis in den Mai hinein untergebracht war. Die Behandlungen waren massiv; Psychopharmaka und Elektroschocks spielten eine entscheidende Rolle.

Nach dieser Zeit kehrte der Autor nicht in die Familienwohnung zurück, sondern blieb in der Klinik wohnen. Häufig übernachtete er auch in seinem Büro in der École Normale Supérieure. Im Herbst 1967 wurde die Trennung von der Familie endgültig – nicht, weil die Gefühle der Ehepartner füreinander erkaltet waren, sondern weil der Autor nicht nur für sich selbst, sondern auch für Frau und Sohn zu einer großen Belastung, ja, zeitweise zu einer Gefahr geworden war. An seinem 47. Geburtstag, dem 23. November 1967, zog Celan in ein eigenes Apartment im Quartier Latin, in der Nähe seines Arbeitsplatzes, der ENS. Für etwa ein Jahr, bis zum November 1968, blieb er von psychischen Krisen massiver Art verschont. Aber er war gezeichnet. Freunde, die ihn nach längerer Zeit wiedersahen, erschraken nicht nur über seine zunehmende Verdüsterung, sondern auch über den merklichen körperlichen Verfall.

Paul Celan hat von Ende 1962 bis Anfang 1969 insgesamt mehr als ein Jahr seines Lebens in psychiatrischen Anstalten verbracht; zählt man das »betreute Wohnen« in der Pariser Psychiatrie von Juni bis November 1967 dazu, dann sind es sogar mehr als eineinhalb Jahre. Im Februar 1970 schrieb er an Ilana Shmueli: »Die Ärzte haben da viel zu verantworten, jeder Tag ist eine Last, das was Du ›meine eigene Gesundheit‹ nennst, kann es wohl nie geben, die Zerstörungen reichen bis in den Kern meiner Existenz [...] Man hat mich zerheilt!«[70]

»Eine Art Rechenschaft«
Zu Besuch bei Heidegger, Juli 1967

Paul Celan – zuallererst ein Dichter – hat sich in einem erstaunlichen Umfang auf die Philosophie eingelassen. In seiner Generation deutsch schreibender Autorinnen und Autoren dürfte sich niemand finden, der ihm in dieser Hinsicht gleichkäme. Eine französische Forschergruppe hat die gesamte »Philosophische Bibliothek« des Autors (also alle Werke von Philosophen, die er besaß) aufgelistet und annotiert, welche Lektürespuren sich in diesen Büchern finden, ebenso Angaben des Besitzers über das Datum des Erwerbs und gegebenenfalls auch das der Lektüre. Wer sich in diese auf den ersten Blick trocken erscheinende Materie vertieft, erfährt viel über den Menschen Paul Celan und die Ausbildung seines intellektuellen Profils, das am Ende auch eine entscheidende Grundlage seiner dichterischen Existenz ist. Schon ein kurzer historischer Durchgang zeigt das. So hat der Dichter schon früh, und immer wieder, die Vorsokratiker studiert, also die Fragmente von Denkern (oft auch Naturphilosophen genannt), die vor Sokrates und Platon lebten, unter ihnen Heraklit, Parmenides, Empedokles und Demokrit. Sodann folgen Texte Platons und, aus der Philosophie des Mittelalters, Werke des Thomas von Aquin. Von den Philosophen der Neuzeit spielen Montaigne, Pascal, die französischen Moralisten und Spinoza eine Rolle, dann aber vor allem deutsche Philosophen: Leibniz, Johann Georg Hamann, Jean Paul, Hegel (eher wenig) und Nietzsche (viel); dazu Søren Kierkegaard. Zur eigentlichen Dominante wird die Philosophie der Moderne, von der Zeit um 1900 bis in die späten 60er Jahre. Celan liest Henri Bergson, Edmund Husserl, Max Scheler, Karl Jaspers, Karl Löwith, Jean-Paul Sartre (wenig), Albert Camus, Ernst Bloch, Walter Benjamin, Theodor W. Adorno und, zu guter Letzt, Herbert Marcuse. Ein eigenes Feld bildet die im engeren Sinne jüdische Philosophie: Gustav Landauer, Franz Rosenzweig, Martin Buber, Gershom Scholem und Margarete Susman. Ebenso interessant ist, wen oder was Celan kaum oder gar nicht gelesen hat, nämlich Aristoteles ebenso wenig wie Immanuel Kant, Marx ebenso wenig wie Wittgenstein und die analytische Philosophie, und auch nicht – vielleicht irritierend – Hannah Arendt.

Ein Name fehlt natürlich: Martin Heidegger. Kein anderes philosophisches Werk hat Paul Celan so gründlich, stetig und extensiv gelesen[1] wie das des Mannes aus dem Schwarzwald, den Rüdiger Safranski etwas frivol »Ein[en] Meister aus Deutschland« genannt hat[2] und den man ohne zu zögern den deutschesten aller Philosophen seit Johann Gottlieb Fichte nennen kann. Ob die Nähe zu Ingeborg Bachmann den Anstoß gegeben hat, ist ungeklärt. Sie promovierte Anfang der 50er Jahre in Wien über ihn (»gegen ihn«, wie sie selbst sagte) mit der Arbeit »Die kritische Aufnahme der Existenzphilosophie Martin Heideggers«. Am Anfang von Celans Lektüren steht im August 1952 »Was ist Metaphysik?«. 1953 liest der Dichter den wichtigen, gegen Karl Jaspers gerichteten Brief »Über den Humanismus«, widmet sich intensiv dem Studium von »Sein und Zeit« und vertieft sich auch noch in den Band »Holzwege« (erschienen 1950), in dem die Essays »Der Ursprung des Kunstwerks« und »Wozu Dichter?« stehen. Seit dem Herbst 1954 kennt er die »Einführung in die Metaphysik« – den notorischen Satz von der »inneren Wahrheit und Größe dieser [der nationalsozialistischen] Bewegung« hat er in seinem Exemplar mit zwei großen Ausrufezeichen versehen.[3] Aus ebendieser Zeit ist der Entwurf eines Briefes an Heidegger überliefert, ein »schüchterne[r] Gruß aus einer wunschdurchklungenen, / wunschbeseelten Nachbarschaft [...] dies [...] Zeichen der Verehrung« für »Herrn Martin Heidegger / de[n] Denk-Herrn«.[4] Spätestens wenn man dieses Zeugnis zur Kenntnis genommen hat, muss man Paul Celans Einlassung auf Heidegger sehr ernst nehmen. Ihn in die Rolle des »Denk-Herrn« zu versetzen geht sehr weit. Dabei interessieren den Lyriker natürlich vor allem die Aufsätze über Friedrich Hölderlin, aber auch immer noch solche zu Fragen der Ontologie (»Der Satz vom Grund«, »Identität und Differenz«). Ab 1957 schickt er dem Philosophen seine Lyrikbände zu, die dieser erfreut und mit herzlichem Dank annimmt und offenbar auch liest.

Doch als 1958 Heideggers Bitte an Celan herangetragen wird, er möge Gedichte für die Festschrift zu seinem 70. Geburtstag 1959 zur Verfügung stellen, verweigert er sich (wie auch Ingeborg Bachmann – und anders als René Char). Freilich gesteht er Heidegger in einem Brief an die Freundin zu, dass dieser »an seinen Verfehlungen würgt« und »nicht so tut, als habe er nie gefehlt«.[5] So geht der Austausch von Büchern und freundlichen Grüßen von Haus zu Haus über ein Jahrzehnt weiter, bis der Freiburger Professor der

Literaturwissenschaft Gerhart Baumann den Dichter zu einer Lesung an die Universität einlädt, vermittelt über seinen Assistenten Gerhard Neumann, den Celan bereits aus Paris kennt und schätzt. Von Beginn an war klar, dass auch Heidegger zu dieser Lesung kommen würde.

Hätte man nicht erwarten müssen, dass Celan, aller Faszination durch Heideggers Denken zum Trotz, einer persönlichen Begegnung mit dem Philosophen aus dem Wege gehen würde? Nein, das tat er nicht. Dabei war ihm Heideggers massives Engagement für die Nazis durchaus bekannt. Dieser hatte sich am 21. April 1933 zum Rektor der Universität Freiburg wählen lassen (dreizehn ›nichtarische‹ Mitglieder des Senats waren da schon von der Wahl ausgeschlossen) und war am 1. Mai 1933 Mitglied der NSDAP geworden (und bis 1945 geblieben). Seine erste Tat war, noch vor der Rektoratsrede, ein Gedenken an den Freikorpskämpfer und jetzt Nazi-Märtyrer Albert Leo Schlageter. In seiner Antrittsrede über »Die Selbstbehauptung der deutschen Universität« forderte Heidegger die nationalsozialistische Formierung des »Wissensdienstes« – und er vollzog sie auch kraft seines Amtes. Ein Jahr nach der Übernahme des Rektorats trat er von diesem Amt zurück und konzentrierte sich seither auf seine Lehr- und Vortragstätigkeit. Doch von innerer Umkehr vor oder nach 1945 kann keine Rede sein, auch wenn eine »Kehre« in seinem Denken viel diskutiert wurde[6] – eher von erfolgreicher »Überlebenstaktik«.[7] Zu keinem Zeitpunkt hat Heidegger sich öffentlich zu seiner Haltung zu Zeiten des NS-Regimes erklärt, geschweige denn entschuldigt. Was aber war es dann, das Paul Celan so stark und dauerhaft an Heidegger faszinierte, dass er trotz dieses Lebenslaufs und des anhaltenden Schweigens die Begegnung mit ihm schließlich sogar selbst suchte?

Mit Gewissheit teilte Celan Heideggers Vorliebe für die »pontifikale Linie« der deutschen Poesie (mit Brecht zu sprechen),[8] die Hölderlin-George-Linie – und die damit verknüpfte Annahme, dass (allein) Dichtung ein Wesentliches, ein Letztes aussagen könne angesichts einer entgötterten Welt im Zeichen der »Seinsvergessenheit«. Einem Satz wie dem folgenden aus Heideggers groß angelegtem Aufsatz über Friedrich Hölderlin (zuerst 1936 in der Zeitschrift »Das Innere Reich« veröffentlicht) konnte der junge Dichter ohne Weiteres zustimmen: »Die Sprache ist nicht ein verfügbares Werkzeug, sondern dasjenige Ereignis, das über die höchste Möglichkeit des Menschseins verfügt.«[9] Und erst recht musste ihm gefallen, dass der Philosoph die Verse aus Hölderlins Gedichtfragment »Versöhnender, der du nimmergeglaubt« zitierte, die lauten: »Viel hat erfahren der Mensch, / Der Himmlischen viele genannt, / Seit ein Gespräch wir sind / Und hören können voneinander.«[10] Und dass Heidegger anfügte: »Wir – die Menschen – sind ein Gespräch. Das Sein des Menschen gründet in der Sprache; aber diese geschieht erst eigentlich im *Gespräch*.«[11] Das korrespondierte mit Celans in seiner »Meridian«-Rede ausgesprochenen Vorstellung vom »einsame[n]« Gedicht, das »zu einem Anderen« will; »es braucht dieses Andere, es braucht ein Gegenüber. Es sucht es auf, es spricht sich ihm zu.«[12] Und ebenso musste ihm Heideggers Vorstellung vom Gedicht als einem aus der Alltagswelt herausragenden »Ereignis« – ab den 30er Jahren bevorzugte Heidegger das Wort »Geschehnis«[13] – zusagen. So notierte Celan schon 1953 (nach der Leküre von Heideggers Schrift »Holzwege«): »Vorgang, *Ereignis* im Gedicht«. 1954 las er die »Einführung in die Metaphysik« und notierte im Anschluss daran: »Dichtung als Geschehen // Geschehen = Wahrheit (›Unverborgenheit‹, erwirkte, erstrittene Unverborgenheit)«; und bald darauf ganz ähnlich: »Ebenso die Dichtung: *ein Geschehnis*«.[14]

Aber der junge Mann von Anfang dreißig war offenkundig auch fasziniert von Heideggers Analyse der »Seinsgeschichte«. Die Strukturen des Seins, die dieser seit seinem Hauptwerk »Sein und Zeit« von 1927[15] »Existenzialien« nannte – das »In-der-Welt-sein« als »Geworfenheit«, »Angst«, »Sorge«, »Zeitlichkeit«, »Sein zum Tode«, um nur einige zu nennen –, kamen Celan nahe, zumal sie sich wie selbstverständlich auf seine Erfahrungen während des Zweiten Weltkriegs und danach beziehen ließen. An diesem Punkt stößt man allerdings auf einen entscheidenden Unterschied: Heidegger blendete die Ereignisse der Nazizeit (zuallererst die Katastrophe der Shoah) hartnäckig aus seiner Vorstellung von »Seinsgeschichte« aus. Für Celan ist dagegen der ständige Bezug auf die selbst erlebte Gewaltgeschichte nicht verhandelbar. So kam der junge Autor zu einer denn doch stark abweichenden Vorstellung von dem, was im Gang der Realgeschichte mit der Sprache geschehen war. In der schon mehrfach zitierten Bremer Rede brachte er es 1958 auf den bitteren Punkt. In ähnlicher Weise hatte er auf eine Umfrage der Librairie Flinker in Paris 1958 geantwortet:

Düsterstes im Gedächtnis, Fragwürdigstes um sich her, kann sie, bei aller Vergegenwärtigung der Tradition, in der sie steht, nicht mehr die Sprache sprechen, die manches geneigte Ohr immer noch von ihr zu erwarten scheint. Ihre Sprache ist nüchterner, faktischer geworden, sie mißtraut dem ›Schönen‹, sie versucht, wahr zu sein. Es ist also, wenn ich, das Polychrome des scheinbar Aktuellen im Auge behaltend, im Bereich des Visuellen nach einem Wort suchen darf, eine »grauere« Sprache, eine Sprache, die unter anderem auch ihre »Musikalität« an einem Ort angesiedelt wissen will, wo sie nichts mehr mit jenem »Wohlklang« gemein hat, der noch mit und neben dem Furchtbarsten mehr oder minder unbekümmert einhertönte.

Dieser Sprache geht es, bei aller unabdingbaren Vielstelligkeit des Ausdrucks, um Präzision. Sie verklärt nicht, ›poetisiert‹ nicht, sie nennt und setzt, sie versucht, den Bereich des Gegebenen und des Möglichen auszumessen. Freilich ist hier niemals die Sprache selbst, die Sprache schlechthin am Werk, sondern immer nur ein unter dem besonderen Neigungswinkel seiner Existenz sprechendes Ich, dem es um Kontur und Orientierung geht. Wirklichkeit ist nicht, Wirklichkeit will gesucht und gewonnen sein.[16]

Die Differenz zu Heideggers Wesensbestimmung dichterischer Sprache ist erheblich. Er hatte 1953 in seiner Schrift »Der Ursprung des Kunstwerks« befunden, dass es um »die Eröffnung des Daseins aus der Befangenheit im Seienden zur Offenheit des Seins« gehe. Und diese erstrebte »Lichtung des Seienden« geschehe vor allem durch die dichterische Sprache, die Poesie als »eine Weise des lichtenden Entwerfens der Wahrheit«. Dichtung ist demzufolge »die Sage der Unverborgenheit des Seienden.«[17] Celan, der diese Schrift kennt, verankert im Gegensatz zu Heidegger seine Sprache sehr konkret in geschichtlichen Bezügen (»Düsterstes im Gedächtnis«), und er weiß auch, dass er sich aus der »Befangenheit im Seienden« weder lösen kann noch lösen will. In ihm ereignet sich nicht die subjektlose »Lichtung des Seienden«, und in ihm ist auch nicht »die Sprache schlechthin am Werk«. Er ist kein Medium, sondern ein »sprechendes Ich«, ein Subjekt, das »unter dem besonderen Neigungswinkel seiner Existenz« steht. Zwar benennt er in seiner »Antwort« die Shoah nicht ausdrücklich, aber sie ist zweifellos der Inbegriff des »Düstersten«, das bei Heidegger gar nicht vorkommt. Fraglich ist auch, ob Heidegger Celans Vorbehalt gegen ›das Schöne‹ und die Verpflichtung auf eine »grauere Sprache« gebilligt hätte. Nein, Celan war klar, dass sein Gedicht nicht mehr »das stiftende Nennen der Götter und des Wesens der Dinge« leisten konnte, wie Heidegger es in seinem Hölderlin-Vortrag von 1936 als Ziel für die Dichtung formuliert hatte.[18] Auch die Hölderlin-Vorträge von 1943/44 – also zur Hochzeit der Judenvernichtung geschrieben – beharren auf dieser hehren Aufgabe von Dichtung (inzwischen buchstabierte Heidegger das »Sein« als »Seyn«, um das Wort vor oberflächlicher Benutzung zu schützen). Gerade Celans Insistieren auf einem einzelnen »sprechenden Ich« als Urheber des Gedichts kollidierte mit Heideggers Idealvorstellung vom subjektlosen »Geläut der Stille«, in dem sich das »Kommen-Heißen von Ding und Welt« ereignen sollte.[19] Gleichwohl erwog der Dichter Ende August 1955, Heidegger das Gedicht »Schliere« zuzusenden, das dann in den Band »Sprachgitter« einging. In der letzten Strophe lassen sich Anklänge an dessen Vorstellung vom Gedicht finden:

Schliere im Aug:
daß bewahrt sei
ein durchs Dunkel getragenes Zeichen,
vom Sand (oder Eis?) einer fremden
Zeit für ein fremderes Immer
belebt und als stumm
vibrierender Mitlaut gestimmt.[20]

Für beide, Celan wie Heidegger, ist Dichtung »ein durchs Dunkel getragenes Zeichen«, das es zu bewahren gilt. Und Heidegger hätte auch Celans Betonung der belebenden (wenngleich stummen) Stimme (»vibrierender Mitlaut«) bejaht. Aber die Verse in der Mitte des Gedichts »vom Sand (oder Eis?) einer fremden / Zeit für ein fremderes Immer« werden ihn eher irritiert haben.

Es gibt eine Nähe im Denken Heideggers und Celans, die sich durchhält. Sie betrifft den Zustand des Planeten Erde im Zeichen des hemmungslosen Siegeszugs des kalkulierenden Denkens und seiner praktischen Anwendung in der Technik. Bei Heidegger rangiert der Einsatz moderner Technologien und das von ihnen in Gang gesetzte Zerstörungswerk als Gipfelpunkt im fatalen Gang der Seinsgeschichte, wobei er nicht vor der unsäglichen Parallelsetzung beliebiger Technikanwendungen und Gewaltaktionen wie der Blockade Berlins 1948 mit dem Massenmord an den Juden in den Gaskammern zurückschreckt.²¹ Dennoch ist seine fundamentale Kritik an der zeitgenössischen Technik-Anwendung als »Machenschaft«,²² die zu einer nicht mehr einzuholenden Verwüstung der Erde führe, dem Empfinden und Denken Paul Celans sehr nahe, wie sein Gedicht »Engführung« beispielhaft zeigt, das den Massenmord an den Juden in Auschwitz und die massenhafte Tötung von Menschen durch die Atombombe in Hiroshima ›engführt‹ als Hervorbringungen ein und derselben rationalistischen ›Mache‹.²³ Der Dichter hat auch die Wörter ›Mache‹ und ›Machenschaft‹ selbst öfter verwendet – in dem verallgemeinernden Sinn Heideggers, aber auch speziell polemisch im Kontext der Goll'schen »Infamie«, wie auch gegen Gedichte, die entweder nur Konfektion waren, oder gegen solche, die aus der Werkstatt des Kybernetikers Max Bense und seiner Gefolgsleute stammten.²⁴ In Celans Antwortbrief vom 18. Mai 1960 auf Hans Benders Umfrage »Wie macht man Gedichte?« heißt es: »Ich habe es vor Jahren eine Zeitlang mit ansehen [...] können, wie das ›Machen‹ über die Mache allmählich zur Machenschaft wird.«²⁵

So korrespondiert auch Celans Polemik gegen »die Kunst« in seiner »Meridian«-Rede mit Heideggers Abwehr von allem nur Künstlichen, ›Gemachten‹. Bei Büchner ist die Kunst laut Celan »ein marionettenhaftes, jambisch-fünffüßiges und [...] kinderloses Wesen.«²⁶ Und so sucht er nach weiteren Aussagen in Büchners Werken, die »die Kunst« desavouieren, um ihr Gegenteil auf den Schild zu heben: die reine Kreatur, den Menschen mit seiner stimmhaften Sprache und die wahrhafte Dichtung im Zeichen des »Akut«. Man weiß, dass Heidegger die Rede Celans aufmerksam gelesen und mit kritischen Notizen versehen hat – welchen, das ist bislang unbekannt.²⁷ Vielleicht sind Heidegger Assoziationen gekommen zum Zusammenhang von Kunst und Technik, die beide auf das griechische Wort τέχνη zurückgehen²⁸ und ursprünglich so viel wie Handwerk und Kunstfertigkeit bedeuteten. Erst später, seit Platon und Aristoteles, kam auch Wissenschaft dazu. – Wie immer man im Einzelnen die Korrespondenzen und die Unterschiede in der Philosophie Heideggers einerseits und den poetologischen – und implizit ethischen – Reflexionen Celans andererseits beurteilt: Der Philosoph übte auf den Dichter eine anhaltende Anziehungskraft aus.

Vor diesem Hintergrund sind die Begegnungen Celans mit Heidegger im Juli 1967, ein zweites Mal im Juni 1968 und ein drittes Mal im März 1970 – nur wenige Wochen vor der Selbsttötung des

Dichters – zu sehen. Eine vierte Lesung war für Mitte Mai 1970 geplant, aber da lebte Celan schon nicht mehr. Vor allem dem ersten Zusammentreffen in Freiburg i. Br. und dem nachfolgenden Ausflug zu Heideggers Hütte im Hochschwarzwald hat man »epochale« Bedeutung zugemessen. Mehrere Bücher und zahlreiche meinungsstarke Aufsätze sind zu diesem Ereignis veröffentlicht worden.[29] Die entscheidende Frage lautet: Kam es zu dem von Celan erhofften erklärenden Wort des Philosophen zu seinem Rektorat 1933/34, kam es vielleicht sogar zu einem Schuldeingeständnis und einer Entschuldigung?

Heidegger hatte energisch dafür plädiert, die erste Lesung des Dichters in Freiburg zu ermöglichen. Er schrieb an Gerhart Baumann:

> Schon lange wünsche ich, Paul Celan kennen zu lernen. Er steht am weitesten vorne und hält sich am meisten zurück. Ich kenne alles von ihm, weiß auch von der schweren Krise, aus der er sich selbst herausgeholt hat, soweit dies ein Mensch vermag. Sie deuten in dieser Hinsicht das Hilfreiche einer hiesigen Lesung richtig.[30]

Ein erstes freundliches Zusammentreffen der beiden gab es im Hotel. Es wurde freilich dadurch gestört, dass Celan ein gemeinsames Foto mit Heidegger für die Presse ablehnte. Seine tiefgehende Ambivalenz zeigte sich darin, dass er kurz darauf dann doch zu einem solchen Foto bereit war, aber mittlerweile war das Interesse daran erloschen. Die Szene ist symptomatisch und sofort einleuchtend: Schließlich standen sich ein jüdischer Dichter deutscher Sprache, der seine Eltern in der Shoah verloren hatte, und ein berühmter deutscher Philosoph, der sich mit denen gemein gemacht hatte, deren oberstes Ziel die Auslöschung aller europäischen Juden war, unmittelbar gegenüber. Vielleicht gehörten sie wirklich nicht auf *ein* Foto. Die gut belegte Episode spricht übrigens klar gegen die Behauptung von Heideggers Frau Elfriede, ihr Mann habe gar nicht gewusst, dass Paul Celan Jude war.[31] Was sonst hätte den Dichter veranlassen können, sich einem gemeinsamen Foto mit dem Denker zu verweigern! Und wenn dem wirklich so gewesen wäre, dann müsste man fragen, was Heidegger über all die Jahre in Celans Gedichten gelesen hatte.

Paul Celan las am 24. Juli 1967 im Auditorium maximum der Universität Freiburg vor etwa eintausend Menschen – die wohl größte Zuhörerschaft, die der Dichter je erlebte, und höchst bemerkenswert für einen Lyriker. »Die Lesung [...] ist ein außergewöhnlicher Erfolg gewesen«, schrieb der Dichter an seine Frau und betonte, dass diese vielen Menschen ihm »eine Stunde lang mit angehaltenem Atem« gelauscht und lange geklatscht hätten, so dass er noch eine weitere Viertelstunde gelesen habe.[32] In der ersten Reihe saß Martin Heidegger.

An den gastgebenden Gerhart Baumann hatte der Philosoph vier Wochen zuvor geschrieben: »Es wäre heilsam, Paul Celan auch den Schwarzwald zu zeigen.«[33] Das entsprach auch dem Wunsch des Autors, und so verabredete man sich, am nächsten Tag einen Ausflug zur Hütte des Philosophen im Hochschwarzwald, in der Nähe des Dorfes Todtnauberg, zu machen und auch in eines der Hochmoore zu gehen, die den Dichter besonders interessierten.[34] Was sich an diesem Tag zwischen Martin Heidegger und Paul Celan ereignete – oder auch nicht ereignete –, worüber gesprochen und worüber geschwiegen wurde, ist bis heute umstritten, obwohl die Zahl der Dokumente, die darüber Auskunft geben, beträchtlich ist.

Gewiss ist, dass Celan sich beim Aufenthalt in der Hütte ins Gästebuch eintrug. »Ins Hüttenbuch, mit dem Blick auf den Brunnenstern, mit einer Hoffnung auf ein kommendes Wort im Herzen. Am 25. Juli 1967 / Paul Celan.«[35] Wenige Tage später entstand das Gedicht »Todtnauberg«. Es wurde auf Wunsch des Autors zunächst separat in einer Auflage von 50 Exemplaren bibliophil gedruckt. Direkt nach Erscheinen im Januar 1968 schickte Celan das Exemplar Nummer 1 nach Freiburg an Heidegger (später ging »Todtnauberg« in den Band »Lichtzwang« ein).

Das lange Gedicht ist an der Oberfläche lesbar als lyrisches Stenogramm dieses Ausflugs: »Arnika, Augentrost, der / Trunk aus dem Brunnen mit dem / Sternwürfel drauf«[36] – so situiert es sich eingangs. Dann nimmt der Text, nur wenig verändert, den Eintrag Celans ins Gästebuch auf – »von / einer Hoffnung, heute, / auf eines Denkenden / kommendes / Wort / im Herzen,« –, verknüpft mit der besorgten Frage bezüglich dieses Gästebuchs: »– wessen Namen nahms auf / vor dem meinen? –«. Der hier spricht, denkt natürlich an alle möglichen Besucher, die vor ihm zu Heideggers Hütte gepilgert waren, darunter gewiss auch solche brauner Couleur. Darauf folgt, mit wenigen Worten, die Skizze der Hochmoorlandschaft und der Rückfahrt im Auto. Bei der wird »Krudes, später, im Fahren, / deutlich« gesprochen. Aber was meint »Krudes«? Die wörtliche Bedeutung ist »Rohes«. Hat Celan Heidegger gegenüber »krude« gesprochen, salopp ausgedrückt: ihm ordentlich die Meinung gesagt? Oder haben beide »krude« und »deutlich« zueinander gesprochen, ohne zu einem Konsens zu kommen? Oder hat nur Heidegger gesprochen und Celans Erwartung einer Erklärung seines Handelns seinerseits »krude« abgewiesen?

Etwa eine Woche nach dem Ereignis schrieb Celan an seine Frau Gisèle, es sei auf der Fahrt nach dem Besuch der Hütte »zu einem ernsten Gespräch [gekommen], bei dem ich klare Worte gebraucht habe.«[37] Ähnlich heißt es in einem Brief an Franz Wurm, das Zusammentreffen mit Heidegger sei gut gegangen, und er habe mit ihm »ein recht langes und recht deutliches Gespräch geführt«.[38] Gegenüber Renate Böschenstein äußerte Celan, er habe von Heidegger »eine Art Rechenschaft erwartet«,[39] aber er habe offengelassen, ob eine solche erfolgt sei. Marie Luise Kaschnitz und Klaus Reichert, die Celan nach dem Tag in Todtnauberg in Frankfurt traf, fanden ihn bester Stimmung und voller Genugtuung über den Verlauf des Gesprächs.[40] Worin aber könnte diese Genugtuung bestanden haben, wo doch ein »kommendes Wort« offenbar gerade nicht gesprochen wurde?

Zu befragen wäre noch »der uns fährt, der Mensch, / der's mit anhört« – und das ist Gerhard Neumann, der Assistent von Professor Baumann. Dieser saß am Steuer und war so beeindruckt, dass er Celan gleich anschließend mitteilte, »daß dieses Gespräch eine epochale Bedeutung hatte.«[41] So kam eine Wendung in die Welt, die hernach geradezu zum geflügelten Wort wurde. Aber was »epochal« gewesen sein sollte, blieb vorerst im Dunkeln. Allerdings hat Neumann 2018 – also mehr als fünfzig Jahre nach der Fahrt zu dritt in seinem VW Käfer und ein Jahr vor seinem Tod – seine Autobiographie unter dem Titel »Selbstversuch« vorgelegt, in der er auch auf diese Fahrt zurückblickt. Seine pointierte Erinnerung lautet: Beide, Heidegger und Celan, hätten anhaltend geschwiegen; Celan in Erwartung eines Schuldbekenntnisses des Täters, Heidegger dem ausweichend, vielleicht auch, weil es ihm missbehagte, dass mit dem Fahrer Neumann ein potentieller Zeuge der Anklage neben ihm saß. Jedenfalls nennt Neumann kein einziges inhaltliches Moment dieses ›Gesprächs‹. Aber er unterstellt jetzt, 2018: »Celan wird das Verharren Heideggers im Schweigen vorausgesehen und deshalb dieses merkwürdige Ritual ersonnen haben«, das er auch in anderen Fällen angewandt habe: »die Erzwingung – nach dem Holocaust –

des Geständnisses der Schuld durch die Täter kraft des Schweigens der Opfer.«[42] Neumann äußert nur wenig Verständnis für diese (unterstellte) Strategie, weil sie letztlich ein wirkliches »Gespräch« verhindert habe. Freilich macht er keinen Vorschlag, welche alternative Strategie hätte sinnvoll sein können.

Jean Bollack, der Celan sehr gut kannte und mit ihm eng befreundet war, hat – im Abstand von nahezu dreißig Jahren – eine Lesart von Celans Besuch bei Heidegger angeboten, die noch entschieden radikaler ist als die Neumanns und sich, zumindest teilweise, am Text des Gedichts entlangbewegt. Er deutet den Besuch des Freundes beim einst dem Nazismus verbündeten Philosophen als »Tribunal der Toten« über einen schuldigen Lebenden. Bollack geht davon aus, dass der Dichter das Treffen in seinem konkreten Ablauf präzise geplant und inszeniert habe. So liest er den »Todtnauberg« als »Toten-Au«, also Friedhof. Überdies erinnert ihn der Ortsname an die NS-Organisation Todt, die für die Arbeitslager in der Ukraine verantwortlich war, wo Celans Eltern zu Tode kamen. Der sechszackige »Sternwürfel« des Gedichts, in der Nähe der gelbblühenden »Arnika«, gemahnt ihn an den Judenstern. Vor allem aber weisen mehrere sprachliche Fügungen zur Moorlandschaft, in die hinein Celan und sein Gastgeber Heidegger stapfen (dazu Neumann und nun auch der dazugestoßene Baumann), nach Bollack auf die Nazizeit und ihre Verbrechen hin: die »Waldwasen, uneingeebnet« sowie »die halb- / beschrittenen Knüppel- / pfade im Hochmoor, // Feuchtes, / viel.« Bollack deutet sie als Szenerie eines nazistischen Moorlagers und des dazugehörigen Friedhofs.[43] Kurz, die Moorwanderung ist für ihn die Bühne einer Höllenfahrt, eines Prozesses, bei dem der Schuldige gestellt und mit seinen Verbrechen konfrontiert wird. Hatte George Steiner vermutet, Celan sei bei dem Treffen das »Risiko eines äußersten Vertrauens in die Möglichkeit der Begegnung« eingegangen,[44] so geht Bollack vom Gegenteil aus: Nicht vertrauensvolle Begegnung, gar Versöhnung sei Celans Ziel gewesen, sondern kalkulierte Abrechnung, Richtigstellung dessen, was einmal war und nicht aufgehört hatte zu sein.[45]

Vermutlich ist Bollack entschieden zu weit gegangen in seiner Unterstellung, Celan habe alles geplant und inszeniert. Wenn er nur mit Heidegger abrechnen wollte: Warum hat er den zitierten Satz ins Gästebuch Heideggers geschrieben? Gegen Bollacks These spricht auch, dass Celan vor dem Gang zur Hütte und der Exkursion ins Moor, die wegen heftigen Regens (und wegen Celans völlig ungeeignetem Schuhwerk) abgebrochen werden musste, gar nicht wusste, was ihn an diesem Tag erwarten würde. Und dagegen spricht, dass er sich nach der Begegnung mit Heidegger im Juli 1967 auch noch im Sommer 1968 und im März 1970 aus freien Stücken mit dem »vom Berge«[46] traf. Gewiss, er war enttäuscht von Heideggers gedrechseltem Dankesbrief, nachdem er ihm die Nummer eins seines Gedichts »Todtnauberg« in schönem Druck zugesandt hatte. Heideggers Antwort vom 30. Januar 1968 lautete:

> Das Wort des Dichters, das »Todtnauberg« sagt, Ort und Landschaft nennt, wo ein Denken den Schritt zurück ins Geringe versuchte – das Wort des Dichters, das Ermunterung und Mahnung zugleich ist und das Andenken an einen vielfältig gestimmten Tag im Schwarzwald aufbewahrt. Aber es geschah schon [...] beim ersten Grüßen im Hotel. Seitdem haben wir Vieles einander zugeschwiegen. Ich denke, dass einiges noch eines Tages im Gespräch aus dem Ungesprochenen gelöst wird. [...] Und meine Wünsche? Dass Sie zur gegebenen Stunde die Sprache hören, in der sich Ihnen das zu Dichtende zusagt.[47]

Der Brief scheint Gerhard Neumanns These vom wechselseitigen Schweigeritual zu bestätigen – aber nur, wenn man Heideggers Wendung, man habe »vieles einander zugeschwiegen« Glauben schenkt. Nein, Celan hatte nicht geschwiegen. Sein Eintrag ins Hüttenbuch und die Niederschrift und Übersendung des Gedichts zeigen an, dass er, hoffend auf ein »kommendes Wort«, das Gespräch gesucht hatte und noch suchte. Aber dieser Brief musste ihn enttäuschen. Sein Liechtensteiner Verleger von »Todtnauberg«, Robert Altmann, den er im Februar 1968 in Paris traf, erinnert sich: »Mit einem so unverbindlichen Brief sei für Celan ein Schlussstrich unter dieses Kapitel gezogen. Celan habe verbittert gewirkt und den Brief als ein schlimmes Ereignis empfunden.«[48]

Aber der Dichter hatte ja schon 1960 hellsichtig-skeptisch an der »Umkehr«-Fähigkeit Heideggers (der 1949 die kleine Schrift »Der Feldweg« veröffentlicht hatte) gezweifelt, wenn er in einem der Notate zur »Meridian«-Rede schrieb:

> Umkehr – dazu scheint es ja nun doch zuviel Einbahnstraßen zu geben. – Gegenverkehr und Umkehr, das ist zweierlei aber auch

auf den Feldwegen scheint es, ach, wenig Gelegenheit dazu zu geben.[49]

Und so war es auch jetzt, sieben Jahre später: Heidegger verharrte auf seiner »Einbahnstraße« und dachte gar nicht an »Umkehr«. In einer frühen Niederschrift zu seinem Gedicht »Todtnauberg« hatte Celan – in bitterer Anlehnung an Hölderlins »Friedensfeier« – geschrieben:

Seit ein Gespräch wir sind,
an dem
wir würgen,
an dem ich würge,
das mich
aus mir hinausstieß. (zw) dreimal, / viermal,[50]

In dem schon erwähnten Brief an seine Frau Gisèle vom 2. August 1967 hatte der Dichter geschrieben:

Ich hoffe, daß Heidegger zur Feder greifen und einige Seiten schreiben wird, die sich auf das Gespräch beziehen und angesichts des wieder aufkommenden Nazismus auch eine Warnung sein werden.[51]

Diese Hoffnung trog. Und so kommt es, dass Celans vermutlich letztes Wort zu seinem einstigen »Denk-Herrn« ein Wort des Abschieds, ja, der Trennung ist. Vielleicht noch vom August 1967, aber wahrscheinlicher von einem späteren Datum Ende 1969 oder Anfang 1970 stammen die folgenden Zeilen, die der Autor freilich bei sich verwahrte:

Heidegger
durch Ihre Haltung
… daß Sie das Dichterische und, so
wage ich zu vermuten, das Denkerische, in
beider ernstem Verantwortungswillen,
entscheidend schwächen[52]

Heideggers »Haltung« war es also, an der Celan bleibenden Anstoß nahm. Das impliziert, dass er ihm durchaus ein Recht auf Irrtum in der Sache zugestand (das Rektorat 1933/34 betreffend), aber die anhaltende Verstocktheit des Philosophen, seine Verweigerung einer Selbsterklärung noch dreißig und mehr Jahre später, nicht billigen konnte. In ihr sah er eine entscheidende »Schwächung« des Denkens selbst. Das ist eine interessante, nicht selbstverständliche Position: dass nämlich ein charakterlicher Mangel – die Abwehr von Empathie, Mitleid und Trauer – explizit als Ursache einer »Schwächung« des Denkens diagnostiziert wird. In dieser Abwehr und Verweigerung sieht auch Robert André Heideggers Versagen – mit der gravierenden Folge für sein Denken, dass er »die Shoah und den Nationalsozialismus unisono unter das ›Wesen der Technik‹«[53] subsumierte, eben weil ihm die Sensibilität für das abging, was mit dem industriellen Massenmord an den Juden erschreckend Neues in die Welt (heideggerisch: in die »Geschichte des Seins«) gekommen war.

Paul Celan konnte Heideggers »Schwarze Hefte« aus den Jahren 1932 bis 1958 nicht kennen. Sie wurden erst, gemäß der Weisung Heideggers, lange nach seinem Tod zwischen 2014 bis 2018 im Rahmen der Gesamtausgabe veröffentlicht. Diese »Denktagebücher« (so könnte man sie mit einem Ausdruck Hannah Arendts nennen)[54] haben einen regelrechten publizistischen Furor ausgelöst, der noch zu keinem Ende gekommen ist.[55] In diesen Aufzeichnungen finden sich – besonders in den Jahren, als sich das nazistische Programm der Verfolgung und schließlich Vernichtung der Juden auf seinen Höhepunkt zubewegte – wiederholt Aussagen über das »Judentum«, die »Judenschaft« oder das »Weltjudentum«, die einen auch heute noch verstören können. Heidegger hat seine Vorurteile, die sich von gängigen antisemitischen Stereotypen zunächst kaum unterscheiden, zu einem regelrechten Narrativ geformt. In einer Vorlesung aus dem Sommer 1943 konstatiert er zunächst treffend: »Der Planet steht in Flammen. Das Wesen des Menschen ist aus den Fugen.«[56] Die »seinsgeschichtliche« Bedeutung dieses Krieges (in dem er anfangs voller Hoffnung ein »Feuer« im Sinne Hölderlins zu erkennen glaubte) sah er in einer »Reinigung des Seins von seiner tiefsten Verunstaltung durch die Vormacht des Seienden.«[57] Aber wer ist verantwortlich für diese »tiefste Verunstaltung« des Seins? Es ist, so Heidegger, das »Weltjudentum [...], aufgestachelt durch die aus Deutschland hinausgelassenen Emigranten«. Es ist »überall unfaßbar«[58] und verkörpert jene Art von »Menschentümlichkeit, die schlechthin ungebunden die Entwurzelung alles Seienden aus dem Sein als weltgeschichtliche ›Aufgabe‹« übernommen hat.⁵⁹ An anderer Stelle heißt es in den »Schwarzen Heften«: »Eine der verstecktesten Gestalten des *Riesigen* und vielleicht die älteste ist die zähe Geschicklichkeit des Rechnens und Schiebens und Durcheinandermischens, wodurch die Weltlosigkeit des Judentums gegründet wird.«⁶⁰ In diesem Sinne ist das Judentum für Heidegger der Inbegriff der »Machenschaft«, also des weltweiten Zerstörungs- und Vernichtungswerks, wie es sich gerade im Weltkrieg vollzieht. Das Judentum ist für Heidegger die entscheidende destruktive Potenz, die die Geschichte des Seins zu einer dramatischen Verfallsgeschichte gemacht hat und sich dabei am Ende – so Heideggers paradoxe Unterstellung – *selbst* vernichtet. Diese absurde Geschichtsphilosophie entwarf Heidegger in einer Zeit – 1942/43 –, als der Massenmord an den europäischen Juden exekutiert wurde und damit alles andere als eine »Selbstvernichtung« der Juden geschah. Aber ebendas, die Shoah, die Maurice Blanchot einmal »die Offenbarung des Wesens des Abendlandes« genannt hat:⁶¹ Sie fehlt in Heideggers Denken während des Zweiten Weltkriegs und danach. Er, der das Leid der deutschen Kriegsgefangenen betrauert⁶² und wiederholt auf die Not der deutschen Heimatvertriebenen hinweist – er findet nie ein Wort des empathischen Gedenkens an die Millionen ermordeter Juden.⁶³ »Deutschland nach dem Krieg war ein Land des Schweigens«.⁶⁴ Heidegger war nicht nur ein Teil dieses Schweigens, er blieb es auch hartnäckig, von kleinen Ausnahmen abgesehen, ein Leben lang.

Mehrere zeitgenössische Philosophen, die bis zur Veröffentlichung der »Schwarzen Hefte« dem Denken Heideggers eher geneigt waren (so Günter Figal, Donatella Di Cesare und Peter Trawny, der Herausgeber dieser Konvolute), sind in den letzten Jahren erkennbar auf Distanz gegangen – mit Bekümmernis, ja, mit Trauer. Hätte sich Paul Celans Urteil über Heidegger nach der Lektüre der »Schwarzen Hefte« verändert? – so kann man hypothetisch fragen. Ich vermute, er hätte ähnlich wie die genannten Heidegger-Forscher reagiert, wohl auch mit Bitterkeit und mit Trauer. Aber eigentlich hatte er schon in den letzten Jahren vor seinem Tod ein vollkommen klares, ernüchtertes Bild von seinem einstigen »Denk-Herrn«.

»Linksnibelungen« – »Rechtsnibelungen«

Stellt man sich Paul Celan als Jugendlichen vor, dann wohl erst einmal jüdisch geprägt; nicht orthodox und dogmatisch, dem stand die Mutter entgegen, aber doch in der Grundtönung seines werdenden geistigen Profils. Er selbst hat es gegenüber dem österreichischen Schriftstellerkollegen Friedrich Torberg einmal so gefasst:

> Ja, das Chassidische ... gewiss. Aber wissen Sie, ich bin, bei allen mich umwehenden Bärten, bei allem meinem langjährigen (und mein damaliges Fussballspielerherz nicht immer erfreuenden) Hebräischlernen, denn doch mit so bartlosen Gestalten grossgeworden wie Siegfried und die Nibelungen. O ihr Zîten und Hochgezîten ... / [...] / Man *ist* Jude (und hat nichts davon).[1]

Das hier bereits vorgestellte Gedicht »Russischer Frühling«[2] zeugt von der intimen Kenntnis, die der Dichter von der germanischen Mythologie und speziell vom mittelhochdeutschen »Nibelungenlied« hatte, dessen eigentümliche Strophe er in diesem Gedicht sogar parodierte. Neu ist, dass diese Selbstreflexion in diesem Gedicht der Trauer mit ironischen und sarkastischen Wendungen gespickt ist. Nichtsdestotrotz singt der junge Mann 1945-47, in Bukarest, immer noch gern die alten Landsknechtslieder – am liebsten »Flandern in Not«, das auch zum Liederfundus der Hitlerjugend gehört hatte. Celan muss dann zum Ende der 40er Jahre zu der Einsicht gelangt sein, dass er sich für immer von dieser Jugendliebe – speziell zu den Nibelungen – trennen müsse, weil der Mythenkreis unumkehrbar von den Nazis vereinnahmt worden war. Die Schlüsselrolle spielt dabei die Parole der »Nibelungentreue«. In Hagen von Tronje, Vasall der Burgunderkönige Gunter, Gernot und Giselher, der sich von der Königin Kriemhild lieber den Kopf abschlagen lässt, als den Ort des Goldschatzes im Rhein zu verraten, verkörperte sich diese bedingungslose Treue beispielhaft. Es war die SS, die auf die Koppelschlösser ihrer Uniformen den Wahlspruch »Meine Ehre heißt Treue« prägen ließ. Und es war Hermann Göring, der am 30. Januar 1943 die Schlacht von Stalingrad mit dem Untergang der Nibelungen am Hof des Hunnenkönigs Etzel verglich und die folgende Parole ausgab:

> Wir kennen ein gewaltiges, heroisches Lied von einem Kampf ohne gleichen, das hieß »Der Kampf der Nibelungen«. Auch sie standen in einer Halle aus Feuer und Brand, löschten den Durst mit eigenem Blut, aber kämpften und kämpften bis zum letzten. Ein solcher Kampf tobt heute dort, denn ein Volk, das so kämpfen kann, muss siegen.[3]

Durch die nazistische Rezeption und Instrumentalisierung des Nibelungenmythos verbot es sich für Celan ein für alle Mal, positiv auf diesen zurückzugreifen. So begegnet man einzelnen Figuren und Versatzstücken aus dem Mythos (wie Volker von Alzey oder der Tarnkappe), auf die ironisch oder parodistisch angespielt wird, aber insgesamt werden die Nibelungen, gleichgültig ob rechte oder linke, zum Feindbild.

Auf den ersten Blick ist es verwunderlich, dass Celan nicht nur einmal, sondern mehrfach das Kompositum »Linksnibelungen« verwendet hat, weil es doch entschieden paradox anmutet. Aber schaut man auf die Geschichte, dann zeigt sich, dass es gute Gründe gab, diese Wendung zu gebrauchen. War nicht der »National-Sozialismus«, dessen Kürzel »NS« im Namen zahlloser NS-Organisationen, angefangen bei der NSDAP, auftaucht, bereits die programmatische Formulierung dieses Amalgams? Der National-Sozialismus versprach die nationale Erhebung und Vorrangstellung alles Deutschen auf der Basis eines ›Sozialismus‹, der dem ›kleinen Mann‹ zu seinem Recht verhelfen sollte gegen die jüdischen ›Wucherer‹ und Finanzkapitalisten, die ihn im System von Weimar unterjochten. Diese Ideologie wurde massenhaft geglaubt und war die Basis für die Verfolgung und Ermordung von Millionen Juden. Insofern ist es durchaus realistisch, dass Paul Celan, der die politische Entwicklung in Westdeutschland mit wachem Verstand verfolgte, an ein Fortleben dieses merkwürdigen Amalgams nationalistischer und sozialistischer Ideologeme auch nach 1945 glaubte. Entscheidend war in der Wahrnehmung des Autors, dass antisemitische Ressentiments in diesem ideologischen Konglomerat einen Unterschlupf fanden, die, explizit geäußert, Tabu waren. Aus den Quellen – Briefen und Gedichten aus dem Nachlass – ist ersichtlich, dass Celan das merkwürdige Kompositum

»Linksnibelungen« gehäuft in den Jahren 1965 bis 1968 gebraucht hat; allerdings in keinem einzigen Gedicht, das er zur Veröffentlichung freigegeben hat. Immanent ist den meisten ›Stellen‹, in denen das Wort vorkommt, die seit den Plagiatsanschuldigungen 1960 und in den Folgejahren zunehmend mit Sorge, ja mehr und mehr auch mit Angst besetzte Konkurrenzsituation mit den westdeutschen Schriftstellerkollegen, denen Celan – von sehr wenigen Ausnahmen abgesehen – nicht über den Weg traute. Dieser Sachverhalt, der zum Scheitern mehrerer wichtiger Freundschaften führte, ist im Einzelnen dargestellt worden. Hier genügen Stichworte.

Bereits die Gedichte »Ars poetica 62« (vom Dezember 1962) und »Hüttenfenster« (vom März 1963), die andernorts schon beleuchtet wurden, stehen ganz im Zeichen jener Konkurrenzsituation, wie sie sich für den Dichter darstellte. Geht es das eine Mal um Hans Magnus Enzensberger, so ein anderes Mal um Johannes Bobrowski, aber auch Heinrich Böll oder Günter Grass können ins Visier geraten. Am schärfsten formuliert es das Gedicht »Mutter, Mutter«, das vor allem auf den renommierten Literaturkritiker Reinhard Baumgart zielt, der der »Todesfuge« ein Zuviel an Schönheit vorgeworfen hatte. »Vor die Messer / schreiben sie dich, / kulturflott, linksnibelungisch, […] / anti- / restaurativ, proto- / kollarisch, prä- / zise, in der neu und gerecht / zu verteilenden Un- / menschlichkeit Namen, / meisterlich, deutsch«.[4] Hier sind alle Attribute versammelt, mit denen Celan alles Neudeutsche in der Literatur geißelte. Man muss in jedem Einzelfall fragen, wo seine Kritk trifft, wo sie überzogen ist und wo sie in die Irre geht. Aber hier geht es nicht um den Einzelfall, sondern um Celans immer entschiedener sich verfestigendes Gesamtbild, dessen leitmotivische Konstante das Feindbild der »Linksnibelungen« ist.[5]

Im Sommer 1964 hatte der Dichter den aus Prag stammenden jüdischen Gelehrten Erich von Kahler kennengelernt, der in den 30er Jahren in die USA emigriert war und in Princeton lehrte. An ihn schrieb Celan am 28. Juli 1965 einen langen Brief, der mit die wichtigste Quelle darstellt, wenn man sein Selbstverständnis in diesen Jahren begreifen will. In diesem Brief heißt es:

Viel Beklemmendes geschieht, auch zu dieser Stunde, in der Welt – ich verliers nicht aus den Augen. Wie ich nicht aus den Augen verliere, was in Deutschland geschieht, gerade da, wo ich noch gestern, von sehr weit her, mit einigen Hoffnungen war. – Linksnationalismus, *auch* Linksnationalismus, ist mir, wie Linksantisemitismus, verhaßt. Solange wir, die wir Juden sind, Juden zu sein und zu bleiben versuchen, nicht als Gleichgeborene und Ebenbürtige anerkannt werden, bleibt alles beim alten. Da, verehrter Herr von Kahler, scheints bleiben zu wollen, mit aller – auch von den »Neuen«, Jüngeren – bei Proto- und Paranazismus geschöpfter und wiederbelebter Kraft.

In einer folgenden Partie des Briefes schreibt Celan von seiner Nähe zu Gustav Landauer und dessen »Gedanke[n] an die *neu Ergriffenen*«. Daraus habe er in den vergangenen Jahren gelebt, »und *damit* bin ich, als ich dazu kam, nach Deutschland gegangen, in ein Land, das ich erst jetzt, erst heute, ein wenig zu erkennen beginne.« Und diese Erkenntnis ist düster. Man könne, wenn man wolle, unterscheiden zwischen »neugeborenem und mehrfach überliefertem Übel, zwischen Braunrot und Rotbraun«; ja, es gebe sogar »KZ-Methoden in der deutschen Literatur unsrer Tage«.[6]

Ein reichliches Jahr später, am 24. Oktober 1966, schrieb Celan an den Freund Erich Einhorn im fernen Moskau (der das Nachstehende kaum verstanden haben wird):

Die deutsche Nachkriegsliteratur, die im Westen, meine ich, ist der, keineswegs erfreuliche Rummelplatz vielfältiger Alibis, Überkompensationen und sonstiger »Vergangenheitsbewältigung«; weniger wäre wohl mehr gewesen. Wirklich *anderes* fehlt, bis auf wenige Ausnahmen.[7]

Celans Stichworte »Alibis«, »Überkompensationen«, »Vergangenheitsbewältigung« gehen in Richtung psychologischer Erklärungen dessen, was in zwanzig Jahren seit dem Ende der NS-Herrschaft aus der damals massenhaft geglaubten Ideologie der Nazis geworden ist. Der Tenor aller Erklärungen ist, dass vielfältige Formen von »Proto- und Paranazismus« dominant sind und ein Neuanfang, der den Namen verdient, nicht vorhanden ist. Noch in den westdeutschen Studentenunruhen 1967/68 sieht Celan diese Erbschaft virulent, wie vor allem seine Skepsis gegenüber Rudi Dutschke belegt. Mit dieser Skepsis muss auch Gisela Dischner leben, deren Anteilnahme am Schicksal der Palästinenser er kritisch sieht, von Erich Frieds Vergleichen des siegreichen israelischen Militärs mit den Nazis ganz zu schweigen.

Den Höhepunkt von Celans vehementer Abwehr wirklicher oder vermeintlicher »Linksnibelungen« bildet sein Walter-Benjamin-Gedicht vom 19. Juli 1968, das er freilich nicht in den geplanten Band »Schneepart« aufnehmen wollte:

Port Bou – deutsch?

Pfeil die Tarnkappe weg, den
Stahlhelm.

Links-
nibelungen, Rechts-
nibelungen:
gerheinigt, gereinigt,
Abraum.

Benjamin
neint euch, für immer,
er jasagt.

Solcherlei Ewe, auch
als B-Bauhaus:
nein.

Kein Zu-spät,
ein geheimes
Offen.[8]

Das ist nun tatsächlich ein Gedicht, das ohne Erläuterungen nicht verständlich ist. Man muss wissen, dass der Autor sich auf einen Aufsatz von Walter Benjamin bezieht, den dieser 1930 – damals schwankend zwischen gebildet-konservativen und marxistischen Positionen – geschrieben hat. Sein Gegenstand ist ein Buch von Max Kommerell mit dem Titel »Der Dichter als Führer in der deutschen Klassik. Klopstock, Herder, Goethe, Schiller, Jean Paul, Hölderlin«, das 1928 erschienen war. Der damals noch junge, aber bereits renommierte Literarhistoriker Kommerell hatte dem George-Kreis angehört, war freilich zu der Zeit, als Benjamin seine Rezension schrieb, schon aus dem Kreis ausgeschieden. Doch das ist für Celans

Gedicht nicht erheblich. Ihm geht es darum, die Ambivalenzen in Benjamins Aufsatz aufzudecken, seine Zwiespältigkeit, das geistige Erbe der klassischen Autoren einerseits retten und andererseits – gegen Kommerell – als überlebt und nicht mehr tauglich ablehnen zu wollen. Schon der Titel der langen Besprechung offenbart Benjamins Zwiespalt: »Wider ein Meisterwerk«. Und gegen diese Zwiespältigkeit Benjamins wendet sich das Gedicht vom ersten bis zum letzten Vers. Gleich eingangs ermahnt der Sprecher des Gedichts sich selbst, die »Tarnkappe«, ein Erkennungszeichen des Helden Siegfried, ›wegzupfeilen‹, sprich: mitleidslos abzuservieren, denn sie ist nur ein sich harmlos gebender Stellvertreter der Kopfbedeckung, die seit 1914 für den technisch modernen Krieg steht, des »Stahlhelm[s]«. Nach dieser Parole, die den Ton für das ganze Gedicht setzt, gibt die zweite Strophe Auskunft, welche Traditionsbestände ›wegzupfeilen‹ sind, nämlich alles Deutsch-Nationale, Völkische, ob nun von rechts oder – unter sozialistischer »Tarnkappe« möglicherweise – von links; ob vorgeblich »gereinigt« oder auch »gerheinigt«. Dieses Wort spielt gewiss auf die »rheinische« westdeutsche Republik an, seit 1949 in Bonn situiert und bis 1963 mit dem Rheinländer Konrad Adenauer als Kanzler. Aber man kann auch an Friedrich Hölderlins späte Hymne »Der Rhein« denken, ein doch eigentlich verlockender Anknüpfungspunkt für einen modernen Dichter. Nein, Celan ist in diesem Gedicht erstaunlich strikt. Selbst Hölderlin gehört im Kontext dieses Gedichts zu dem deutschen Traditionsbestand, der sich, nach dem Naziregime und seinen Verbrechen, nicht einmal mehr ›reinigen‹ lässt. Wo gehört er dann hin? In den »Abraum«, auf gut Neudeutsch: in den Müll. ›Abraum‹ ist das Wort für alles Gestein und Geröll, das beim Bergbau anfällt, gleich was gewonnen werden soll, und auf Abraumhalden landet.[9] Walter Benjamin, so lässt uns die dritte Strophe wissen, konnte sich nicht entscheiden, ob er die klassischen deutschen Dichter noch als »Führer« haben wollte oder nicht. In der vierten Strophe sagt der Sprecher des Gedichts (in diesem Fall ganz unzweifelhaft sein Autor) »nein« zu »Solcherlei Ewe«, also zu einer pseudogermanischen, quasimythischen Vorstellung von ›ewiger‹ Geltung dessen, was einmal wahr, schön und gut war. Selbst der Aufbruch von Architektur, Design und vielem mehr, das heute unter dem Signum »Bauhaus« gefeiert wird, verfällt dem Verdikt, nicht beerbbar zu sein. Vielleicht, weil Celan damals schon so sachkundig war, dass er über die Weimarer Anfänge des Bauhauses Bescheid wusste, in denen auch viel Völkisches waberte; vielleicht aber auch, weil ihm das Projekt Moderne als ganzes verdächtig war. Schließlich gehen auch die Wohnmaschinen Le Corbusiers und die Massenquartiere im Ostblock (später Plattenbau genannt) auf das Bauhaus zurück. Die letzte Strophe weist zudem warnend darauf hin, dass es bei dieser Frage des ›Erbens‹ auch nichts zu bedauern gibt: »Kein Zu-spät« will eben das für die Gegenwart sagen, wohingegen Walter Bejamin über Kommerells Konstrukt des Dichter-Führers als über etwas spricht, das leider, leider nicht mehr erheblich ist.

Paul Celan artikuliert sich in diesem Gedicht bemerkenswert konsequent. Er lässt sich selbst, was die richtige Art und Weise des Umgangs mit der schönen Kultur vergangener Epochen angeht, kein Hintertürchen offen. Ja, in gewisser Weise opfert er mit Benjamin eine der Ikonen seiner vergangenen zwanzig Jahre. Am schärfsten sagt das bereits der Titel des Gedichts. Port Bou ist der Grenzort in den Pyrenäen, an dem der jüdische Autor sich den Tod gab, weil er nicht in die Hände der Gestapo fallen wollte, die Flüchtende wie ihn verfolgte. Wenn Celan, nach der Nennung von Benjamins Sterbeort und einem Gedankenstrich, fragt: »deutsch?«, fragt er im Grunde auch, ob nicht der deutsche Jude Walter Benjamin über die Maßen ›deutsch‹ gewesen sei, indem er von seinen geliebten klassischen deutschen Autoren *partout* nicht lassen wollte – bis in den Tod. Wohlverstanden: Celan macht sich nicht über Benjamin lustig. Ihm ist das Tragische der Situation bewusst. Aber er sagt auch ganz nüchtern: Hier ist keine Nachfolge möglich. Freilich, am Gedichtende steht »ein geheimes / Offen.« Was das heißen könnte, bleibt – offen.

Fokussiert man sich ganz auf die »Linksnibelungen«, wie hier geschehen, dann kann es so scheinen, als ob Celan auf dem rechten Auge blind gewesen wäre und die »Rechtsnibelungen« in Vergessenheit geraten seien. Das ist nicht der Fall. So schrieb er z. B. am 25. April 1962 an seinen rumänischen Freund Petre Solomon: »In der Bundesrepublik ist der Nationalismus wiedergeboren, mit seinen alten Mythen, den Bedürfnissen der Stunde angepasst.« Dies sei die »Stunde der Männerbünde, gut germanisch, gut abendländisch«.[10] Aber auch in dieser Hinsicht stellt sich heraus, dass der Autor Gedichte, die sich diesem Thema widmen, nicht in die durchkomponierten Lyrikbände aufgenommen hat. Ein instruktives Beispiel ist das vermutlich im August 1962 entstandene »Mit der Friedenstaube, so kommt / der Werwolf daher, ein Wald- / ein Wiedergänger inmitten / gradgespiegelter Lügen.«[11] Das Gedicht ist ganz offenkundig eine geschliffene Polemik gegen den vermeintlich so friedvollen »Waldgänger« (und eigentlich »Werwolf«) Ernst Jünger und seine Bewunderer, bis hin zu Alfred Andersch, Rolf Schroers und anderen Autoren aus der Gruppe 47. Dieses Gedicht kommuniziert mit einer ganzen Reihe anderer Gedichte, die allesamt die beängstigende Präsenz einer rechten Szene im Westdeutschland der 50er und 60er Jahre bezeugen.[12]

Reise ins Herz der Finsternis
Berlin, Dezember 1967

Am 16. Dezember 1967 flog Paul Celan von Paris über Frankfurt a. M. nach Berlin-Tegel. Es sollte eine Reise werden, die ihn »auf das Eindringlichste« auf seine »Grenzen« verwies, »auf meine Unfreiheit, mein Nirgendwo« – so schrieb er am 9. Januar 1968 nach seiner Rückkehr aus Berlin an Franz Wurm. Was der Dichter mit dieser so ernüchterten Bilanz seines 13-tägigen Aufenthalts in West-Berlin im Einzelnen meinte, soll im Folgenden deutlich werden.

Drei Gedichte sind in Berlin entstanden (dazu eines auf dem Flug nach Berlin), zwei mit klarem Bezug auf Celans Wahrnehmung des winterlichen Berlin in diesem Dezember 1967 – und auf seinen Zuwachs an Wissen über die Unheilsgeschichte der Stadt. Natürlich erinnerte er sich seiner ersten Berührung mit der deutschen Hauptstadt, der langen Eisenbahnfahrt, als er noch nicht einmal achtzehn Jahre alt war, von Czernowitz über Krakau und Berlin nach Paris und Tours. Rein zufällig durchquerte er die deutsche Metropole an einem folgenreichen historischen Datum, nämlich wahrscheinlich am Morgen nach dem 9. November 1938, als noch die Rauchschwaden der niedergebrannten Synagogen und jüdischen Geschäfte in der Luft standen.[1] Jetzt, 1967, sieht er sich einem West-Berlin gegenüber, das sechs Jahre nach dem Mauerbau mehr denn je als Vorposten des kapitalistischen Westens in den Osten des »realen Sozialismus« hineinragt. Celan besuchte den Ostteil der Stadt nicht, obwohl ihm das als französischem Staatsbürger ohne Weiteres möglich gewesen wäre. Er hatte über ein Treffen mit Peter Huchel, der isoliert in Wilhelmshorst bei Potsdam lebte und seit Jahren auf die Genehmigung seiner Ausreise in die Bundesrepublik wartete, und auch mit Erich Arendt, den er seit dessen Besuch in Paris 1959 kannte, nachgedacht. Auch der alte Arnold Zweig, den er in der ersten Fassung des Gedichts »Huhediblu« als »Arnold, Bruder« angesprochen hatte,[2] oder Anna Seghers und Stephan Hermlin hätten ihn interessieren können. Aber Celan entschied sich gegen Ost-Berlin, vielleicht immer noch aus Sorge, dass man ihn als Flüchtling aus dem sozialistischen Bruderland Rumänien (zwanzig Jahre zuvor) festsetzen könnte; eine zu der Zeit gewiss unrealistische Befürchtung.³ So kann man nur darüber spekulieren, wie der Geschichtsort Ost-Berlin, einst das Zentrum von Preußentum, Hohenzollern-Chauvinismus und der nazistischen Aneignung dieser Geschichtsbestände, ihn möglicherweise zu Gedichten provoziert hätte. Nein, Paul Celans Berlin-Erfahrung ist die Erfahrung von West-Berlin, die verstörend genug war. Die Hauptstadt des Deutschen Reiches war von 1933 an das »Herz der Finsternis«, als das man das Mordregime der Nazis mit Joseph Conrad bezeichnen kann. 1967 gab es erst wenige Gedenkorte für die Opfer von deren Gräueltaten. Die »Topographie des Terrors« als zentraler Erinnerungsort für die Opfer des NS-Regimes genau dort, wo einst mit der Reichskanzlei und dem Führerbunker in der Wilhelmstraße sowie dem Gestapo-Hauptquartier in der Prinz-Albrecht-Straße tatsächliche Zentren der nazistischen Gewaltherrschaft standen, wurde erst 25 Jahre später eröffnet. In den 50er Jahren sprengte man zumeist die Überreste solcher Gebäude und überließ den Schutt Firmen der Baustoffverwertung, deren Geschäft blühte. Hätte Celan diese Stätten gekannt, wären vielleicht weitere Gedichte entstanden, in denen sich aktuelle Wahrnehmung, Reflexion der eigenen Biographie und die konkrete Auseinandersetzung mit deutscher Gewaltgeschichte poetisch verschränkt hätten. Übrigens hätte der Autor auch den Ort aufsuchen können, der mit einem zentralen Datum seiner Dichtung im Zeichen des »Akut« unauflöslich verbunden ist, nämlich die Villa der Wannseekonferenz, in der am 20. Januar 1942 fünfzehn hohe NS-Funktionäre die praktische Umsetzung des Massenmords an den europäischen Juden organisierten (nach eineinhalb Stunden – so sagt das Protokoll der Sitzung – war man damit fertig). Aber soweit bekannt, ist Celan nicht am Wannsee gewesen.⁴

Der Dichter war von zwei Institutionen resp. Personen nach Berlin eingeladen worden: von Peter Szondi, der gerade erst den Lehrstuhl für Allgemeine und Vergleichende Literaturwissenschaft an der Freien Universität Berlin übernommen hatte, und von Walter Höllerer, der schon lange vorhatte, Celan seitens der Akademie der Künste in West-Berlin zu Gast zu haben. Daraus ergab sich, welche Berliner Örtlichkeiten der Autor zunächst einmal kennenlernte. Der für ihn zentrale Ort wurde die Akademie der Künste im Hanseatenweg, unweit des S-Bahnhofs Hansaplatz, wo seine erste Lesung vor einem großen, überwiegend studentischen Publikum stattfand. Der mehrgliedrige Baukomplex im nördlichen Teil des Tiergartens war

Anfang der 60er Jahre in der Manier des sogenannten Brutalismus errichtet worden, aber er hatte auch seine Meriten. Klaus Staeck beschrieb ihn 2006 rückblickend als »weltliches Kloster, mit Gängen und Gärten und Appartements, als ein[en] Ort des Rückzugs«.[5] Ebendort, in einem der eher asketisch im Geist des Bauhauses eingerichteten Appartements, nächtigte der Dichter fast zwei Wochen lang, und das in der 1967 wirklich winterlichen Weihnachtszeit, in der der ganze Gebäudekomplex wohl weitgehend verlassen und ›klösterlich‹ gewesen sein dürfte. Zumal am Heiligabend, deutsches Familienfest *par excellence*, und an den beiden Weihnachtsfeiertagen wird der ganze Akademiekomplex menschenleer gewesen sein.

Die beiden Lesungen lagen in den ersten Tagen seines Aufenthalts, wie auch sein Zusammensein mit seinen Gastgebern und einigen anderen ihm wohlgesinnten Menschen. So traf er am Nachmittag des 21. Dezember Hannelore Hoelzmann, die, seinerzeit, im Sommer und Herbst des Jahres 1951, als Studentin an der Sorbonne, damals mit Namen Hannelore Scholz, für einige Wochen eine enge Freundin gewesen war, nach sechzehn Jahren wieder, nachdem sie seiner Lesung drei Tage zuvor im großen Saal der Akademie beigewohnt hatte.[6] In der zweiten Woche, zwischen dem 24. und dem 29. Dezember, gab es nur wenige Termine, so eine Fernsehaufnahme unter Leitung von Ernst Schnabel am 28.12. und eine Carl-Sternheim-Aufführung an der (West-Berliner) Volksbühne. Vielleicht traf Celan auch den Lyriker Christoph Meckel und den Literaturwissenschaftler Alfred Kelletat, den er als Interpreten seiner Gedichte schätzte und mit dem er 1955 im Hölderlin-Archiv in Bebenhausen gewesen war.[7] Es bleiben jedenfalls lange, einsame Tagesabschnitte bis zu seinem Rückflug nach Paris, in denen der Autor ganz auf sich gestellt war. Man denkt sie sich schwierig für einen Menschen, der ein knappes Jahr zuvor – Ende Januar 1967 – versucht hatte, sich das Leben zu nehmen und danach bis zum Sommer des Jahres in einer stationären Psychiatrie zugebracht hatte. Schließlich hatte er noch kurz vor der Berlin-Reise die gemeinsame Wohnung mit Gisèle und Eric in der Rue de Longchamp endgültig aufgeben müssen und war in eine möblierte Wohnung in der Nähe der École Normale Supérieure gezogen, was durchaus nicht seinen Wünschen entsprach. Doch nach einem detaillierten Bericht von Marlis Janz über die beiden langen Abende, an denen er seine Gedichte las – eine bemerkenswert große Zahl von ihnen und hochkonzentriert –, war er hernach im kleinen Kreis zugewandt und heiter, ja, zeitweise geradezu »albern, war ganz und gar nicht besorgt um sein Image.«[8] Zu dieser Heiterkeit trug gewiss bei, dass vor allem die Lesung vor großem Publikum im Studiosaal der Akademie ein uneingeschränkter Erfolg war. »Man applaudierte lange, teilweise stehend, mit Betroffenheit und Respekt.« So erinnert sich Marlis Janz – und das in zu dieser Zeit schon großer Unruhe unter den Studenten der Freien Universität, die z. B. Theodor W. Adorno wenige Monate zuvor bei einem Vortrag im Audimax zu spüren bekommen hatte.[9] Auch die West-Berliner Presse berichtete beeindruckt, so Joachim Günther im »Tagesspiegel« in einer bemerkenswert einfühlsamen Besprechung der Lesung.[10] Der Dichter registrierte dieses Echo erfreut. Er schrieb an seine Frau:

> Meine Lesung ist sehr gut verlaufen, in der Presse gab es am nächsten Tag ein erstaunliches Echo, das mir deutlich gezeigt hat, daß ich immer noch auf einem Niveau präsent bin, das mich trotz allem, ich muß es gestehen, verwundert hat.[11]

Gisèle antwortete ihm einige Tage später sichtlich erfreut über seinen Erfolg und fügte, seinen letzten Brief betreffend, an: »Aber Du sagst nichts über Berlin. War es auszuhalten?«[12] In der Tat hatte Celan nur hervorgehoben, dass er nach mehr als zwanzig Jahren zum ersten Mal einen Winter gesehen habe, »der aus Schnee und nochmals Schnee besteht«, und dass Peter Szondi »ein zuvorkommender Freund« sei. Und dass zwei Gedichte entstanden seien, »davon eins über Karl Liebknecht und Rosa Luxemburg (am 16. Januar 1919 hier ermordet).«[13]

Berlin – »War es auszuhalten?« Nun, der Dichter wurde schon in den ersten zwei, drei Tagen seines Aufenthalts von Peter Szondi und dem Schweizer Psychoanalytiker Walter Georgi (den er seit einer gemeinsamen Segeltour auf dem Zürichsee im Juni 1959 kannte und schätzte) bei Autofahrten und Spaziergängen auf Ereignisse der deutschen Terrorgeschichte hingewiesen, die ihn sehr beschäftigten. Die Gestalt von Rosa Luxemburg, die ihm in den Berliner Tagen aus guten Gründen besonders lebhaft vor Augen stehen sollte, war ihm seit langem vertraut, wie schon das Ende 1962 entstandene Gedicht »Coagula« zeigt.[14] Von vornherein war damit ausgeschlossen, dass er West-Berlin als ein harmloser Tourist sehen würde. Davon zeugt

vor allem das bedeutendere der zwei titellosen[15] Berlin-Gedichte
»Du liegst«. Es soll im Folgenden als Begleiter, manchmal auch als
Wegweiser dienen, da es entscheidende Erlebnisse des Autors in der
Gedächtnislandschaft Berlin in sich aufnimmt. Diesen Blick auf das
Gedicht sollte man nicht als biographischen Positivismus verdam-
men, an dem die Autonomie des Gedichts Schaden nehmen könnte.
Das Interesse dieser Studie ist es aber, Paul Celans Verhältnis zu
Deutschland so genau wie möglich auf den Grund zu gehen, und das
heißt hier konkret: seinem Verhältnis zur (ehemaligen) Hauptstadt
Berlin.

   Du liegst im großen Gelausche,
   umbuscht, umflockt.

   Geh du zur Spree, geh zur Havel,
   geh zu den Fleischerhaken,
   zu den roten Äpplestaken
   aus Schweden –

   Es kommt der Tisch mit den Gaben,
   er biegt um ein Eden –

   Der Mann ward zum Sieb, die Frau
   mußte schwimmen, die Sau,
   für sich, für keinen, für jeden –

   Der Landwehrkanal wird nicht rauschen.
   Nichts
        stockt.[16]

Das eigensinnig gereimte, metrisch weitgehend regelmäßige, stro-
phisch klar gegliederte Gedicht – die Zahl von vierzehn Versen lässt
sogar an ein Sonett denken – beginnt an einem Ort der Ruhe: »im
großen Gelausche, / umbuscht, umflockt.« Mit Kenntnis der Akade-
miegebäude im Hanseatenweg 10 darf man annehmen, dass sich der,
der hier spricht, selbst mit »Du« anredet und seine Lage bedenkt – in
seinem Appartement liegend, auf die weiß verschneiten Büsche vor
den großen Fenstern schauend, während die Schneeflocken nieder-
schweben.[17] Das Wort »Gelausche« ist ungewohnt, aber sein Sinn

leuchtet auf Anhieb ein: Wer so einsam und still in einem tief verschneiten ›lauschigen‹ »Blätterwerk«, einem »Gelausche«[18] ruht wie der Sprecher dieses Gedichts, der wird fast automatisch aufmerksam lauschen. Aber wohin lauscht er? Was hört er? Nun, er lauscht nicht mehr nur, er *geht*, wie der Sprecher des Gedichts »Engführung« nicht mehr nur »liest« und nicht mehr nur »schaut«, sondern »geht«[19] und sich gehend, wandernd eine von den Menschen einer früheren Epoche gezeichnete Geschichts- und Erinnerungslandschaft erschließt.

Für den Sprecher dieses Gedichts ist es zunächst das Gelände des ehemaligen Hansaviertels (das im Krieg völlig zerstört wurde) nordwärts, in geringer Entfernung, zum Spreebogen hin, südlich zum Landwehrkanal und westwärts zur Havel, die freilich ein gutes Stück entfernt liegt. Man muss wohl davon ausgehen, dass Paul Celan, was die Topographie der Stadt angeht, einigermaßen unvorbereitet nach Berlin kam und sozusagen keinen ›inneren Stadtplan‹ hatte. Mit einem papiernen Stadtplan hat ihn Szondi bei seiner Ankunft vielleicht ausgestattet, vielleicht auch nicht. Auch einschlägige Lektüre hatte der Dichter nicht dabei. Als er Szondi um etwas zu lesen bat, gab dieser ihm einen gerade in der »edition suhrkamp« erschienenen Dokumentationsband über den Mord an Rosa Luxemburg und Karl Liebknecht, den der Dichter offenbar umgehend las.[20] Vermutlich machte Szondi den Gast bei der Gelegenheit schon vertraut mit den Umständen dieses politischen Terrorakts vom 15./16. Januar 1919.

Doch zunächst nimmt das Gedicht ein anderes Moment dessen auf, was Celan in den ersten Tagen seines Aufenthalts in Berlin erfuhr. Walter Georgi hatte ihn zur Gedenkstätte im Gefängnis Plötzensee im Norden von Charlottenburg geführt, wo die Nazis zwischen 1933 und 1945 über 2800 Menschen hatten hinrichten lassen – zunächst per Handbeil und Guillotine und später mittels Erhängen, ab 1942 in Achterreihen. Dafür war eigens ein Eisenträger mit Fleischerhaken installiert worden. Vor allem die Männer des Widerstands (und später auch einige Frauen) wurden hier exekutiert. Diese Fleischerhaken hatte Celan gesehen – sie fanden Eingang in sein Gedicht, das laut seinem eigenen Notat in der Nacht vom 22. auf den 23. Dezember – »im großen Gelausche« – entstand, als der Dichter dieses Erlebnis schon mit einem gewissen Abstand betrachten konnte. Doch wohin geht die erinnernde ›Wanderung‹ des Autors danach? Sie geht »zu den roten Äppelstaken / aus Schweden –«. Wiederum von Walter Georgi wissen wir, dass er nach dem Besuch der Hinrichtungsstätte Plötzensee mit dem Freund einen Weihnachtsmarkt bei den Messehallen am Funkturm aufsuchte. Mit den »Äpplestaken« ist eine »weihnachtliche Tischdekoration in Form eines Nadelbaums en miniature« gemeint, »der statt Zweigen kleine Spieße besitzt, auf die Äpfel und Kerzen gesteckt werden.«[21] Diese merkwürdigen Objekte aus Schweden mit der Farbe Rot hatten die Aufmerksamkeit des Autors geweckt, vor allem wohl, weil sie den Kontrast von Terror und Einkaufsrummel kurz vor Weihnachten grell markierten.

Die folgende, dritte Strophe nimmt zunächst die weihnachtliche Anmutung der beiden vorigen Verse mit »Es kommt der Tisch mit den Gaben« auf, verfremdet sie jedoch umgehend mit dem folgenden Vers »er biegt um ein Eden –«. In einem Notizbuch Celans von seiner Berlin-Reise findet sich der makabre Eintrag »der Gabentisch voller Leichen«.[22] Diese Wendung korrespondiert mit der kontrastiven Fügung von »Fleischerhaken« und »Äpplestaken«: Terror und Konsum als zwei Seiten einer Medaille (»Kampf dem Konsumterror« wurde um diese Zeit zu einer Parole der beginnenden 68er-Bewegung). Und der Vers »Es kommt der Tisch mit den Gaben« suggeriert, dass die üppigen ›Gaben‹, die 1967 auf deutschen Weihnachtstischen liegen, noch immer und zuallererst die Berge von Leichen sind, die die Deutschen ›produziert‹ haben – nur, dass das kaum jemand wahrhaben will. Von zwei dieser Leichen spricht das Gedicht im Weiteren. Aber was meint »ein Eden«? Peter Szondi hat darüber Aufschluss gegeben (und sich bei der Gelegenheit skrupulöse Gedanken darüber gemacht, inwieweit der Exeget lyrischer Gedichte auf solches Wissen zurückgreifen dürfe). Er hat darauf hingewiesen, dass er Celan bei einer gemeinsamen Fahrt mit dem Auto durch die Straßen West-Berlins auf das Apartmenthaus »Eden« in der Budapester Straße, Ecke Kurfürstenstraße – unweit der Kaiser-Wilhelm-Gedächtniskirche – aufmerksam gemacht habe, wo vor dem Krieg das elegante Hotel »Eden« gestanden hatte, in dem Rosa Luxemburg und Karl Liebknecht, gefangengehalten von Offizieren und Soldaten eines Freikorps, der Garde-Kavallerie-Schützen-Division, die letzten Stunden ihres Lebens verbrachten. »Der Hohn, den die Beibehaltung des Namens für das Luxusapartmenthaus auf das Gedenken der beiden Ermordeten darstellt, war Thema unseres Gesprächs im Auto.«[23]

Mittels der genannten Dokumentation des Ehepaars Hannover zum Mord an den beiden Führern der Arbeiterbewegung, zwei Wochen nach Gründung der Kommunistischen Partei Deutschlands am Neujahrstag 1919, hatte Celan sich damit vertraut gemacht, wie diese Terroraktion im Einzelnen vonstattengegangen war. Er wusste nun genau, wie die beiden zu Tode gekommen waren. Sie wurden, beschimpft und angespuckt von Hotelgästen des »Eden«, getrennt in zwei Autos verfrachtet; Luxemburg, bereits von Hieben mit dem Gewehrkolben schwer verletzt und durch einen Schuss schon im Auto getötet, wurde unweit der Lichtensteiner Brücke in den Landwehrkanal geworfen; Liebknecht wurde an eine dunkle Stelle im nördlichen Tiergarten beim Neuen See gefahren, zum Aussteigen gezwungen und dann hinterrücks von vier Freikorpsleuten erschossen (»durchlöchert [...] wie ein Sieb«, wie ein Soldat später einem anderen fröhlich mitteilte).[24] Es gab später Gerichtsverfahren gegen die beteiligten Freikorpsmänner, aber es wurden keine oder nur geringfügige Gefängnisstrafen verhängt. Der »Volksbeauftragte für Heer und Marine« und spätere Reichswehrminister Gustav Noske von der Mehrheits-SPD, der nachweislich sein Einverständnis zu diesem Doppelmord gegeben hatte, wurde deswegen nie belangt.[25] Alles das wusste Paul Celan mittlerweile im Detail, und dieses Geschichtswissen (in der Bundesrepublik damals noch weitgehend unbekannt und auch wenig nachgefragt) verwandelte er in drei, vier Gedichtzeilen, die es in sich haben. Die Verse 9 und 10 zitieren direkt oder indirekt aus den Prozessakten oder dem, was über die insbesondere im Militär verhassten sozialistischen Führer im Umlauf war.[26] Liebknecht und Luxemburg (die sich in Wirklichkeit in wichtigen politischen Fragen uneins waren) werden, archetypisch und jeweils ihr ganzes Geschlecht vertretend, zu ›dem Mann‹ und ›der Frau‹, also auch zum adamitischen Paar, dessen »Eden«, dessen Paradiesesgarten nun freilich der Berliner Tiergarten von 1919 ist, einst Jagdgrund und königlicher Lustgarten, jetzt ein Gelände für tödliche Menschenjagd. Kein Gott vertreibt sie aus diesem Garten Eden, es sind Bestien in Menschengestalt, die das tun, und ein bürgerliches (oder adliges) Publikum klatscht dazu Beifall.[27]

Gewiss war Paul Celan schon vor seiner Berlin-Reise bewusst, dass die Naziherrschaft eine längere Vorgeschichte hatte. Aber man kann vermuten, dass die nähere Beschäftigung mit der Ermordung von Luxemburg und Liebknecht, diesem skandalösen Auftakt zur Weimarer Republik, diese Erkenntnis vertieft hat. Zu dieser Vorgeschichte gehört die Verrohung der Männer an den Fronten des Ersten Weltkriegs und ihre Gewöhnung an den massenhaften Tod, und damit bald auch die Gewöhnung an den politischen Mord als gängiges Mittel in Republik und Demokratie.[28] Zu ihr gehört auch ein immer aggressiver werdender Antisemitismus, der beim Hass auf Rosa Luxemburg eine entscheidende Rolle spielte. Die kryptische Wendung »er [der Tisch mit den Gaben] biegt um ein Eden« könnte dann meinen: Der »Gabentisch voller Leichen«, den (sich) die Deutschen 1933 bis 1945 aufgeschichtet haben, musste erst einmal ›um »ein Eden« biegen‹, will sagen: Die Deutschen mussten sich ins Morden einüben, wie am 15./16. Januar 1919 im Hotel »Eden« bzw. kurz darauf geschehen, um dann in der NS-Zeit zum Massenmord überzugehen. So hat sich Paul Celan selbst in Berlin wohl zunehmend in einem historischen Dreischritt gesehen: Den Auftakt bildeten der Erste Weltkrieg und die gescheiterte Revolution 1918/19. Den zweiten Schritt markiert die antisemitische Vernichtungspolitik der Nazis, kulminierend im Massenmord 1941-45, etwa 25 Jahre nach dem Mord an Luxemburg und Liebknecht. Und an einem dritten Zeit-Punkt sieht sich der Dichter noch einmal ein knappes Vierteljahrhundert später 1967/68:[29] Ist etwas gefolgt aus der Ermordung von Luxemburg und Liebknecht? War es ein Opfer »für sich«, also für sie selbst, Rosa Luxemburg, und ihr Ego? Oder ein Opfer »für keinen«, also völlig nutzlos? Oder war es eine Tat »für jeden«, »das heißt im Interesse der Menschheit, die ihrer humanen Bestimmung gerecht würde«?[30] Das Gedicht gibt darauf keine Antwort; es formuliert diese drei Für-wen?-Sätze noch nicht einmal als appellative Fragesätze. Vielmehr ist die Zeile so dahingesagt, als ob das gleich-gültig wäre. Die letzte, dreizeilige Gedichtstrophe, im Reim (resp. in Assonanz) mit der ersten Strophe korrespondierend, zieht in rätselhafter Weise Bilanz:

Der Landwehrkanal wird nicht rauschen.
Nichts
     stockt.

Ein Rauschen des einst, 1919, tödlichen Wassers würde Leben, vielleicht auch Hoffnung bedeuten – aber ›rauscht‹ ein Kanal jemals? Wohl nur, wenn eine Schleuse geöffnet wird und neues Wasser in ihn hineinströmt. Doch der Landwehrkanal rauscht nicht und wird auch in der Zukunft nicht rauschen, sagt das Gedicht, und das kann nur als Absage an Hoffnung verstanden werden. Rätselhaft und mehrdeutig ist hingegen der letzte Satz, der nur aus zwei Wörtern besteht, die aber jeweils einen eigenen Vers in Anspruch nehmen (wobei der Vers 13 »Nichts« als einziger keinen Reim hat).[31] In einer ersten Fassung hatte der Dichter »Du stockst« und »Was stockt (?)« als letzten Vers erwogen,[32] aber dann diese rätselhafte lakonische Wendung gewählt. Was kann »Nichts / stockt.« meinen? Nun, es kann meinen, dass alles immer so weitergeht und es kein Stocken, kein Anhalten gibt, gleichgültig, was für empörende Dinge auf der Welt geschehen. Und dieser Befund ist nicht »banal«, sondern existenziell zutiefst verstörend.[33] Das bestätigen auch Sätze aus einer der Schlussszenen von Georg Büchners »Dantons Tod« (IV. Akt, vorletzte Szene »Eine Straße«), die Paul Celan schon lange vertraut waren (er hat sie in seiner Ausgabe angestrichen). Dort sagt Lucile, kurz vor der Hinrichtung ihres Geliebten Camille und auch Dantons (und die Passage ist so wichtig, dass sie in voller Länge zitiert werden soll):

> Es ist doch was wie Ernst darin. Ich will einmal nachdenken. Ich fange an, so was zu begreifen.
> Sterben – Sterben –! – Es darf ja alles leben, alles, die kleine Mücke da, der Vogel. Warum denn er nicht? Der Strom des Lebens müßte stocken, wenn nur der eine Tropfen verschüttet würde. Die Erde müßte eine Wunde bekommen von dem Streich.
> Es regt sich alles, die Uhren gehen, die Glocken schlagen, die Leute laufen, das Wasser rinnt, und so alles weiter bis da, dahin – nein, es darf nicht geschehen, nein, ich will mich auf den Boden setzen und schreien, daß erschrocken alles stehen bleibt, alles stockt, sich nichts mehr regt. (*Sie setzt sich nieder, verhüllt sich die Augen und stößt einen Schrei aus. Nach einer Pause erhebt sie sich:*) Das hilft nichts, da ist noch alles wie sonst: die Häuser, die Gasse, der Wind geht, die Wolken ziehen. – Wir müssen's wohl leiden.[34]

In Georg Büchners Drama ist es am Ende also auch so, dass »nichts / stockt«, sondern, dem Skandal der Hinrichtung des Geliebten zum Trotz, »so alles weiter bis da, dahin« geht, als ob nichts geschehen wäre. Der »Strom des Lebens« hat *nicht* gestockt, obwohl dieser »eine Tropfen verschüttet« wurde. Celan nimmt Luciles resignativen letzten Satz »Wir müssen's wohl leiden« allerdings *nicht* auf, also bestätigt er ihn auch nicht. Und freilich, Lucile leidet ›es‹ am Ende auch nicht, sondern spricht in einem »Akt der Freiheit« ihr

»plötzliche[s] ›Es lebe der König!‹«, ihr »Gegenwort«, das in der »Meridian«-Rede des Dichters von 1960 eine so wichtige Rolle spielt.³⁵

Die Zäsur nach »Nichts« könnte aber auch darauf verweisen, dass sich bei uns Menschen eben doch immer wieder die Erwartung einstellt, dass etwas stocken und hernach ganz anders werden könnte. Allerdings ist ›stocken‹ bereits für sich genommen semantisch mehrdeutig. Dass etwas zum Halten, zum Stocken kommt, kann auch im negativen Sinn meinen, dass ein bewegter Prozess, der »Strom des Lebens«, anhält oder gar versiegt. Aber es ist auch möglich, das Wort ›Nichts‹ nicht als Adverb, sondern als Substantiv zu lesen. Und das hieße dann umgekehrt, dass das ›Nichts stockt‹, ergo sein Gegenteil, das Sein (oder nüchterner und ganz ohne Heidegger: Seiendes), lebt und sich bewegt. Der Schluss von »Du liegst im großen Gelausche« gehört zweifellos zu den Stellen, in denen Celan die »Vielstelligkeit des Ausdrucks«³⁶ besonders weit getrieben hat.

Peter Szondi hat sich in seinem Aufsatz »Eden« unter anderem der »Motivverknüpfung von Ermordung und Hinrichtung einerseits, Weihnachtsstimmung andererseits« gewidmet und gefragt, welchen Blick »Celan auf die Gegensätze dieser Welt warf. Sie waren ihm keine« – so stellte Szondi fest, und er fand darin, in der »Einheit von Paradies und Vorhölle in dem Wort ›Eden‹«, die Mitte des Gedichts und den Ausweis von »Celans Grunderfahrung« der »In-Differenz«.³⁷ Dieser Auffassung sei hier doch widersprochen. Gewiss, je älter Paul Celan wurde, desto mehr dachte er in Ambivalenzen, gemäß der Einsicht »Es ist nicht so einfach ...«, wie János Szász, ein Freund Nina Cassians aus Bukarest, bei mehreren Besuchen in Paris im Jahr 1969 feststellte.³⁸ Aber der Dichter wusste sehr wohl und vergaß nie, dass es ein absolut Böses gab, das in der Shoah in extremer Weise hervorgetreten war; und zwar ein Böses nicht im metaphysischen oder religiösen Sinn, sondern ein Böses, das dem Gattungswesen Mensch eingeschrieben ist und sich ungehemmt Bahn bricht, wenn es nicht – wiederum ›menschlich‹ – eingehegt wird. Das nationalsozialistische deutsche Regime war im politischen Sinne jenes Reich des Bösen gewesen, und sein »Herz« hatte in Berlin geschlagen. Man kann sich an die Reise des Seemanns Marlow in Joseph Conrads Roman von 1898 »Das Herz der Finsternis« erinnern, wenn man sich vorzustellen versucht, was Paul Celan an *dem* deutschen Geschichtsort *par excellence* Berlin in dreizehn langen Wintertagen und -nächten durch den Kopf ging. Marlow fuhr den Kongo-Strom als Kapitän eines maroden Flussdampfers aufwärts, um den geheimnisvollen Herrn Kurtz, einen leitenden Agenten der königlich belgischen Handelsgesellschaft, die alles Gold, Elfenbein und andere Güter des Landes zusammenraffte, zu treffen und womöglich zu töten. Durch die Schwarzen, mit denen Marlow auf seiner gefahrvollen Reise zu tun hat, lernt er niedere Magie und »die Wildnis« bis hin zum Kannibalismus kennen. Aber Herr Kurtz ist nicht irgendein schwarzer Medizinmann oder Zauberer. Er ist einer, der »keine Hemmungen kannte, keinen Glauben und keine Furcht«; ein brillanter Redner und Propagandist. »Er hätte für eine extreme Partei einen glänzenden Führer abgegeben. [...] Er war ein – ein – Extremist.«[39] Kurtz stirbt bald nach Marlows Ankunft. Seine letzten Worte lauten: »das Grauen! Das Grauen!«[40]

Nun, Paul Celan hat in Berlin nicht Conrads Roman gelesen.[41] Aber »Herz der Finsternis« hätte ein Wegweiser sein können, um diesen exemplarischen Geschichtsort der Moderne zu illustrieren. Denn der rechtsradikale deutsche Chauvinismus und Militarismus der Freikorps zwischen 1918 und 1923 hing aufs Engste mit dem verspäteten (gescheiterten) deutschen Streben nach Kolonien zusammen, und Figuren wie der Gründer der Kolonie Deutsch-Ostafrika Carl Peters – ein skrupelloser Mörder und dazu Sozialdarwinist und Rassist ersten Ranges – waren im Grunde schon fertige Nazis. Der »Herr Kurtz« der NS-Diktatur war schon lange tot, als Paul Celan auf seiner Erkundungsfahrt zwischen Spree, Landwehrkanal und Plötzensee das »Herz der Finsternis« erreichte. Aber er konnte das absolut Böse noch beklemmend spüren, das von den Mordtaten 1919 und denen aus der Nazizeit ausging.

Hier von Celans »Grunderfahrung« der »In-Differenz« zu sprechen erscheint mir bedenklich. Vielmehr kann man, nach diesem skizzenhaften Durchgang durch Celans Berlin-Erlebnisse, besser verstehen, warum er am 9. Januar 1968 an Franz Wurm schrieb, er sei seit seiner Rückkehr aus Berlin »auf das eindringlichste« auf seine »Grenzen« verwiesen, »auf meine Unfreiheit, mein Nirgendwo«;[42] »meine Unfreiheit« könnte meinen, dass dem Autor an diesem Ort in aller Klarheit und Härte deutlich wurde, dass er der Determination seines eigenen einmaligen Lebens durch die Taten der NS-Verbrecher niemals würde entrinnen können. Sie hatten ihm einen unersetzlichen Verlust beschert und ihn dadurch »unfrei« fürs ganze Leben gemacht.

Zugleich zwangen sie ihn, sich in einem »Nirgendwo« anzusiedeln, indem sie Deutschland, alles, was deutsch ist, sich unterwarfen und gewaltsam mit sich in eins setzten. Dadurch hinderten sie einen Juden mit der geliebten Muttersprache Deutsch daran, seinerseits diesen Ort Deutschland zu besetzen. »War es auszuhalten?«, hatte Gisèle gefragt. Nein, Berlin war nur sehr schwer auszuhalten. Der Aufenthalt in der ehemaligen deutschen Hauptstadt hat dem Dichter viele neue Erkenntnisse beschert. Aber er hat ihn nicht glücklicher gemacht. Das Projekt eines längeren Aufenthalts in der Bundesrepublik gab er zwar auch jetzt noch nicht auf (und der große Erfolg der Akademie-Lesung hatte ihn ja auch ermutigt), aber er ahnte wohl, dass es am Ende wieder illusorisch sein würde, weil ihm in Deutschland (wo auch immer) die Schrecken der Vergangenheit wieder und wieder entgegenschlagen würden. Eine nicht näher datierte Notiz aus dem Jahre 1969 lautet (der erste Satz ist ein kaum abgewandeltes Zitat aus Novalis' »Heinrich von Ofterdingen«): »›Wohin gehen wir. Immer nachhause.‹ Sie tuns. Ich nicht! ich hause im Nach, das da geht und geht.«[43]

Celan hat noch ein zweites Berlin-Gedicht geschrieben, nämlich »Lila Luft«. Der Dichter erinnert sich einer nächtlichen Fahrt (mit Georgi und Janz – wie wir von ihr wissen) zur Ruine des Anhalter Bahnhofs (im Gedicht: das »Anhalter Trumm«), über der am Nachthimmel »der Jakobsstab« steht (eine Bezeichnung der Gürtelsterne des Orion). Der Sprecher des Gedichts rekurriert mittelbar (ohne das im Gedicht zu sagen) auf seine erste Durchreise durch Berlin (vermutlich) am 10. November 1938, bei der er diesen (?) Bahnhof berührte, und damit ist auch ein Rekurs auf das Gedicht »La Contrescarpe« vom Herbst 1962 gegeben, in dem sich das Ich des Gedichts an diese Erfahrung der Durchquerung Berlins erinnert.[44] Jetzt, fast dreißig Jahre später, lernt das Ich des neuen Gedichts »Lila Luft«, in der Kneipe sitzend und kleine Tannenzweige abbrennend, für diese Spielerei das Wort »kokeln«. Und sogleich wendet es dieses Wort auf die sogenannte Reichskristallnacht an, indem es sie »Kokelstunde« nennt.[45] Und weiter geht der nächtliche Kneipengang mit Georgi und Janz »von der / Stehkneipe zur / Schneekneipe.«[46] Dort endet er, und dort endet auch das kleine Gedicht. Es ist »noch nichts / Interkurrierendes« geschehen, wie es in den Versen 4 und 5 heißt. Ja, auch solche Gedichte quasi im Vorübergehen, Protokolle von (für ihn) signifikanten biographischen Momenten, hat Paul Celan geschrieben.[47]

»Mit zeitroten Lippen«
Das Jahr 1968

Es ist das Jahr 1968, in dem sich für Paul Celan – wie für Millionen andere in Europa und in den USA – die Frage immer bedrängender stellte, wie die herrschenden Gewalt- und Unterdrückungsverhältnisse umgewälzt werden könnten. 1968 ist das Jahr des Prager Frühlings und seiner Niederschlagung. Es ist das Jahr zweier verstörender politischer Morde in den USA, ein besonders verlustreiches Jahr des Vietnamkriegs und des weltweiten Protests gegen die amerikanische Aggression in Vietnam. Die europäischen Zentren dieses Protests waren Paris und Berlin; Bewegungen, die sich gleichzeitig gegen autoritäre Verhältnisse im eigenen Land richteten.

Wie hat sich Paul Celan inmitten dieser Konflikte verhalten? Hat er sich selbst als einen politischen Menschen verstanden? War er ein politisch Handelnder? Schließlich: War er ein politischer Dichter?

Jedenfalls war Celan ein in hohem Maß *politisch interessierter* Mensch. Das wenigstens lässt sich vorbehaltlos feststellen. Aus den beiden Jahrzehnten, die er in Paris ansässig war, ist gut belegt, dass er regelmäßig sowohl französische als auch – und vielleicht noch mehr – westdeutsche Zeitungen las. In beiden Sprachen bevorzugte er die großen liberalen Blätter, im Deutschen an erster Stelle die »Frankfurter Allgemeine Zeitung« und den »Spiegel« sowie (deutlich weniger) »Die Welt« und »Die Zeit«; im Französischen »Le Monde«. Natürlich interessierten ihn die Feuilletons mit ihren Buchbesprechungen, aber häufig sogar mehr die politischen Artikel, und Vieles aus ihnen ging in seine Gedichte ein.[1]

Und Paul Celan schrieb von Zeit zu Zeit Gedichte, die eindeutig mit politischen Ereignissen zu tun haben und zu ihnen Stellung beziehen; die man also ›politische Gedichte‹ nennen kann, auch wenn er selbst diese Rubrizierung nicht schätzte.[2] Dazu gehört sein berühmtestes Gedicht »Todesfuge« ebenso wie sein vielleicht bedeutendstes Gedicht »Engführung«, das die beiden Katastrophen aus der Zeit des Zweiten Weltkriegs ins Gedächtnis ruft – Auschwitz und Hiroshima –, in denen sich ein vergleichbares instrumentelles, nur kalkulierendes Denken manifestiert. 1954 entstand das Gedicht »Schibboleth«, das in der »Zwillingsröte in Wien und Madrid« den

Arbeiteraufstand in Wien im Februar 1934 und den Oktoberaufstand in Madrid ein halbes Jahr später gleichsam »in eins« setzt. Was sie verbindet, ist der Wille, die herrschenden Unterdrückungsverhältnisse aufzubrechen und eine freie und gerechte Gesellschaft zu schaffen. Ihr Schibboleth, ihr Erkennungszeichen, war das der Internationalen Brigaden im Spanischen Bürgerkrieg: »No pasarán« (»Sie werden nicht durchkommen«). Zweifellos ist auch »Schibboleth« ein politisches Gedicht. Der Autor selbst charakterisiert es, gemeinsam mit dem Gedicht »Mit zeitroten Lippen«, als »poèmes ›couleur du temps‹ si l'on peut dire, *zeitrot* plutôt«.³

Noch offensichtlicher ist »Denk dir« ein »zeitrotes«, ein politisches Gedicht, das inmitten des sogenannten Sechs-Tage-Kriegs zwischen Israel und den benachbarten arabischen Staaten im Juni 1967 entschieden für Israel und seine jüdischen Menschen Partei ergreift. Aber auch »Einem Bruder in Asien«, entstanden im August 1967, ist zu nennen, das eine Solidaritätserklärung für einen unbekannten, namenlosen Menschenbruder in Vietnam ist. Der Dichter hatte auch in diesem Fall Berichte in der »Frankfurter Allgemeinen«, unter anderem über den Abwurf von Napalm-Bomben, gelesen. Und es ist kein Zufall, dass Celan die beiden zuletzt genannten Gedichte an das Ende seiner Lesung in West-Berlin am 18. Dezember 1967 stellte. Auch das in Berlin entstandene Gedicht »Du liegst«, in dem es um den Mord an Rosa Luxemburg und Karl Liebknecht sowie um die Hinrichtungsstätte der Nazis in Berlin-Plötzensee geht, ist ohne Frage ein politisches Gedicht. Es führt auf eine wichtige Spur: dass man eine große Zahl von Celans Gedichten ›politisch‹ nennen kann, insofern sie ›der Schwachen‹ gedenken (unter welchem jeweiligen »Akut« und welcher Couleur auch immer) und dergestalt wenigstens mit Worten Solidarität üben. Paul Celan hat der Tugend der Solidarität einen hohen Stellenwert eingeräumt und sie gerade von Freunden und Kollegen in seiner Bedrängnis durch die Goll'sche »Infamie« eingefordert – und dabei, wie dargestellt, manche Enttäuschung erlebt. In diesem Sinne lässt sich manches auf der scheinbar ›unpolitischen‹ Ebene des eigenen Verhaltens und des Verhaltens anderer ›politisch‹ nennen, ohne das Geringste mit Parteipolitik oder anderen gängigen Assoziationen ›des Politischen‹ zu tun zu haben.

Ein Blick zurück auf die verschiedenen Phasen von Celans Biographie macht rasch deutlich, dass er sich selbst schon früh als ›politisch‹ verstand. Der Czernowitzer Gymnasiast empfand, las und dachte ›links‹, aber von Anfang an nicht in den Bahnen sowjetischer oder deutscher Parteikommunisten, sondern mit Sympathien für Anarchisten wie Pyotr Kropotkin und Gustav Landauer. Als er in Erwartung des Einmarschs der Deutschen in Czernowitz nach dem 22. Juni 1941 vor die Alternative gestellt war, die Stadt mit den sowjetischen Truppen zu verlassen und an deren Seite gegen die Nazis zu kämpfen (wie es zwei seiner besten Freunde, Gustav Chomed und Erich Einhorn, taten, die beide sowjetische Staatsbürger und Angehörige der Roten Armee wurden), da entschied er sich gegen dieses Angebot, weil er kein Vertrauen in den Weg zum Sozialismus hatte, der von Stalin vorgegeben war. Die Entscheidung seiner Freunde für die Sowjetunion, beide Juden wie Paul Antschel, war natürlich auch davon beeinflusst, dass man ahnen konnte, was eine Okkupation der Bukowina durch Wehrmacht und SS für die jüdische Bevölkerung bedeuten würde (und die schlimmsten Ahnungen erfüllten sich).

Zwischen 1945 und 1947 machte der junge Mann in Bukarest praktische Erfahrungen mit der »Volksdemokratie« Rumänien, die in diesen Jahren ganz nach dem Vorbild Sowjetunion formiert wurde, und das galt auch für den restriktiv kontrollierten Bereich von Kultur und Literatur, in dem der junge Lektor, Übersetzer und Lyriker Paul Antschel (jetzt Ancel) tätig war. Im Dezember 1947 setzte er sich aus Rumänien ab und wurde zur *Displaced Person* im von den vier Siegermächten besetzten Wien. Ein halbes Jahr später finden wir ihn in Paris – angekommen am 14. Juli 1948, dem Datum des Sturms auf die Bastille 1789 und damit des Beginns der Französischen Revolution. Das deutete der junge Mann für sich als ein gutes Zeichen des Neuanfangs.[4]

Die ersten Jahre in Paris verhielt Paul Celan sich politisch zurückhaltend. Gewiss nahm er Ereignisse wie die Kriege Frankreichs in Indochina und Algerien kritisch wahr. Vor allem war seine unerbittliche antinazistische Einstellung schon in den frühen Pariser Jahren klar. Aber da er erst 1952 zum ersten Mal in die junge Bundesrepublik reiste, kamen ihm die dortigen Verhältnisse und deren Akteure im Zeichen einer die alten Nazis umarmenden »Vergangenheitspolitik«[5] seitens der Adenauer-Regierung zunächst kaum nahe. Die Tagung der Gruppe 47 in Niendorf markiert eine Wende. Celan erlebt die Mehrzahl seiner (männlichen) Kollegen in ihrer Andersheit: Vor wenigen Jahren waren sie noch Soldaten der Wehrmacht, die Juden wie ihn als Feinde, ja, als nicht lebenswert zu behandeln hatten;

jetzt mehr oder weniger ›gewendet‹, aber doch mehrheitlich mit Aversionen gegen die seltsame (jüdische? oder Goebbels-ähnliche?) Vortragsweise des Fremdlings.⁶ Andererseits waren die meisten dieser schreibenden Kollegen politisch links eingestellt, in der Regel der Sozialdemokratie nahe. Machte sie das nicht sympathisch? Doch, das tat es, aber der jüdische Autor merkte früh, dass es bei einigen dieser links eingestellten Kollegen ein merkwürdiges Problem gab: nämlich einen verkappten, häufig nicht an sich selbst wahrgenommenen Antisemitismus, der obendrein noch unter der »Tarnkappe« des Philosemitismus daherkam. Celan nannte sie gern polemisch die »Linksnibelungen«, um das ihm verdächtige ideologische Gebräu von einerseits linken und andererseits deutschnationalen, ja, antisemitischen Gesinnungselementen zu markieren.⁷ Celan hatte das gleich 1952 am Chef der Gruppe 47, Hans Werner Richter, erlebt, und er erlebte es in den späten 50er Jahren schmerzlich an Rolf Schroers, bis diese enge Freundschaft zerbrach. Es war hernach vor allem die Plagiatsanschuldigung der Claire Goll und ihrer Unterstützer, die der Autor mehr und mehr als antisemitisch fundiert wahrnahm. In gewisser Weise ist es die Goll-Affäre, die Paul Celan in den Jahren 1960 bis 1962 bis in die tiefsten Poren zu einem unwiderruflich politischen Menschen machte. Denn er erlebte diese Anschuldigungen als Wiederbelebung seiner politischen Urszene: der Verfolgung und Vernichtung der Juden unter der NS-Herrschaft.

Aus dieser Perspektive muss man auch Celans Übersetzung des französischen Originalkommentars von Jean Cayrol zu Alain Resnais' Dokumentarfilm über die Vernichtungslager »Nacht und Nebel« als ›politisch‹ verstehen. Als der Autor sich 1955 dieser Arbeit unterzog, konnte er noch nicht wissen, dass die westdeutsche Regierung über ihren Botschafter gegen diesen Film als Wettbewerbsbeitrag bei den Filmfestspielen von Cannes 1956 protestieren würde. Sie behauptete, dass dadurch »Haß gegen das deutsche Volk in seiner Gesamtheit« erzeugt werde. Auf Druck der französischen Regierung wurde der Film tatsächlich zurückgezogen, was wiederum Proteste auslöste, die allerdings erfolglos blieben.⁸ Die Affäre zeigte, dass jede schonungslos sachliche, tatsachenbezogene Auseinandersetzung mit den Massenverbrechen der NS-Herrschaft per se ›politisch‹ war.

Die 60er Jahre sind für die Bundesrepublik Jahre des politischen Umbruchs, im Zeichen der Hoffnung auf eine andere Republik –

jenseits des Verharrens in den Strukturen der Nazizeit und ihres Personals an den Schaltstellen der Macht, jenseits eines blinden Antikommunismus und in der Erwartung einer sozialen und gerechten Gesellschaft. Ein solcher Umbruch geschah auch partiell und in Etappen: Ab 1966 war die SPD in einer Großen Koalition mit der CDU an der Regierung beteiligt, und ab 1969 stellte sie mit Willy Brandt, der bis in die 60er Jahre hinein ein geschmähter Emigrant gewesen war, sogar den Kanzler. Doch das war vielen Intellektuellen und Schriftstellern in der Bundesrepublik nicht genug – gut ablesbar an Resolutionen, die aus der Gruppe 47 heraus an die Öffentlichkeit gelangten: 1956 eine »Erklärung zur ungarischen Revolution« (gegen den Einmarsch der Roten Armee), 1958 gegen die atomare Bewaffnung der Bundeswehr, 1960 gegen den Algerienkrieg Frankreichs, 1965 eine »Erklärung über den Krieg in Vietnam«, 1967 gegen die Bedrohung Israels durch die arabischen Staaten und im gleichen Jahr eine Erklärung zum Tod des Studenten Benno Ohnesorg bei den Anti-Schah-Demonstrationen in West-Berlin, schließlich gleichfalls noch 1967 eine Resolution gegen die Springer-Presse.[9] Bereits 1961 hatte Martin Walser ein Taschenbuch mit dem Titel »Brauchen wir eine neue Regierung?« herausgegeben, in dem sich zwanzig westdeutsche Autoren zumeist kritisch äußerten. Vier Jahre später setzte Hans Werner Richter diesen Versuch fort mit dem Band »Plädoyer für eine neue Regierung«, dessen Beiträger nun schon deutlich schärfere Kritik am politischen Status quo artikulierten. 1965 war auch das Jahr, in dem Günter Grass zum ersten Mal als Wahlkämpfer für die SPD unterwegs war – und mit ihm zusammen siebzehn junge Autoren, die sich im »Wahlkontor« für die SPD zusammenschlossen. Ebenfalls erstmals 1965 gab Hans Magnus Enzensberger das »Kursbuch« heraus, das für mehr als ein Jahrzehnt zum Forum für politische Debatten wurde, die schon entschieden links von der SPD angesiedelt waren. In den »10 Arbeitspunkten eines Autors in der geteilten Welt« von Peter Weiss, gleichfalls von 1965, war der Satz zu lesen: »Die Richtlinien des Sozialismus enthalten für mich die gültige Wahrheit.«[10] Damit meinte der Autor einen ›wahren Sozialismus‹, der nirgendwo existierte, aber dessen Utopie sein Schreiben leitete. Trotzdem provozierte Weiss damit viele seiner Kollegen, so H. M. Enzensberger, der sich gegen »Bekenntnisse« und Vorschriften einer »Moralischen Aufrüstung von links« zur Wehr setzte.[11]

An alldem hatte Paul Celan in seiner benachbarten Fremde Paris keinen direkten Anteil, wenngleich ihn die dort verhandelten Themen stark interessierten. Ein einziges Mal hat der Autor sich 1968 auf eine Umfrage des »Spiegel« explizit politisch geäußert. Voraus ging dem eine Stellungnahme Enzensbergers in »The Times Literary Supplement« vom 28. September 1967. Sie lautete:

> Tatsächlich sind wir heute nicht dem Kommunismus konfrontiert, sondern der Revolution. Das politische System in der Bundesrepublik läßt sich nicht mehr reparieren. Wir können ihm zustimmen, oder wir müssen es durch ein neues System ersetzen. Tertium non datur.

»Der Spiegel« fragte daraufhin: »Ist eine Revolution unvermeidlich?«, und Paul Celan antwortete als einer von zweiundvierzig Autoren mit dem kürzesten aller Texte:

> Ich hoffe, nicht nur im Zusammenhang mit der Bundesrepublik und Deutschland, immer noch auf Änderung, Wandlung. Ersatz-Systeme werden sie nicht herbeiführen, und die Revolution – die soziale und zugleich antiautoritäre – ist nur von ihr her denkbar. Sie fängt, in Deutschland, hier und heute, beim Einzelnen an. Ein Viertes bleibe uns erspart.[12]

Celans Antwort erschien 1968 in einem Sammelband des »Spiegel«. Viele Leser fanden sie kryptisch. Was war die Botschaft des Dichters? Offenbar widersprach er Enzensberger, vor allem mit dem abwertenden Wort »Ersatz-Systeme«. Den Begriff »Revolution« griff er auf, aber er verschob ihn semantisch, indem er ihn – erstens – mit »Wandlung« gleichsetzte (und damit Gewalt ausschloss), zweitens mit den Attributen »sozial« und »zugleich antiautoritär« explizit füllte und – drittens – als Priorität setzte, dass diese »Wandlung« oder »Revolution« in Deutschland »hier und heute, beim Einzelnen« anfange. Damit war ein idealsozialistisches Programm formuliert, weit von jeder marxistisch-leninistischen Revolutionstheorie entfernt. Für Celan war der »Einzelne« nicht hintergehbar, wie es auch für jedes seiner Gedichte galt. Entscheidend ist der Satz, der noch folgte. Er enthielt eine Warnung: »Ein Viertes bleibe uns erspart.« Damit spielte Celan zum einen auf Enzensbergers gebildetes Zitat »Tertium non datur«

(»Ein Drittes ist nicht gegeben«) an und missbilligte zugleich dessen dezisionistische Botschaft eines strikten Entweder-oder: Akklamation zum reaktionären Status quo oder Revolution. Celan verwarf diese Pseudoalternative vor allem deshalb, weil er, bezogen auf Deutschland, die Sorge hatte, dass aus solchem rigiden Beharren auf ›entschiedenen‹ Positionen nur Gewalt, am Ende sogar faschistische, erwachsen könnte. Und das (ein Viertes Reich) mochte er sich und den Deutschen nicht wünschen.

Der Vergleich mit dem, was westdeutsche Autoren in den 60er Jahren politisch verlautbarten, lässt erkennen, dass die Behutsamkeit und die Sorgfalt, mit der Celan formulierte, nicht gerade üblich waren. Trotzdem muss sich parallel zu den politischen Ereignissen vor allem in Frankreich und Deutschland, eine »Änderung« auch im Autor selbst vollzogen haben, die ihn im Pariser Mai 1968 hoffen ließ, dass »Wandlung« im Politischen möglich sein könnte. Ein bewegendes Dokument dieser »Wandlung« ist Celans Brief an Franz Wurm, der ihm seit einem gemeinsamen Arbeitsurlaub im Tessin im September 1967 zu einem vertrauten Freund geworden war. Der Brief, geschrieben »am keinsten Mai 1968«, lautet ungekürzt so:

Lieber Franz,
Weil,
Weil die Titelseite von »Minute« vor ein paar Tagen lautete: »Assez des ces enragés rouges! Qu'attend-on pour expulser l'allemand Cohn-Bendit, chef des commandos des vandales?«
Weil auch die »Humanité« den »deutschen Anarchisten« Cohn-Bendit und den »in den U.S.A. lebenden Deutschen Herbert Marcuse« loszuwerden wünscht.
Weil ich gestern im rororo-Bändchen »Rebellion der Studenten etc.« den Aufsatz »vom Antisemitismus zum Antikommunismus« von R. Dutschke gelesen habe – mit tiefstem Unbehagen.
Weil, nach den Unruhen in Nanterre und Paris, zum Streik aufgerufen wurde und ich mitstreiken wollte, wie sonst.
Weil Luzzi Wolgensinger mich landärztlichst per Fehlläuten von meiner Ungeduld zurückruft, wofür ich ihr dankbar bin.
Weil ich vorhin, kontrescarpisch mahlzeitend, im Fernsehen auch den Karl Marx derblickt hab und zu meinem Tischgenossen gesagt hab: On finira par arriver à transplanter les têtes, mais il n'est pas sûr qu'on saura faire repousser les barbes.

Weil ich nicht weiß, in welcher meiner Einsamkeiten ich dermaleinst werde verrecken dürfen.
    Grüße ich Sie herzlich
    Ihr Paul[13]

Celan nimmt – erstens – wahr, dass es eine kaum verdeckte Hetze gegen jüdische Protagonisten der Pariser Mai-Proteste gibt, und das sogar in der kommunistischen »L'Humanité«. Sie wendet sich gegen den französisch-deutsch-jüdischen Studentenführer Daniel Cohn-Bendit und den amerikanischen Philosophen Herbert Marcuse, der einst – vor 35 Jahren – ein deutscher Jude war. Beiden wird empfohlen, wieder nach Deutschland zu gehen, um sie (oder ihren Geist) nicht mehr in Frankreich ertragen zu müssen. Zweitens erwähnt der Dichter einen Aufsatz von Rudi Dutschke, von dem er weiß (vor allem über seine deutsche Freundin Gisela Dischner), dass er einer der Anführer der deutschen Studentenrevolte ist und keine drei Wochen zuvor in Berlin bei einem Attentat schwer verletzt wurde. Und ihm missfällt, was er liest: Vom Antisemitismus ist in Dutschkes Text – außer im Titel – mit keinem Wort die Rede, umso mehr vom antiimperialistischen Befreiungskampf, auch »in den Metropolen« (wie West-Berlin). Paul Celan wusste es besser: Antisemitismus war sehr wohl noch im Westdeutschland der ganzen 60er Jahre virulent. Häufig war er zu einer Feindschaft gegenüber dem Staat Israel mutiert, die an den altbekannten Antizionismus anknüpfte.[14] Hinzu kommt der unsäglich begriffslastige abstrakte Sprechstil Dutschkes, der schon für sich genommen Celans »Unbehagen« ausgelöst haben dürfte.[15] So kann man schon ahnen, dass Celan der westdeutschen Protestbewegung von 1967/68 skeptischer gegenüberstand als der französischen.

Das leitet zum dritten Aspekt dieses denkwürdigen Briefs über: Celans leibhaftiger Teilnahme an Protestaktionen. Er teilt Franz Wurm mit, dass er, der Lektor an der ENS, mitgestreikt habe. Die nächsten Briefe Celans an Wurm vom 7., 12., 13. und 14. Mai 1968 (nie sonst hat der Autor in so rascher Folge an Wurm geschrieben) sind Zeugnisse seiner Erregung angesichts der Protestaktionen, gerade im Quartier Latin, und der Hoffnung, dass sie etwas bewegen möchten. Unüberhörbar mit Stolz schreibt Celan am 12. Mai: »Auch in der Rue Tournefort [wo er jetzt wohnt] gab es Barrikaden, hier waren auch die Anarchisten dabei.« Und ihm gefällt, dass

Nebenan, in der Rue du Pot-de-fer, steht, es ist im Unterschied zu Ähnlichem, auch heute noch unausgestrichen, groß und rot:
La societé est une fleur carnivore[16]

Stéphane Mosès, Germanist an der ENS, der den Autor seit 1962 kannte, traf ihn zufällig auf dem Weg zu einer Massenkundgebung an der Gare de l'Est. Celan befand sich in Hochstimmung, so erinnert sich Mosès, ging eingehakt und sang begeistert die Internationale mit. Freilich, dass man sich hernach auch wieder trennen musste, konnte Celan nicht verstehen. Sein Bedürfnis nach Gemeinschaft, so Mosès, war so überlebensgroß wie seine Einsamkeit.[17]

Auch im nächsten Brief an Franz Wurm, noch vom 12. Mai, betont Celan, dass jetzt die besten Losungen an den Mauern übertüncht würden: »Das parteiparolige ist das übertünchende.« Und am 13. Mai schreibt er lapidar und ernüchtert: »es ist vorbei, die KP, genauer: le PCF, auch sie, auch er, hats gefressen.«[18] An diesem Tag hatte es in Paris eine Großdemonstration gegeben und einen Generalstreik. Beides war die Reaktion auf die Schleifung der Barrikaden in der Nacht vom 10. auf den 11. Mai, bei der die Polizei mit großer Brutalität vorgegangen war. Erstmalig beteiligten sich auch die Kommunisten offiziell an den Protestaktionen; dass sie es erst jetzt taten und die Studenten und Arbeiter in den Tagen und Nächten davor alleingelassen hatten, kreidete ihnen Celan an.[19] Seine Sympathien galten den Anarchisten und all jenen, die eine wirkliche »Wandlung« oder »Revolution« als einen auch ästhetischen Akt begriffen – deshalb sein Interesse an den Parolen der Revolte.

Franz Wurm antwortete auf Celans zum Teil euphorische Kurzberichte aus der Mitte des Pariser Mai 1968 lakonisch und skeptisch. Am 8. Mai schrieb er: »Als Sie Marx lasen, las ich Freud; als Sie Heidegger lasen, las ich Wittgenstein; das macht, ich glaube ans Nicht-Glauben.«[20] Wurm ist so durch und durch Skeptiker, dass er schon im Mai 1968 ahnt, dass der politische Frühling in seiner Heimatstadt Prag bald ein Ende haben wird. Denn er hört im Radio, dass sich sowjetische Truppen »südlich von Krakau gegen die Grenze der C.S.S.R. hin bewegen«.[21] Und so lautet sein Schlusswort zum Pariser Mai: »Wollen wir ans Hoffen glauben? Not I. Lieber rechnen. Rechnen mit dem Gefühl.«[22]

Der Prager Frühling, der Reformkommunismus des Alexander Dubček (er war ein Jahr jünger als Paul Celan): Das war es, was den Dichter in Paris und Franz Wurm gleicherweise brennend interessierte. Um Dubčeks Schicksal, der im Januar 1968 Erster Sekretär des ZK der Kommunistischen Partei der Tschechoslowakei geworden war und für einen »Sozialismus mit menschlichem Antlitz« kämpfte, bangten sie, und um das der anderen Reformer. Der Zufall wollte es, dass Wurm im Februar 1969, als der Prager Frühling längst niedergeschlagen war, nach Prag reisen konnte und Celan mehrfach drängte, mit ihm zu kommen. Dieser antwortete am 6. Februar 1969: »Mitkommen kann ich leider nicht, ich muß warten, auch auf Prag.«[23] Wurm berichtete ihm in den folgenden fast vier Monaten vielerlei aus seiner Geburtsstadt, die er »entsetzlich vertraut« fand und »die Menschen wildfremd«;[24] von seinen wiederholten ewig langen Stadtspaziergängen und von den wenigen, die Deutsch sprechen – es sind die DDR-Deutschen (»hört man es sonst einmal, so ist es von jenseits der Grenze, u. dann fährt Abwehr und Widerborstigkeit in alle u. mich«).[25] Er berichtet von der Eishockey-Weltmeisterschaft, bei der die ČSSR die Sowjetunion schlägt – »... u. feierte dann in stiller, vergnügter Menge nachts auf dem Wenzelsplatz.«[26] Celan beneidete ihn und erwog sogar noch eine Prag-Reise um Ostern, aber als ihn Anfang Juni 1969 eine Einladung des tschechoslowakischen Schriftstellerverbandes erreichte, sagte er nach kurzem Zögern ab, weil es ihm »nicht gerade wunderbar« ging. Franz Wurms Bilanz, dessen letzter Brief aus Prag ihn in diesen Tagen erreichte, fällt ernüchternd aus: »Die Vorgänge hier machen traurig, die Menschen sehen danach aus, cui bono in allen Gesichtern.«[27] Am 20. Juni unterrichtet Celan den Freund von seiner Absage:

Summa: in diese sich täglich mehr und mehr verdüsternde Tschechoslowakei mag ich schlechter Kulturtourist nicht fahren, nicht zuletzt auch deshalb, weil ich den Menschen dort meine, wie ich weiß, häufigen Unvorsichtigkeiten nicht zumuten kann. Ich habe nicht unbeträchtliche Schwierigkeiten mit mir, lieber Franz, tagauf, tagab.

Und er schließt den Brief und unterzeichnet ihn in ungewohnt herzlicher Form: »Ihre Briefe bedeuten mir viel, Franz. / Mit den herzlichsten Wünschen, / in Freundschaft / Ihr Paul«.[28]
Die Briefe der beiden Freunde spiegeln die zunehmende Ernüchterung über das gewaltsame Ende des Prager Frühlings und die Trauer

über einen neuerlichen politischen Winter, der den Aufbruch vom Jahr zuvor zerstört hat: durch Verhaftungen, Degradierungen, Entlassungen, durch Verrat, Feigheit und Opportunismus. Dass zwanzig Jahre später ein neuerlicher Aufbruch, ja, eine friedliche »Revolution« beinahe im Sinne Paul Celans kommen würde – das konnte 1968/69 niemand ahnen. Für ihn waren die Ereignisse in Prag, einem alten Zentrum jüdischen Lebens und Heimatstadt des Bruders im Geiste Franz Kafka, in diesen beiden Jahren ganz nahe, voller Mitfreude und voller Trauer. Seine dreifache Hoffnung des Jahres 1968 – Paris, Berlin, Prag – auf den »Anbruch des Anderen, den Aufstand der Unteren, die Erhebung der Kreatur«, wie er in seinem Radiotext für Mandelstam geschrieben hatte, war in dreifache Enttäuschung umgeschlagen. Einige Gedichte aus dieser Zeit manifestieren diesen Umschlag deutlich. In »Leuchtstäbe«, geschrieben am 21. August 1968, also einen Tag nach dem sowjetischen Einmarsch in Prag, lauten die letzten sarkastisch pointierten Verse:

> ein Saugarm holt sich
> den Jutesack voller
> Beschlußmurmeln aus
> dem Klöten-ZK,
>
> die Düngerrinne herauf und herunter
> kommt Evidenz.[29]

Was in Paris und nun auch in Prag geschah, trug – nach sehnsüchtiger Erwartung zu Beginn – am Ende auch zu den immer schwereren Depressionen bei, die den Dichter heimsuchten. Aber am 2. Juni 1968 schrieb er ein Gedicht für seinen 15-jährigen Sohn (das erste für ihn in deutscher Sprache), das sich wie eine stark ernüchterte und dennoch trotzige Bilanz der vergangenen Wochen liest:

> FÜR ERIC
>
> In der Flüstertüte
> buddelt Geschichte,
>
> in den Vororten raupen die Tanks,

unser Glas
füllt sich mit Seide,

wir stehn.³⁰

Celan hatte einen Bericht in der »Frankfurter Allgemeinen« mit dem Titel »Revolutionärer Frühling« gelesen, dem er das Wort »Flüstertüte« und einige Zitatbrocken entnahm, um einen historischen Augenblick, ein »Datum« im Zeichen des »Akut« sprachlich festzuhalten, ohne ihn durch eine sofort verständliche Sprache zu banalisieren. Die Botschaft ist gleichwohl klar: »Geschichte« hat nur »[ge]buddelt« und keine wirkliche »Wandlung« erzeugt. Dennoch gilt, wieder einmal, nun auch für den Sohn zusammen mit seinem Vater: »wir stehn«.

Das Jahr 1968 brachte noch in einem weiteren wichtigen Land heftige Erschütterungen mit sich: in den USA. Am 4. April wurde der Bürgerrechtler Martin Luther King – ein charismatischer, glaubwürdiger Verfechter der Gewaltlosigkeit – erschossen, und kaum waren zwei Monate vergangen, fiel Robert F. Kennedy einem politischen Mord zum Opfer. Der Bruder des 1963 ermordeten Präsidenten John F. Kennedy war den Bürgerrechtlern eng verbunden, und als aussichtsreichster Kandidat der Demokraten für die Präsidentschaftswahlen im Herbst 1968 hätte er möglicherweise die ganze politische Richtung in Washington entscheidend verändern, und das heißt auch: den Vietnamkrieg beenden können. Stattdessen bewegte sich das Land unter dem im November 1968 knapp gewählten republikanischen Präsidenten Richard Nixon in eine reaktionäre Richtung, und es dauerte noch bis 1975, dass der Vietnamkrieg beendet wurde. Den Fortgang der Protestbewegung in den USA in den Jahren 1968 bis 1970 (deren negativer Höhepunkt das »Kent State Massaker« an einer Universität im Staate Ohio am 4. Mai 1970 war, wo vier Studenten von der Nationalgarde erschossen wurden) hat Paul Celan nicht mehr mitverfolgt resp. nicht mehr wahrnehmen können. Aber die beiden politischen Morde an King und Kennedy haben ihn bewegt.³¹

Das vierte Land, in dem sich im Jahre 1968 Entscheidendes bewegte, ist die Bundesrepublik Deutschland. Und natürlich hat der Autor daran lebhaften Anteil genommen, allerdings von Beginn an voller Skepsis, ja, Misstrauen, wie schon seine Antwort auf die »Spiegel«-Umfrage belegt. Die entscheidende und fast einzige beständige Quelle zu Celans Wahrnehmung und Beurteilung der Vorgänge in Westdeutschland ist der Briefwechsel mit Gisela Dischner, einer um eine Generation jüngeren Literaturwissenschaftlerin, die der Dichter 1964 kennenlernte und mit der ihn auch für kurze Zeit eine erotische Beziehung verband.[32] Über die Jahre kam es zu Begegnungen in Frankfurt, in Paris oder in London, vor allem aber zu einem brieflichen Austausch über die deutsche literarische und politische Szene. Dischner war in mancher Hinsicht eine typische Achtundsechzigerin: immer bereit, sich für politische Aktionen der Linken zu begeistern, aber ebenso bemüht, ihren eigenen Kopf zu behalten und zu lernen – zum Beispiel von Paul Celan, dem deutlich Älteren. In vielem war man sich einig, so in dem – nicht kritiklosen – Respekt vor Theodor W. Adorno, der einer der Gutachter in Dischners Promotionsverfahren war und dessen plötzlicher Tod am 6. August 1969 beide sehr traurig machte. Am 13. August schrieb Celan an Dischner:

> Auch ich war betroffen, bestürzt, als ich in der Zeitung die Nachricht vom Tode Adornos las. Ich empfand Schmerz, auch jetzt empfinde ich Schmerz.
> Es ist ein schwerer Verlust.
> Er war ein genialischer Mensch, ein Reichbeschenkter, und nicht der Teufel hatte ihn beschenkt.[33]

Aber es gibt auch politische Themen und Positionen, bei denen Celan und Dischner nicht harmonierten und er sie quasi als ›typische Deutsche‹ erlebte, der mittelbar die NS-Vergangenheit noch in den Knochen steckte. Nein, es gibt bei Gisela Dischner nicht den Hauch von Antisemitismus. Wie sollte das auch angehen, wo sie sich als Doktorandin mit der Lyrik von Nelly Sachs und Paul Celan beschäftigte. Aber in der Beurteilung des Sechs-Tage-Kriegs im Juni 1967 brachen die Differenzen auf. Celan schrieb:

> Israel: ich bin voller Unruhe und Sorge. Israel muß leben, alles muß aufgeboten werden, damit es lebt, aber es muß ein Weg gefunden werden zum Frieden – welcher? welche?[34]

Gisela Dischner antwortete erst im Abstand von einer Woche und meldete Bedenken an:

Unsere Sorge um Israel! Hoffentlich wird wirklich Frieden! Ich weiß nicht, ob die Gebietsansprüche Israels dazu gut sind – aber man durchschaut das alles nicht ganz.
Die Verketzerung »des« Arabers (schlechthin) in der hiesigen Presse macht die »Objektivität« verdächtig.
Denke ich an die Begegnung mit Scholem, so habe ich doch ein wenig Angst um den Frieden, dem der fanatische, nationalistisch gefärbte Zionismus abträglich ist.[35]

Schon diese Beurteilung der Lage in und um Israel wird Celan nicht zugesagt haben; umso weniger dann das, was Dischner zur Situation an den westdeutschen Universitäten nach dem tödlichen Schuss auf den Studenten Benno Ohnesorg am 2. Juni 1967 (den Celan nicht kommentierte) zu Papier brachte:

Betrachtet man den Haß des überwiegenden Teils der Bevölkerung, so hat man das Gefühl, der Student ist der neue Jude; und *nach* der Einführung der Notstandsgesetze – wer weiß, was uns *dann* erwartet.[36]

Die Gleichsetzung der für den Massenmord vorgesehenen Juden mit den aufmüpfigen Studenten von 1967/68 wird Celan nicht gefallen haben. Er antwortete nicht auf diesen Brief und meldete sich erst nach einem Monat wieder. Immerhin bat er die Freundin, ihm die Titel der Bücher von Herbert Marcuse aufzuschreiben. Am 10. April 1968 schenkte sie ihm Marcuses »Der eindimensionale Mensch«, und er las das Buch des einstigen Heidegger-Schülers. Dischner berichtet, Celan habe ihr klargemacht, »daß Heideggers Polemik gegen das ›man‹ und die Uneigentlichkeit des selbstentfremdeten Lebens sehr wohl Marcuses Theorie des ›eindimensionalen Menschen‹ beeinflußt habe.«[37] Sie lehnte damals – unter dem Einfluss Adornos – Heidegger vollständig ab und las seine Schriften, die Celan ihr schenkte, ›aus Prinzip‹ nicht.[38] Celan fand viel Positives bei Marcuse, kritisierte aber, dass er noch zu sehr unter dem Einfluss der Psychoanalyse stehe und überdies die gewaltbereite Black-Power-Bewegung zu unkritisch sehe. Gustav Landauer stand Celans Herz am Ende doch näher als Marcuse.[39] Am 1. Mai 1968 – also noch bevor der eigentliche »Pariser Mai« begann – schickte er Gisela Dischner eine längere Abschrift aus Landauers Schrift »Die Revolution« von 1912. Offenbar schaute Landauer auf die russische Revolution von 1905 zurück und fragte sich, »ob da noch alles im ersten Werden oder schon wieder Abstieg ist«. Er zog den Schluss, »daß unser Weg nicht über die Richtungen und Kämpfe des Tages führt, sondern über Unbekanntes, Tiefbegrabenes und Plötzliches.« Auf ebendieses »Tiefbegrabene und Plötzliche« kam es Celan an. Er legte es Gisela Dischner ans Herz und wusste sich darin mit ihr verbunden.[40]

In der ersten Aprilhälfte 1968 hatte man sich in London, wo Dischner inzwischen mit ihrem Mann Chris Bezzel lebte, mehrfach gesehen. Celan besuchte seine Tante Berta Antschel, und mit ihr und anderen Verwandten feierte er am 12. April den Seder-Abend als Auftakt des Pessachfestes. Es waren politisch aufregende Zeiten. Erst vor einer Woche war Martin Luther King erschossen worden, und jetzt, an diesem 12. April, wurde Rudi Dutschke in West-Berlin durch drei Schüsse eines Attentäters schwer verletzt. Zwei Tage später schrieb Celan das Gedicht »Mapesbury Road«, das Informationen aus seiner Lektüre der »Frankfurter Allgemeinen« ebenso wie Alltagswahrnehmungen aus London aufnahm. Die Mapesbury Road ist in der Nähe der Wohnung seiner Tante gelegen – »zwischen dem Borough of Willesden und dem Borough of Hampstead«, wie Celan Gisela Dischner erläuterte, der er das Gedicht geschickt hatte.[41] Es ist, ein weiteres Mal, ein Gedicht, das eine Vielzahl von Bewusstseinsmomenten – auch historischen Momenten – »in eins« versammelt, indem es den »Steckschuß« (ein solcher traf Rudi Dutschkes Kopf, wie in den Zeitungen zu lesen war) in seinen »Zeithof« stellt. »Der Zeithof ist der – volle! – Zeithof rund um diesen Schuß«, so schrieb der Dichter erläuternd an seine deutsche Freundin und wies sie auf Edmund Husserl hin, der diesen Ausdruck verwendete. Das Gedicht spricht von einer

> magnolienstündige[n] Halbuhr
> vor einem Rot,
> das auch anderswo Sinn sucht –
> oder auch nirgends.[42]

Die Farbe Rot: Sie trieb den Dichter um, gerade in den Wochen des Mai in Paris, die bald folgten. Es ist die Farbe der linken Revolte, die schon auf den Mützen der Jakobiner und auf Fahnen der aufständischen Seidenweber in Lyon 1831 aufgetaucht war und seit Gründung der Sozialdemokratischen Partei Deutschlands ihre Traditions- und Kampffarbe wurde – gerade in den Jahren des Verbots der Partei 1878-90. Nach 1918 wanderte »Rot« zu den Kommunisten (suchte sich »anderswo Sinn«), und die Sozialdemokraten mieden die Farbe mehr und mehr. Nach den Verbrechen des Stalinismus von den 20er bis in die 50er Jahre (und nachdem auch die Nazis die Farbe okkupiert hatten) musste man sich fragen, ob »Rot« noch irgendwo »Sinn« finden konnte – »oder auch nirgends«. Celans Gedicht, das das Jahr 1968 gleichsam umkreist, in seinen »volle[n] / Zeithof« stellt und seinen »Sinn« sucht, endet mit dem Imperativ »Vertag dich nicht, du.« Es bleibt offen, an wen die Aufforderung gerichtet ist: an den Sprecher des Gedichts? Oder an einen bestimmten Leser, eine bestimmte Leserin? Celan schickte Gisela Dischner das Gedicht direkt nach der Niederschrift. Offenbar war ihm wichtig, dass gerade sie es las. – »Sich vertagen«: Der Duden weist auf diese schöne reflexive Verwendung des Verbs nicht eigens hin. Aber sie leuchtet unmittelbar ein: Der oder die Angesprochene soll nicht »vertagen«, nicht aufschieben, was hier und heute zu tun ist, und das heißt auch: ›sich selbst‹ nicht »vertagen« – angesichts des »Plötzlichen«, mit dem Wort von Gustav Landauer. Aber was wäre zu tun, »vor einem Rot«, das an verschiedenen Orten »Sinn sucht« und offenkundig nicht fündig wird? Die Frage bleibt unbeantwortet. Der Leser steht wie der Autor vor dem Paradox, dass dringend (nicht »vertagt«) ›etwas‹ getan werden muss, aber dieses ›etwas‹ unbestimmt bleibt (oder ausschließlich das »dich« meint).

Knapp drei Monate später, Anfang Juli 1968, begegneten sich Paul Celan und Gisela Dischner wieder – in Frankfurt, wo er Verlagsgespräche führt und sie ihr Rigorosum absolviert und promoviert wird. Es kommt zu einer ernsten Verstimmung, die sie ganz ratlos macht und fragen lässt, wie sie »den richtigen Ton finden« solle. Er schreibt einen Brief (den er nicht abschickt), in dem es heißt:

Mit Anspielereien, Anbildereien belebt ihr die Hitlerei <, die euch entmündigende> – stärkt ihr dem Stalinismus das sich gegenstraffende Rückgrat.
Soll etwas anders werden, neu, unter den Menschen, dann: zeitunge nicht, Aussch[n]itterin, dann blackpowere nicht[43]

Offenbar missfiel Celan, was sie ihm aus Vorarbeiten (mit Zeitungsausschnitten) für eine Rundfunksendung über Rassendiskriminierung in England gezeigt hatte. Vermutlich ging ihm auch eine Rede des amerikanischen Bürgerrechtlers Rap Brown durch den Sinn (wiederum in der »Frankfurter Allgemeinen« gelesen), die suggerierte, die Schwarzen seien für die Ausrottung vorgesehen wie seinerzeit die Juden unter den Nazis, würden sich aber nicht so wehrlos in ihr Schicksal ergeben wie diese.[44] Wieder ist entscheidend, welcher Ort und welcher Stellenwert dem Schicksal der Juden zuerkannt wird. Paul Celan wehrt sich gegen – noch dazu diskriminierende – Vergleiche mit anderen Opfergruppen. Fast scheint ihm ein unbedingtes Sich-Einlassen auf eine andere Gruppe Diskriminierter wie die der Afroamerikaner verdächtig.

Zu einem letzten Wiedersehen kam es im Frühling 1969 in London. Nachdem er nach seiner Israelreise im Oktober 1969 einen (nicht erhaltenen und offenbar sehr kritischen) »Brief über Israel« von ihr erhalten hatte, antwortete er, erkennbar entgeistert, er hoffe, dass sie ihren »Irrtum«, ihre »Verirrung« erkennen werde.[45] Bis zum Ende dieser Freundschaft, das sein Tod setzt, bleibt es bei der Unvereinbarkeit ihrer Standpunkte, was Israel angeht. Sein letzter Brief an Gisela Dischner datiert vom 26. Januar 1970.

Die deutsche Freundin war es auch, die in den Londoner Osterferien 1968 ein Wiedersehen zwischen Paul Celan und Erich Fried arrangierte. Gisela Dischner und Chris Bezzel waren mit Erich Fried gut bekannt,[46] und dieser freute sich, den verehrten Kollegen, der sich ihm entzogen hatte in all den Jahren, einmal wiederzusehen. Man hatte sich 1951 (oder schon früher)[47] in London kennengelernt und einen gemeinsamen Abend zusammen verbracht. Fried bedankte sich am 9. November dieses Jahres für Wein, den Celan ihm hatte schicken lassen. Er widmete dem ein halbes Jahr älteren beinahe-österreichischen Kollegen ein Gedicht mit dem Titel »Wer nicht ausgeht«, für das (wie für den Brief) Celan sich im Januar 1952 fast überschwänglich bedankte.[48] Seinem Brief legte er eine Abschrift seines Gedichts »Auf Reisen« mit einer persönlichen Widmung für Fried bei. 1954 besprach Fried (unter dem Pseudonym »Intimus«) Celans Band »Mohn und Gedächtnis« für das deutsche Programm der BBC, so verständnisvoll wie lobend; eine Seltenheit unter den damaligen Rezensionen. Doch danach versandete die Korrespondenz. Es ist zu vermuten, dass Celan Fried im Lauf der Jahre immer stärker als einen der »engagierten« Schriftsteller wahrgenommen hat – und die erregten seinen Unmut. So fällt auf, dass Celan weder nach der Blöcker-Rezension 1959 noch im Zuge der Goll'schen »Infamie« seit 1960 den Kollegen in London anschrieb, um seine Solidarität zu erbitten. Hätte das, nach dem herzlichen Beginn der Bekanntschaft im London der frühen 50er Jahre, nicht nahegelegen? Wahrscheinlich hatte Celan zur Kenntnis genommen, dass Fried seit 1963 regelmäßiger Teilnehmer an den Tagungen der Gruppe 47 war, und vermutlich trug auch das dazu bei, dass er keinen Kontakt zu ihm suchte.

Nun kommt es also zu einem Wiedersehen nach siebzehn Jahren, und der Anlass ist Celans Verärgerung über Frieds Position zu Israel. Nach der Begegnung mit Fried um den 5. April 1968 schreibt Celan an seine Frau:

Dieser Aufenthalt in London tut mir gut. Ich habe Leute gesehen, Fried – mit dem ich eine sehr offene, sehr fruchtbare (wie ich glaube) Auseinandersetzung über Israel, das Judentum, den Antisemitismus (einschließlich den von links) gehabt habe [...][49]

Man denkt, damit seien Frieden und wechselseitiges Verständnis – auch zu diesen heiklen Themen – hergestellt. Aber vielleicht kannte Celan zu diesem Zeitpunkt Frieds Gedicht »Höre Israel« noch nicht, in dem dieser massive Vorwürfe gegenüber Israel erhebt, das gegen die Palästinenser Krieg führt. Das Gedicht, dessen Titel den Anfang des bekannten Gebets der jüdischen Liturgie »Shema Jisrael« aufnimmt, beginnt so:

Als ihr verfolgt wurdet
war ich einer von euch
Wie kann ich das bleiben
wenn ihr Verfolger seid?[50]

Er nennt die »Verfolger« im Weiteren »geworden wie sie«, die sie einst mordeten, und fragt: »lebt ihre Grausamkeit in euch jetzt weiter?«[51] Das Schicksal der vertriebenen Palästinenser wird mit dem der biblischen Juden, die durch die Wüste irrten, parallel gesetzt: »Der Eindruck der nackten Füße / im Wüstensand / überdauert die Spur / eurer Bomben und Panzer«.[52] Ob Celan es gelesen hat, ist nicht bekannt. Jedenfalls polemisierte er in einer Prosanotiz – wohl nur etwa einen Monat nach der Begegnung in London – heftig gegen den Kollegen:

> E. Fried: und pflanzt den gelben Stern, den andre für ihn getragen haben – nicht jeder Jude ist eben König von Dänemark oder auch nur Dänenprinz –, ausgerechnet jetzt und FAZt über den verlorenen deutschen Osten.[53]

Die Schlussverse von Frieds Gedicht »Verlorner deutscher Osten« lauten: »Nach dem Abendrot westlicher Sonnen / scheint über verwaisten Höfen / und gotischen Kirchenruinen / ein gelber Stern«. Zuvor ist in krassen Worten von dem Massenmord an den Juden im ehedem deutschen Osten die Rede. Das ist zumindest missverständlich, insofern alle Vernichtungslager nicht auf deutschem, sondern auf polnischem Territorium errichtet wurden. Dennoch fällt es schwer, Celans Polemik nachzuvollziehen. Frieds Gedicht ist frei von allem nationalistischen Ressentiment. Vielmehr bietet sich die – freilich auch fragwürdige – Lesart an, dass der Autor den Verlust der ehemaligen deutschen Ostgebiete als gerechte Strafe für den Massenmord an den Juden ansieht.

In einem Brief an Ilana Shmueli vom 23. Februar 1970 nennt Celan Erich Fried (der Anfang der 60er Jahre wie er selbst Gedichte des Israeli David Rokeah übersetzt hatte) einen »niedrige[n] Israel-Gegner«. Er habe Fried »vor zwei Jahren zur Rede gestellt, aber was dann kam, schwarz auf weiß, war womöglich noch schlimmer und hat auch – Rokeah selbst berichtete es – in neonazistischen Kreisen Anklang gefunden.«[54] Erneut steht für den Dichter eine unterstellte Liaison von Rechten und Linken, von »Rechtsnibelungen« und »Linksnibelungen«, vereint im Hass auf alles Jüdische und jetzt den Staat Israel, im Vordergrund.[55]

Was die aktuelle Lage angeht, verstärkte sich die Sorge des Dichters vor einem neuen massenhaften Antisemitismus in Frankreich im Zeichen von anwachsenden Sympathien für die Palästinenser, wo »El Fatah und die ihm angegliederten Organisationen mehr und mehr Resonanz finden, sowohl in Regierungskreisen als auch bei den Kommunisten und der sogenannten unabhängigen Linken, zumal bei den Intellektuellen.« Dasselbe galt, so der Dichter, »für Deutschland […], vor allem für die dortige Studentenjugend«.[56] Eine neue Studie bestätigt Celans Befürchtungen, was die antizionistische Radikalisierung der westdeutschen Neuen Linken 1968/69 angeht. Sie ging so weit, dass sogar arabische Anschläge auf Juden in Deutschland (so auf ein Altenheim in München, bei dem sieben Menschen starben) oder auf Flugzeuge (wie das der Swiss Air, bei dem am 21. Februar 1970 47 Menschen ums Leben kamen) zustimmend wahrgenommen wurden.[57] Den Höhepunkt dieser furchtbaren Verblendung, Ulrike Meinhofs triumphale Feier des Attentats auf die israelischen Sportler in München im September 1972, hat Celan nicht mehr miterlebt.[58]

Das also war Paul Celans Bilanz im November 1969. Hatte der Bukarester Freund Petre Solomon schon den jungen Paul Ancel einen »marxiste blessé« genannt,[59] so waren am Ende des Jahres 1968 die Blessuren so zahlreich und heftig geworden, dass der – auch immer politische – Enthusiasmus des Autors gänzlich zu versiegen drohte. Sein »tiefstes Unbehagen« vor allem gegenüber den so gar nicht unautoritären Antiautoritären[60] aus der deutschen Bundesrepublik hatte er vielfach bestätigt gesehen. Prag hatte ihn noch einmal für kurze Zeit hoffen lassen. Die Ereignisse dort gingen ihm sehr nahe. »Daß ich nicht mehr sage«, schrieb er, am Transistor hängend, an Wurm in Prag, »liegt daran, daß es mich nicht losläßt – wo's mich doch schon so lange hat ...«[61] Das »es«, das ihn schon so lange »hat« und jetzt nicht »losläßt«, ist die Sehnsucht nach dem ganz Anderen, nach der »Wandlung« aller einzelnen Menschen, aus der eine freie und gerechte Gesellschaft hervorgehen sollte. Sie war nicht gekommen, in Paris nicht und nicht in Berlin und erst recht nicht in Prag. Israel, das er im Oktober 1969 besuchte, war nochmal eine große Hoffnung. Aber sie erfüllte sich nicht, weil er spürte, dass er dort, aus vielen Gründen, auf Dauer nicht würde leben können. Inspiriert, aber zugleich entmutigt kehrte er nach Paris zurück. Am 27. Oktober 1969 schrieb er aus Paris an Ilana Shmueli:

Jerusalem hat mich aufgerichtet und gestärkt. Paris drückt mich nieder und höhlt mich aus. Paris, durch dessen Straßen und Häuser ich soviel Wahnlast, soviel Wirklichkeitslast geschleppt habe all diese Jahre.[62]

Hölderlins deutsches Vaterland
(»Pallaksch. Pallaksch.«)

Friedrich Hölderlin war für Paul Celan, gleichberechtigt mit Franz Kafka und Ossip Mandelstam, ein besonders vertrauter Dichter – und jedenfalls der wichtigste Lyriker deutscher Sprache, vor Rilke, Trakl und allen anderen. Hölderlins hymnische Sprache, sein hoher Ton und sein reiner Enthusiasmus, ob nun politisch oder religiös, haben ihn für Celan zum ersten Repräsentanten der »pontifikalen Linie« deutscher Lyrik im besten Sinne gemacht; einer Linie, die dann durch Stefan George und seinen Kreis (aus dem auch der bedeutende Hölderlin-Editor Norbert von Hellingrath kam) zum Kult erhoben wurde. Paul Antschel, der junge Dichter aus der Bukowina, war zunächst sowohl von Hölderlin als auch von George fasziniert, und anfangs konnte es so scheinen, als ob Hölderlin – seiner Instrumentalisierung durch die Nazis zum Trotz – zum unmittelbaren Vorbild für Celans Lyrik werden und er diese Linie fortsetzen könnte. Doch diese Annahme erweist sich schon in den 50er Jahren und endgültig seit 1961 als verfehlt, als das große Hölderlin-Gedicht »Tübingen, Jänner« entsteht. Ein Jahr später schreibt Celan das Gedicht »Ars poetica 62«, das ebenfalls über sein Verhältnis zu Hölderlins Lyrik Aufschluss gibt. Es ist eine entschiedene Absage an die hymnische Sprechweise und den hohen Ton.[1] Eine wichtige Frage im Blick auf Hölderlin ist, ob dessen hehres Ziel des »Vaterlands« (und manchmal explizit: des »deutschen Vaterlands«) für den hundertfünfzig Jahre jüngeren Dichter nachvollziehbar war oder ob es ihn abstoßen musste. Deshalb wird später auch vom hölderlinschen Konzept des »Vaterländischen« die Rede sein.

Hatte der Czernowitzer Schüler Paul Antschel wirklich schon mit vierzehn Jahren Hölderlin gelesen?[2] Gut belegt sind Buchkäufe und Lektüren (mit Anstreichungen) erst viel später, nämlich ab 1952, oft im Austausch mit dem Wiener Freund Klaus Demus, einem ebenfalls Hölderlin-Begeisterten. Bei beiden gehen Hölderlin-Lektüren Hand in Hand mit dem Studium von Martin Heideggers Hölderlin-Vorträgen aus den 30er bis 50er Jahren.

Wichtig wird eine Reise Celans nach Tübingen im Februar 1955. Sie war tatsächlich »eine Fahrt zu Hölderlin, eine Art ›Pilgerfahrt‹«.[3]

Er besuchte den Hölderlin-Turm am Ufer des Neckar, in dem dieser seine zweite Lebenshälfte von 1807 bis 1843 verbracht hatte.[4] Er durchwanderte die Altstadt mit dem Evangelischen Stift, in dem der junge Mann zusammen mit Schelling und Hegel gelebt, studiert und sich für die Französische Revolution begeistert hatte. Er sah das Hölderlin-Denkmal im Botanischen Garten und ging zu Hölderlins Grab auf dem großen Stadtfriedhof. Nicht zuletzt besuchte er, gemeinsam mit dem Schriftstellerkollegen Johannes Poethen (der bei Tübingen lebte) und dem Berliner Literaturprofessor und Geschäftsführer der Hölderlin-Gesellschaft, Alfred Kelletat (der bald auch Gedichten Celans einen Aufsatz widmete), das Hölderlin-Archiv, das sich zu dieser Zeit in Bebenhausen befand, in dem Tübingen benachbarten Zisterzienserkloster. Celans Stimmung spricht deutlich aus einem Briefgruß an Klaus und Nani Demus in Wien, mit denen er sich in der großen Zuneigung zu dem schwäbischen Dichter einig wußte: »Meine Lieben, / Diesen Gruß, von Herzen, aus Hölderlins Nähe / Euer Paul // Das Immergrün ist von Hölderlins Grab«.[5]

Ein halbes Jahr zuvor hatte Celan in Paris das Gedicht »Andenken« geschrieben, das an Hölderlins berühmtes gleichnamiges Gedicht erinnert. Dessen »Andenken« aus dem Jahre 1804 beginnt mit einem Rückblick auf die schöne Landschaft um Bordeaux. In der Mitte des Gedichts heißt es dann: »Doch gut / Ist ein Gespräch und zu sagen / Des Herzens Meinung, zu hören viel / Von Tagen der Lieb, / Und Taten, welche geschehen.« Die Essenz ist im letzten, seither viel zitierten Vers festgehalten: »Was bleibet aber, stiften die Dichter.«[6] Das sind poetologische Gedanken, wie sie auch Celan beschäftigten. Aber seinem Gedicht »Andenken« ist bereits jener Vorbehalt eingeschrieben, der sich in den späteren beiden Hölderlin-Gedichten »Tübingen, Jänner« und »Ich trink Wein« wiederfindet: ›Andenken‹ ist, nach der Shoah, immer auch Totengedenken; in diesem Gedicht von 1954 besonders »auf das Mandelauge des Toten«, wohl des Vaters Leo Antschel-Teitler, gerichtet. Und so ist schon Celans erster Tübingen-Besuch nicht ohne Schatten. Schließlich weiß er, dass er sich – gerade einmal zehn Jahre nach dem Ende der deutschen Schreckensherrschaft über halb Europa – im Land der Täter aufhält. Vor der Stiftskirche war unübersehbar eine große Tafel für die »Noch in Gefangenschaft« befindlichen Deutschen aus der Stadt und dem Kreis Tübingen angebracht, und die alphabetische Namensliste wurde angeführt von Otto Abetz, der als Kriegsverbrecher zu zwanzig Jahren Haft verurteilt worden war, aber bereits 1954 wieder freikam. Abetz war von 1940 bis 1944 Botschafter Nazi-Deutschlands im besetzten Frankreich gewesen und verantwortlich für die Deportation der Juden – zu ihnen gehörte auch Celans Onkel Bruno Schrager – in die Vernichtungslager.[7] Dem Freund Isac Chiva in Paris, mit dem er einst gemeinsam von Budapest nach Wien geflohen war, schrieb Celan eine Ansichtskarte, auf der der Hölderlin-Turm, die Häuser über dem Ufer des Neckar und die Stiftskirche zu sehen sind. Aber der Turm, in dem Hölderlin gestorben ist, stünde, so Celan, »in diesem unglücklichen Land recht einsam da.«[8] So zeugt sein erster Tübingen-Besuch beispielhaft von seinem ambivalenten Verhältnis zum Nachkriegsdeutschland: hier die Zuneigung zum Dichter Hölderlin, der die besten deutschen Traditionen verkörpert – dort eine immer noch verstockte, wirtschaftswunderlich selbstzufriedene Gesellschaft, die ganz offiziell einem aus ihrer Mitte ihr Mitgefühl schenkt, der der Beihilfe zur Ermordung Zehntausender Juden schuldig gesprochen war.

Noch im Band »Sprachgitter« hat es den Anschein, als ob Celan unmittelbar an Hölderlin anknüpfen könne. Im Gedicht »Engführung«, entstanden im Frühjahr 1958, heißt es in der ersten Partie: »Geh, deine Stunde / hat keine Schwestern, du bist – / bist zuhause.«[9] Celan hat am 17. April 1959, offenbar nach einem Gespräch mit Bernhard Böschenstein, in seinem Exemplar der Kleinen Stuttgarter Ausgabe zu Hölderlins Hymne »Der Rhein« an den Rand geschrieben: »vgl. Engführung!«, und zwar zu der Stelle »Die Liebenden aber / *Sind, was sie waren, sie sind / Zu Hause, wo* die Blume sich freut«.[10] Wahrscheinlich war ihm diese Wendung vorher nicht bekannt oder zumindest nicht bewusst und die identische Wortfügung in seinem Gedicht ein Zufall. Jedenfalls hat die Rede vom »zu Hause sein« bei ihm eine entschieden andere Bedeutung als bei Hölderlin. Denn in der ersten Partie seines Langgedichts wird ein Du angesprochen, das sich auf einen langen Weg begibt und schließlich dort »zu Hause« ist und von dort aus spricht, wo die Toten wohnen. Im Grunde ist schon hier die Zäsur erreicht, die Celan und Hölderlin unwiderruflich trennt. Es ist die Shoah als weltgeschichtlicher Einschnitt. In einem Notat aus der Vorbereitung der »Meridian«-Rede heißt es: »Vom Tode her bestimmt: das Winterliche, Kristallnahe, Anorganische als Bereich der eigentlichsten Zuwendung des / im Gedicht / Sprechenden, Menschenland (:) – Totenland.«[11] Das ist

›das Eigentliche‹ von Celans Gedicht, aber nicht von dem Hölderlins. Und wo Hölderlin zu Beginn seiner »Patmos«-Hymne noch »Nah ist / Und schwer zu fassen der Gott«[12] dichten konnte, musste Celan sein Gedicht »Tenebrae« entgegengesetzt beginnen lassen: »Nah sind wir, Herr, / nahe und greifbar. // Gegriffen schon, Herr, / ineinander verkrallt, als wär / der Leib eines jeden von uns / dein Leib, Herr.«[13]

Gleichwohl gibt es eine große Verwandtschaft, Nähe, Sympathie, auch und gerade für die republikanische, »vaterländische« Gesinnung Hölderlins. Und es gibt »etwas – wie die Sprache – Immaterielles, aber Irdisches, Terrestrisches, etwas Kreisförmiges, über die beiden Pole in sich selbst Zurückkehrendes […] … einen *Meridian*.«[14] Auf dieser gedachten Verbindungslinie trifft sich Celan mit Kafka, mit Mandelstam und eben auch mit Hölderlin. Das Motiv des Meridian findet sich bei diesem selbst im Blick auf den eigenen Lebensgang. In der Ode »Lebenslauf« heißt es: »Doch es kehret umsonst nicht / Unser Bogen, woher er kommt.«[15] Der Lebenslauf des Menschen als ein Kreisbogen, der (wie beschädigt auch immer) in sich selbst zurückkehrt: Das korrespondiert zweifellos mit der celanschen Vorstellung von Biographie. – Nahe sind sich die beiden Dichter auch in der Auffassung von Dichtung als »Gespräch«. Die Verse »Viel hat erfahren der Mensch, / Der Himmlischen viele genannt, / Seit ein Gespräch wir sind / Und hören können voneinander«[16] – sie stimmen mit Celans dialogischer Vorstellung vom Gedicht überein – vom Gedicht, das »zu einem Anderen« will; »es braucht dieses Andere, es braucht ein Gegenüber. Es sucht es auf, es spricht sich ihm zu.«[17] Auch die Verse aus Hölderlins »Andenken«: »Doch gut / Ist ein Gespräch und zu sagen / Des Herzens Meinung« korrespondieren mit Celans Poetik des Dialogs.

Dass Celan sich von Beginn an und ohne Einschränkung positiv auf Hölderlin bezog, war keine Selbstverständlichkeit, und dass er es tat, spricht für seine souveräne Urteilskraft. Kein anderer deutscher Dichter ist von den Nazis so instrumentalisiert worden wie Hölderlin, und dazu bedurfte es im Grunde nur eines einzigen Gedichts, nämlich »Der Tod fürs Vaterland« (Erstdruck im Jahr 1800), das als Feind nur »die Würger« nennt und das mehrfach beschworene »Vaterland« nicht näher bestimmt. Die letzten beiden Verse lauten, adressiert ans »Vaterland«: »Und zähle nicht die Toten! Dir ist, / Liebes! Nicht Einer zu viel gefallen.«[18] Der Hölderlin-Herausgeber Friedrich Beißner besorgte auf höheren Wunsch eine »Feldauswahl«, die vor dem Weihnachtsfest 1943 in einer Auflage von 100 000 Exemplaren an die Ostfront geschickt und offenbar vielfach als positiver Beitrag zum »Existenzkampf« des deutschen Volkes aufgenommen wurde.[19] Zur Wirkung Hölderlins gehört auch, dass die Zahl der Nachahmer seiner Oden und Hymnen, zu denen Josef Weinheber und Baldur von Schirach gehörten, seit 1933 enorm wuchs. Zum 100. Todestag 1943 wurde schließlich, von Naziführern wie Goebbels wohlwollend begleitet, in Tübingen die Hölderlin-Gesellschaft gegründet.

Es verwundert nicht, dass die meisten jüngeren Autoren nach 1945 nichts von Hölderlin wissen wollten. Berühmt ist Günter Eichs noch in der Kriegsgefangenschaft geschriebenes Gedicht »Latrine«, in dem sich »Hölderlin« auf »Urin« reimt, aber am Ende dann doch »die schöne Garonne« gegrüßt wird.[20]

Ein anderes eindrucksvolles Zeugnis der Rezeption Hölderlins im Zeichen der gerade erst zu Ende gegangenen NS-Herrschaft und des Krieges ist Wolfgang Borcherts Programmschrift »Das ist unser Manifest!« von 1947. In ihr schaut der Verfasser zurück in seine »Abgründe« und fragt: »Hörst du Hölderlin noch? Kennst du ihn wieder, blutberauscht, kostümiert und Arm in Arm mit Baldur von Schirach?«[21] Etwas später ist von den »Hölderlinhelden« die Rede, »für die kein Tag zu hell und keine Schlacht schlimm genug war« – und die dennoch »um ihren gebrochenen Stolz« geliebt werden sollen, so wie auch »Deutschland im Schutt« geliebt und wieder aufgebaut werden solle.[22] Man sieht, es geht nicht um eine Verdammnis des von den Nazis missbrauchten, braun kostümierten Dichters, sondern um eine Rückaneignung, eine Wieder-in-Besitznahme ausdrücklich gegen die gerichtet, die ihn für ihren schmutzigen Krieg instrumentalisiert hatten. Ein Jahrzehnt später, im Wirtschaftswunderjahr 1960, sieht Hans Magnus Enzensberger sich in seinem Langgedicht »schaum« vor »diesem triefenden, schmunzelnden süßen schaum / vor dem mund des jahrhunderts« und fragt skeptisch: »wohin mit dem, / was da sagt hölderlin und meint himmler?«[23] Das ist nun nur als Absage an eine Fortsetzung der »Hölderlinie«[24] verstehbar. Krasser noch räsoniert Enzensberger im Eingangsgedicht zu seinem Band »landessprache« über Deutschland, wahlweise als »arische[r] schrotthaufen«, »mördergrube« oder »schlaraffenland« denunziert, wo die Menschen »im ewigen frühling der amnesie« leben. Auf Hölderlin anspielend, nennt der Autor gleichwohl »deutschland, mein land, unheilig herz der völker« und gibt seiner Sehnsucht nach einem nicht mehr geteilten, friedlichen und »ganz gewöhnlichen land« Ausdruck.²⁵ Enzensbergers Resümee entspricht ganz der Botschaft von Bertolt Brechts »Kinderhymne« von 1950, die in drei von vier Strophenschlüssen beharrlich wiederholt, dass dieses ›neue Deutschland‹ »Wie ein andres gutes Land« sein solle, »Und nicht über und nicht unter / Andern Völkern«.²⁶ Vielleicht kann man von einem gebremsten, jedenfalls friedliebenden, antinationalistischen Patriotismus sprechen, dem Legitimität schwer abzusprechen ist. Doch Paul Celan – um endlich zu ihm zurückzukommen – misstraute der Botschaft und witterte selbst bei Enzensberger »Linksnibelungisches«.

Der Chronologie folgend, muss man auf eine außergewöhnliche Lektüre Celans im August 1959 eingehen. Inmitten von ausgedehnten Studien zu Heidegger und zu Lev Schestov liest er Walter Benjamins wahrscheinlich 1914/15 geschriebenen, aber erst 1955 veröffentlichten Essay »Zwei Gedichte von Friedrich Hölderlin«.²⁷ Norbert von Hellingrath, der große Philologe und Editor, der 1916 vor Verdun sein Leben verlor, hatte den jungen Benjamin dazu angeregt. Und so entstand der Aufsatz, der die beiden über fünf Strophen ähnlichen Gedichte »Dichtermut« und »Blödigkeit« vergleicht, denen gemeinsam ist, dass sie von der Aufgabe des Dichters sprechen. In »Dichtermut« heißt es: »so waren auch // Wir, die Sänger des Volks, / gerne bei Lebenden, / Wo sich vieles gesellt, freudig und jedem hold, / Jedem offen […]«.²⁸ Celan hat in seinem Benjamin-Exemplar die Wörter »Jedem offen« unterstrichen und im Weiteren eine Vielzahl von Stellen in Benjamins Essay angestrichen, die aber mehr generelle Überlegungen des jungen Kritikers zum Kunstwerk betreffen als die beiden Gedichte Hölderlins.²⁹ Man kann die These wagen, dass Benjamin das zweite Gedicht »Blödigkeit« – das Wort meinte um 1800 so viel wie ›Schüchternheit‹ – falsch verstanden hat.³⁰ »Dichtermut« mündet in eine Apotheose des Dichters im Tod, »wenn es die Zeit einst ist«. Dann, schließt das Gedicht, »sterb' / Einst im Ernste des Lebens / Unsre Freude, doch schönen Tod.« Den Schluss von »Blödigkeit«, in dem die zwei Strophen von »Dichtermut«, die vom Tod sprechen, wegfallen und ersetzt sind von nur einer neuen Strophe, der das Motiv des Todes völlig abgeht, deutet Benjamin als Gipfel von Hölderlins Dichtkunst. Die »ausführliche Sondergestaltung [!] des Sterbens«, die explizite und »starre« Gegenüberstellung von »Mensch und Tod« im ersten Gedicht sei überwunden durch die kühne In-eins-Setzung von Leben und Tod im zweiten Gedicht, die dann Worte wie ›Tod‹ oder ›Sterben‹ auch einfach weglassen könne. Überzeugender ist da doch von Hellingraths unbefangener Hinweis, dass »Blödigkeit« (wie schon der Titel sagt) ein ganz anderes, ein neues Gedicht geworden ist, das nicht im Tod des Dichters kulminiert:

> Die Schlussstrophe, eine schöne Mischung von Stolz und Demut, sagt: was das Werk des Dichters erfüllt, beseelt, sind nur die Götter, aber drum (sei nicht gar zu blöde!) nur würdige Hände können die Götter fassen.[31]

Doch Celan scheint die Deutung der beiden Gedichte Hölderlins, wie gesagt, weniger wichtig gewesen zu sein. Umso mehr hat ihn die Frage, wie er als Dichter das Verhältnis von Leben und Tod fassen könne, gefesselt. Das zeigt seine doppelte Randanstreichung von Benjamins Satz »Später ist die Zweiheit der Welten verschwunden«, dem Celan die unterstrichene Randbemerkung »Beide Welten!« hinzugefügt hat.[32] Sein ganzes Dichterleben hat ihn das Problem beschäftigt, wie die Kluft, die die Lebenden von den Toten trennt, im Gedicht angemessen darzustellen wäre.[33] Darüber hinaus hat ihn die Haltung der »Blödigkeit« interessiert, in der dem Dichter nach Benjamin nichts bleibe als »das reglose Dasein, die völlige Passivität, die das Wesen des Mutigen ist«.[34] Das ließ sich auch poetologisch verstehen: der Dichter als Medium, scheinbar passiv, reglos und »blöde«, aber in Wahrheit weit geöffnet für die andrängende Wirklichkeit, zu der auch die Präsenz der Toten gehört.

Bei allem, was bisher über Celans Verhältnis zu Hölderlin gesagt wurde, handelt es sich letztlich um ein Vorspiel zu seinem bedeutenden Gedicht »Tübingen, Jänner«. Es entstand am 29. Januar 1961 in Paris, nachdem der Dichter von einer regelrechten Blitzreise nach Tübingen zurückgekehrt war. Er war mit dem Nachtzug von Paris nach Tübingen gefahren und hatte Walter Jens besucht, den Professor für Rhetorik und einflussreichen Kritiker der »Zeit«, den er seit Niendorf 1952 und der »Bund«-Tagung in Wuppertal 1957 kannte. Von ihm erhoffte er sich Unterstützung in seinem Kampf gegen Claire Goll. Celans Verhältnis zu Jens war in diesen Monaten außergewöhnlich vertrauensvoll, und so ist wohl auch der lange Tag im Tübinger Haus von Inge und Walter Jens, an dem Celan den Kollegen mit Argumenten und Stichworten für eine Verteidigungsrede in der »Zeit« ausstattete, freundschaftlich verlaufen. Doch schon ein Brief vom 2. Februar an den Freund Klaus Demus in Wien zeigt Celans Skepsis. Er sah fortan in Walter Jens einen Protagonisten des »Halb-zu-mir- und Halb-zur-Fälschung-und-Lüge-Stehen[s]«.[35] Als dann Jens' rundum positiver Artikel »Leichtfertige Vorwürfe gegen einen Dichter« endlich in der »Zeit« vom 9. Juni 1961 erschien – mehr als vier Monate nach dem Treffen in Tübingen! –, war Celan enttäuscht, weil Jens das von der Deutschen Akademie für Sprache und Dichtung in Auftrag gegebene Gutachten zu den Goll'schen Plagiatsanschuldigungen, das von dem Doktoranden Reinhard Döhl erstellt worden war, lobte. Jens habe, so Celan in einem Brief an Paul Schallück, »gegen besseres Wissen diesen Schurken [Döhl und seinem Vorgesetzten Prof. Fritz Martini] ›philologische Objektivität‹ attestiert.«[36] Freilich hat Celan Jens im Mai 1961 noch zwei herzliche und zur Plagiatsfrage aufschlussreiche Briefe geschrieben.[37]

Tübingen, Jänner

Zur Blindheit über-
redete Augen.
Ihre – »ein
Rätsel ist Rein-
entsprungenes« –, ihre
Erinnerung an
schwimmende Hölderlintürme, möwen-
umschwirrt.

Besuche ertrunkener Schreiner bei
diesen
tauchenden Worten:

Käme,
käme ein Mensch,
käme ein Mensch zur Welt, heute, mit
dem Lichtbart der
Patriarchen: er dürfte,
spräch er von dieser
Zeit, er
dürfte
nur lallen und lallen,

immer-, immer-
zuzu.

(»Pallaksch. Pallaksch.«)³⁸

Es ist ein Gedicht, das am Rande des »Abgrunds« geschrieben ist. Mehr als zwanzig eingehende Interpretationen sind dazu veröffentlicht worden, die einen leiten oder auch verleiten können.³⁹ Verdeckt sind auch die verstörenden Erfahrungen der Goll-Affäre in das Gedicht eingegangen. Bei der im Titel des Gedichts gegebenen Datierung ist man versucht, den 20. Januar 1942, also das Datum der Wannseekonferenz, zu assoziieren. Das ist naheliegend (die »Meridian«-Rede, in der dieses Datum eine entscheidende Rolle spielt, liegt erst ein Vierteljahr zurück), aber bei diesem Gedicht nicht zwingend. Es genügt dem Autor, diesen Wintermonat als Datum festzuhalten, wozu sich die Vorstellung von Kälte und Erstarrung wie von selbst einstellt.

Das Gedicht mit seinen 24 Versen ist erkennbar in zwei Hälften eingeteilt, die sich durch die in ihnen jeweils verwendete Sprache unterscheiden. Im ersten Teil ist von »Augen« die Rede, die »Zur Blindheit über- / redet[ ]« sind; Augen, so ließe sich verstehen, die ihre Kraft, das Wirkliche und Wahre zu sehen, verloren haben, weil sie von einem Zuviel an Rede über-schwemmt worden sind. Als solche erinnern sie sich nur dunkel und ungefähr an den Turm, in dem der Dichter die 36 Jahre seiner zweiten Lebenshälfte verbracht hat. Der Hölderlinturm ›verschwimmt‹ nicht nur durch die Spiegelung im Neckar zu mehreren, sondern mit ihm ›verschwimmt‹ auch die »Erinnerung« an den 150 Jahre älteren Dichter und seine Verse. Der in sich rätselhafte Satz aus der »Rhein«-Hymne, »Ein Räthsel ist Reinentsprungenes«, kann nur noch gebrochen/umbrochen zitiert werden. Dennoch dringen die aus ihrer Blindheit erwachenden Augen zu »diesen / tauchenden Worten« vor. Die danach folgenden Worte der so ganz anderen zweiten Gedichthälfte rekurrieren auf die Bewegung des Tauchens, die in die Tiefe des Wassers führt, »wo die Toten wohnen«;⁴⁰ zu den »ewigen / Nimmergesängen, tief / unten, wohin / das Wort *Geliebte* / mir / vorausschwamm«, wie es in dem auch 1961 entstandenen Gedicht »Immersio« heißt. Als ein solchermaßen »Getauchter«⁴¹ artikuliert sich auch der Sprecher des Gedichts »Tübingen, Jänner«. Seine nun folgenden Worte tauchen aus einer Tiefe des Totenreichs auf (man könnte von *auf*-tauchenden

Worten sprechen). Das Demonstrativpronomen »diesen« (V. 11) weist voraus auf die zweite Gedichthälfte – darauf, wie seine »tauchenden Worte« lauten. Offenkundig ist jetzt, da dieses Gedicht geschrieben wird, im Januar 1961, die vorhandene Sprache nicht mehr brauchbar für Poesie. Ja, es ist zu fragen, ob, im Gegensatz zum bloßen Gerede und ›Über-reden‹, überhaupt noch *gesprochen* werden könne. Diese Möglichkeit wird in Celans Gedicht unter den Vorbehalt eines mehrfachen Irrealis gesetzt: »käme ein Mensch« – »spräche er« – »er dürfte«. Überdies müsste er »ein Mensch« im emphatischen Sinne des Wortes sein (in den ersten beiden Fassungen des Gedichts stand noch »ein Kind« statt »ein Mensch«);[42] und zugleich einer nach Art der biblischen »Patriarchen«, aber nicht mit dem gewohnten Bart ausgestattet, sondern mit einem ›Bart aus Licht‹, der Erhellung, Aufklärung verheißt. Wenn unter diesen konjunktivisch irrealen Bedingungen »von dieser / Zeit« – der Jetztzeit und der ihr zugehörigen Geschichte – denn doch gesprochen werden würde, dann könnte dies nur noch ein Lallen sein. Das Gedicht drückt diese Sicht mittels einer Vielzahl von gleichsam gestotterten, gelallten Wortwiederholungen aus: dreimal »käme«, zweimal »Mensch«, zweimal »er dürfte«, zweimal »lallen« und zweimal auch »immer« und »zu«;[43] ganz am Ende noch das zweimalige »Pallaksch«. Es ist ein Ausdruck, den der späte Hölderlin im Turm gern verwendete und der sowohl »ja« als auch »nein« bedeuten konnte.[44] Dem Wahn der Wirklichkeit antwortet eine Sprache, die sich den gängigen Zuschreibungen von Bedeutung wie dem instrumentellen Gebrauch entzieht und, gestottert und gelallt, nun selbst wahnhaft wirkt. Hölderlins späte Entwürfe und Fragmente großer Gesänge – im sogenannten Homburger Folioheft zwischen 1802 und 1807 mehrfach ineinander- und übereinandergeschrieben – dokumentieren ein solches Zerbrechen der Sprache.[45] Dem folgt, im Falle Hölderlins, der Durchbruch seiner schweren psychischen Erkrankung und der Daueraufenthalt in der Pflege der Schreinersfamilie Zimmer im Turm.[46]

Hölderlin hatte in »Der Rhein« auf den Vers »Ein Räthsel ist Reinentsprungenes« den Satz »Auch / Der Gesang kaum darf es enthüllen« folgen lassen.[47] Also hielt er immerhin für möglich, dass »der Gesang« das »Reinentsprungene« (hier: der Rheinstrom am Ort seines Ursprungs, an der Quelle) »enthüllen« (schlichter gesagt: angemessen darstellen) könne. Paul Celans Gedicht »Tübingen, Jänner« widerruft diese Behauptung. Es erklärt die gegebene und von

295

allen bedenkenlos benutzte Sprache für nicht mehr benutzbar. Die durch die »tausend Finsternisse todbringender Rede«[48] zerstörte deutsche Sprache, in der 160 Jahre zuvor Friedrich Hölderlin noch dichten konnte, ist für den Sprecher dieses Gedichts für immer obsolet (in der »Bremer Rede« hatte Celan sie drei Jahre zuvor noch für »unverloren« erklärt).[49] Allenfalls ist die vorhandene Sprache noch brauchbar im Rückgang auf ihre Grundelemente – Laute, Silben, höchstens einzelne Wörter. Was, nach Paul Celan, zu leisten wäre, ist der Weg der gedanklichen und sprachlichen »Involution«:

> Sinnentfaltung in der einen, wortfremden Silbe –: es ist die im durchröchelten Stammeln erkennbare »Stammsilbe«, die Sprache als das in den Keim Zurückgekehrte – der Bedeutungsträger ist der sterbliche Mund, dessen Lippen sich nicht mehr ründen. Muta cum liquida, – vokalisch gestützt, der Reimlaut als Selbstlaut.[50]

Unwillkürlich denkt man beim Lesen dieser Passage an die Sterbenden in den Gaskammern, denen »die Lippen sich nicht mehr ründen« und denen als letztes ein »durchröchelte[s] Stammeln« geblieben ist. Passagen wie diese sind Beispiele dafür, wie der Autor geschichtsphilosophische und poetologische Überlegungen engführt: Was bedeutet Auschwitz für den Gang der Menschheitsgeschichte? Und was bedeutet Auschwitz für die Möglichkeit oder Unmöglichkeit von Dichtung, die sprachlich verfasst ist? Schon Hölderlin zu zitieren ist prekär; nach seiner Art weiterdichten zu wollen wäre aberwitzig.

Eine solche Umkehr und »Atemwende« zu vollziehen, auch im Verhältnis zu großer tradierter Dichtung, wie sie Celans Tübingen-Gedicht im Bild der »immersio«, des Ein- und Untertauchens im Reich der Toten, evoziert, kann als »Akt der Freiheit«[51] erfahren werden. Aber sie bezeichnet gleichzeitig einen Verzicht auf so vieles Vertraute, ja mehr: einen furchtbaren Verlust: Die neue Lallsprache wandert vom Bedeutenden zum Un-Bedeutenden im wörtlichen Sinn. »Was Deutung war, ist nur noch Deut [...] wertlose Münze des Zufalls«, hat Bernhard Böschenstein bilanziert.[52] Eines der spätesten Gedichte Celans, gleichfalls mit Bezug auf Hölderlin, spricht davon:

> Ich trink Wein aus zwei Gläsern
> und zackere an
> der Königszäsur

wie Jener
am Pindar,

Gott gibt die Stimmgabel ab
als einer der kleinen
Gerechten,

aus der Lostrommel fällt
unser Deut.[53]

An Ilana Shmueli schrieb Celan am 30. November 1969 »ein verdeutlichendes Wort« zu diesem und zum Tübingen-Gedicht (womit er ein instruktives Beispiel dafür gab, was er selbst an Sachwissen für nötig hielt, um seine Gedichte zu verstehen):

Jener: gemeint ist Hölderlin, über den, als er Pindar übersetzte, ein ihm Übelgesinnter schrieb, er »zackere« (wohl: pfusche) am Pindar –
Ein Hölderlin-Wort stand schon einmal in einem Gedicht von mir: »Tübingen, Jänner«. Da heißt es am Ende »Pallaksch«; darunter soll Hölderlin, in der Zeit seiner Umnachtung, Ja und zugleich Nein verstanden haben.[54]

Aber der Schluss des Gedichts »Ich trink Wein« erinnert auch an Hölderlins Gesang »Mnemosyne«, dessen zweite Fassung beginnt, als habe der Dichter sie nicht im Sommer 1805, sondern als Zeitgenosse Paul Celans geschrieben:

Ein Zeichen sind wir, deutungslos,
Schmerzlos sind wir und haben fast
Die Sprache in der Fremde verloren.[55]

Doch was, so bleibt noch zu fragen, bedeutete Hölderlin das vielbeschworene »Vaterland«, »Deutschland« und »das Nationelle« im Gegensatz zum »Fremden«? War er gar ein Nationalist *avant la lettre* und als solcher für Celan keinesfalls zu beerben?
Um 1790/1800 gab es keinen deutschen Nationalstaat, vielmehr immer noch das »Heilige Römische Reich«, das nur gelegentlich mit dem Zusatz »deutscher Nation« versehen wurde. Dieses bald

ein Jahrtausend alte, auch territorial wechselvolle Gebilde einer Kaiser-Wahlmonarchie ging in den Napoleonischen Kriegen zwischen 1795 und 1805 in wenigen Riesenschritten zugrunde. Die geistlichen Gebiete wurden säkularisiert, und die beiden Großen des Reichs, Österreich und Preußen, bedienten sich bei diesen wie auch bei vielen weltlichen Kleinstaaten. Auf dem Friedenskongress von Rastatt im März 1798, bei dem Hölderlin zusammen mit seinem Freund Isaac von Sinclair für zehn Tage zugegen war, gestand Kaiser Franz II. die Abtretung der linksrheinischen Gebiete an Frankreich zu. Der Frieden von Lunéville im Februar 1801 beendete den Zweiten Koalitionskrieg gegen Napoleon und bestätigte diese Abtretungen. Fragt man, warum dieser Friedensschluss Hölderlin in Begeisterung versetzte (und schließlich zur Niederschrift der erst 1954 entdeckten Hymne »Friedensfeier« führte), so lassen sich zwei Gründe nennen: Zum einen freute sich Hölderlin, dass die langen verlustreichen Kriegsjahre ein Ende haben sollten, und zum anderen sah er in dem Friedensschluss einen Sieg der republikanischen Idee, deren Ausgreifen auf seine Heimat Schwaben und auch auf Hessen er erhoffte, wenngleich gewiss nur auf dem Wege der Reform. So schreibt er um den 23. Februar 1801 aus Hauptwil an den Freund Christian Landauer: »Ich denke, mit Krieg und Revolution hört auch jener moralische Boreas, der Geist des Neides auf, und eine schönere Geselligkeit, als nur die ehrenbürgerliche mag reifen!«[56] In einem der Entwürfe zur »Friedensfeier«, die den Namen des erwarteten »Fürst[en] des Festes« an keiner Stelle nennt, spricht Hölderlin vom »Abend der Zeit«, an dem »Die Gesetze aber, die unter Liebenden gelten, / Die schönausgleichenden [...] dann allgeltend [sind] / Von der Erde bis hoch an den Himmel.«[57]

Das ist die im Grunde bescheidene, geradezu unpolitische Vision für seine deutsche Heimat, die Hölderlin kurz nach der Jahrhundertwende inmitten kriegerischer und revolutionärer Wirren hatte. Dabei ist bemerkenswert, dass der Dichter keine fixierten Vorstellungen davon hat, was deutsches Territorium sei und was nicht. Dass die linksrheinischen Gebiete – doch eine riesige und in vielem ganz ›deutsche‹ Region – künftig dauerhaft zur französischen Republik gehören sollten, löste keinen Sturm der Entrüstung aus. Vielmehr scheint entscheidend zu sein, was vom ›deutschen Geist‹ und von »deutschem Gesang« erhalten und befördert wird. Es ist Friedrich Schiller – für Hölderlin schon seit einem Jahrzehnt *die* Instanz schlechthin sowohl in poetischen als auch politischen Fragen –, der über die Idee einer deutschen Nation in diesem geschichtlichen Augenblick des Friedens von Lunéville grundstürzend nachgedacht hat. In einem damals nicht veröffentlichten Fragment, gemischt aus Prosa und Gedichtstrophen, dem der erste Herausgeber Bernhard Suphan 1902 den Titel »Deutsche Größe« gegeben hat, fragt Schiller:

Darf der Deutsche in diesem Augenblicke, wo er ruhmlos aus seinem tränenvollen Kriege geht, wo zwei übermütige Völker [Frankreich und England] ihren Fuß auf seinen Nacken setzen und der Sieger sein Geschick bestimmt – darf er sich fühlen? Darf er sich seines Namens rühmen und freun? Darf er sein Haupt erheben und mit Selbstgefühl auftreten in der Völker Reihe?
Ja, er darfs! Er geht unglücklich aus dem Kampf, aber das, was seinen Wert ausmacht, hat er nicht verloren. Deutsches Reich und deutsche Nation sind zweierlei Dinge. Die Majestät des Deutschen ruhte nie auf dem Haupt seiner Fürsten. Abgesondert von dem Politischen hat der Deutsche sich einen eigenen Wert gegründet, und wenn auch das *Imperium* unterginge, so bliebe die deutsche Würde unangefochten.
Sie ist eine sittliche Größe, sie wohnt in der Kultur und im Charakter der Nation, der von ihren politischen Schicksalen unabhängig ist.[58]

Auch wenn Hölderlin diese Überlegungen Schillers nicht kennen konnte: Es ist sehr wahrscheinlich, dass er sie voll und ganz bejaht hätte. Das heißt aber auch, dass er mit Schiller und vielen anderen Intellektuellen, die noch wenige Jahre zuvor von der Revolution in Frankreich begeistert waren, in der strikten Abkehr von einer politischen und sozialen Revolution einig war und, wie dieser, »abgesondert vom Politischen«, den kompensatorischen Rückzug in eine geistig-literarische Innenwelt vollzog. So sind Hölderlins Oden und Gesänge der Jahre 1798 bis 1806 erfüllt von einer geradezu eschatologischen Zukunftserwartung, während in der politischen Wirklichkeit die republikanischen und demokratischen Ideen zur gleichen Zeit eine empfindliche Niederlage erlitten.

Für Friedrich Hölderlin zentrierten sich diese Hoffnungen im Wort »Vaterland«. Es begegnet schon in der Odendichtung der 90er Jahre und vermehrt dann in den späten Gedichten und Entwürfen, die in vielen Ausgaben seit 1943 mit Friedrich Beißner, dem Herausgeber der lange maßgeblichen »Großen Stuttgarter Ausgabe«, »Vaterländische Gesänge« genannt werden; ein Ausdruck, der sich zwar auf den Dichter selbst berufen kann, aber andererseits, im Kontext der NS-Herrschaft und der letzten Kriegsjahre eingeführt, eine bedenkliche Rolle gespielt hat. Dabei begegnet das Wort »Vaterland« durchweg in gleichsam unschuldiger, oft recht vager und an keiner einzigen Stelle nationalistischer Bedeutung. So ist in der Elegie »Stuttgard« von den »Engeln des Vaterlands« die Rede, »vor denen das Auge, / Sei's auch stark, und das Knie bricht dem vereinzelten Mann«,[59] ähnlich in der Widmung für die Prinzessin Auguste von Homburg, die der Dichter seiner Übersetzung der Trauerspiele des Sophokles beigefügt hat: Sie, »die Engel des heiligen Vaterlands«, will er singen.[60] Im Entwurf zu der Hymne »Der Einzige« (wohl von 1805) findet sich gleich eingangs sogar eine Relativierung der Bedeutung des Vaterlands, wenn der Sprechende fragt: »Was ist es, das / An die alten seeligen Küsten / Mich fesselt, daß ich mehr noch / Sie liebe, als mein Vaterland?«[61] Im Entwurf zu »Die Titanen« (1804/05?) steht die rätselhafte Frage: »O wär es möglich / Zu schonen, mein Vaterland«.[62] Bemerkenswert ist eine Stelle im Fragment von »Heimath«, in dem »Das Vaterland« eine »Verbotene Frucht« genannt wird, »Die aber kost / Ein jeder zuletzt«.[63] Mehrere Belege finden sich in den späten Entwürfen, die der Herausgeber Dietrich E. Sattler unter den Überschriften »Das Nächste Beste« und »Die apriorität des Individuellen« abgedruckt hat. Dazu gehören auch die fragmentarischen Verse, die Paul Celan als eins seiner beiden Mottos dem Gedicht »Wolfsbohne« vorangestellt hat.[64] Das Fragment »Vom Abgrund nemlich« nennt zweimal »Deutschland«, und Celan hat es in Beißners Version gelesen:

Ihr Blüten von Deutschland, o mein Herz wird
Untrügbarer Kristall, an dem
Das Licht sich prüfet, wenn   Deutschland[65]

Ein Fragment, das auf das antike Griechenland (in so vielem Vorbild für Hölderlin, und zugleich Inbegriff des »Fremden«) zurückschaut, beginnt mit der Frage:

      meinest du,
Es solle gehen

Wie damals? Nemlich sie wollten stiften
Ein Reich der Kunst. Dabei ward aber
Das Vaterländische von ihnen
Versäumet und erbärmlich gieng
Das Griechenland, das schönste, zu Grunde.[66]

Das sind bemerkenswerte Verse, insofern sie einen Kausalzusammenhang herstellen zwischen der Errichtung eines »Reich[s] der Kunst« als Hybris und einer »Versäumnis« des »Vaterländischen«, die am Ende sogar den Untergang des ganzen Gemeinwesens »Griechenland« zur Folge hat. Es ließen sich noch einige Belege mehr zur Verwendung der Wörter »Vaterland« und gelegentlich auch »Deutschland« anführen. Deutlich wird so viel: »Das Vaterland« und »das Vaterländische« sind sehr hoch angesiedelte Kategorien in Hölderlins Wertesystem. Es geht zuerst um die schwäbische Landschaft und die schöne Natur der Heimat (die sich von Nürtingen und Tübingen aus auch nach Frankfurt und Homburg erstrecken kann). Es geht um die deutsche Sprache und die Menschen, die sie sprechen. Aber, dies überwölbend, geht es vor allem um die mit anderen Wörtern schwer zu fassende *Gemeinschaft* dieser Menschen (sie steht höher als der »vereinzelte Mann«!) und um deren *politische Verfasstheit*. Und die stellt sich der Dichter schon von früh an, als er in Tübingen studiert und in Frankreich die Revolution ausbricht, als *Republik* vor. Sie, als eine Gemeinschaft der Freien, ohne Zwang und staatliches Korsett, ist zu erreichen und zu befestigen, um sie nicht »zu versäumen«: Das hatte schon in den Tübinger Hymnen der frühen 90er Jahre mit ihrem »ausgeprägten Imperativstil« begonnen, deren Idee eines *patrie* »nicht national bestimmt«, sondern als ein »ideelles, geistiges Vaterland« konzipiert ist.[67] Und diese Idee hat eine eindeutig politische Dimension: Sowohl Aristokraten als auch Untertanen haben in einem solchen *patrie* oder Vaterland keinen Platz.[68] Diese Maxime gilt auch noch, inhaltlich kaum verändert, für Hölderlins späte Gedichte. Insofern sind diese »Vaterländische Gesänge«. Aber sein Begriff von »Vaterland« und »vaterländisch« hat nichts gemein mit dem Nationalismus oder gar Chauvinismus, den ihm die Nazis unterschoben.[69] Er stellte sich ein deutsches Vaterland als den Wohnsitz »freundlicher Geister« vor,[70] und seine »Germania« ist eine »Priesterin«, die »wehrlos [!] Rath« gibt »rings / Den Königen und den Völkern«.[71]

Paul Celan kannte nicht alle, aber doch die meisten der hier zitierten Stellen aus Hölderlins Spätwerk, wenngleich durchweg in Friedrich Beißners manchmal problematischer Wiedergabe in der Kleinen Stuttgarter Ausgabe. Soweit ich sehe, gibt es keine direkten Kommentierungen von Celans Seite zu diesem Problem. Es scheint, als ob ihm die hier angedeutete Interpretation des »Vaterländischen« von vornherein selbstverständlich gewesen wäre (und auch die von ihm geschätzten Aufsätze Martin Heideggers zu Hölderlin stehen dieser Lesart nicht im Wege). Celan wusste: Ein Nationalist war dieser Dichter nie. Er wünschte sich durchgreifende politische und soziale Reformen in den deutschen Landen und, soweit möglich, gewiss auch eine nationale Vereinigung, aber ein »Linksnibelunge« *avant la lettre* war er nicht. Allen staatlichen Zwang von oben missbilligte er, ja, er war ihm verhasst. Die Reichseinigung von 1871 im Zeichen des Militarismus, des fortgesetzten Feudalsystems und der Vorherrschaft Preußens wäre ihm ein Gräuel gewesen, von der NS-Herrschaft ganz zu schweigen. Im Grunde seines Herzens war Hölderlin den politischen Positionen des »Ältesten Systemprogramms des deutschen Idealismus« von 1797 treu geblieben (auch wenn er nicht dessen Autor ist): Die Rolle des Staates, der »freie Menschen als mechanisches Räderwerk« behandelt, sah er unvermindert mit großer Skepsis. »Keine Kraft wird mehr unterdrückt werden, dann herrscht allgemeine Freiheit und Gleichheit der Geister!«[72] – das ist der vorletzte Satz des kleinen anonymen Textes in Hegels Handschrift, der auch Anarchisten gefallen müsste, also auch dem Sympathisanten des politischen Anarchismus Paul Celan. Freilich, Wörter wie ›Vaterland‹ und ›vaterländisch‹ waren für den Dichter zu keiner Zeit brauchbar. Der Wortindex zu seinem lyrischen Werk weist keinen einzigen Beleg für diese Wörter nach.[73]

Und die »Königszäsur«, die das späte Gedicht »Ich trink Wein« nennt, was könnte sie bedeuten? Der Dichter hat sie in dem bereits erwähnten Brief an Ilana Shmueli kommentiert: »In der Königszäsur, da liegen, da stehen wir jetzt, Du und ich.«[74] Das ist ein so privater wie rätselhafter Kommentar zur Situation zweier Liebender, die – nach intensiven Begegnungen während Celans Israelreise im Oktober 1969 – wieder in verschiedenen Ländern leben und voneinander wissen, dass sie diese getrennten Wohnsitze und Bindungen auch nicht auf Dauer aufgeben werden. Aber vielleicht hilft der Kommentar des Autors doch weiter: Die Wiederbegegnung und zumindest zeitweilige

Vereinigung dieser beiden jüdischen Menschen nach so langer Zeit kann als »Entgegenstehen« gegen das Vernichtungsprogramm der Nazis, vielleicht sogar als Triumph über dasselbe, gelesen werden.[75] Das wäre ein Einschnitt in den Gang der Verhältnisse, wörtlich: eine ›Zäsur‹, ja, eine »Königszäsur«, wobei das Wort gewiss noch andere Deutungen zulässt.

In dem langen Gedicht »Und mit dem Buch aus Tarussa«, das im September 1962 entstand, ist »Vom Wald / Unbetreten, vom / Gedanken, dem er entwuchs, als Laut / und Halblaut und Ablaut und Auslaut« die Rede,[76] »geschrieben ins Herz / der Stundenzäsur«. Jenseits von dieser Zäsur beginnt »der Reiche / weitestes«. In dieses Reich hinein, »in / den Großbinnenreim / jenseits / der Stummvölker-Zone, in dich / Sprachwaage, Wortwaage, Heimat- / waage Exil«[77] schreibt der Dichter. – Nun, das sind schwer verständliche Verse. Aber so viel lässt sich vielleicht sagen: Hier wird dem Wort ›Zäsur‹ eine Bedeutung gegeben in Bezug auf die schwierige Suche des Dichters, nach seinen Wanderungen durch viele Länder und Sprachen den richtigen Ort und die richtige »Stunde« zu finden, die ihm gemäß sind. Wieder muss man im Hintergrund die Ereignisse der Shoah sehen, die den entscheidenden Einschnitt auch für den Umgang mit Sprache markieren. Die »Bremer Rede« 1958 und die Antwort auf eine Umfrage der Librairie Flinker im gleichen Jahr, in der der Dichter von der nun notwendigen »graueren Sprache« spricht, konkretisieren diesen Einschnitt. Florian Welling hat Hölderlins »Anmerkungen zum Ödipus« ins Spiel gebracht, in denen über die »Cäsur [...] als »das reine Wort, die gegenrhythmische Unterbrechung« reflektiert wird, die nötig sei, »um nemlich dem reißenden Wechsel der Vorstellungen« angemessen zu begegnen.[78] Es kann als wahrscheinlich gelten, dass es diese »Anmerkungen« waren, die Celan veranlassten, den Begriff ›Zäsur‹ ins Zentrum seiner poetologischen Überlegungen zu stellen.

Auch in dem Nachlassgedicht »Ars poetica 62« taucht das Wort ›Zäsur‹ auf. Hier steht es im Kontext von Kafkas Erzählungsfragment »Der Jäger Gracchus«, in dem es um einen Untoten geht; einen gestorbenen Menschen, der den Eintritt ins Totenreich verfehlt hat und nun ruhelos umherirrt. In Celans Gedicht ist vom »Mann / mit der Dohle (und der vernähten Zäsur!)«[79] die Rede – zweifellos eine Anspielung auf Franz Kafka (und den Dichter selbst).[80] Das Partizip »vernäht« lässt sich plausibel auf diesen untoten Jäger Gracchus (und die, für die er steht) beziehen: Er ist eigentlich ein Toter (der

›Einschnitt‹ steht für seinen Tod), aber der Einschnitt in seinem Körper ist »vernäht« worden, und dieses Vernähtsein hält ihn im Leben. Von hier aus liegt es nahe zu vermuten, dass Celan bei dieser Wortfügung auch – in polemischer Absicht – die verstockte deutsche Nachkriegsgesellschaft im Sinn gehabt habe, nämlich ihre Tricks, die Wunde des Massenmords möglichst unauffällig zu »vernähen«. Wer sie offen halten wollte, galt als Störenfried.

Paul Celan hat die Nachfolge Hölderlins angetreten, indem er den von diesem so eindrucksvoll gebahnten Weg der hymnischen, lobpreisenden Dichtung verlassen hat. Wo die Geschichte der Menschheit mit dem »Zivilisationsbruch« eine Zäsur setzte, da setzte auch er als Dichter eine Zäsur, und er hielt dieser Zäsur die Treue bis an sein Lebensende. Paradoxerweise hielt er gerade, indem er sein »Gegenwort« sprach, auch Friedrich Hölderlin die Treue.[81] Dieser konnte Celan bis zu seinem letzten Lebenstag ein Bundesgenosse, ein Bruder im Geiste bleiben, natürlich auch durch seine Nähe als psychisch Kranker. Nach der Tagung der Hölderlin-Gesellschaft in Stuttgart, bei der Celan gelesen hatte, fuhr er am 22. März 1970 mit einer Gruppe, zu der Bernhard Böschenstein und der Pariser Dichterfreund André du Bouchet gehörten, nach Tübingen, um sich ein weiteres Mal auf die Spuren Hölderlins zu begeben. Du Bouchet berichtet, Celan habe bei einem Spaziergang in der Platanenallee am Neckar (gegenüber vom Hölderlinturm) abrupt geäußert, dass es in dessen Dichung »quelque chose de pourri« gebe, also etwas Faules, Verdorbenes.[82] Später, im Hölderlin-Haus, habe er angesichts der beiden Porträtzeichnungen des älteren und kranken Dichters ganz entschieden »c'est terrible« gesagt – so erinnert sich Böschenstein.[83] Nun, während die zweite Äußerung gut nachvollziehbar ist (denn diese Bilder, das eine von 1823 und das andere von 1842, zeigen einen völlig veränderten alten Mann mit einem ›leer‹ anmutenden Gesicht), bleibt die erste rätselhaft. Wo in Hölderlins Versen sollte dieses »pourri« versteckt sein? – Nach der Selbsttötung Celans am 19./20. April 1970 fand man auf seinem Schreibtisch ein einziges Buch aufgeschlagen: Wilhelm Michels Hölderlin-Biographie, und zwar die Seite, auf der der von Clemens von Brentano stammende, von Celan angestrichene Satz steht »Manchmal wird dieser Genius dunkel und versinkt in den bittern Brunnen seines Herzens.«[84]

Départ Paul

Der Tod in der Seine

Paul Celans Leben endet mit einem Tod, den er sich selbst gegeben hat. Gemeinhin nennt man diese Todesart ›Selbstmord‹. Spätestens seit den 80er Jahren des letzten Jahrhunderts wird in Deutschland allerdings von den verschiedensten Positionen aus die mit diesem Wort unterstellte ethische Normverletzung als diskriminierend zurückgewiesen. Man definiert Selbsttötung nüchtern als Endpunkt einer Entwicklung, in der eine Person keine Lösung ihrer Probleme mehr erwartet und die Diskrepanz zwischen Lebensanspruch und Realität als unüberbrückbar erlebt. Und man plädiert für neutralere Wörter wie Selbsttötung oder Suizid, um sich explizit gegen die lange Tradition christlicher Verdammung der Selbsttötung (seit Augustinus) als einer schwerwiegenden Sünde zu wenden.

Dem Terminus Selbstmord steht der euphemistische Ausdruck ›Freitod‹ gegenüber. Er geht auf Zarathustras Rede »Vom freien Tode« in Nietzsches »Also sprach Zarathustra« zurück. Gefeiert wird ein Tod, der, so Nietzsche, von »mir kommt, weil *ich* will«.[1] Kam Paul Celan der Tod als ein ›freier Tod‹, ›weil *er* (ihn) wollte? Oder war es ein Nicht-mehr-weiter-Können, der Endpunkt einer langen Kette persönlicher Katastrophen? Aber was oder wer hat diese Katastrophen verursacht? Giuseppe Bevilacqua, der den Dichter persönlich gut kannte und sein gesamtes zu Lebzeiten veröffentlichtes lyrisches Werk ins Italienische übersetzt hat, plädiert eindeutig:

> die für sich gedachte Lösung [der Selbsttötung] wurde im Hauptgrunde nicht durch angeborene, sondern durch eingetretene Faktoren bedingt. Nicht so sehr Tiefenpsychologie oder etwa Psychiatrie ist hier also vonnöten, sondern eher eine im Licht des Zeitgeschehens interpretierte Biographie.[2]

Was Bevilacqua hier postuliert, entspricht recht genau den Prämissen, nach denen diese Studie geschrieben ist. Nach den in des Dichters Lebenslauf »eingetretene[n] Faktoren« (oder besser vielleicht: nach den ihn bedrängenden Faktoren) ist auch hier immer wieder gefragt worden, und das soll auch bis zum Ende gelten. Eine unzweideutige Antwort wird man freilich, wenn es um Selbsttötung geht, nicht erwarten können, aber vielleicht doch Annäherungen.[3]

Vor allem in den Kapiteln »Gibt es mich überhaupt?« und »So kam ich unter die Deutschen« ist erörtert worden, wie durch sich wiederholende Invektiven zumal im Kontext der Diffamierungen durch Claire Goll bei Celan ein anhaltender seelischer Druck entstanden ist, der ihn enorme Kräfte kostete, physische und psychische. Es ist vor allem das Andauernde dieses Drucks über Jahre, das eben nicht nur gekränkt hat (das kennen alle Menschen), sondern die Seele dauerhaft und offenkundig nicht heilbar beschädigt hat. Vielleicht darf man (auch wenn diesbezüglich fast alle Wörter unbefriedigend sind) von einer Vorschädigung der Seele sprechen, die durch die Ermordung der Eltern und das Bewusstwerden der Dimensionen der Shoah eingetreten ist, die aber ohne die späteren Verletzungen seit 1959/60 nicht zu dieser schweren psychischen Erkrankung und am Ende zur Selbsttötung hätte führen müssen.

Wie fragwürdig, aus der Sicht einer selbstkritisch gewordenen Psychiatrie, Paul Celan damals auch behandelt worden sein mag: unstrittig ist, dass er zeitweise klinischer Behandlung und Betreuung bedurfte. Sein Versuch, seine Frau Gisèle zu töten (am 24. November 1965), und sein Versuch, sich selbst zu töten (am 30. Januar 1967), sind die beiden herausragenden Alarmzeichen aus seiner Krankengeschichte. Seiner Erkrankung eine medizinische Diagnose zu stellen, verbietet sich für den, der kein Arzt ist, überdies auch, weil die einschlägigen Dokumente nicht eingesehen werden können. Umso misslicher ist es, dass von einigen Celan-Kommentatoren freigiebig Etiketten ausgeteilt worden sind, bis hin zu Begriffen wie endogene Psychose oder Schizophrenie. Besonders gängig ist der Terminus »Verfolgungswahn«, wobei man konzedieren muss, dass es, von Fall zu Fall gewiss unterschiedlich, Situationen gab, in denen der Dichter sich in einem Ausmaß ›verfolgt‹ fühlte, das für Außenstehende nicht nachvollziehbar war. Ilana Shmueli – der Mensch, der ihm während seiner Israelreise im Oktober 1969 und auch bei seinen Aufenthalten bei ihm in Paris zwischen Ende Dezember 1969 und Anfang Februar 1970 am vertrautesten war – hat demgegenüber geltend gemacht, dass es eine entscheidende Rolle spielte, *mit wem* Celan zusammen war, ob mit Menschen, denen er vertraute, oder mit solchen, denen er meinte misstrauen zu müssen:

Daher auch die erstaunlichen Diskrepanzen und unterschiedlichen Darstellungen und Beurteilungen seiner Verhaltensweisen und seiner Persönlichkeit. Celan fühlte sich in seinem Kampf als Mensch, Dichter und Jude von seinem unmittelbaren Umkreis nicht verstanden, alleingelassen – er fühlte sich bedroht. Er war ratlos.[4]

Ilana Shmueli konstatierte ein »Kranken an der Wirklichkeit« und fand es unangemessen, von einer Krankheit im medizinischen Sinne zu sprechen. »Seine Genauigkeit, seine strenge Aufmerksamkeit, seine geistige Souveränität ließen das nicht zu.«[5] In einem Brief vom 26. November 1969 an diese Frau, die ihn in diesen Jahren vielleicht wie kein anderer Mensch verstanden hat, hat Celan selbst Bilanz gezogen:

> Es waren so viele Kräfte in mir, Ilana – nicht nur die der Dichtung –, und sie waren eins, sie waren *eine* Kraft. Man hat sie mir nicht gegönnt, oder – sie waren zu groß, die Kraft war zu groß, als daß man sie mir hätte lassen können. Ich habe mich lange zur Wehr gesetzt, aber je entschiedener, je ausschließlicher ich den Kampf führte, desto mehr ließ man mich im Stich. »Man« –: verzeih diese Unbestimmtheit, ich könnte, glaub es mir, genauer sein, erlaß es mir, zumindest für heute. Ich möchte auch nicht anklagen, ich kann das sogar verstehn, zuletzt war ich ja auch das, was man, aus Abwehr und Hilflosigkeit, wahnsinnig nennt. Nur: wäre ich es, bei mehr Verständnis, wirklich geworden?[6]

Unbefriedigend an dieser Selbstdarstellung ist zunächst, dass das feindliche »man« unbestimmt bleibt. Aber natürlich hätte Celan all die Gemeinheiten, Gleichgültigkeiten, Nachlässigkeiten und, nicht zuletzt, verdeckt antisemitischen Invektiven anführen können, die er im Lauf von einem Jahrzehnt erfahren hat. Er hat sie – und das ist entscheidend – nicht als zufällige Anhäufung erlebt, sondern als *systemisch* bedingten Angriff, gegründet in der westdeutschen Nachkriegsgesellschaft, die als ganze nicht bereit war, sich ihrer verbrecherischen Vergangenheit zu stellen, geschweige denn sich von ihr loszusagen. Dieser Macht gegenüber stand er, so seine Selbsteinschätzung, trotz seiner eigenen Stärke auf verlorenem Posten. Was hätte helfen können? »Mehr Verständnis«, reklamiert Celan, im Grunde sehr bescheiden. Es ist das, was er vor allem von den deutschen Kollegen erwartete, pointiert gesagt: von Deutschland.

Viele Gedichte aus den letzten acht Lebensjahren des Dichters zeugen davon, dass die Psyche des Autors schwer beschädigt war – und dass dies niemandem deutlicher bewusst war als ihm selbst. So spricht er in einem Gedicht vom 4. Juni 1967 seine »koppheistergegange Trauer«[7] ganz offen an und verhüllt nicht, was aus ihr gefolgt ist:

Heddergemüt, ich kenn
deine wie Kleinfische wimmelnden
Messer,

härter als ich
lag keiner am Wind,

keinem wie mir
schlug die Hagelbö durch
das seeklar gemesserte
Hirn.[8]

Dem Gedicht (wie einigen anderen aus dem letzten Zyklus von »Fadensonnen«) ist anzumerken, dass der Autor gerade ein Buch gelesen hat, das »Von den Gebräuchen der Seeleute«[9] handelt. Dementsprechend kleidet er die Zustandsbeschreibung seiner gepeinigten Seele in Bilder und Wörter aus dieser ihm eigentlich fremden Welt.

Immer häufiger finden sich medizinische sowie körper- und krankheitsbezogene Termini – meistens in Form verfremdend abwandelnder Komposita wie »Schläfenzange«, »Nervenzellen«, »Hirnberg«, »Hirnstamm«, »Hirntransplantat«, »Hirnmantel«, »Hirnsichel«, »Schläfenlappen«, »Gehörgang«, »Sehpurpur«, »Sehstamm«, »Herzstamm«, »Aortenbogen«, »Kranzarterien«. In ihnen manifestieren sich die Klinikerfahrungen des Autors wie auch seine einschlägigen Lektüren.[10]

Vor allem ein Wort tritt in den Vordergrund: »Wahn«. Vermutlich ist das Gedicht »Ich kenne dich« (datiert auf den 9. Januar 1964) mit dem Schlussvers »Du – ganz, ganz wirklich. Ich – ganz Wahn.)«[11] der erste Beleg dafür, dass der Dichter bereit ist, Wahnzustände als ihm zugehörig zu akzeptieren. Neben dem Grundwort begegnen ausschließlich in den Bänden seit »Atemwende« die Komposita »Wahnbrot«, »Wahndock«, »Wahnfahrt«, »wahnfeste«, »Wahngang«, »Wahngänger-Augen«, »Wahnsold«, »Wahnstiege« und »wahnwitzig-offen«.[12]

Wie früh und wie stark Paul Celan seine eigene psychische Gefährdung wahrnahm, zeigen seine einschlägigen Lektüren. Sie gehen über ein gängiges Interesse an Selbsterforschung und Seelenkunde weit hinaus. Der Autor hatte schon in den 50er Jahren, wenn auch nicht ohne Skepsis, Sigmund Freud und andere Autoren der Psychoanalyse zu lesen begonnen. Nach 1960 folgten Karl Jaspers' »Allgemeine Psychopathologie«, Eugen Bleulers »Psychiatrie« sowie Ludwig Binswangers »Der Mensch in der Psychiatrie« und »Melancholie und Manie« (1960). Vor allem letzteres Buch hat Celan, so zeigen seine Anstreichungen, sehr gründlich im Blick auf sich selbst, aber auch auf die Freundin Nelly Sachs gelesen. So strich er Wörter wie »Verlust-Depression« und »Verluststil« an, wie auch den tiefsinnigen Halbsatz Binswangers, dass »der Melancholische den in der Zukunft vorausgesehenen Verlust, im Gegensatz zum Pessimisten, als bereits eingetreten weiß«.[13]

Das Gedichtwerk aus den letzten Lebensjahren, versammelt in den Bänden »Lichtzwang«, »Schneepart« (posthum) und »Zeitgehöft« (aus dem Nachlass), ist ein erschütterndes Zeugnis des tief verletzten und gezeichneten Autor-Ichs Paul Celan und zugleich ein Dokument des Widerstands – des Widerstehens in der Sprache der Poesie, die freilich den »tausend Finsternissen todbringender Rede«[14] immer schwerer abzuringen war. Bei Franz Kafka, der Celan über die Jahrzehnte zum Maßstab schlechthin geworden war,[15] findet sich die Notiz:

> Die Sprache kann für alles außerhalb der sinnlichen Welt nur andeutungsweise, aber niemals auch nur annähernd vergleichsweise gebraucht werden, da sie, entsprechend der sinnlichen Welt, nur von Besitz und seinen Beziehungen handelt.[16]

Für Celan hatte sich dieser Befund noch einmal verschärft. Nach der Shoah zu schreiben hieß grundsätzlich, auf ein »vergleichsweises«, sprich: metaphorisches Schreiben zu verzichten, denn das Geschehene war unvergleichlich. Schon im »Meridian« hatte der Autor keine andere Möglichkeit gesehen, als alle Tropen und Metaphern *ad absurdum* zu führen. In den letzten Gedichtbänden häufen sich nun die zumeist polemischen oder sarkastischen Absagen ans metaphorische Schreiben, an das »Metapherngestöber« als Gegensatz der »Wahrheit«.[17] »Wirf deine Tropen / zum Rest«, heißt es in einem »Schneepart«-Gedicht, und im darauffolgenden: »die Zeichen zuschanden- / gedeutet, // verkohlt, gefault, gewässert«.[18] Immer noch aber schrieb Celan Gedichte. Er verstummte keineswegs, wie oft behauptet wird. In seinen letzten Lebensjahren zerbrach er die von Auschwitz falsifizierte symbolische Ordnung in immer neuen Gedichten zu »Sperrtonnensprache, Sperrtonnenlied«.[19] Es ist eindrucksvoll, wie der Dichter in diesen Jahren seinen muttersprachlichen Fundus umfassend erweiterte und radikal veränderte, indem er aktuelle Lektüren deutscher Zeitungen, Lektüren von manchmal auch beliebig gegriffenen Büchern und Materialien, Büchern zu seiner eigenen Lage als psychisch Kranker und Re-Lektüren von Werken des weltliterarischen Kanons mit seinen alltäglichen Wahrnehmungen – ob in der psychiatrischen Einrichtung, in der er sich gerade aufhielt, ob auf Reisen, vorwiegend in die Bundesrepublik – verband und daraus eine Gedichtsprache entwickelte, die ihresgleichen im deutschen Sprachraum nicht hat. Dabei gilt unverändert, was Celan schon 1960, bei der Vorbereitung seiner Büchnerpreis-Rede, notiert hatte:

> Das Gedicht, so fragil es sein mag, es ist, was es heute kaum mehr gibt: es ist solidarisch. Es steht zu dir. Es steht, wo das Nahe versagt, mit dem Fernen – auch dem Menschlich-Fernen – zu dir, dem es sich zusagt. Es ist das Zweite im Kern und im Gehäus deiner Verzweiflung. –
> Es steht mit dir gegen die Infamie. Es steht gegen Goebbels und Goll. –[20]

Die Erfahrung der Krankheit und ihr zu widerstehen ist das eine, die Erfahrung der eigenen Todessehnsucht ein Zweites. Wiederum ist das Gedicht der Ort, an dem zum Teil schon früh, und gehäuft seit 1966, diese Sehnsucht artikuliert wird.[21] Sowohl Ruth Kraft als auch Edith Silbermann haben mitgeteilt, dass der junge Paul Antschel vom Thema Selbstmord fasziniert gewesen sei, und beide sprechen sogar von einem eigenen Selbsttötungsversuch[22] oder sogar mehreren.[23] Zahlreiche Gedichte antizipieren, im vorgestellten Tod anderer oder unmittelbar, den eigenen Tod. Selbst die Todesart des Ertrinkens ist vorweggenommen, so im Gedicht »Kenotaph«[24] vom Mai 1954. Das Titelwort meint eine Grabstelle für jemanden, der kein wirkliches Grab gefunden hat (wie die Eltern Celans) – ein Motiv, das der Dichter wieder und wieder zu gestalten versucht hat. In diesem Gedicht ist die namenlose Grabstelle in »den Tiefen«, im

»Meer« angesiedelt. Doch das Gedicht formuliert einen Vorwurf an den, der spricht. Er hat seinen Tod gleichsam aufgespart: »Der hier liegen sollte, er liegt / nirgends. Doch liegt die Welt neben ihm.« Am Ende des Gedichts tut der so Angesprochene, was ihm aufgetragen war: »Nun ging er und trank einen seltsamen Tropfen: / das Meer«. So gehörte er, in der Imagination des Gedichts, auch zu den »sommersi«, den Untergegangenen, wie Primo Levi sie genannt hat.[25]

Der Tod durch Ertrinken hat den Dichter wiederholt beschäftigt. Ein Zeugnis ist das Gedicht »Aschenglorie«, entstanden im Dezember 1964, das auch den Tod der Bukarester Geliebten Lia Fingerhut berührt, die 1961 im Meer vor der Küste Israels ertrunken ist. Vom »Pontischen Einstmals« ist die Rede, von einem Ausflug ans Schwarze Meer im April 1947, gemeinsam mit Lia Fingerhut und Petre Solomon. Aber gleichzeitig gedenkt das Gedicht, ratlos, der in Auschwitz Ermordeten: »Das war vor euch, vom Osten her, Hin- / gewürfelte, furchtbar.« Celan las damals fast täglich die Zeitungsberichte über den Frankfurter Auschwitz-Prozess; Berichte über die Begehung des KZ-Geländes als »stummen Zeugen«, wo die Opfer selbst nicht mehr Zeugen sein konnten: »Niemand / zeugt für den / Zeugen.«[26]

Schon sehr früh, von 1943 an, ist Celans Gedichten die Sehnsucht des Autor-Ichs eingeschrieben, sich mit der toten Mutter, mit allen unschuldig Gemordeten zu vereinigen. Viele seiner Gedichte imaginieren eine solche Vereinigung (wie »Kenotaph«) oder doch wenigstens eine Annäherung an sie. Gab es einen anderen Weg als die Selbsttötung, um die Kluft zwischen den tatsächlichen Opfern und den Überlebenden zu schließen? Manche Gedichte Celans suggerieren, dass die Schließung dieser Kluft wenigstens für kurze Zeit gelungen ist – eben im Gedicht selbst. Aber das war eine imaginierte Vereinigung, nicht eine reale.

Es gibt Gedichte aus den letzten drei Lebensjahren des Dichters, die tatsächliche Selbsttötungsversuche reflektieren oder neue antizipieren. In dem Gedicht »Freigegeben«, entstanden Anfang Juli 1967, spricht der Autor nahezu unverhüllt und sarkastisch von einem früheren, nicht datierten Versuch, sich das Leben durch Aufschneiden der Pulsadern zu nehmen: »deine wach- / gerissene Vene / knotet sich aus«.[27] Drei Monate vorher waren Verse entstanden, die wohl auf den Selbsttötungsversuch vom 30. Januar desselben Jahres zurückschauen:

Du warst mein Tod:
dich konnte ich halten,
während mir alles entfiel.²⁸

Spricht der Autor die Chance seines eigenen Todes in der genannten Aktion an, in der er der endgültigen Selbstaufgabe so nahe war wie nie zuvor? Bedauert er, ›seinen‹ Tod verfehlt zu haben, indem er ärztlich versorgt und somit ›gerettet‹ wurde? In einem Gedicht vom 8. August 1969, geschrieben, nachdem Celan die Nachricht vom Tod Adornos erreichte, ist die Rede vom »Tod, / der will dich nicht haben«; dem folgt die saloppe Aufforderung »geh ran«.²⁹ In früheren Fassungen des Gedichts »Wildnisse« vom 21./22. April 1966 standen – datiert auf den 20. April (den mutmaßlichen Tag von Celans Selbsttötung vier Jahre später) – am Eingang die Verse »Um deinen schönen Tod / hast du dich selbst betrogen«; der Dichter strich sie in der letzten Fassung.³⁰ Welchen Schwankungen seines Gemüts der Dichter in dieser Lebensphase als Patient einer psychiatrischen Klinik unterworfen war, zeigt das folgende kleine Gedicht:

Schreib dich nicht
zwischen die Welten
[und lerne sterben]

Einen Tag später, am 24. April 1966, »nach dem Besuch von Gisèle«, lautete das Gedicht ganz anders:

Schreib dich nicht
zwischen die Welten,

komm auf gegen
der Bedeutungen Vielfalt,

vertrau der Tränenspur
und lerne leben.³¹

Im Jahr darauf, im Spätwinter und Frühjahr 1967, war Celan, wie erwähnt, ein weiteres Mal in einer Psychiatrie. Unter anderem las er in dieser Zeit Sigmund Freuds Studie »Jenseits des Lustprinzips« und ist von der hier dargelegten Triebtheorie wie auch von Freuds

Räsonnement über das Lebendige und das Tote, das Anorganische erkennbar beeindruckt, wie zahlreiche Lektürespuren in diesem Buch zeigen. In diesem Sinne ist manches aus dem folgenden Gedichtausschnitt besser verstehbar:

Wirf das Sonnenjahr, an dem du hängst,
über den Herzbord
und rudere zu, hungre dich fort, kopulierend:

zwei Keimzellen, zwei Metazoen,
das wart ihr,

das Unbelebte, die Heimat,
fordert jetzt Rückkehr –:[32]

Unverkennbar ist auch hier der Imperativ, das manchmal doch attraktive Erdenleben, das »Sonnenjahr« aufzugeben und der Forderung Folge zu leisten zur »Rückkehr« ins »Unbelebte« als die eigentliche »Heimat«.

Und wer verbirgt sich hinter dem »Du« in »Du warst mein Tod«? Am Ende wieder die geliebte tote Mutter, die er im wirklichen eigenen Tod würde »halten« können, »während mir alles entfiel«, sprich: das ganze gelebte Erdenleben nichtig würde? Ist es das gleiche Du wie in dem Zweizeiler, der den zweiten Teil von »Lichtzwang« einleitet: »Einmal, der Tod hatte Zulauf, / verbargst du dich in mir«?[33] Und das gleiche Du wie in »Wer steuert den Lichtstreifen an, / den der Turm, den du hältst, sich verschreibt? // Eine, die weiß, wie tief / dein Tod in sie hineinsteht«?[34] Es klingt, als ob die tote Mutter das ganze Leben dessen, der hier spricht, steuere und noch sein antizipierter Tod mit ihrem, der nun schon 25 Jahre zurückliegt, unauflöslich verbunden sein würde. Vergleichbar sind die Schlussverse »Du weißt: der Sprung / geht über dich, immer« aus dem Gedicht »Der von den unbeschriebenen / Blättern«.[35]

So ergibt ein Durchgang durch die Gedichte von 1966 bis zum Tod des Dichters eine eindeutige Tendenz: Der Mensch, der hier spricht, hängt zwar immer noch am Leben (und manchmal packt ihn ein verzweifelter Wille, weiter durchzuhalten und zu »stehen«), aber es gibt, aus den dargelegten Gründen, eine starke Todessehnsucht und ein fortschreitendes Erlahmen der Lebenskräfte. Im immer wieder gelesenen Exemplar von Kafkas Erzählungen findet sich im hinteren Einband der Eintrag »Komme Tod, komm heut!«, wahrscheinlich 1965 während eines Klinikaufenthalts niedergeschrieben.[36] Das Vorhaben der Selbsttötung vom 19./20. April 1970, das Celans Leben beendet, ist mindestens das dritte in einer Reihe von ähnlichen Versuchen. Die gewählten Mittel verändern sich. Einige der Gedichte aus diesen Jahren dokumentieren, dass der *Wille* des Dichters bei diesen Versuchen eine entscheidende Rolle spielt; anders gesagt: dass der Gang (oder Sprung?) in die Seine am 19. oder 20. April 1970 in keiner Weise überraschend ist. Ein ›freier Tod‹ ist es trotzdem nicht.

Ein halbes Jahr vor dem Lebensende geschah nun allerdings etwas Großes, das hier zumindest erwähnt werden muss: Paul Celan reiste für knapp drei Wochen nach Israel, und er war dort zeitweise glücklich. Vieles kam zusammen in diesen drei Oktoberwochen: das Land der Juden als ein freies, zu dieser Zeit wenig bedrängtes Land zu erleben, in dem die meisten Menschen Juden waren und das trotzdem kein ›Lager‹ war. Jerusalem als ein lebenslang ersehnter ›heiliger‹ Ort, auch wenn Celan zu keiner Zeit seines Lebens ein religiös gläubiger Jude war; viele Czernowitzer Verwandte – Kousinen und Kousins, Tanten und Onkel – sowie nahe Freunde wiederzusehen; schließlich auch, als gekannter und anerkannter Schriftsteller durchs Land zu reisen und seine Gedichte zu lesen. Das bedeutendste Ereignis der Israelreise war aber die sich erst hier verwirklichende Liebesbeziehung zur vier Jahre jüngeren Jugendfreundin aus Czernowitz, Ilana Shmueli, die ihn durch Jerusalem führte und in deren Nähe er sich voller Lebenskraft fühlte. Freilich kam es, nachdem die erste Lesung in Jerusalem ihn noch gerührt hatte, zu Irritationen bei der dritten Lesung in Tel Aviv. Ilana Shmueli erinnert sich an die Ursachen dieser Irritationen sehr genau:

> die Czernowitzer Landsmannschaft Tel Avivs versammelte sich neugierig, um den ›berühmten deutschen Dichter‹ zu hören, den man als Kind in Czernowitz gekannt hatte. Die fordernde Hautnähe, Bekanntes und nicht mehr Bekanntes, Pseudointimität, wohlwollendes Miß- und Unverständnis. Sie saßen vor ihm, sie umstanden ihn, zu nah und sehr fern. Sie sprachen zu ihm, sie fragten ihn aus. »All dieses, weißt du noch?« Er las vom »Damals« umringt, und es war größte Einsamkeit in ihm. Hier wurde ihm überklar, was ihm ja ohnehin längst klar war in seinem Leben: die unbezwingbare Fremdheit, die sein Schicksal war.

Er hatte sich seine eigene Welt geschaffen, und mit seiner geistigen und seelischen Weitsichtigkeit, Überlegenheit und Unbeugsamkeit mußte er immer wieder diese Einsamkeit erfahren. Immer wieder mußte er die gesamte existentielle Ordnung in Frage stellen, und er machte sich zur Waise – auch hier.
Er wußte, daß er auch hier nicht dazugehören konnte, und es traf ihn aufs schmerzlichste, fast flüchtete er.[37]

Schon am 17. Oktober flog Celan nach Paris zurück – früher als geplant und trotz der beglückenden Nähe zu Ilana Shmueli. An die alten Freunde Lisa und Jan Alpan in Haifa, die ihn mit einem Gugelhupf wie von seiner Mutter erfreut hatten, schrieb er, nach Paris zurückgekehrt: »Gern wäre ich noch einmal zu Euch nach Haifa gekommen, aber ich war dem Übermaß begegnet, j'avais fait mon trop plein.«[38] Offenkundig konnte sich der Dichter nicht vorstellen, dauerhaft in der so völlig anderen Lebens- und Sinnsphäre des jüdischen Staates zu leben, mit zu viel Nähe der alten Czernowitzer und zu viel Nähe doch wohl auch zum Projekt des rein jüdischen Gemeinschaftswesens. Vielleicht darf man auch das sagen: Dieser Paul Celan war in zwei Jahrzehnten seines Lebens in der westlichen Hemisphäre – die Metropole Paris, das freie Reisen, unter anderem nach Westdeutschland, der ungehinderte Diskurs mit wem er wollte, der fast selbstverständliche hohe Lebensstandard – selbst ein Westler geworden. Ja, er war ein Jude, und sein jüdischer Enthusiasmus während 18 Tagen Israel war keinen Augenblick gespielt. Davon zeugen zuallererst die 19 Gedichte der »Sammlung Ilana«, des »Jerusalem«-Zyklus. Shmueli hat sie »ein ganz eigenes, Celansches Hohelied« genannt.[39] Und trotzdem war das alles zusammengenommen ein »Übermaß« – und ein doch auch sehr Fremdes.

Celans in Israel zeitweise geradezu euphorische Stimmung konnte nicht anhalten. So schrieb er an seinem 49. Geburtstag (seinem letzten), dem 23. November 1969, aus Paris an Ilana Schmueli:

Ich fühle, ich weiß, daß die Kräfte, die ich in Jerusalem hatte, geschwunden sind. [...] Ist es die – sich wiederholende – Folge von acht oder neun Jahren »Chemie«? Es ist – jetzt kommt ein elendes Wort – wohl auch eine »psychische« Komponente – in welchem Maße?
Bringst Du ein Wunder mit, bringt Dich ein Wunder mit?[40]

Zwei Wochen später, am 8. Dezember, berichtet er der Freundin, er befinde sich in einem »fast totale[n] Down, die fast totale Leere, kein Denken, kein Fühlen, kein Schreiben.«[41] Ilana Shmueli kam tatsächlich kurz vor Weihnachten nach Paris und war bis Anfang Februar 1970 viel mit Celan zusammen. Aber ein Wunder konnte auch sie nicht vollbringen – im kalten, aber für ihn eben auch gewohnten Paris. Der Autor übersiedelte im Lauf des November in eine neue Wohnung im Pariser Westen, die er mit der Hilfe seiner Frau gekauft hatte, nahe der Seine-Brücke Pont Mirabeau. Doch das änderte seine Verfassung nicht zum Besseren. Die Wohnung in der Avenue E. Zola war »leider recht laut und leer«, wie er dem alten Freund Gustav Chomed mitteilte.[42] Und am 11. Dezember schrieb er an Franz Wurm: »Es kommen kahle Zeilen heute, Franz: ich muß täglich in meine Abgründe hinab, ich lebe von heute auf morgen, von heute auf heute vielmehr.«[43]

In Paris hatten sich seit 1968 die Beziehungen zu einigen französischen Autorenkollegen merklich verstärkt, weil Celan Mitherausgeber der 1966 gegründeten Zeitschrift »L'Éphémère« geworden war. Die Zeitschrift wurde in diesen Jahren zum wichtigsten Ort, an dem französische Leser Texte Celans im Original und in Übersetzungen kennenlernen konnten. André du Bouchet, Yves Bonnefoy und Jacques Dupin, die Celan schon seit den 50er Jahren kannte, und Jüngere wie Jean Daive bemühten sich um Celans Werk wie um seine Mitarbeit und waren ihm verständnisvolle Freunde. Im Leben halten konnten auch sie ihn am Ende nicht.

Celans Erwägungen, sich als deutschsprachiger Dichter in Israel niederzulassen, waren fern der Wirklichkeit, wie er sehr bald merkte. Aber auch seine wiederkehrenden Überlegungen, seinen Wohnsitz wenigstens zeitweilig in der Bundesrepublik Deutschland (oder in der deutschsprachigen Schweiz) zu nehmen, führten zu keinem Ergebnis. Seit 1960 hatte er darüber nachgedacht, und im März 1970 tat er es noch einmal. Vermittelt von dem Freiburger Germanisten Gerhart Baumann, gab es ein Angebot des Romanisten Hugo Friedrich, Celan eine freiwerdende Lektorenstelle an der Universität zu übertragen. Doch auch aus diesem Plan wurde nichts, obwohl Freiburg, umgeben von den Schwarzwaldbergen, für Celan inzwischen die (neben Tübingen) vertrauteste deutsche Stadt geworden war.[44]

Im März 1970 brach der Dichter noch einmal zu einer Reise in die Bundesrepublik auf, deren Hauptstationen Stuttgart, Tübingen und ganz zum Schluss Freiburg waren. Es wurde für ihn keine glückliche Zeit. Ilana Shmueli war am 3. Februar 1970 abgereist. Celan hatte überlegt, mit Yves Bonnefoy einen Ausflug nach Tours zu machen, wo er seit 1939 nicht wieder gewesen war. Doch dazu kam es nicht. Ab Anfang März besuchte ihn Franz Wurm für zwei Wochen. Als Wurm sich zu einer Verabredung mit Samuel Beckett traf und Celan vorschlug mitzukommen, lehnte dieser ab – später bedauerte er, eine Begegnung mit dem Iren, dem er sich geistesverwandt fühlte, ausgeschlagen zu haben.[45] In diesen Tagen sah er auch Peter Szondi zum letzten Mal, den Freund, der ihm eineinhalb Jahre später auf die gleiche Weise in den Tod nachfolgte.

Am 20. März traf Celan in Stuttgart ein, wo er, gemeinsam mit André du Bouchet, bei der Jahrestagung der Hölderlin-Gesellschaft anlässlich des 200. Geburtstags des Dichters noch unveröffentlichte Gedichte las. Es wurde eine unbefriedigende Lesung. Celan hatte bewusst erst kürzlich entstandene Gedichte ausgesucht, die später in den Band »Lichtzwang« eingingen. Es waren schwierige Gedichte, aber der Autor gewann auch generell den Eindruck von Unachtsamkeit und Respektlosigkeit des Publikums. Dass es gerade Hölderlin-Gelehrte waren, die seinen Gedichten mit Ignoranz begegneten, kränkte ihn zutiefst. Celan wusste, dass die Hölderlin-Gesellschaft 1943 mit dem Segen der NS-Führung gegründet worden war. Und er wusste auch, dass einige der älteren Herren, die ihm jetzt widerwillig zuhörten, Nazis gewesen waren. Und so war er, wie Bernhard Böschenstein sich erinnert, »auf der Hut«.[46] Er verallgemeinerte seine Erlebnisse, indem er Freunden, die ihn auf der Reise begleiteten, mitteilte, er werde nun in ganz Deutschland keine Resonanz mehr finden. Außerdem – diese Zeit ist jetzt erreicht – erlebte er die Zudringlichkeit des Mediums Fernsehen, mitten in seiner Stuttgarter Lesung.[47] Vermutlich aber hat Celan vor allem die Festrede Martin Walsers über Hölderlin und seine Krankheit verstört. Hölderlin, so sagte Walser damals,

> konnte nichts davon halten, aus einem brunnentiefen und ebenso festen Ich zu schöpfen. Er hatte keins. Doch, er hatte eins, aber nur soweit, als es ihm von außen versichert wurde. Er mußte sich in andern erfahren. Das muß jeder. Das Individuum ist eine glänzende europäische Sackgasse.[48]

Diese Sätze sollen Celan sehr erregt haben, und das leuchtet sofort ein. Auch er musste sich immer wieder in anderen erfahren, Resonanz für sich und seine Gedichte spüren. Blieb sie aus, fühlte er sich leer und nichtig. Vielleicht sind ihm die Verse aus Hölderlins »Die Titanen« eingefallen: »Gut ist es, an andern sich / Zu halten. Denn keiner trägt das Leben allein.« – Die Urszene für solche wiederkehrenden Erlebnisse der Ablehnung seiner geistigen Existenz wie jetzt in Stuttgart war die Leugnung seiner Dichterindividualität, die er in der Plagiats-Affäre erfuhr. Aber Celan nahm Walser seine Rede offenbar nicht persönlich übel. Er reichte dem Kollegen später in einem Restaurant die Hand – durch ein »goldenes Gitter« hindurch, das die beiden Tische voneinander trennte. Celan kommentierte das ironisch, aber durchaus freundlich.[49]

Zu Celans letztem Besuch Tübingens und vor allem des Hölderlin-Turms ist schon an anderer Stelle etwas gesagt worden.[50] Hier sei nur noch ergänzt, dass dem Dichter – nach der Erinnerung von Bernhard Böschenstein – ein Satz aus dem Vortrag von Wolfgang Binder über Hölderlin und Sophokles, den dieser bei der Stuttgarter Tagung kurz zuvor gehalten hatte, naheging: »in der äußersten Grenze des Leidens vergißt sich der Mensch.«[51]

Von Tübingen ging die Reise nach Freiburg im Breisgau. Gerhart Baumann hatte, wie schon 1967 und 1968, eine Lesung arrangiert, aber diesmal im ganz kleinen Kreis. In seinem Privathaus versammelten sich am Nachmittag des 26. März um ihn und seine Frau seine Assistenten Gerhard Neumann und Jürgen Schröder mit ihren Ehefrauen, Birgit von Schowingen (die Tochter von Ludwig von Ficker), Elisabeth Kurz, eine Studentin, und Martin Heidegger. Auch hier las der Dichter Gedichte aus dem »Lichtzwang«-Konvolut; auch hier gab es Verständnisschwierigkeiten, aber: »Ohne jede Aufforderung las Celan am frühen Abend uns die Gedichte noch einmal vor; in denkbarer Nähe wurden wir erneut Zeugen seines entwerfenden Lesens«.[52] Heidegger sprach einige Verse wörtlich nach. In seinem Brief an Franz Wurm vom nächsten Tag konzedierte Celan, dass fast alle – »auch Heidegger« – »wirklich zugehört« hätten.[53]

Und doch kränkte sich Celan im Umfeld dieser Lesung. Gerhard Neumann, den er seit Jahren aus Paris kannte, der des Dichters erste Lesung in Freiburg in die Wege geleitet hatte und als Chauffeur mit auf Heideggers Hütte in Todtnauberg gewesen war – und eben auch jetzt in dem kleinen Kreis der Zuhörer saß, hatte einen Aufsatz mit dem Titel »Die ›absolute‹ Metapher. Ein Abgrenzungsversuch Stéphane Mallarmés und Paul Celans«[54] geschrieben, und Baumann hatte ihn dem Dichter – stolz auf seinen Schüler – ohne Wissen Neumanns überreicht. Dieser las den Aufsatz tatsächlich noch vor der Lesung – mit der Konsequenz, dass er Neumann nach der Lesung und im weiteren Verlauf des Abends keines Blickes würdigte und sich auch demonstrativ nicht von ihm verabschiedete. Neumann war völlig konsterniert und ratlos.[55] Erst später wurde ihm klar, dass Celan ihm aus zwei Gründen zürnte: Er sah seine Dichtung in keiner Weise als der Mallarmés benachbart an (in seinem Gedicht »Keine Sandkunst mehr« hatte er gegen ›erwürfelte‹ Kunst polemisiert), und er hielt es für völlig falsch, seine Gedichtsprache als »metaphorisch« zu bezeichnen, ob nun »absolute Metapher« oder nicht. In dem schon erwähnten Brief an Franz Wurm monierte er, dieser Assistent von Professor Baumann, »er stammt aus Brünn, hatte schon vorher [vor der Lesung] meine Gedichte ins ›Absolut-Metaphorische‹ verrückt.«[56] Neumann hielt tatsächlich Celans Metaphern für »absolut«, weil sie dem Leser »als uneigentlicher Ausdruck eines sprachlich nicht zu benennenden Wirklichen« begegnen und »auf etwas [deuten], indem sie es – paradoxerweise – verfehlen«.[57]

Eine solche Taxierung seiner Gedichtsprache musste Celan verstören, entfernte sie diese doch von der Wirklichkeit, auf deren Benennung und Erkenntnis es dem Dichter doch letztlich ankam. Und tatsächlich hielt er, nach dem »Zivilisationsbruch«, alles metaphorische, vergleichende Reden für unangemessen. Die Shoah, der Holocaust oder der Churban, wie er allenfalls sagte,[58] hatte für ihn etwas Unvergleichliches, nicht Vergleichbares. Es war, auch im Gedicht, wahrhaftig von dem zu sprechen, was war. In seinem Exemplar von Jean Amérys Buch »Jenseits von Schuld und Sühne« hatte Celan im Kapitel »Die Tortur« die folgende Passage dreifach angestrichen:

Es wäre ohne alle Vernunft, die mir zugefügten Schmerzen beschreiben zu wollen. War es »wie ein glühendes Eisen in meinen Schultern« [...]? – ein Vergleichsbild würde nur für das andere stehen, und am Ende wären wir reihum *genasführt im hoffnungslosen Karussell der Gleichnisrede.* Der Schmerz war, der er war. Darüber hinaus ist nichts zu sagen. Gefühlsqualitäten sind so unvergleichbar wie unbeschreibbar.[59]

Amérys so nüchtern klingende, prosaische Feststellungen haben in der Poetik Paul Celans durchaus eine Entsprechung. Freilich machte der Dichter umso mehr Gebrauch vom metonymischen Sprechen, also der Ersetzung des einen Wortes durch ein benachbartes (nicht durch ein bedeutungsähnliches). Gewiss war Celan sich dessen bewusst, dass es unmöglich ist, sich sprachlich metaphernfrei zu artikulieren. Ebendeshalb arbeitete er daran, in jedem Gedicht aufs Neue, »alle Tropen und Metaphern ad absurdum« zu führen.[60]

Der Dichter unternahm schließlich noch eine Exkursion mit Gerhart Baumann ins nahe Colmar. Er wollte den Isenheimer Altar von Matthias Grünewald sehen. Dort richtete er seinen Blick ausschließlich auf die Kreuzigungsszene. Doch nach einer Weile wandte er sich ab und sagte zu Baumann: »Es ist genug!«[61] Grünewalds radikale malerische Darstellung des extremen Leidens und Sterbens der Jesusgestalt ging ihm erkennbar nahe. – Es gab einen herzlichen Abschied von den Baumanns und den gemeinsamen Vorsatz, der Dichter möge im Mai auf einer Tagung zum Werk Nikolaus Lenaus lesen. Dazu kam es nicht mehr.

Über Paul Celans letzte Pariser Lebenswochen ist wenig bekannt. An der ENS hielt er weiter seine Lehrstunden ab, ein Seminar zu Erzählungen Kafkas,[62] augenscheinlich auch eine Übersetzungsübung zu Günter Grass' »Die Blechtrommel«. Sein Handexemplar (1959 vom Autor gewidmet) verzeichnet korrekt das wöchentliche Pensum, letztmalig für Mittwoch, den 15. April 1970.[63] Noch einmal hielt er sich in Edmond Lutrands Haus an der Loire auf. Telefonate, vielleicht Begegnungen gab es im Rahmen des Gewohnten: mit Gisèle, wohl auch mit Eric und mit befreundeten Kollegen der Zeitschrift »L'Éphémère« wie Jean Daive und Jacques Dupin. Letzterer hatte Celan am 17. April angerufen, als er von einer Vernissage seines graphischen und poetischen Werks in einer Bonner Galerie nach Paris zurückgekehrt war. Im Katalog zu dieser Ausstellung war auch der Erstdruck von Celans Übersetzung von Dupins Gedichtzyklus »La nuit grandissante« unter dem Titel »Die Nacht größer und größer« erschienen. Bei diesem Anruf Dupins hatte Celan selbst geschwiegen, schließlich den Hörer aufgelegt. Dupin hielt es für möglich, dass der Bonner Druck Celan verstimmt haben könnte, oder sein Bericht über die Vernissage. So schrieb er ihm einen entschuldigenden Brief. Eine Reaktion Celans erfolgte nicht mehr, wie auch andere Briefe aus diesen Tagen vor dem 20. April fehlen. Ein Abschiedsbrief fand sich nicht, nur in einem Taschenkalender unter dem Datum 19. April der Eintrag, mit Tinte, doppelt unterstrichen: »Départ Paul –«.[64] In der Nacht zum 20. April bemerkte Gisèle Celan-Lestrange das Verschwinden ihres Mannes. Erkundigungen bei verschiedenen Freunden blieben ergebnislos.[65] Am 1. Mai wurde Celans Leichnam bei Courbevoie, zehn Kilometer flußabwärts von Paris, aus der Seine geborgen. Edmond Lutrand identifizierte ihn. Am 12. Mai – dem Tag, an dem Nelly Sachs starb – wurde der Dichter auf dem kahlen Vorortfriedhof von Thiais, auf dem auch Joseph Roth begraben liegt, beigesetzt.

Warum ging Paul Celan gerade zu diesem Zeitpunkt in den Tod? Hierüber ist viel spekuliert worden. Werner Fuld hat als Erster suggeriert, dass die gerade erfolgte Erstveröffentlichung von Immanuel Weißglas' Gedicht »Er« von 1944 (in dem sich Motive der »Todesfuge« finden) in der Bukarester Zeitschrift »Neue Literatur« Celan veranlasst habe, sich das Leben zu nehmen (das Februar-Heft 1970 befand sich in Celans Bibliothek).[66] Nicht wenige sind seither dieser Annahme gefolgt. Gewiss ist die Vermutung naheliegend, dass Celan angesichts dieser Publikation erneut von der Sorge erfasst wurde, die alten Plagiatsanschuldigungen könnten sich in massiver Weise wiederholen. Dem wäre er, so wusste er, nicht gewachsen gewesen. Und doch geht ein derartig einsinniger Erklärungsversuch von Celans Selbsttötung am Wesentlichen vorbei, wie hier ausführlich dargelegt wurde. Vor mehr als zwanzig Jahren beschloss ich meine erste biographische Studie über Paul Celan mit folgender Passage, und ich erlaube mir, sie hier zu wiederholen. Adorno hat in der »Negativen Dialektik« gefragt,

> ob nach Auschwitz sich noch leben lasse, ob vollends es dürfe, wer zufällig entrann und rechtens [!] hätte umgebracht werden müssen. Sein Weiterleben bedarf schon der Kälte, des Grundprinzips der bürgerlichen Subjektivität, ohne das Auschwitz nicht möglich gewesen wäre: drastische Schuld des Verschonten.[67]

Paul Celan ermangelte dieser überlebensnotwendigen Kälte. Dieser Mangel verband sich mit dem Blick, den Peter Szondi an Büchners Danton diagnostizierte: »Diesen Blick, der das Leben nicht mehr versteht, weil er es verstanden hat.«[68] Beides zusammen war tödlich. Vermutlich sah Celan sich, antizipierend, in einem Kontext mit all jenen geliebten und verehrten Menschen, die ungefähr im gleichen

Alter wie er, nämlich mit Ende vierzig, aus dem Leben geschieden waren: Marina Cvetaeva, Sergei Yessenin (schon mit vierzig) und Walter Benjamin, die sich selbst töteten, und die Eltern und Ossip Mandelstam, die ermordet wurden. Auch die Selbsttötungen anderer von den Nazis Verfolgter – Ernst Toller, Kurt Tucholsky, Ernst Weiss, Stefan Zweig, Klaus Mann, Walter Hasenclever – sind Celan wohl immer präsent gewesen. Schließlich kann man kaum umhin, sich bei dem wahrscheinlichen Datum von Celans Selbsttötung, dem 20. April, an den Geburtstag dessen zu erinnern, der sein und aller europäischen Juden entscheidender Gegenspieler und Zerstörer war. Diesen Bezug als ausschlaggebend anzuerkennen würde aber heißen, Celans Gang in die Seine als seine größte persönliche Niederlage zu deuten. Dagegen sträubt sich alles in dem, der hier schreibt. Aber gleicherweise bin ich irritiert, wenn ich lese:

> Kein Sein zum Tode und keine Affirmation von Sterblichkeit wird Celan gerecht, sondern nur die Vorstellung von der Aufhebung des Todes, wie sie schon früh in seiner Lyrik formuliert wird, so etwa wenn es heißt: »Es komme ein Mensch aus dem Grabe.«[69]

Marlies Janz beschwört Celans Festhalten an der Utopie, mit Buber, Landauer und schließlich auch Ernst Bloch, wie sie sich für alle Leser dieses Autors seit sechzig Jahren eindrucksvoll in der Rede »Der Meridian« manifestiert. Ja – aber der ›Geist der Utopie‹ bewirkt noch lange nicht die »Aufhebung des Todes«, es sei denn, man wäre der Gnade des Glaubens teilhaftig – oder man ließe sich immer weiter »im hoffnunglosen Karussell der Gleichnisrede« spazieren fahren, um noch einmal die von Celan geschätzte Wendung von Jean Améry zu zitieren. Der Tod ist der Tod ist der Tod. Er ist endgültig. Eine Aufhebung findet nicht statt. Das wusste auch Paul Celan, und das ist sicher auch der entscheidende Grund, warum er so lange gezögert hat, seinem Leben ein Ende zu setzen. Damit ist die Sehnsucht nach der Utopie als dem ganz Anderen im Verhältnis zu dem, was ist, keineswegs denunziert (wie es nach 1989 für einige Zeit üblich und billig war). Aber so viel sie auch dann und wann bewegen kann: Gegen den Tod kommt sie nicht an. Der Tod kommt wiederum nicht an gegen das, was in bedeutenden menschlichen Zeugnissen niedergelegt ist über die Taten und Leiden der Menschen, für eine unbestimmt lange Zeit. Paul Celans Gedichte gehören dazu.

Nahe Fremde Deutschland –
nach der »Zäsur«

In unserem Zeitalter von massenhafter Migration und Globalisierung ist es nichts Besonderes, dass sich ein Lebenslauf zwischen verschiedenen Ländern (ja, Kontinenten), politischen Systemen, Sprachen und Kulturen bewegt. Ein biographisches Schicksal wie das von Paul Celan gewinnt durch solche uns mittlerweile alltäglichen Erfahrungen wie auch neue wissenschaftliche Zugänge mehr Tiefenschärfe und Plausibilität, als bisher zu erreichen möglich war. Einen sochen Zugang können die neueren kulturwissenschaftlichen Modelle bieten, die ein Individuum mit einer Migrationsbiographie gleichsam in einem Dazwischen, einem *in-between* oder auch *third space* angesiedelt sehen.

Dieser »Dritte Raum« (in dem Grundverständnis des indischstämmigen Soziologen Homi K. Bhabha, der das Konzept zuerst entwickelt hat) ist nicht mehr territorialisiert, sondern virtuell, imaginativ, als Bewusstseinsraum zu fassen. In ihm treffen Erfahrungen, Gewohnheiten, Verhaltensweisen, Normen aus der Ausgangskultur des jeweiligen Individuums und die Anforderungen, Erwartungen, Normen und Lebensformen aus der neuen Kultur, in die es jetzt hineingestellt ist, aufeinander. Was aus den unvermeidlichen Konflikten beider entsteht, ist eine *double vision* und auf die Dauer, mit einem weiteren Begriff von Bhabha, *Hybridität*. Dabei muss es nicht zu einer Verschmelzung der Elemente aus den beiden (ggf. mehreren) Kulturen zu einer neuen homogenen, integralen Einheit kommen, die das verschiedene Alte zum Verschwinden bringt, vielmehr ist von einem bleibenden, unverbundenen Nebeneinander auszugehen, einem multiplen Ich, das, im günstigen Fall, seine Multiplizität, seine Vervielfachung nicht als Makel, sondern als Chance begriffen und sich souverän, z. B. ironisch, heiter, zu sich selbst verhält. Permanent werden im Alltag von den Betroffenen kulturelle Differenzen erfahren, die strategisch in ein je individuelles Konzept von ›Selbstheit‹ (*selfhood*) zu überführen sind – eine Selbstheit, die mit dem klassischen idealistischen Konstrukt des mit sich identischen Ich kaum noch etwas zu tun hat. »Dieser zwischenräumliche Übergang zwischen festen Identifikationen eröffnet die Möglichkeit einer kulturellen Hybridität, in der es einen Platz für Differenz ohne eine übernommene oder verordnete Hierarchie gibt.«[1] Sich zu einem solchen hybriden Subjekt auszubilden erfordert immer auch Mut und die Kraft der Erfindung (*invention*). »Die refigurierte Selbstsetzung des hybriden Subjekts« bedeutet, so bilanziert Elisabeth Bronfen in ihrem Vorwort zu Bhabhas Buch »Die Verortung der Kultur«, »eine Verknotung vergangener, dieses Subjekt beschränkender, weil reduzierender Identitätsvorgaben, mit einem Glauben an die Möglichkeit, sich über die Belastung dieser Erbschaft hinwegzusetzen, ohne diese zu verleugnen oder zu verdrängen.«[2] Dabei bedarf das transkulturelle hybride Subjekt unbedingt der Mimikry, wenn es überleben will. Aber Bhabha versteht Mimikry nicht als pure Anpassung oder gar Unterwerfung, sondern »als eine der brisantesten kulturellen Strategien, […] um mit vorgegebenen Identitätsmustern zu spielen, indem man diesen zwar folgt, sie aber nie ganz erfüllt, und somit nicht nur die Fiktionalität der Vorgabe zum Vorschein bringt, sondern auch die Unmöglichkeit, sich dieser gänzlich unterzuordnen.«[3]

So weit die schöne Theorie von Bhabha und anderen, von der wohl einiges auf das Individuum Paul Celan übertragbar ist, einiges aber auch nicht.[4] Dabei hätte sich für den Autor selbst eine kleine Erzählung von Franz Kafka, nämlich »Die Sorge des Hausvaters« (wohl im Sommer 1917 geschrieben), angeboten, um sich mit der eigenen Mehrfachkulturalität in dem von Bhabha konzipierten Sinn auseinanderzusetzen,[5] ja, vielleicht sogar sich mit dem kleinen Zwischenwesen namens Odradek, dem die Sorge des Hausbesitzers gilt, ein wenig zu identifizieren. Celan kannte die Erzählung mit Gewissheit (wie alles von Kafka, sofern es zu seinen Lebzeiten publiziert war), aber er hat ihr offenkundig nicht speziell Beachtung geschenkt.[6] Sie berichtet von einem merkwürdigen, unscheinbaren Wesen namens Odradek (ob der Name aus dem Slawischen, aus dem Deutschen oder einer anderen Sprache/Ethnie stammt, ist nicht mehr aufklärbar), das »zunächst« aussieht wie »eine flache sternartige Zwirnspule«, offenbar zusammengesetzt aus »nur abgerissene[n], alte[n], aneinander geknotete[n], aber auch ineinander verfilzte[n] Zwirnstücke[n] von verschiedener Art und Farbe«, außerdem mit zwei »Querstäbchen« versehen, die ihm erlauben, aufrecht zu stehen und sich fortzubewegen – ja, es ist sogar »außerordentlich beweglich und nicht zu fangen«. Odradek scheint zunächst eher dinglichen

Charakter zu haben, und zwar ist dieses »Ding« nach Material, Beschaffenheit, »Art und Farbe« nicht homogen, sondern uneinheitlich, dispers – und auch wieder nicht: »dieses Gebilde« ist nicht eigentlich »zerbrochen«, sondern »in seiner Art abgeschlossen«. So zumindest erscheint es dem erzählenden, sich sorgenden Hausvater und offenbar auch anderen ortsfesten Normalbewohnern, denn der Erzähler spricht nicht nur für sich allein, sondern zwischendurch auch von den »einen«, den »Andere[n]«, »man« und »unser Haus«. Wo hält sich das kleine Wesen, das allmählich doch eher als ein Lebe-Wesen denn nur als Ding erscheint, auf? Nun,

> abwechselnd auf dem Dachboden, im Treppenhaus, auf den Gängen, im Flur. Manchmal ist es monatelang nicht zu sehen; da ist es wohl in andere Häuser übergesiedelt; doch kehrt es dann unweigerlich wieder in unser Haus zurück

– so der besorgte Hausvater-Erzähler. Fragt man Odradek (der sich offenbar selbst diesen Namen gegeben hat), wo er wohne, so sagt er ›»Unbestimmter Wohnsitz«‹ und lacht dabei. »Meistens ist er freilich stumm wie das Holz, das er zu sein scheint.«[7]

Zunächst einmal erkennt man in Odradek seinen Schöpfer wieder, den jüdisch-deutsch-tschechischen Autor Franz Kafka, der seine eigene Hybridität klar und deutlich sah und ihr literarisch vielfältigen Ausdruck gegeben hat. Aber auch auf Paul Celan trifft einiges zu, was uns von Odradek erzählt wird: Er selbst hat sich, nicht nur in Wien 1948, als *Displaced Person* wahrgenommen, auf den noch ziemlich lange die Festellung »unbestimmter Wohnsitz« zutraf. Dachboden und Treppenhaus sind nicht für lange seine Aufenthaltsorte, aber Brigitta Eisenreich hat berichtet, wie Paul Celan sich, auf dem Höhepunkt der »Infamie« von Claire Goll und anderen, mit dem verfemten Dichter »unter der Stiege« verglich, wie Hugo von Hofmannsthal ihn beschrieben hat.[8] Er hat, was er aus Czernowitz mitbrachte, mit dem Prägestempel von Mord und Gewalt versehen, lebenslang als unwiderruflich »aneinandergeknotet« und »ineinanderverfilzt« gesehen mit dem, was an neuen kulturellen und politischen Erfahrungen in Frankreich und Westdeutschland dazukam. In diesem Sinne war er »von verschiedener Art und Farbe«. Er lernte, notgedrungen und mehr und mehr, wie Odradek »beweglich« zu werden und sich (in der Goll-Affäre) »nicht [...] fangen« zu

lassen. Paradoxerweise war er aber gleichwohl unverwechselbar, ein
»in seiner Art abgeschlossen[es]« Wesen. In Odradeks Haltung des
Sich-Entziehens und Sich-Kleinmachens steckt natürlich auch ein
Stück Subversion. Aber gerade dieses Moment ist nicht auf Celan
übertragbar. Dessen Lebensstrategie war, anders als die Odradeks
und wohl auch die Kafkas, zwar höflich und rücksichtsvoll, aber
doch immer auch selbstbewusst und aufrecht vor Menschen zu
treten. Ja, von diesem Punkt aus muss man feststellen: Paul Celan
war kein Odradek, und die Versuche, ihm seine Eigenart, sein Schöp-
fertum abzusprechen, wie er sie seit 1959/60 erlebte, brachten ihn an
den Rand der Verzweiflung. Die Gabe, diese Invektiven einfach zu
ignorieren oder gar sie zu verlachen, war ihm nicht gegeben. Aber:
Er widerstand ihnen.

So wird deutlich: Dieser kleine Versuch, Paul Celans »Identität«
in »Dritten Räumen« durch einen schnellen Vergleich mit Kafkas
Odradek-Figur dingfest zu machen, ist unzureichend. Zunächst einmal ist festzuhalten (und das gilt auch für Kafka und manche andere
wie Erich Fried, Wolfgang Hildesheimer oder Peter Weiss, also aus
Deutschland oder Österreich vertriebene Juden), dass Celans Leben
sich nicht in einer *binären* Opposition abgespielt hat. Vielmehr
steht es im Zeichen einer Dreiecks-Konstellation, einer – *sit venia
verbo* – *Triangularität*: (1) Der Dichter war Jude und blieb es sein
Leben lang. (2) Seine Muttersprache und die Kultur, die ihn bis
zu seinem achtzehnten Geburtstag umgab, war deutsch. (3) Doch
von 1948 bis zu seinem Tod in der Seine 1970 war Celan auch
Franzose – ab 1955 als Staatsbürger, in seiner Berufstätigkeit als
Sprachlehrer an der ENS, vor allem aber in seinem Privatleben, durch
die Eheschließung mit Gisèle Lestrange, die weder Jüdin noch der
deutschen Sprache mächtig war – und mit der er ein Kind hatte, Eric,
das weitgehend französisch sozialisiert wurde. Paris wurde auch
eindeutig zum primären Lebensort des Autors; Ferienreisen in viele
Regionen Frankreichs und besonders die Aufenthalte im Ferienhaus
in Moisville in der Normandie belegen, wie wichtig und, ja, ›normal‹
für Celan das Leben als Franzose war, zumal er vorzüglich Französisch sprach und auch schrieb, wie der Briefwechsel mit seiner Frau
Gisèle beweist.[9] Ja, wahrscheinlich ist Celans dritte Identität, seine
französische, sogar die am wenigsten problematische von den dreien.
So schrieb er am 20. April 1965 (allerdings in einer sehr depressiven
Phase):

Am Abend meiner Rückkehr aus Dreux [bei Moisville], hierher [nach Paris], habe ich gedacht, daß auch ich von hier bin, daß ich mich innerhalb meiner Wände befinde, ich werde mich nicht von der Stelle bewegen, ich werde Frankreich nicht verlassen – das Land, in dem ich meine Frau gefunden habe, in dem ich Sie gefunden habe, Sie, meine Sehr-Reine, meine Sehr-Wahre, meine Sehr-Aufrechte-und-sehr-Treue.[10]

Zu Celans französischer Identität gehört auch, dass sie ihn, schon aufgrund der erlangten Staatsbürgerschaft, seiner Zugehörigkeit zur westlichen Welt versicherte, und das heißt, vor allem anderen, mit einer (tendenziellen) Garantie seiner persönlichen und schriftstellerischen Freiheit. Von besonderem Wert war für ihn die Reisefreiheit, »aufzubrechen, / wohin er will«, wie es so schön in Hölderlins Gedicht »Lebenslauf« heißt. Der Phänomenologe Bernhard Waldenfels hat konstatiert, dass die Menschen heutzutage »verschiedene habituelle Zentren« haben, die aber nicht unbedingt ein »chaotisches Nebeneinander« hervorrufen, sondern »die Zugehörigkeit zu einem Ortsnetz« ausbilden.[11] Man könnte sagen, dass das für Paul Celan schon vor sechzig Jahren gegolten hat, denn seit 1952 hat er schrittweise ein solches »Ortsnetz« zwischen Paris und mehreren deutschen Städten aufgebaut; ein Netz, dem er sich zugehörig fühlte und in dem er sich souverän bewegte.

Viel schwieriger ist es, die anderen beiden triangulären Ecken zu erfassen. Zunächst *die jüdische*: Paul Celan war zeit seines Erwachsenenlebens kein gläubiger, religiöser Jude. Und er war auch, anders als sein Vater, kein Zionist. Er war ein Jude aufgrund seiner Herkunft – und aus freier Wahl zugleich, und das nicht erst seit seinem Wissen vom »Churban«. Freilich hat ihn dieses Ereignis, das seine Solidarität mit den Verfolgten und Ermordeten herausforderte, zu einer noch stärkeren Annahme seines Judeseins und zu einer vertieften Beschäftigung mit jüdischer Geschichte, Religion und Kultur gebracht.[12] Gleichwohl hat er es immer abgelehnt, Sprecher oder Repräsentant ›der‹ Juden zu sein. »Ich *bin* es nur«, schrieb er 1962 an Siegfried Lenz.[13] Dieses eindeutige Sich-Identifizieren hielt Celan aufrecht bis zu seinem Tod. Am 17. September 1969 notierte er über der ersten Fassung des Gedichts »Ein Stern«: »Mon judaisme ce qui je reconnais encore dans les débris de mon existence«.[14] Zwei Wochen später war er schon in Israel und erlebte dort eine Steigerung seiner ganzen Existenz, die unter Beweis stellte, dass dieselbe ohne sein Jüdisch-Sein gar nicht zu denken war und in diesem Jüdisch-Sein, zunmindest zeitweise, ihre Erfüllung fand. Komplementär gehört zu dieser Klarheit und Eindeutigkeit seine Irritation, wo nicht Verachtung gegenüber Juden, die ihre jüdische Herkunft (manchmal) verleugneten, wie beispielsweise Theodor W. Adorno, der sein »Wiesengrund« vergessen machen wollte.[15]

Hier ist im Detail dargestellt worden, wie Celan bei seinem Nachdenken über ›das Jüdische‹ vorrangig Solidarität mit den »Krummnasigen«, den »mauschelnden und kielkröpfigen Toten von Auschwitz und Treblinka« einforderte[16] und sich damit gegen die plötzliche Sympathie mancher westdeutscher Publizisten für die schönen ›mandeläugigen‹ Jüdinnen wandte. Celan ging es um die »Hinwendung zu diesem Andern, auch da, wo das Andere als das Krummnasige und Mißgestalte – keineswegs Mandeläugige – auftritt – angeklagt von den ›Geradnasigen‹«.[17] Celans Favorisierung der »Krummnasigkeit« des Jüdischen steht zugleich, so schreibt er an Franz Wurm, »für jenes Partikuläre, Persönliche, und – lebenslänglich! – Individuelle, das auch aller Poesie eingeschrieben bleibt«.[18] Es ist also ein doppeltes Sich-Identifizieren des Dichters: Mit den Juden schlechthin und ihrer Verdammung zur »Krummnasigkeit«, die nach seiner Meinung bewusst angenommen werden soll; und mit der Poesie, der Dichtung (seiner Profession), deren Wahrheitspostulat dem Bekenntnis zur »Krummnasigkeit« entspricht und geläufigen Vorstellungen von ›Schönheit‹ bewusst zuwiderläuft. Paul Celans Bekenntnis zu diesem Ideal des wahrhaft Jüdischen gipfelt in seiner Idee vom »Verjuden«, die er in den Jahren 1960/61 fast missionarisch verfolgt. Es ist die Vorstellung einer »Krummnasigkeit zweiten Grades«, von einem »Anderswerden, Zum-anderen-und-dessen-Geheimnisstehn – \ Menschenliebe \ – Liebe zum Menschen«,[19] wie es in den Aufzeichnungen zur »Meridian«-Rede heißt. Alle Nichtjuden, alle Menschen schlechthin sind dazu eingeladen. Im Gedicht »… rauscht der Brunnen« lautet das dann so:

Wir werden das Kinderlied singen, das,
hörst du, das
mit den Men, mit den Schen, mit den Menschen,[20]

Wenn man bedenkt, dass Paul Celans Bestimmung des Kerns alles Jüdischen darauf zuläuft, dass es mit authentischem Menschsein identisch ist (was wiederum nicht mit einem allezeit preiswerten ›Humanismus‹ verwechselt werden sollte), dann muss man umso mehr staunen, dass der Dichter nur einmal, und nur für kurze Zeit, in Bukarest, und danach nie mehr, erwogen hat, die deutsche Sprache als die Sprache seines Dichtens aufzugeben.

Damit sind wir bei der dritten ›Ecke‹, seiner Identitäts-Triangel: *der deutschen*. Deren Zentrum liegt zweifellos in der deutschen Sprache und dem, was gleichsam deren ›Hof‹ bildet: die deutsche Kultur. Die deutsche Sprache war für ihn ganz wörtlich die ›Muttersprache‹. Denn in den diversen Schulen, die Paul Antschel besuchte, wurde nur zum Teil deutsch gesprochen. Zunächst lernte er Hebräisch, dann die staatlich verordnete Sprache Rumänisch. Natürlich sprach Paul mit so gut wie allen Mitschülern deutsch, aber entscheidend war doch – zumal der Vater wenig zu Hause war – der Umgang mit der Mutter, die die deutsche Sprache betont kultiviert und hochdeutsch sprach. Sie war während des Ersten Weltkriegs – auf der Flucht vor den russischen Truppen und Pogromen gegen die Juden – in den böhmischen Städten Labenz und Aussig an der Elbe gewesen, weshalb ihr Sohn 1962 in dem Gedicht »Es ist alles anders« von Böhmen als dem »Dreijahreland deiner Mutter«[21] sprach. Eine Foto aus diesen Jahren, noch vor der Verheiratung, zeigt sie mit der einen Hand auf ein dickes Buch gestützt. Das war vermutlich ein bewusstes Arrangement, denn Fritzi Schrager war eine begeisterte Leserin der schönen Literatur. Und nicht nur die Mutter, sondern fast alle Juden in Czernowitz und der ganzen Bukowina hingen an der deutschen Sprache. Als das österreichische Kronland 1918 dem Königreich Rumänien zugeschlagen wurde, stellten sich die nichtjüdischen Bewohner, wie gefordert, relativ rasch auf die neue Staatssprache ein; nicht so die Juden, die sich gegenüber dem österreichischen, dem k.u.k. Deutsch als sehr anhänglich erwiesen. Auch bei Paul Celan zeigte sich diese Anhänglichkeit, der nichts dagegen hatte, wenn man ihn einen »österreichischen Dichter« nannte. Gerhart Baumann hat berichtet, dass der Autor sich bei einem Gang durch Freiburg das Taschenbuch »Wie sagt man in Österreich?« kaufte, »das er sofort begierig durchblätterte, um möglicherweise auf einen ihm noch ungeläufigen Ausdruck zu stoßen.«[22] So konnte der Dichter sich einen »angeböhmte[n] Deutsch- und Judenjude[n] aus der

Nordbukowina«[23] nennen. Und deshalb ist Celan, wie er 1962 an Siegfried Lenz schrieb,»dorthin gegangen, wo ich, meiner Sprache nach, immer war und immer zuhause bleibe: nach Deutschland.«[24] Doch dieses ›Zuhause Deutschland‹, die nun schon mehr als ein Jahrzehnt existierenden Bundesrepublik, wurde nie selbstverständlich für den Dichter, ganz im Gegenteil. Peter Härtling hat sich an ein Gespräch mit Celan im Frühjahr 1955 in Stuttgart erinnert, bei dem dieser »unvermittelt, von seiner Angst. Hier, in diesem Land« sprach.»Nicht selten fühle er sich verfolgt, in die Enge getrieben. Selbst wenn er vorlese, spüre er mitunter, wie einen körperlichen Angriff, Haß.« Auf Härtlings Versuch, ihn zu beruhigen, habe er geantwortet:

> Lassen Sie, mein Lieber, ich trage das Zeichen, das Mal. Ich fürchte mich doch nicht, ich habe Angst. Er lachte auf. Auf diese Weise machte er mir, dem Hilflosen, den Unterschied zwischen Furcht und Angst deutlich.[25]

Wie sehr Celan in diesem Nachkriegsdeutschland West als jüdischer Autor Außenseiter war und blieb, brachte Hanne Lenz in ihrem Brief vom 21. September 1956 in aller Nüchternheit auf den Punkt. Der Auslöser war die »Infamie« von Claire Goll, die schon ins Rollen gekommen war, wenngleich sie noch nicht solche Kreise zog wie dann 1960. Hanne Lenz schrieb an Celan über ›die lieben Kollegen‹ Schriftsteller:

> Die meisten würden sich im Grunde nur freuen über Deine Schwierigkeiten, weil sie letztlich neidisch sind auf Deine Erfolge, und weil sie Dich niemals ganz zu den Ihren zählen, weil Du, als Jude, immer der andere, der Fremde für sie bist.[26]

Die kluge Freundin erlaubte sich, den Freund darauf hinzuweisen, dass solche »Schwierigkeiten [...] immer irgendwie Projektionen eines inneren Zustandes auf die Welt [sind], sie nur von aussen, vom Schattenbild her, vernichten zu wollen, ist sinnlos.«[27] Das war der wohlmeinende Rat, so behutsam wie möglich formuliert, sich doch vielleicht Hilfe zu holen bei jemandem, mit dem zusammen sich die eigenen »Projektionen [s]eines inneren Zustandes auf die Welt« psychotherapeutisch bearbeiten ließen. Diesem Rat folgte Paul Celan nicht. Er setzte sich den – verdeckt oder nicht – antisemitischen Angriffen von außen weiter ungeschützt aus und arbeitete umso entschiedener weiter an seinem Projekt einer radikalen Erneuerung seiner Dichtersprache, der deutschen.

Der Autor hat schon seit 1943 so gründlich darüber nachgedacht, was die Ideologie des Antisemitismus, die Herrschaft des Nationalsozialismus und schließlich der Massenmord an den Juden für seine deutsche Muttersprache bedeuteten, wie kaum ein anderer, ob nun Schriftsteller, Wissenschaftler oder Politiker. Und noch wichtiger: Er hat aus diesem Nachdenken Konsequenzen gezogen für seinen eigenen Gebrauch des Deutschen als poetischer Sprache. Paradoxerweise mit Martin Heidegger im Sinn hat er, weil auch für ihn die poetische Sprache beim Aussprechen der Wahrheit am höchsten rangierte, mit großer Hartnäckigkeit daran gearbeitet, die von den »tausend Finsternissen todbringender Rede« kontaminierte Sprache von Grund auf zu erneuern. Nach Jean Bollack ist das das eigentliche Projekt des Dichters gewesen: die »semantische Neubesetzung des Wortmaterials« und die »Veränderung aller existierenden Sinnfixierungen«.[28] Schon am 2. August 1948 hatte Celan an Verwandte in Israel geschrieben: »Vielleicht bin ich einer der Letzten, die das Schicksal jüdischer Geistigkeit in Europa zuendeleben müssen«.[29] Von diesem Selbstverständnis, diesem bewusst angenommenen Auftrag sprechen alle poetologischen Äußerungen aus den Jahren 1958 bis 1960: die Bremer Rede, die Antwort auf die Umfrage der Librairie Flinker in Paris, der offene Brief an Hans Bender vom 18. Mai 1960 und – *last not least* – die Büchnerpreis-Rede »Der Meridian«. Vor allem diese Rede, die sich vehement gegen bloße »Kunst« und »Automaten« wendet, die das belebende »Gegenwort« und eine »Atemwende« aufruft, die das »Datum« des »20. Jänner« bedenkt und einer Dichtung das Wort redet, die unter dem »Neigungswinkel« des »Daseins« seines jeweiligen Autors geschrieben ist und den »Akut des Heutigen« setzt – diese Rede setzte ein Zeichen. Und plötzlich merkt man: Ebenda liegt die Identität dieses Menschen, der ein Dichter ist. Ja, er ist ein Jude, der deutsch denkt, spricht und schreibt. Und er ist ein französischer Citoyen aus Überzeugung. Doch mehr als das alles ist er ein Dichter, der imstande ist, diese Teilidentitäten in sich zu tragen, ohne eine von ihnen zu verleugnen und ohne einer von ihnen absolute Geltung zuzugestehen.

Ein wesentliches Verfahren seines Dichtens bringt dieses Ineinander mehrerer Herkünfte und Prägungen besonders zum Ausdruck: Es ist das »poetische Zitieren«, das Eigenes und Fremdes miteinander in Verbindung bringt und beide dadurch so verändert, dass hernach die Attribute ›eigen‹ und ›fremd‹ ihren Sinn verlieren. Das Zitieren des vermeintlich Fremden und seine Überführung in den eigenen Text ist auch eine »Kritik an der Originalitäts- und Genieästhetik«;[30] aber vor allem kann im solcherart geformten Gedicht das ursprünglich Fremde zum »Anderen« werden – noch als unterschieden erkennbar, aber nicht mehr »fremd«; »nein, dieses Wort [fremder] kann ich jetzt nicht mehr gebrauchen«, sagt Celan explizit.[31] Ihm geht es um das »Andere« oder auch das »ganz Andere«, und damit wieder um das Menschsein, das er mehrfach emphatisch mit diesem »Anderen« in Beziehung gesetzt hat. Leider hat Paul Celan den vielbesprochenen Brief Friedrich Hölderlins an seinen Freund Casimir Ulrich von Boehlendorff vom 4. Dezember 1801 nicht kommentiert, obwohl ihn die dort reflektierte Frage des Verhältnisses des »eigentlichen[n] Nationellen« zum »Fremden« in der dichterischen Tätigkeit doch interessiert haben müsste. Vermutlich hätte er Hölderlins Vorstellung von der tiefen wechselseitigen Durchdringung des »Nationellen« (das ist bei diesem die heimische »abendländische« Art zu dichten) und des »Fremden« (bei Hölderlin die antik-griechische Schreibart) als Ideal zugestimmt.

In einer auf den 24. Januar 1967 datierten Notiz nimmt der Autor Bezug auf eine Rezension Hans Magnus Enzensbergers zur Veröffentlichung der Zeitschrift »Der Ruf« als Buch im »Spiegel«, die schon fünf Jahre zurückliegt. In ihr hatte der Rezensent geschrieben: »Zwischen dem ›Zusammenbruch‹ (einer Phrase, mit der Deutschland seine Niederlage beschönigt) und der Währungsreform hatte die nationale Erinnerung schulfrei«. Dazu notierte Celan erkennbar zustimmend:

die ›Metapher‹ Zusammenbruch für die Niederlage Dt-lands –: ein militärischer Ausdruck als Stellungnahme.
Ich: Diese Niederlage war, für mich, der Sieg jenes Deutschlands, dem ich, auf meine, mir eigene, Weise angehöre.
24.1.1967[32]

NACH DER »ZÄSUR«

Das Notat zeigt auf anrührende Weise, dass Paul Celan geradezu eine Art Treueverhältnis zu Deutschland hatte, trotz der zwölf Jahre NS-Herrschaft und ihrer Untaten, trotz einer westdeutschen Vergangenheitspolitik des Umarmens, des Beschweigens und einer skandalösen Kontinuität der Eliten. All das hat ihn oft verzweifeln lassen und aus der nahen Fremde (West-)Deutschland nie eine Heimat gemacht. Aber ein entscheidender Teil seiner Nachkriegsidentität war dieses ›neue Deutschland‹ eben doch geworden. Heimat? Zuhause? Nein, das denn doch nicht. Es sei noch einmal an den Kommentar des Dichters zu dem Novalis-Zitat erinnert: »Wohin gehen wir. Immer nachhause«, auf das Celan bitter antwortete: »Sie tuns. Ich nicht! Ich hause im Nach, das da geht und geht.«33

Bei seiner Lektüre von Jean Amérys »Schuld und Sühne« Anfang November 1966 hat Paul Celan sich unter anderem einen Satz des französischen Philosophen Robert Misrahi doppelt angestrichen, den Améry zitiert: »Die Nazikatastrophe ist fürderhin die absolute und radikale Referenz für jede jüdische Existenz.«34 Der Satz sagt, warum Deutschland für den Dichter kein »Zuhause« werden konnte. Der verzweifelte Wunsch nach Nähe, die rührende Anwandlung von Treue – sie wurden dauerhaft konterkariert durch die »Nazikatastrophe«. So gilt Misrahis Satz für Celan ohne Abstriche, und je länger er lebte, desto mehr. Das ist die »Zäsur« oder auch die »Königszäsur«, an der er in seinen letzten Lebensjahren permanent »zackerte«.35 Seit 1988 hat sich für Celans »Zäsur« der Begriff »Zivilisationsbruch« eingebürgert, den wohl Dan Diner erstmals so explizit gebraucht hat; ein 1946 in München geborener Jude, dessen Eltern polnisch-litauische *Displaced Persons* waren. Der Dichter hätte Diners Begriff wohl akzeptieren können – vermutlich mit dem fragenden Vorbehalt, wie es denn eigentlich *vor dem Churban* um diese Zivilisation bestellt war: für einen Soldaten, gleichgültig, ob Franzose oder Deutscher, im Schützengraben vor Verdun 1916, für ein armenisches Kind in der Türkei 1915, für einen Juden bei einem Pogrom ukrainischer Kosaken oder für eine Frau in Schwarzafrika, deren Beschneidung als kultureller Akt galt.

Es liegt nahe zu fragen, ob es einen Zusammenhang zwischen Paul Celans so vielfältig und widersprüchlich gebildeter Identität, in deren Zentrum sein Jüdisch-Sein *nach* der Shoah stand, und seiner Selbsttötung gibt. Aber zu einer Beantwortung dieser Frage tragen die angestellten Überlegungen letztlich wenig bei. Ein Leben in einem

»Dritten Raum« mit einer hybriden Identität muss in keiner Weise eine Tendenz zur »Selbstabschaffung« (Thomas Manns Wort für den Selbstmord) nach sich ziehen. Es waren eindeutig Momente von Neid, Hass, Schadenfreude, Arroganz und Gleichgültigkeit, die, ausgelöst von einer Einzelperson namens Claire Goll, dem Menschen Celan in für ihn nicht auszuhaltender Weise zusetzten. Dadurch, dass diese menschlich-allzumenschlichen Einstellungen und Handlungsweisen durchtränkt waren von einer verharmlosenden, verdeckt antisemitischen, ignoranten, ja, gewissenlosen Haltung gegenüber den Verbrechen der Nazis, wurden sie für Celan vollends unerträglich. Am 1. November 1966 hatte sich der Dichter Jean Amérys Buch »Jenseits von Schuld und Sühne. Bewältigungsversuche eines Überwältigten« gekauft, das im gleichen Jahr erschienen war. Dort las er auf der letzten Seite:

Nicht das Sein bedrängt mich oder das Nichts oder Gott oder die Abwesenheit Gottes, nur die Gesellschaft: denn sie und *nur* sie hat mir die existentielle Gleichgewichtsstörung verursacht, gegen die ich aufrechten Gang durchzusetzen versuche.[36]

Celan unterstrich den ersten der beiden Sätze, und das »nur« im zweiten Satz strich er siebenfach an. Offenbar entsprach diese Formulierung weitgehend der Wahrnehmung seiner eigenen Lebenslage. Im Jahr 1964 notierte der italienische Komponist Luigi Nono, im Blick auf das Schicksal der karthagischen Prinzessin Dido:

die Spannung eines Lebens, das mit heftigster Intensität menschlich schöpferisch empfindet und plötzlich tragisch explodiert oder zur Explosion neigt; Selbstmord oder *Mord der Gesellschaft* – um mit Camus zu sprechen?[37]

Die Frage lässt sich auch an Paul Celans »Todesart« richten.

Anmerkungen

Vorwort

1 Vgl. Eisenreich, S. 224. 2 So Barbara Wiedemann in: Zwischen Pestkreuz und Bocklemünd. PC in Köln, in: CJb 9 (2003-2005), S. 103-126; diese Angabe S. 103. 3 Ehebriefwechsel I, S. 540. Vgl. auch Wiedemann Faible, passim. 4 Vgl. den Briefwechsel mit Gottfried und Brigitte Bermann Fischer, in: Fischer, S. 652-654. 5 Vgl. den Brief an Peter Szondi vom 13. Juli 1964, in: Szondi/PC, S. 57 f. 6 Wiedemann Faible, S. 212. 7 Brief an Franz Wurm vom 28. März 1968, in: Wurm, S. 136. 8 Solomon 1990, S. X. 9 Arno Reinfrank: Schmerzlicher Abschied von PC, in: die horen 16 (1971), Nr. 83, S. 73. 10 PC: Mandelstamm, S. 197. Hervorhebungen im Original. 11 Vgl. Dan Diner (Hg.), Zivilisationsbruch. Denken nach Auschwitz, Frankfurt a. M. 1988. 12 Meridian, S. 9. 13 So in dem frühen Gedicht »Nähe der Gräber« und in den Nachlass-Gedichten »Sichtbar-unsichtbar:«, »Sprüchlein-Deutsch:«, »24 Rue Tournefort« und »Port Bou – deutsch?«. Das letztgenannte Gedicht wird hier im Kapitel »Linksnibelungen …« analysiert; vgl. S. 249-251. 14 PC hatte sich »Fremde Nähe« selbst einmal als Titel für eine Sammlung von Übersetzungen notiert. Vgl. Fremde Nähe, S. 14.

Nahe Fremde Deutschland. Das Dilemma

1 So der Titel des zu seiner Zeit eminent wichtigen Buches von Christian Wilhelm Dohm, zuerst 1781 in Berlin erschienen. 2 Andrei Corbea-Hoisie: Nachwort, in: Shmueli: Ein Kind aus guter Familie, S. 103 f. Shmueli ist zu dem Titel ihrer Erinnerungen vermutlich durch Karl Tschuppiks Roman »Ein Sohn aus gutem Hause« animiert worden, der im Sterbejahr des Autors 1937 im Verlag Allert de Lange in Amsterdam erschien und einfühlsam den Niedergang des kakanischen Bürgertums in den Jahrzehnten vor 1914 darstellt. 3 Zitiert nach: Corbea-Hoisie, ebd. S. 106 (ohne Quellenangabe). 4 Shmueli Ein Kind, S. 108. 5 Ebd. S. 96 6 PC: Bremer Rede, in: GW III, S. 185. 7 Ausländer, S. 9 f. 8 Vgl. die Neuausgabe unter dem Titel »Der Nerv. Eine expressionistische Zeitschrift aus Czernowitz« beim

ANMERKUNGEN

Literaturhaus Berlin 1997, hg. von Ernest Wichner und Herbert Wiesner. **9** Chalfen, S. 101. **10** Silbermann, S. 43. **11** Zitiert nach: Chalfen, S. 51. **12** Vgl. die Fotokopien seiner Schulzeugnisse in: Paul Antschel/PC in Czernowitz. Bearbeitet von Axel Gellhaus. = Marbacher Magazin. Sonderheft 90/2000, S. 26-33, sowie Chalfen, S. 71. **13** Am deutlichsten ist die nachhaltige Wirkung der »Cornet«-Lektüre einige Jahre später in dem Gedicht »Ein Krieger« (1943) zu spüren – nun aber auf die verstörende Nachricht vom Tod der Eltern bezogen; eine Zeit, »wenn schwül sie das Sterben vermehren«. Durchgängig in Wendungen, die einen kämpfenden Reiter vorstellen lassen, schließt das Gedicht gleichsam mit einem Schwur, sich den Verursachern des Mordens entgegenzustellen: »Blutend gehör ich getreu der Fremden und rätselhaft Trauten. // Ich stehe. Ich bekenne. Ich ruf.« (NKG, S. 15, und Kommentar, S. 659). **14** Chalfen, S. 50 f. **15** Ebd. S. 62 f. **16** Ebd. **17** Zitiert nach: Chalfen, S. 69. **18** Silbermann, S. 56. **19** Ebd. **20** Vgl. Timothy Snyder: Bloodlands. Europa zwischen Hitler und Stalin, München 2013; zum Holodorm insbes. S. 43-78. **21** Vgl. Silbermann, S. 56 und 60. **22** Chalfen, S. 79. **23** Ebd. **24** NKG, S. 165. **25** Vgl. dazu das Kapitel »Reise ins Herz der Finsternis. Berlin, Dezember 1967«. **26** Gespräche mit dem Berliner Architekten und großen Kenner der Berliner Bahnhöfe Dr.-Ing. Helmut Maier im März 2019 haben mich auf diese Idee gebracht. Vgl. sein Buch: Berlin Anhalter Bahnhof, Berlin 2. Aufl. 1987. **27** Chalfen, S. 78-80. **28** Die Autoren des Dokumentarfilms von 2014 sind Ullrich H. Kesten und Hans-Dieter Schütt. **29** NKG, S. 835. Ähnlich in Wiedemann Faible, S. 14. **30** NKG, S. 486 und der Kommentar, S. 1135 f. **31** Silbermann (»Begegnung mit PC«) spricht von einem Brief Antschels, der sich leider nicht erhalten hat, geschrieben »von unterwegs – es war der 9. November 1938, an dem er seine Reise antrat, der Tag, welcher der berüchtigten ›Reichskristallnacht‹ vorausging, was er damals aber noch nicht wissen konnte, er schrieb also ungefähr die Sätze: Ich fahre nun durch einen deutschen Birkenwald. Wie sehr ich mich nach dem Anblick dieser Landschaft gesehnt habe, weißt Du, Edith; doch wenn ich über den Wipfeln der Bäume die dichten Rauchschleier hängen sehe, graut es mir, denn ich frage mich, ob dort wohl Synagogen brennen oder gar Menschen ...« (S. 60). Vorstellbar ist natürlich, dass Antschel den Rauch der Dampflokomotive durch die Wipfel der Bäume ziehen sah und an andere Brände und deren Rauch dachte. Widersprüchlich ist gleichwohl die Annahme, der junge Mann habe seine Reise am 9. November angetreten und trotzdem die abendlichen Brände dieses Tages in Berlin nicht wahrgenommen. Denn die Zugreise von Czernowitz nach Berlin dauert, wie erwähnt, damals wie heute einen vollen Tag. **32** Vgl. seine Rede »Der Meridian«, in: Meridian, S. 1-14. Auf der Wannseekonferenz wurde der Massenmord an den europäischen Juden nicht »beschlossen«, wie oft falsch zu lesen, sondern durchgeplant und organisiert. Vgl. dazu, besonders instruktiv, Peter Longerich: Wannseekonferenz. Der Weg zur »Endlösung«, München 2. Aufl. 2016. **33** Vgl. Holocaust an der Peripherie. Judenpolitik und Judenmord in Rumänien und Transnistrien 1940-1944, hg. von Wolfgang Benz und Brigitte Mihok, Berlin 2009. **34** Dieser Unterschied ist folgenschwer. Während die Mehrzahl der Juden aus der Bukowina und aus Bessarabien – Gebiete, die erst 1918 an Rumänien gefallen waren – dem Massenmord (sowohl von Deutschen als auch von Rumänen verübt) zum Opfer fielen, haben ca. 80 % der Juden im rumänischen Altreich (Regat genannt) die Shoah überlebt. So kann Peter Hayes von »einer großen Ironie des Holocaust« sprechen (ders.: Warum? Eine Geschichte des Holocaust, Bonn 2018, S. 266). So hatten auch die ins rumänische Transnistrien (zwischen den Flüssen Dnjestr und Bug) verbrachten Juden aus der Bukowina noch gewisse Überlebenschancen, während sie nach der Deportation weiter nach Osten ins sogenannte Reichskommissariat Ukraine, also deutsches Besatzungsgebiet, in der Regel binnen kurzer Zeit umgebracht wurden. Das Lager Michailowka bei Gaisin, wo Antschels Mutter von Deutschen erschossen wurde, liegt östlich des Bug. Vgl. Holocaust an der Peripherie (wie Anm. 33) und: Rumänien und der Holocaust. Zu den Massenverbrechen in Transnistrien 1941-1944, hg. von Mariana Hausleitner, Berlin 2001. **35** Hugo Gold (Hg.): Geschichte der Juden in der Bukowina, Bd. 2, Tel Aviv 1962, S. 71. **36** NKG, S. 117. **37** Chalfen, S. 121. **38** Vgl. »Schwarze Flocken«, in: NKG, S. 19. **39** PC: Gedichte 1938-1944, Frankfurt a. M. 1986, S. 6. **40** Vgl. Werner, passim. Dieser wichtige Aspekt wird später wiederaufgenommen. **41** Shmueli: Ein Kind, S. 77-79.

Schreiben im Angesicht der Shoah. Die Jahre 1943 bis 1947

1 So Chalfen, der pointiert, Weißglas habe »seine alte Mutter […] *retten*« können (S. 138). Vgl. auch den Bericht des Vaters Isak Weißglas: Steinbruch am Bug. Bericht einer Deportation nach Transnistrien, Berlin 1995. **2** Vgl. Theo Buck: Muttersprache, Mördersprache, 1993. Freilich war diese Wendung schon lange vorher geläufig. So spricht Heinrich Stiehler am 13. November 1981 in einer Tagungsbesprechung »Der frühe Celan« für die Frankfurter Rundschau von »einer Sprache, die den einstigen Lesern gewiß weniger Mutter- als Mördersprache war.« 3 NKG, S. 17. 4 Im Land Moldawien wie auch in der Ukraine gibt es (und gab es schon früher) viel Weinbau – allein in der Moldau mehr als in ganz Deutschland heute. B. Wiedemanns – ansonsten hilfreicher – Kommentar geht mit dem Verweis auf Aaron bei V. 7 meines Erachtens fehl, denn Aaron war kein Gott, und die dem Autor auch sonst wichtige Gestalt des Dionysos fügt sich plausibel in den Kontext des Gedichts. Vgl. NKG, S. 661. 5 Der Sachverhalt ist bekannt, die Zusammenstellung dazu in NKG, S. 661 f., gleichwohl nützlich. 6 Rhein. Freunde, S. 220. 7 NKG, S. 355. 8 Hugo Bekker (PC. Studies in his Early Poetry, Amsterdam, New York 2008) sieht eine zweite grammatikalische Möglichkeit, nämlich dass »Volker stands in the vocative« (S. 159). Dem kann ich nicht folgen. 9 Zitiert nach: NKG, S. 1035. 10 Immanuel Weißglas: Der Nobiskrug. Gedichte, Bukarest 1972, S. 43. 11 NKG, S. 87. 12 Belege u. a. in NKG, S. 729 und 744. Vgl. auch Nielsen/Pors, S. 102. 13 Zitiert nach: Chalfen, S. 145 f. 14 NKG, S. 98. 15 Uta Werner (»Textgräber. PCs geologische Lyrik«) hat »Heimkehr« ebenso wie »Die Halde« (NKG, S. 82) und »Kenotaph« (NKG, S. 88) mit Recht in die Kenotaph- oder Scheingrab-Tradition gestellt, d. h. an den kulturhistorisch gesehen »uralten Brauch« angeschlossen, »für Tote ohne Leichnam ein Scheingrab anzulegen« und dergestalt »die abwesende Anwesenheit der Toten« herzustellen (S. 74 und 88). Bei PC findet sich eine ganze Kette von Gedichten, die als sprachliche »Grablegung der Grablosen«, als »Textgräber« zu verstehen sind. »Todesfuge« hat der Autor später, um 1959, einen zentralen Platz in dieser Kette zugewiesen und abfällige Kritik an diesem Gedicht (und anderen) als »Grabschändung« bezeichnet. Vgl. die beiden Kapitel »Das erste Deutschlandgedicht: ›Todesfuge‹ (1945)«, S. 41-54, und »Das zweite Deutschlandgedicht: ›Wolfsbohne‹ (1959)«, S. 112-130. 16 NKG, S. 38. Erstdruck in: Agora. Bukarest 1947 (Mai-Heft), S. 70; hier mit dem Titel »Ein wasserfarbenes Wild«. 17 Paul Antschel/PC in Czernowitz. Bearbeitet von Axel Gellhaus, = Marbacher Magazin 90 (Sonderheft), Marbach/N. 2000, S. 15. 18 Zitiert nach: Helmut Böttiger: Orte PCs, Wien 1996, S. 52. 19 Ebd. S. 55. 20 Solomon 1980, S. 50, 52 und 53. 21 Heinrich Stiehler: Der frühe Celan. Auf einem deutsch-rumänischen Kolloquium über des Dichters Jahre in Czernowitz und Bukarest, in: Frankfurter Rundschau vom 13. November 1981, S. 6. 22 PC an P. Solomon am 12. März 1948. Zitiert von Solomon 1980, S. 61. 23 So Ovid S. Crohmălniceanu: Bruchstücke einer Erinnerung, in: Bukarest 1981, S. 213. 24 Der Text (aufzurufen im Internet) stammt von Elsa-Laura von Wolzogen (1876-1945), die sich als Sängerin selbst auf der

Laute begleitete. Die deutsche Version erschien zuerst 1917 und wurde sehr rasch populär. Das Lied ging in mehrere Liederbücher ein und wurde sowohl vom Wandervogel als auch später von der Hitlerjugend gesungen. 25 Helmut Niemeyer: Der Tod auf Rappen oder Schimmel. »Gestorben muß sein …«. Was der junge PC 1945 in Bukarest sang – ein schönes deutsches Lied vom Tod, in: Die Zeit vom 2. März 1984, S. 48. 26 Alle erhaltenen Texte PCs in rumänischer Sprache finden sich in NKG, S. 374-389, mit deutschen Übersetzungen der Herausgeberin B. Wiedemann. 27 Solomon 1990, S. 107-140, insbes. S. 112 und 137. 28 Meridian, S. 185. 29 Dazu auch Welling, S. 131-133. 30 Vgl. den Kommentar zu »Der Sand aus den Urnen« resp. zu »Mohn und Gedächtnis« in: NKG, S. 655 f. und 671 f. 31 Das ist die am häufigsten überlieferte Version, so z. B. Solomon 1980, S. 50. Nach Chalfen (S. 174 f.) berichtete Jakob Silbermann, der spätere Ehemann von Edith Horowitz, er und Ancel hätten noch in Czernowitz gemeinsam den Dichternamen »Celan« gefunden. – Nach Celans eigener Vorstellung sollte sein Name im deutschen Sprachraum Tsélan gesprochen werden; in Frankreich nasaliert und auf der zweiten Silbe betont. 32 Solomon 1980, S. 56 f. und 61, Anm. 32. 33 Darauf weist Michaela Nowotnick hin in: Ein Todestango für die zerbrochene Welt, in: FAZ vom 29. April 2017. 34 Solomon 1980, S. 57. 35 Ebd.

Das erste Deutschlandgedicht: »Todesfuge« (1945)

1 NKG, S. 46 f. 2 Mikrolithen, S. 170. 3 NKG, S. 687 (auch in: Mikrolithen, S. 170). 4 Alfred Kittner in: Bukarest 1981, S. 217-219; hier S. 218. 5 Felstiner, S. 56. 6 Zitiert nach: NKG, S. 689. Václav Lohniský war Theaterdirektor in Prag. 7 Goll-Affäre, S. 532. 8 Zitiert nach: NKG, S. 688. 9 Ebd. S. 689. 10 Wiedemann-Wolf Frühwerk, S. 77. 11 Vgl. Werner, passim. 12 Brief vom 25. Oktober 1959; in: Rhein. Freunde, S. 149. Hervorhebung im Original. 13 Brief vom 12. November 1959; in: Herzzeit, S. 127. Hervorhebungen im Original. 14 Mikrolithen, S. 109. 15 So zuerst Klaus Wagenbach, der zeitweilige Lektor Celans, in einem Beitrag für den Sender Freies Berlin am 19. Juni 1968, der später Eingang fand in seinen Artikel in der Zeitschrift »Freibeuter« 1979 (1), S. 86 f.; sodann Janz 1976, insbes. S. 40, Wiedemann-Wolf Frühwerk, S. 84 und passim; sowie Felstiner, S. 53-69. 16 Es kann offenbleiben, ob Antschel über den Roman »Maler Nolten«, in den dieses Lied eingebaut ist, oder über irgendeine Ausgabe von Mörikes Gedichten oder über eine Lyrikanthologie auf das

Lied gestoßen ist. Zu einem doch möglichen genaueren Bezug von »Maler Nolten« zur »Todesfuge« vgl. Wiedemann-Wolf Frühwerk, S. 84. – Auch andere haben sich über diesen einzigen Endreim in »Todesfuge« Gedanken gemacht, z. B. Peter von Matt: »Die verdächtige Pracht« [zu »Todesfuge«], in: FAZ vom 17. Februar 1990. Seine Schlussfolgerungen bleiben allerdings ganz im Vagen. 17 Eduard Mörike: Jung Volker, in: ders.: Sämtliche Werke in 2 Bdn., Bd. 1, München 1967, S. 699. 18 Vgl. in diesem Buch S. 32 f. 19 PC hat »Dialektik der Aufklärung« (in der deutschen Erstausgabe bei Querido in Amsterdam 1947) am 5. Mai 1954 erworben (laut Eintrag auf dem Vorsatzblatt) und offenbar erst später kapitelweise gelesen, wobei ihn das Kapitel »Elemente des Antisemitismus« erkennbar am meisten interessierte. Aber in allen Kapiteln gibt es Anstreichungen. Die von mir erwähnten Zitate stammen aus dem »Exkurs II: Juliette oder Aufklärung und Moral«. Auch hier gibt es Anstreichungen, aber sie berühren sich nicht mit den von mir akzentuierten Sätzen. Vgl. Philos. Bibl., S. 248-257. 20 Jürgen Habermas: Der philosophische Diskurs der Moderne. Zwölf Vorlesungen, Frankfurt a. M. 1985, S. 130. 21 M. Horkheimer/Th.W. Adorno: Dialektik der Aufklärung. Philosophische Fragmente [1944], Frankfurt a. M. 1969, S. 90. 22 Ebd. S. 94 f. 23 Das Sklavenschiff, in: Heinrich Heine: Sämtliche Schriften in 12 Bdn., hg. von Klaus Briegleb, Bd. 11, München, Wien 1976, S. 194-197; Zitat (= Schlussstrophe) S. 197. 24 Vgl. Umfrage der Librairie Flinker, in: GW III, S. 167 25 Erstdruck in: Neue Literatur Bukarest 21 (1970), Heft 2, S. 34. 26 Für diese Auffassung steht vor allem Barbara Wiedemann (-Wolf). Vgl. dies.: Frühwerk, S. 77-90, sowie ihre Kommentare zu dem Gedicht in NKG, S. 687 f., und in PC: »Todesfuge« und andere Gedichte«, hg. und kommentiert von B. W., Frankfurt a. M. 2004, S. 129 f. 27 So schon meine Position 1999 in: PC, S. 52 f. 28 So auch Theo Buck, der in »Todesfuge« einen »Gegenentwurf« (S. 21) zu Weißglas' »Er« sieht und zu diesem Gedicht einen ungnädigen Verriss schreibt (S. 21-26). Vgl. »Todesfuge« mit einem Kommentar von Theo Buck, Aachen 1999. Bucks Buch ist nur wenige Monate nach meiner Monographie erschienen. 29 Peter Horst Neumann: Zur Lyrik PCs. Eine Einführung, 2., erweiterte Aufl. Göttingen 1990, S. 97. 30 Brief an Gerhart Baumann vom 27. Mai 1975; zitiert nach: Wiedemann-Wolf Frühwerk, S. 81, Anm. 181. 31 Edith Silbermann nennt Weißglas PCs »intimsten Jugendfreund und Dichtergefährten« (Begegnung mit PC, S. 23). 32 Bei Alfred Kittner heißt es, die beiden seien »über Jahre unzertrennliche Freunde« gewesen (Bukarest 1981, S. 218). 33 Chalfen, S. 138. 34 Vgl. Wiedemann-Wolf Frühwerk, S. 81 f., insbes. Anm. 181 und 182 (hier beruft sie sich auf ein Gespräch mit Petre Solomon).

Wien 1948. Unter selbsternannten ›Opfern‹

1 So PC im Brief an Alfred Margul-Sperber vom 11. Februar 1948, in: Margul-Sperber, S. 50. 2 Vgl. Thomas Albrich: Exodus durch Österreich. Die jüdischen Flüchtlinge 1945-1948, Innsbruck 1987, S. 153, sowie Christine Oertel: Flucht über Österreich. Jüdische »Displaced« Persons aus Osteuropa 1945-1949, in: Displaced, S. 36-45. 3 Vgl. Helga Embacher: Spuren jüdischen Lebens im Wien von 1948, in: Displaced, S. 21-30; hier S. 21. 4 George E. Berkley gibt an, dass zwischen 1945 und 1953 ca. 170 000 Überlebende der Shoah nach Wien strömten, von denen freilich die meisten nach Palästina/Israel auswanderten (Vienna and its Jews. The Tragedy of Success. 1880s–1980s, Cambridge, MA, 1988, S. 343). 5 Vgl. Peter Goßens/Marcus G. Patka: Internationale Zone – Wien 1947 und die Ankunft PCs, in: Displaced, S. 9-20. 6 Ebd. S. 14. 7 Embacher, in: Displaced, S. 30; vgl. auch Ruth Beckermann: Unzugehörig. Österreicher und Juden nach 1945, Wien 1989. 8 DLA. Archiv Max Rychner 2004.8. Zitiert nach: Wiedemann Faible, S. 10. 9 Vgl. in diesem Buch S. 112 ff. Dort weitere Belege für den – in Celans Vorstellung – Händedruck als Geste einer authentischen Begegnung zweier Menschen. 10 Vgl. Peter Goßens: Ernst Schönwiese, Otto Basil und der »Plan«, in: Displaced, S. 53-61. 11 So Margul-Sperber in einem Brief an Ernst Schönwiese aus Bukarest vom 31. März 1948; zitiert nach: Peter Goßens: Ernst Schönwiese, in: Displaced, S. 61. 12 PC an Alfred Margul-Sperber am 11. Februar 1948, in: Margul-Sperber, S. 50. 13 Vgl. NKG, S. 44, und Kommentar, S. 685. 14 Nach Gerhart Baumann hat PC 1968 in einem Gespräch geäußert: »Ich unterhalte nur intermittierende Beziehungen!« (Baumann Erinnerungen, S. 88). 15 Vgl. Herzzeit, S. 7. 16 Ebd. S. 251. 17 Vgl. Janz 2018, S. 7. 18 NKG, S. 48, und Kommentar, S. 693. 19 Rut(h) ist ihrer Abstammung nach Moabiterin, die nach dem Tod des Mannes ihrer Schwiegermutter Noëmi und ihres eigenen Mannes mit Noëmi von Moab nach Bethlehem zurückgeht, für sich selbst durch Ährenlesen sorgt und schließlich im Wege der Leviratsehe (Pflichtheirat) einen reichen Verwandten namens Boas heiratet. Aus dieser Ehe geht als Urenkel (König) David hervor. – Mirjam ist eine Schwester Aarons und wird Prophetin genannt (2. Buch Mose, Kap. 15, Vers 20). In einer späteren Quelle wird sie auch als Schwester von Moses bezeichnet (4. Buch Mose, Kap. 26, Vers 59). Sie rebelliert mit Aaron gegen Moses und wird deshalb mit Aussatz bestraft. Der neutestamentliche Name Maria geht auf Mirjam zurück. 20 Vgl. Peter von Matt: Liebesverrat: die Treulosen in der Literatur, 3. Aufl. München 1996 (der diese Variante nicht

verzeichnet). **21** Die Literatur zu dieser (persönlichen und literarischen) Beziehung ist sehr umfangreich und zum Teil kontrovers. Hier seien nur einige Titel genannt: Herzzeit, passim; Poetische Korrespondenzen, passim; Emmerich, insbes. S. 74-81; Hans Höller: I. Bachmann, Reinbek 1999, S. 57-64, Helmut Böttiger: Wir sagen uns Dunkles. Die Liebesgeschichte zwischen Ingeborg Bachmann und PC, München 2017; Joseph McVeigh: Ingeborg Bachmanns Wien 1946-1953, Berlin 2016, S. 48-51 (der Bachmanns Gefühle für PC merkwürdig kleinmacht) **22** Vgl. PCs ebenfalls Ingeborg Bachmann zugeeignetes Liebesgedicht »Corona« (NKG, S. 45), in dem der Vers 7 »Mein Aug steigt hinab zum Geschlecht der Geliebten« ebendiese Mehrfachbedeutung in sich trägt. Vgl. auch Wiedemann in ihrem Kommentar: »›Geschlecht‹ meint ›Schoß‹ und ›Volk‹.« (NKG, S. 687) **23** Vgl. dazu »Das erste Deutschlandgedicht: ›Todesfuge‹ (1945)« in diesem Buch, S. 41-54. **24** I. Bachmann: Drei Wege zum See, in: dies.: Werke, Bd. 2: Erzählungen, München, Zürich 1978, S. 415 f. **25** Vgl. Herzzeit, S. 73. **26** Vgl. meinen Aufsatz »Mein Aug steigt hinab zum Geschlecht der Geliebten:« Zur Eigenart der Liebesgedichte von PC, in: Eros und Literatur. Liebe in Texten von der Antike bis zum Cyberspace. Festschrift für Gert Sautermeister, hg. von Christiane Solte-Gresser, W. Emmerich und Hans Wolf Jäger, Bremen 2005, S. 243-260. **27** I. Bachmann: Wir müssen wahre Sätze finden. Gespräche und Interviews, München, Zürich 1983, S. 153. **28** I. Bachmann: Malina, in: dies.: Werke, Bd. 3, München, Zürich 1978, S. 68 f. **29** NKG, S. 42. **30** PC: Bremer Rede, in: GW III, S. 185. **31** PC an Margul-Sperber am 21. Dezember 1947. Zitiert nach: Displaced, S. 61. **32** Vgl. Paul Sars: »Ein solcher Ausgangspunkt wären meine Gedichte«. Zu den Briefen von PC an Diet Kloos-Barendregt, in: »Der glühende Leertext«. Annäherungen an PCs Dichtung, hg. von Otto Pöggeler und Christoph Jamme, München 1993, S. 15-39; hier S. 35. Sars beruft sich auf ein Gespräch mit Gisèle Celan-Lestrange am 27. Januar 1990, in dem diese auf diesen Aspekt als einen Grund für PCs Abwendung von Wien hingewiesen habe.

Paris 1948–1952. Ein bewohnbarer Ort

1 Zitiert bei Corbea-Hoisie, S. 18. **2** Ein sonst nicht veröffentlichter Brief vom 2. August 1948 an »Verwandte in Palästina«; zitiert nach: Bianca Rosenthal: Quellen zum frühen Celan, in: Monatshefte (Wisconsin) 75 (1983), H. 4, S. 402 f. **3** Der Bericht findet sich in ihrem Buch: Zur Zeit. Politische Essays, Berlin 1986, S. 43-70. Zitat S. 44. **4** Zitiert nach: Allemann Rychner, S. 287. 5 Isac Chiva, 1926 in Iaşi im Nordosten Rumäniens geboren und aufgewachsen, hatte mit Glück das Massaker an der jüdischen Bevölkerung von Ende Juni 1941 überstanden und konnte später aus der sowjetisch besetzten Stadt fliehen. In Budapest, einer gemeinsamen Fluchtstation, lernten er und Paul Antschel sich kennen, und sie freundeten sich an. Chiva wurde später ein renommierter Ethnologe an der Seite von Claude Lévi-Strauss. Bekannt ist seine Arbeit für die UNESCO, aber es gab auch freundschaftliche Verbindungen zu einer aufgeklärten Kulturwissenschaft (*vulgo* Deutsche Volkskunde) an deutschen Universitäten. Vgl. Deutsche Volkskunde – französische Ethnologie. Zwei Standortbestimmungen, hg. von Isac Chiva und Utz Jeggle, Berlin 1987. 6 D. h. noch ohne den neuen Namen »Celan«, den er nicht nur als Dichternamen, sondern auch als bürgerlichen Namen tragen wollte. 7 Vgl. Silbermann, S. 42. 8 Zitiert nach: Allemann Rychner, S. 287. 9 Vgl. Brechts Gedichtzyklus »Aus dem Lesebuch für Städtebewohner«, entstanden 1921-1926, in: ders.: GBFA, Bd. 11, S. 155-176. Auch Christine Ivanović weist auf Brechts Ausdruck hin. Vgl. dies.: »Auch du hättest ein Recht auf Paris«. Die Stadt und der Ort des Gedichts bei PC, in: Arcadia 32 (1997), S. 65-96. 10 Vgl. das Gedicht »Wahrnehmung«: »Die Mühen der Gebirge liegen hinter uns / Vor uns liegen die Mühen der Ebenen«, in: ders.: GBFA, Bd. 15, S. 205. 11 Stimmen der Gegenwart, Wien 1951, S. 168. 12 Vgl. Ehebriefwechsel II, S. 406, und Corbea-Hoisie, S. 23 und 34f. 13 Vgl. hierzu Welling, S. 38-48. Zu diesem Vorhaben sind keinerlei Unterlagen erhalten. Mit Welling lässt sich vermuten, dass PC sich mit den Romanfragmenten Kafkas, insbesondere wohl mit »Der Process«, auseinandersetzen wollte. 14 Yves Bonnefoy: Le nuage rouge. Essays sur la poetique, Paris 1977, S. 306. (»Sie sind zu Hause in Ihrer Sprache, in Ihren Bezügen, in Ihren Büchern, den Werken, die Sie lieben.«) 15 Corbea-Hoisie, S. 12. 16 Zitiert nach: Corbea-Hoisie, S. 40. (Dieser Name Celan »scheint mir einen französischeren Klang zu haben als mein wahrer Name. [...] Er enthält im Übrigen, durch die Inversion der beiden Silben meines aktuellen Namens, fünf von den acht Buchstaben dieses Namens [Antschel].«) 17 Eine detaillierte Darstellung von Celans langem Weg zur Einbürgerung gibt Corbea-Hoisie, S. 38-62. 18 Fremde Nähe, S. 172. 19 Traumkraut, Wiesbaden/München 1982, S. 7. 20 Vgl. NKG, S. 396 und den Kommentar, S. 1062. Daraus geht hervor, dass PC dem kritischen Rat von Rolf Schroers folgte und das Gedicht erst kurz vor der Drucklegung aus dem Manuskript von »Mohn und Gedächtnis« entfernte. 21 Vgl. Anm. 5. 22 Bonnefoy, S. 260f. 23 Kloos, S. 73. 24 Ebd. 25 Ebd. S. 76; auch in NKG unter dem späteren Titel »Auf hoher See«, S. 51. **26** Kloos, S. 77. **27** Zitiert nach: Die Presse (Wien) vom 14. August 1998. **28** Die Briefe wurden von unbekannter Seite für eine Auktion der Autographenhandlung J. A. Stargardt in Berlin am 13./14. März 2018 eingereicht. Im Auktionskatalog (= Nr. 707) wurde das Konvolut (= Nr. 33) incl. längere Textproben vorgestellt, aus denen hier zitiert wird. Das DLA Marbach hat die Briefe erworben. Der Auktionskatalog ist – Stand 7. November 2019 – weiterhin im Internet aufrufbar. – Inzwischen – Stand 12. Dezember 2019 – sind die Briefe vollständig in dem Band: PC: »etwas ganz und gar Persönliches«. Briefe 1934-1970, ausgewählt, hg. und kommentiert von Barbara Wiedemann, Frankfurt a. M. 2019, bei Suhrkamp erschienen; vgl. ebd. S. 94-101. Die Süddeutsche Zeitung hat sie in ihrer Ausgabe vom 10. 12. 2019 ebenfalls vollständig abgedruckt. **29** Zitiert nach dem Bericht über den Brieffund »Vom Fiepen der Zeit« in der FAZ vom 8. Februar 2019. **30** Ebd. **31** Vgl. den Artikel »Wer war Hannele?« von Barbara Wiedemann in der Süddeutschen Zeitung vom 11. Dezember 2019. **32** Brief vom 18. Juli 1957 an Petre Solomon, in: Solomon 1981, S. 61. **33** Vgl. Corbea-Hoisie, S. 63. **34** Ebd. S. 68. **35** Erika Tophoven im Gespräch mit Corbea-Hoisie 1999; zitiert ebd. S. 68. **36** Ebd. **37** R. M. Rilke: Die Aufzeichnungen des Malte Laurids Brigge. Erstes Bändchen, Leipzig 1922, S. 1. **38** Celan ließ »Der Sand aus den Urnen« aus dem Verkehr ziehen, weil der Band viele und zum Teil sinnentstellende Druckfehler aufwies. Außerdem fand er die dem Buch beigegebenen Lithographien von Edgar Jené (der 1948 in Wien noch zu seinen engen Freunden zählte) inzwischen geschmacklos. Vgl. NKG, S. 655 f. **39** NKG, S. 59. **40** NKG, S. 54, und Kommentar, S. 699 f. **41** Vgl. NKG, S. 59. B. Wiedemann weist in ihrem Stellenkommentar darauf hin, dass PC sich hier die Doppeldeutigkeit eines hebräischen Wortes zunutze macht, das »je nach Vokalisierung ›Mandel‹ oder ›ich will wachen‹ heißen kann« (ebd. S. 703 f.).

»Ein Fremder war dagewesen«. Lesen vor der Gruppe 47

1 Theo Buck: PC und die Gruppe 47, in: CJb 7 (1997/98), S. 65-87; Zitat S. 75. **2** Briegleb Mißachtung, S. 12 und passim. Das Buch geht zurück auf Brieglebs Aufsatz: Ingeborg Bachmann, PC. Ihr (Nicht-)Ort in der Gruppe 47 (1952-1964/65). Eine Skizze, in: Poetische Korrespondenzen, S. 29-81. **3** Cofalla 1997. Die Autorin kannte das noch unveröffentlichte Manuskript des Aufsatzes von Briegleb (1997); vgl. ebd. S. 125. Gleiches gilt für ihren Aufsatz: Elitenwechsel im literarischen Feld nach 1945. Eine soziologische Verortung der Gruppe 47, in: The Gruppe 47 Fifty Years on. A Re-Appraisal of its Literary and Political Significance, hg. von Stuart Parkes und John J. White, Amsterdam, Atlanta (GA) 1999, S. 245-262. Hier arbeitet sie noch deutlicher mit Bourdieus Habitus-Begriff als in der Dissertation. **4** Heinz Ludwig Arnold: Die Gruppe 47, Reinbek 2004, S. 76. **5** Real hat Bourdieu natürlich erst ab Mitte der 70er Jahre inspirierend auf deutsche Kultur- und Sozialwissenschaftler eingewirkt. »Zur Soziologie der symbolischen Formen« erschien 1974 auf Deutsch, das Hauptwerk »Die feinen Unterschiede. Zur Kritik der gesellschaftlichen Urteilskraft« erst 1982. **6** Herzzeit, S. 42. **7** Vgl. ebd., S. 48 f. B. Wiedemann schreibt, Bachmann habe »Richter mit Dor an einen Tisch« gezwungen »und dann die Karte mit der Einladung [...] zur Sicherheit selbst« abgeschickt (Wiedemann Faible, S. 18). **8** Ehebriefwechsel I, S. 17. **9** Ebd. S. 18. **10** Ebd. S. 19. **11** Ebd. S. 19 f. **12** Ebd. S. 22. **13** PC las außerdem »Ein Lied in der Wüste«, »Schlaf und Speise«, »Die Jahre von dir zu mir«, »Zähle die Mandeln« und »In Ägypten« – ob weitere Gedichte, ist nicht bekannt. Vgl. Herzzeit, S. 268. **14** Ehebriefwechsel I, S. 22. **15** Abgedruckt in: Hans Werner Richter: Briefe, hg. von Sabine Cofalla, München, Wien 1997, S. 128. **16** Zitiert von Milo Dor: Auf dem falschen Dampfer. Fragmente einer Autobiographie, Wien, Darmstadt 1988, S. 214. **17** Hermann Lenz gegenüber; vgl. ders.: Erinnerungen an PC, in: Hamacher/Menninghaus, S. 315-318; Zitat S. 316. **18** Vgl. Anm. 12. **19** Brief an Klaus Demus vom 31. Mai 1952, in: Demus, S. 100. **20** Rolf Schroers: Gruppe 47, in: Lettau Gruppe 47, S. 374 f. **21** Ebd. S. 378. **22** Der Terminus Habitus spielt in vielen Schriften Bourdieus eine tragende Rolle. Vgl. u. a. »Die feinen Unterschiede. Kritik der gesellschaftlichen Urteilskraft« (Frankfurt a. M. 1982). Hier spricht der Autor vom Habitus als »*Erzeugungsprinzip*« (S. 277; Hervorhebung im Original), als »System generativer Schemata von Praxis« (S. 279). – Auch Briegleb spricht einmal explizit von »der besonderen deutschen ›Verdrängung‹ als Habitus«, nimmt aber das Potential des Habitus-Begriffs im Weiteren nicht auf (Briegleb Mißachtung, S. 189). Cofalla weist einmal auf die Ähnlichkeit des kleinbürgerlichen Herkunftsmilieus bei vielen 47ern hin und hält fest: »Die Gruppe 47 gab sich nicht elitär, sondern hemdsärmelig, man traf sich nicht zum Tee, sondern zum Bier, die Stimmung war weniger gediegen, als zotig-verklemmt.« (Elitenwechsel – wie Anm. 3 –, S. 260) Doch das Herkunftsmilieu kann nicht allein verantwortlich sein für den habituellen Gegensatz der 47er zu PC. Schließlich war dessen Vater auch ›nur‹ ein kleiner Brennstoffhändler, und auch die Mutter hatte kein Abitur. Es muss wohl doch das Soldatische sein, das die ehemaligen Wehrmachtsangehörigen von dem verfolgten Juden, der nie eine Kriegswaffe in der Hand gehalten hat, trennte.   23 Vgl. Karl Marx/Friedrich Engels: Werke, Berlin (DDR) 1968, Bd. 23: Das Kapital, Bd. I, Erster Abschnitt, S. 88.   24 Wie z. B. Walter Jens, der aus gesundheitlichen Gründen nicht zur Wehrmacht eingezogen wurde, aber Mitglied der Hitlerjugend und des NS-Studentenbundes war.   25 Schroers: Gruppe 47, in: Lettau Gruppe 47, S. 380.   26 Ebd.   27 Zitiert nach: Der Ruf, hg. von Hans A. Neunzig, München 1976, S. 21.   28 Briegleb Mißachtung, S. 244.   29 Das junge Europa formt sein Gesicht, in: Der Ruf (wie Anm. 27), S. 19 und 22.   30 Näheres dazu bei Helmut Böttiger: Wir sagen uns Dunkles. Die Liebesgeschichte zwischen Ingeborg Bachmann und PC, Stuttgart 2017, S. 119-123. Ob PC bei Gnielkas Lesung anwesend war, ist nicht bekannt. Umgekehrt hat dieser die Lesungen Celans, Bachmanns und Karl Krolows miterlebt. In seinem Bericht für den Berliner »Tagesspiegel« stellte er fest, dass die meisten Gruppenmitglieder den Lyriklesungen »mehr oder weniger verständnislos gegenüberstanden« (mit dem Untertitel »Deutsche Literaturmesse 1952« in der Ausgabe vom 8. Juni 1952; zitiert nach: Böttiger, S. 122). Gnielka ist in jüngster Zeit bekannt geworden durch den Film über den Frankfurter Generalstaatsanwalt Fritz Bauer: »Im Labyrinth des Schweigens« (2014). Hier wird Gnielka, mittlerweile Journalist bei der »Frankfurter Rundschau«, zutreffend als wichtiger Mitinitiator des Frankfurter Auschwitzprozesses 1963 ff. dargestellt. Als Schriftsteller hat er nie wieder Beachtung gefunden.   31 Briegleb Mißachtung, S. 101.   32 Ebd. S. 265.   33 Walter Jens äußerte 1976 über PCs Auftreten vor der Gruppe 47 in Niendorf an der Ostsee am 23./24. Mai 1952 den folgenden Satz: »Ein *Fremder* war da gewesen« – und er wiederholte ihn in einem langen Gespräch mit dem amerikanischen Studenten Christopher Schnader, das dieser am 2. Dezember 1998 mit ihm führte. Vgl. ders.: C. and the Gruppe 47 through the Lens of Walter and Inge Jens: Excerpts from Two Previously Unpublished Interviews, in: CJb 10 (2018), S. 243-256; Zitat S. 250. Das hier weiter unten vorgestellte Zitat von Jens aus dem Jahr 1976 wird durch dessen Äußerungen von 1998 nicht wesentlich modifiziert.   34 Civikov Werwolf, S. 112.   35 Schroers, S. 372.   36 Das Beispiel Ernst Schnabel zeigt, dass der beschriebene Habitus der meisten Männer in der Gruppe 47 nicht zwingend war. Es gab Ausnahmen.   37 Handbuch 2012, S. 19. 38 Thomas Mann: Briefe 1948-1955 und Nachlese, hg. von Erika Mann, Frankfurt a. M. 1965, S. 341.   39 Eugen Kogon: Die deutsche Aufgabe, in: Frankfurter Hefte 1947, Heft 1; zitiert nach: Briegleb Mißachtung, S. 240 f.   40 Arendt Besuch, S. 44 f. und passim.   41 Ebd. S. 49.

42 Harald Jähner: Wolfszeit. Deutschland und die Deutschen 1945-1955, Berlin 2019, S. 382. Das Buch ist eine wahre Fundgrube zu diesen entscheidenden zehn Jahren des Nachkriegs. 43 Urs Widmer: So kahl war der Kahlschlag nicht, in: Die Zeit vom 26. November. 1965; zitiert nach: Lettau Gruppe 47, S. 328-335; Zitat S. 331. 44 Alfred Andersch, in einem von Widmer nicht näher bezeichneten Artikel in »Der Ruf«; zitiert nach: Widmer (Anm. 43), S. 330. 45 Ebd. S. 334. 46 Vgl. Herzzeit, S. 50f. 47 Rhein. Freunde, S. 197.

Zwei Schiffe, die sich nicht begegnen. Bremen 1958

1 Brief vom 17. Dezember 1957. Zitiert nach: Emmerich Doku, S. 72. PC wusste nicht, dass Lutze, Jahrgang 1908, Mitglied der NSDAP und, als Assistent am Germanischen Nationalmuseum in Nürnberg, Verfasser antisemitischer Elaborate gewesen war. 2 Curt Hohoff: Flötentöne hinter dem Nichts, in: Neue Deutsche Hefte 1954, Heft 1, S. 69-73. Teilübernahme in das Buch: Geist und Ursprung. Zur modernen Literatur, München o. J. [1954], S. 232-243. Zitate S. 234f. und 241f. 3 Ebd. S. 242. 4 Goll-Affäre, S. 231. 5 H.E. Holthusen: Fünf junge Lyriker, in: Merkur 8 (1954), Heft 74, S. 378-390. Zitat S. 390. 6 Vgl. Ehebriefwechsel I, S. 60. 7 Welt und Wort 8 (1953), S. 200f. 8 FAZ vom 24. April 1953. 9 Die Zeit vom 30. April 1965. 10 Eine Ausnahme macht die Besprechung von Erich Fried (unter dem Pseudonym »Intimus«, aber von ihm selbst gesprochen) für die BBC London (Deutsches Programm) vom 12. März 1954; eine weitere ist Hans Wolffheims Fazit zur »Todesfuge« in seinem Buch »Die deutsche Literatur nach dem Kriege« (Hamburg 1955): »[...] zu unserer Erinnerung blicken wir in einen Abgrund, in dem gegenwärtig geschieht, was millionenfach geschah. Dies alles auszudrücken, hat der Dichter eine Sprache gefunden, für die es kein Vorbild gibt in der Tradition unserer lyrischen Gebilde. Eigentlich bewegt diese Sprache sich überall im sachlich Nüchternen; aber dieses sachlich Nüchterne steigert sich durch die fugenhaft psalmodierende Wiederholung der einzelnen und auch verkürzten Zeilen zu einem Pathos von aggressiver Unheimlichkeit, zu einer über uns gehäuften Gewalt der Trauer und Klage. [...] Dichter sind keine Escapisten; zum Escapismus neigt immer nur das Publikum, das womöglich – und zwar aus vielen Gründen – auch dieser ›Todesfuge‹ auszuweichen geneigt sein wird.« (S. 22f.) 11 Jean Firges: Sprache und Sein in der Dichtung PCs, in: Muttersprache 72 (1962), S. 261-269; Zitat S. 266. 12 Zitiert nach: Hamacher Menninghaus,

S. 320. **13** Vgl. Frei Vergang'politik. **14** Vgl. Ulrich Herbert: Als die Nazis wieder gesellschaftsfähig wurden, in: Die Zeit vom 10. Januar 1997. **15** Ehebriefwechsel I, S. 46. **16** Ebd. S. 47. **17** Ebd. S. 63. **18** Ebd. S. 72 f. **19** Ebd. S. 75. **20** Ebd. S. 73. **21** Ebd. S. 60. **22** Freilich nur zur Hälfte. Rudolf Alexander Schröder, der Bachmanns Gedichte nicht schätzte, bestand darauf, dass der Preis geteilt würde und sein Favorit Gerd Oelschlegel wenigstens die andere Hälfte zugesprochen bekomme. Vgl. Emmerich Doku, S. 7-16 und 59-68. **23** Döpke hat diese Erinnerung offenbar erst viel später niedergeschrieben. Sie ist Bestandteil seines Berichts: »Ich weiß nämlich gar nicht, wohin ich gehen soll.« Ingeborg Bachmann in Briefen aus den Jahren 1956 und 1957, in: Du [= Schweizer Zeitschrift] (September 1994), S. 36-39; Zitat S. 38. Döpkes Text ist auch in Goll-Affäre, S. 217, abgedruckt. **24** Vgl. dazu Goll-Affäre, S. 218. Der Fragende Hans Erlewein, der sich Anfang April 1960 brieflich an Celan wandte, dementierte, dem Dichter eine Plagiatsabsicht unterstellt zu haben. Ihm sei es generell um literarische Einflüsse gegangen (Notizkalender PCs vom 2./3. April 1960). Wiedemann weist darauf hin, dass die eigentliche Kränkung des Dichters aus dem Kommentar eines anderen Zuhörers (Herbert Albrecht) resultierte, der das Wort »Zorres« in den Raum geworfen habe. Vgl. auch dazu ebd., S. 218. **25** Lenz, S. 79 und 201 (= Kommentar von B. Wiedemann). **26** Benno von Wiese (1903-87) hatte seine akademische Karriere nach dem Eintritt in die NSDAP im April 1933 zügig aufbauen können. 1935 wurde er erster a.o. Professor für Deutsche Literaturgeschichte an der Universität Erlangen, im Jahr darauf nebenher Lektor in Rosenbergs Schrifttumskommission, Hauptlektorat Deutsche Literatur. 1943 wurde er zur Wehrmacht einberufen, aber 1944 »uk« gestellt wegen »heimischer Ersatzaufgaben«, wodurch er dem Fronteinsatz entging. Der 1943 an ihn ergangene Ruf der Universität Münster wurde 1945 bestätigt. Seine spätere Karriere in der Bundesrepublik ist allgemein bekannt. U. a. war er 1964-66 Vorsitzender der Vereinigung der deutschen Hochschulgermanisten und erhielt 1979 das Große Verdienstkreuz des Verdienstordens der Bundesrepublik Deutschland. Vgl. Internationales Germanisten-Lexikon 1800-1950, hg. von Christoph König, Bd. 3, Berlin, New York 2003, S. 2025 f. **27** Im Mai 1952 in Niendorf war sie bereits Preisträgerin der Gruppe 47 geworden. Zweieinhalb Jahre später ist die Zeit reif für eine weitere Preisverleihung an diese Autorin, jetzt durch eine etablierte Institution wie die Landesregierung eines Bundeslandes – ein gutes Beispiel für die Konsolidierung des neu strukturierten literarischen Feldes. **28** Zu Jüngers gerührter Reaktion auf die Preisvergabe und speziell seinen Elogen auf Schröder vgl. Claudia Scheufele: »die schauerliche Psychose der sogenannten modernen Kunst«: Rudolf Alexander Schröder und die literarische Moderne in seinen Korrespondenzen mit Ernst Jünger. PC und Alfred Döblin zwischen 1948 und 1958, in: Rudolf Alexander Schröder (1878-1962), hg. von Hans-Albrecht Koch, Frankfurt a. M. u. a. 2013, S. 401-414; hier S. 405. 29 Brief von Erhart Kästner an Eberhard Lutze, den Sekretär der Jury, vom 20. Dezember 1955 (Archiv des Bremer Literaturpreises). = Emmerich Doku, S. 14. 30 Brief von R. A. Schröder an E. Kästner vom 30. Dezember 1957 (Archiv). = Emmerich Doku, S. 14. 31 Ebd. 32 Ebd. 33 Brief von R. A. Schröder an E. Lutze vom 31. Dezember 1957 (Archiv). = Emmerich Doku, S. 14. 34 Vgl. Morgenblatt. Für Freunde der Literatur, Nr. 12 (zum 80. Geburtstag von R. A. Schröder am 26. Januar 1958, hg. vom Suhrkamp Verlag Frankfurt a. M.). Vgl. dazu auch den Marbacher Katalog: Rudolf Borchardt, Alfred Walter Heymel, R. A. Schröder. Eine Ausstellung des DLA im Schiller-Nationalmuseum Marbach a. N. 1978, S. 549 f. 35 Vgl. das Foto von beiden nebeneinander in: Emmerich Doku, S. 69. 36 R. A. Schröder: Geburtstagsrede vom 26. Januar 1958 (Archiv). = Emmerich Doku, S. 15. 37 Vgl. Friedrich Schillers Gedicht: Die Antike an einen Wanderer aus Norden (1795); zitiert nach: ders.: Sämtliche Gedichte, hg. von Georg Kurscheidt, Frankfurt a. M. 1992, S. 433. 38 Vgl. ihren Aufsatz: »Goethesche Existenz«. Die (Selbst-)Stilisierung des ›inneren Emigranten‹ Rudolf Alexander Schröder, in: R. A. Schröder im Dritten Reich, hg. von Gunilla Eschenbach, Göttingen 2015, S. 195-216; Zitat S. 214. 39 Vgl. Emmerich Doku, S. 15. 40 Vgl. zu Rudolf Alexander Schröder im Dritten Reich den gleichlautenden Marbacher Tagungsband, hg. von Gunilla Eschenbach, Göttingen 2015; besonders aufschlussreich, gerade im Blick auf die Nachkriegszeit, der Beitrag von Robert Norton: Rudolf Alexander Schröders »Entrinnen«. Ein geronnenes Porträt, S. 50-62. – Vgl. außerdem: Verwischte Grenzen. Schriftstellerkorrespondenzen zwischen Literatur und Politik in der Weimarer Republik und im Dritten Reich, hg. von Helmuth Kiesel und Claudia Scheufele, Heidelberg 2014, in denen auch Korrespondenzen Schröders eine Rolle spielen. 41 DLA. A. Heiseler. R. A. Schröder an B. von Heiseler, 3. April 1945. Zitiert nach: C. Scheufele (wie Anm. 28), S. 401. 42 Brief von R. A. Schröder an E. Kästner vom 30. Oktober 1957 (Archiv); nicht in Emmerich Doku. 43 Die Vorlage für den Senat vom 9. Dezember 1957 vermerkt, R. A. Schröder habe darum gebeten, »in Anbetracht seines 80. Geburtstages davon abzusehen [...], ihn an den Beratungen teilnehmen zu lassen. Er hat sich damit ausdrücklich seiner Stimme enthalten.« (Archiv). – Nicht in Emmerich Doku. 44 Brief von R. A. Schröder an E. Kästner vom 20. Dezember 1955 (Archiv). Emmerich Doku, S. 12 f. – Hervorhebungen im Original. **45** Vertrauliche Niederschrift der Jurysitzung vom 31. Dezember 1955 (Archiv). Nicht in Emmerich Doku. **46** Begründung der Jury-Entscheidung vom 9. Dezember 1957 (Archiv). Nicht in Emmerich Doku. **47** Brief Schröders an Kästner vom 14. Dezember 1955 (Archiv). Nicht in Emmerich Doku. **48** Alle Zitate aus Schröders Brief an Kästner vom 14. Dezember 1955 (Archiv). **49** Ansprache anläßlich der Entgegennahme des Literaturpreises der Freien Hansestadt Bremen, in: ders.: GW III, S. 185 f. **50** Brief Schröders an Kästner vom 30. Oktober 1957 (Archiv). **51** Ehebriefwechsel I, S. 91. **52** Jerry Glenn z. B. geht sehr weit in dieser Hinsicht, wenn er sagt: »Wie Elie Wiesel haßte er [PC] die Deutschen! Anders als Wiesel konnte – oder wollte – er diesen Haß aber nicht offen ausdrücken.« (Dein aschenes Haar [In memoriam PC], in: Die Pestsäule 1 [1972], S. 11-17; Zitat S. 13). Vgl. die Kontinuität kaum verhüllt blasphemischer Gedichte von »Spät und tief«, 1948, über »Tenebrae«, 1957, und »Es war Erde in ihnen«, 1959, bis zu »Psalm«, 1962. – Vgl. auch Germinal Civikovs Lektüren von Gedichten Celans, vor allem: Civikov Werwolf. Hier weist Civikov nach, dass PCs Haltung gegenüber einer ›Gestalt‹ wie Ernst Jünger unversöhnlich ist, auch im Gedicht. **53** In der Beziehung von PC zu Heinrich Böll spielt z. B. gerade am Anfang eine Rolle, dass PC von Böll erfährt, er sei als Soldat in der Gegend »Zwischen Lemberg und Czernowitz« im Einsatz gewesen. Das ist auch der ursprüngliche Titel des Buches, das schließlich »Der Zug war pünktlich« heißt und das der Autor PC im November 1952 widmete. So war Böll tatsächlich einer, dem »die Landschaft«, aus der PC ins ferne Bremen kam, »nicht unbekannt« war. Vgl. Rhein. Freunde, S. 347. **54** Alle Zitate aus der Ansprache anlässlich der Entgegennahme des Literaturpreises der Freien Hansestadt Bremen (= Bremer Rede), in: GW III, S. 185 f. **55** DLA A. Schröder. PC und Rudolf Alexander Schröder. Brief von PC vom 5. Februar 1958. Zitiert nach: Claudia Scheufele (wie Anm. 28), S. 409 f.

Das zweite Deutschlandgedicht: »Wolfsbohne« (1959)

1 Allerdings einige Male das Adjektiv »deutsch«. Vgl. hier: Vorwort (S. 11), Anm. 13 (= S. 335) und das Kapitel »Linksnibelungen …«, S. 245-252. **2** Darüber informiert B. Wiedemann in NKG, S. 1071 f. **3** Diese merkwürdige Formulierung war noch im August 2019 im Wikipedia-Eintrag zu G. Blöcker zu lesen. Im September 2019 wurde sie gelöscht. **4** Günter Blöcker: Gedichte als graphische Gebilde. In: Der Tagesspiegel vom

11. Oktober 1959. Vollständiger Abdruck auch in: Rhein. Freunde, S. 390 f. 5 NKG, S. 1073. 6 Vgl. Handbuch 2012, S. 23. Dort die Belege im Detail. 7 Zitiert nach dem Abdruck in: Rhein. Freunde, S. 394 f. Auch im Internet verfügbar. 8 In seinem Antwortbrief an PC vom 29. Oktober 1959 behauptete Blöcker, »dass mir die Tatsache Ihrer jüdischen Abstammung überhaupt erst bewusst geworden ist, als ich von Ihrer Reaktion erfuhr«. Bis dahin habe er ihn »als Deutschsprechende[n] in Rumänien aufgewachsen« gesehen (Rhein. Freunde, S. 396). Man fragt sich, was Blöcker las, als er die »Todesfuge« las. 9 Das Gedicht wird zitiert nach: NKG, S. 419-421 (= Gedd. Nachlaß. S. 306-309). Abweichungen und wichtige Ergänzungen in: Gedd. Nachlass, S. 45-48 und 359-363. Dazu weiter unten. 10 Das ist der Titel eines Gedichts von PC (NKG, S. 157), dessen Konzeption des In-eins-Setzens in seiner Lyrik insgesamt eine wichtige Rolle spielt. 11 Bertolt Brecht: Vor acht Jahren, in: ders.: GBFA, Bd. 12, S. 314. Vgl. ebd. S. 312 das Gedicht »Der Einarmige im Gehölz« zum gleichen Thema. 12 Vgl. PCs Brief an Hans Bender vom 18. Mai 1960, in: Goll-Affäre, S. 404 f. Bereits am 14. September 1957 hatte PC an Heinrich Böll geschrieben: »Wieviele Hände, die Mörderisches geschrieben (und ausgeführt) haben, habe ich nicht schon gedrückt? [...] Wo beginnts, wo hörts auf?« In: Rhein. Freunde, S. 349 und 350. 13 Hugo Huppert: »Spirituell«. Ein Gespräch mit PC (1973), in: Hamacher Menninghaus, S. 319-324; Zitat S. 320. 14 Es ist möglich, dass PC an Johannes von Tepls Buch »Der Ackermann und der Tod« (um 1400) dachte, das nach dem zeitgenössischen Motto »Das Papier ist mein Acker / darumb bin ich so wacker / die Feder ist mein Pflug / darumb bin ich so klug« geschrieben war (was wiederum auf ein in der Antike geläufiges Bild zurückgeht). Für PC sind »Acker« und »Pflug« radikal unterschieden von dem, was sie für seine nichtjüdisch-deutschen Altersgenossen bedeuten. 15 Fünfzig Jahre später gibt es dafür den Ausdruck »Shoah Business«, der von dem ehemaligen israelischen Außenminister Abba Eban stammen soll. Eine genaue Quelle wird nirgends angegeben. 16 NKG, S. 154. 17 Ebd., S. 454 f. 18 Merkur 19 (1965), Heft 1, S. 37-50. 19 Ebd. S. 49. 20 Vgl. PCs Entgegnung auf Hans Mayers Behauptung, »Engführung« sei eine »Zurücknahme«, ein Widerruf der »Todesfuge«: »Ich nehme nie ein Gedicht zurück, lieber Hans Mayer!«, in: H. Mayer: Erinnerung an PC, in: Merkur 24 (1970), Heft 12, S. 1150-1162; Zitat S. 1158. 21 NKG, S. 519. – Vgl. zu den »Linksnibelungen« und zu dem Gedicht »Port Bou – deutsch?« das Kapitel S. 245-252. 22 Vgl. Lyrik nach Auschwitz? Adorno und die Dichter, hg. von Petra Kiedaisch, Stuttgart 1995. 23 Dies sind, noch einmal, Zitate aus Blöckers Rezensionen; vgl. Anm. 2. 24 Meridian,

S. 127. – Vgl. hierzu das Kapitel »Es lebe die krummnasige Kreatur!«, S. 189-205. **25** Meridian, S. 166. **26** PC hat den Band 2 der sogenannten Kleinen Stuttgarter Ausgabe der Werke Hölderlins (Stuttgart 1953) benutzt, den er erst 1958 erworben hatte (Band 1 hatte ihm Klaus Demus geschenkt). Der Herausgeber Friedrich Beißner hat den hymnischen Entwurf, aus dem das Motto stammt, unter die Überschrift »Vom Abgrund nemlich …« gesetzt. Der Herausgeber der Frankfurter Hölderlin-Ausgabe Dietrich E. Sattler hat sich hingegen für die Überschrift »Die apriorität des Individuellen über das Ganze« entschieden (vgl. FHA, Supplement III: Homburger Folioheft, hg. von D. E. Sattler und Emery E. George, Frankfurt a. M. 1986, S. 101 = Faksimile Blatt 75). Diese und andere Differenzen in der Wiedergabe der Handschrift sind hier unerheblich, nicht aber, dass schon in der Beißner-Edition zwischen »wenn« und »Deutschland« korrekterweise ein Stück Papier frei bleibt. Das ist in der Mottoversion Celans getilgt. **27** Zitiert nach dem Homburger Folioheft, S. 100 = Faksimile Blatt 74. **28** Bernhard Böschenstein kommt zu einem nicht widersprechenden, aber doch vergleichsweise sehr zurückhaltenden Befund, wenn er sagt, das Motto diene »gleichsam als Maßstab für die Vertrauenswürdigkeit der jetzigen Deutschen, die an Hölderlin gemessen werden.« (Handbuch 2012, S. 311). **29** NKG, S. 185. In dem Gedicht »Vor einer Kerze« (1953 oder bald davor) begegnet bereits das Wort »Schrunde«, dessen primäre Bedeutung ›Riss in der Haut‹ sich gut auf beide Gedichte übertragen lässt, sodann aber Weiterungen dieser Grundbedeutung erfährt. **30** Vgl. Hirsch, S. 94, 96 und 117. **31** Gedd. Nachlaß, S. 363; in NKG nur im Kommentar erwähnt (S. 1072).

Que sont mes amis devenus?
Deutsche Freundschaften und ihr Scheitern

1 Barbara Hahn: Freundschaft schreiben. Intellektuelle Konstellationen nach Friedrich Nietzsche, in: Weiterlesen. Literatur und Wissen, hg. von Ulrike Bergermann, Bielefeld 2007, S. 31-44; Zitat S. 42. – Zum Phänomen Freundschaft gibt es eine Vielzahl grundlegender Erörterungen, von Aristoteles und Cicero über Montaigne, Kant und Nietzsche bis zu Kracauer und Derrida. Vgl. aktuell den Tagungsband: Poetik und Praxis der Freundschaft (1800-1933), hg. von Andree Michaelis-König und Erik Schilling, Heidelberg 2018. **2** Vgl. – außer den im Folgenden zur Sprache kommenden Briefwechseln – das Literaturverzeichnis am Ende dieses Buches. **3** Zitiert nach: Rhein. Freunde, S. 600. **4** Anders war für PC wichtig als Leiter des

Abendstudios beim Sender Frankfurt a. M. und später beim Sender Stuttgart sowie als Herausgeber der Zeitschrift »Texte und Zeichen«, in der PC ab 1955 veröffentlichte. Er war der Erste (neben Hermann Lenz), an den er am 27. Juli 1956 seine ausführliche Stellungnahme zu den Anschuldigungen von Claire Goll adressierte, weil er hoffte, über Andersch eine breitere Öffentlichkeit zu erreichen. Allerdings blieb dieser lange untätig.   5 Vgl. Ehebriefwechsel I, S. 73. Dort berichtet PC seiner Frau, dass er am 24. September 1955, nach einem Kurzbesuch bei Paul Schallück in Köln, »ihren Nachbarn, den Eichs (-Aichinger)« einen »noch kürzeren Besuch« abgestattet habe und dann lieber »ein wenig durch die Straßen Kölns spaziert« sei, wo es ihm »passiert« sei, dass er »in den Schaufenstern der Buchhandlungen« seine eigenen Gedichte gesehen habe.   6 Vgl. PCs Besuch in Tübingen bei Walter Jens am 28. Januar 1961 und die Entstehung des Gedichts »Tübingen, Jänner« am Tag darauf. In diesem Buch S. 292-296.   7 Vgl. Ehebriefwechsel I, S. 26. Hier nennt PC »Memorial« »ein authentisches, ein erschütterndes Buch«.   8 Hildesheimer hatte PC noch im Dezember 1959 in Paris besucht und die Angelegenheit mit ihm besprochen. Nachdem man sich nicht einig geworden war, schrieb PC Hildesheimer am 23. Dezember einen deutlich verärgerten Brief, woraufhin Hildesheimer sich am 27. Dezember neuerlich erklärte und entschuldigte. Danach erlischt der Briefwechsel, und auch zu persönlichen Begegnungen ist es wohl nicht mehr gekommen. Vgl. W. Hildesheimer: Briefe, hg. von Silvia Hildesheimer und Dietmar Pleyer, Frankfurt a. M. 1999. Dort ist auch der o. g. Brief von PC abgedruckt (S. 98). 9 Vgl. das Kapitel »Mit zeitroten Lippen«, S. 266 ff.   10 Vgl. Friedrich Dürrenmatt: Erinnerungen an PC, in: ders.: Turmbau. Stoffe IV-IX, Zürich 1990, S. 169-171.   11 PC und Huchel trafen sich bei der »Bund«-Tagung in Wuppertal im Herbst 1957. Huchel veröffentlichte Gedichte und Übersetzungen von PC in der von ihm bis Ende 1962 verantworteten Zeitschrift der Akademie der Künste der DDR »Sinn und Form« (»Es war Erde in ihnen«, »... rauscht der Brunnen« und »Einem, der vor der Tür stand« in Heft 5/6, 1962). PC beteiligte sich 1968 an der *Hommage* für Huchel zu dessen 65. Geburtstag mit seinen drei Berlin-Gedichten. Vgl. das Kapitel »Reise ins Herz der Finsternis«, S. 253-265.   12 Vgl. W. Emmerich: Erich Arendt – PC. Korrespondenzen und Differenzen, in: CJb 6 (1995), S. 181-206. – PCs Gedicht »Die Gauklertrommel« vom 12. Oktober 1963 (NKG, S. 196) ist eine verdeckte Polemik gegen Arendt, der hier als »Odysseus, mein Affe« begegnet; die ernüchternden Einzelheiten in B. Wiedemanns Kommentar (NKG, S. 869 f.). Tatsächlich hat Arendt in seinem Gedicht »Prager Judenfriedhof«, das er PC am 7. März 1963 ganz arglos mit Widmung schickte, aber auch in seinem Gedichtband »Ägäis« einige Wörter aus PCs Wortschatz in den Bänden »Mohn und Gedächtnis« und »Sprachgitter« verwendet. Belege dazu in meinem Aufsatz: Erich Arendt und PC. Begegnung – Intertextualität – Differenz, in: Gedächtnis- und Textprozesse im poetischen Werk Erich Arendts, hg. von Nadia Lapchine u. a., Bern u. a. 2012, S. 219-241. Bei der Beurteilung des Falls sollte man bedenken, dass Erich Arendt selbst ein solcher Befund eher erfreut und er ihn als Beweis seiner großen Verehrung für PC gesehen hätte. 13 Hermann Lenz: Erinnerungen an PC, in: Lenz, S. 7. 14 Lenz' Erinnerungstext ist natürlich mit dem Vorbehalt zu lesen, dass er etwa dreißig Jahre nach seiner ersten Begegnung mit PC entstanden ist. 15 So auch B. Wiedemann in ihrem Nachwort zu: Lenz, S. 155-166. 16 Brief von PC an Hanne Lenz vom 12. November 1958. In: Lenz, S. 108. Hervorhebung von PC. 17 Ebd. S. 108. 18 Hanne Lenz an PC im Brief vom 21. November 1959, in: Lenz, S. 128. 19 PC an Hermann Lenz im Brief vom 23. November 1959, in: Lenz, S. 128-130. 20 Hermann Lenz an PC im Brief vom 24. Dezember 1959, in: Lenz, S. 131. 21 Hanne Lenz an PC im Brief vom 7. Februar 1960, in: Lenz, S. 134. Hervorhebung im Original. 22 Hanne Lenz an PC im Brief vom 5. März 1962, in: Lenz, S. 151 f. 23 Erinnerungen an PC, in: Lenz, S. 10. 24 So Ovid S. Crochmălniceanu, in: Bukarest 1981, S. 213. 25 Marie Luise Kaschnitz: Die Abreise. Erzählung, in: Die Erzählung 4 (1946), Heft 1, 15-17. 26 Milo Dor/Reinhard Federmann: Internationale Zone. Roman, Wien 1953, S. 42 und passim. 27 Natürlich gehören auch Ingeborg Bachmanns fiktionalisierte Darstellungen PCs in diesen Zusammenhang. Vgl. hier das Kapitel »Wien 1948«, S. 61-63 28 Hermann Lenz: Ein Fremdling. Roman, Frankfurt a. M. 1983, S. 221. 29 Ebd. S. 228. 30 Ebd. 31 Ebd. S. 229. 32 Ebd. S. 210. 33 Auch B. Wiedemann erwägt diese Parallele, auch unter dem Aspekt, dass beide einer infamen Kampagne ausgesetzt waren – PC den Plagiatsanschuldigungen durch Claire Goll und Schroers der Insinuation seitens H. W. Richters, an Kriegsverbrechen beteiligt gewesen zu sein; siehe Rhein. Freunde, S. 451 f., und hier die Anmerkung 34. 34 Diese Anschuldigungen sind gerichtlich nie geklärt worden. Auch meine diesbezügliche Anfrage beim Militärarchiv des Bundesarchivs in Freiburg i. Br. im Jahre 2011 hat nichts Neues erbracht. Vgl. die ausführlichen Hinweise von B. Wiedemann in Rhein. Freunde, S. 535 f., die Richters Vorgehen als äußerst unfair erscheinen lassen. Die Folgen waren gravierend für Schroers: Freunde wie Böll oder Schallück glaubten Richters Unterstellungen. Vor allem aber verlor Schroers seine Redakteurstellen bei den Zeitschriften »Atomzeitalter« und »CrP-Informationsdienst«, und er musste seine Funktion als leitender

Mann von »Kampf dem Atomtod« aufgeben. Es dauerte Jahre, bis Schroers finanziell wieder Boden unter den Füßen hatte. Aber er hat dennoch bald darauf politische Karriere in der FDP gemacht: 1965 wurde er Chefredakteur der Zeitschrift »liberal« und ab 1968 Direktor der Theodor-Heuss-Akademie in Gummersbach. Er war maßgeblich an der programmatischen Neuorientierung der FDP in der zweiten Hälfte der 60er Jahre beteiligt, die schließlich zur linksliberalen Koalition mit der SPD führte. 35 Ehebriefwechsel I, S. 24. 36 PC an Rolf Schroers am 13. August 1952, in: Rhein. Freunde, S. 15. 37 Schroers an PC am 10. Oktober 1956, in: Rhein. Freunde, S. 97. 38 Schroers an PC am 26. April 1954, in: Rhein. Freunde, S. 55. 39 Schroers an PC am 19. Februar 1955, in: Rhein. Freunde, S. 73. Vgl. hier das Kapitel »Zwei Schiffe ...«, S. 91-93. 40 Schroers an PC am 20. September 1959, in: Rhein. Freunde, S. 146. 41 PC an Schroers am 22. September 1959, in: Rhein. Freunde, S. 147. 42 Eintrag vom 22. Oktober 1959, in: Tagebücher 1959, Nachlass Paris; zitiert nach: Rhein. Freunde, S. 539. 43 Schroers an PC am 20. Oktober 1959, in: Rhein. Freunde, S. 148 f. 44 PC an Schroers am 25. Oktober 1959, in: Rhein. Freunde, S. 148 und 149. 45 Günter Blöcker: Gedichte als graphische Gebilde. In: Der Tagesspiegel vom 11. Oktober 1959. Vollständiger Abdruck auch in: Rhein. Freunde, S. 390 f. 46 Schroers an PC am 28. Oktober 1959, in: Rhein. Freunde, S. 150 f. 47 PC an Schroers am 30. Oktober 1959, in: Rhein. Freunde, S. 153. 48 PC an Schroers am 29. Oktober 1959, in: Rhein. Freunde, S. 152. 49 Schroers an PC am 29. November 1959, in: Rhein. Freunde, S. 156. 50 Vgl. Rhein. Freunde, S. 156-158, und Emmerich Doku, S. 83-96; hier auch auf S. 88 ein Faksimile von PCs Protesttelegramm an den Bremer Senat, in dem er sich klar zu der Entscheidung der Jury für Grass bekennt. 51 Schroers an PC am 26. Dezember 1959, in: Rhein. Freunde, S. 159. 52 Meridian, S. 11; dort auch die Vorstufen zur Endfassung der Rede. 53 PC an Schroers am 7. Januar 1960, in: Rhein. Freunde, S. 174. Hervorhebungen im Original. 54 Schroers an PC am 15. Januar 1960, in: Rhein. Freunde, S. 178. 55 PC verfolgte damit fast die gleiche Strategie wie gegenüber Günter Blöcker, dessen fatale Rezension vom Oktober 1959 er in seiner Entgegnung ja auch partiell abschrieb. Vgl. hier das Kapitel »Das zweite Deutschlandgedicht«, S. 117-119. 56 Schroers an PC am 17. März 1960, in: Rhein. Freunde, S. 184 f. 57 Ernst Jünger: Über Nationalismus und Judenfrage, in: Süddeutsche Monatshefte (1930), Heft 9, S. 845. Ich verdanke den Hinweis Civikov Werwolf; Zitate S. 99. 58 In einem Gespräch mit André Müller, in: Die Zeit vom 8. Dezember 1989. Auch diesen Hinweis verdanke ich Civikov Werwolf. 59 PC an Schroers

ANMERKUNGEN

am 20. April 1960, in: Rhein. Freunde, S. 187. Hervorhebungen im Original. **60** Schroers an PC am 20. Mai 1960, in: Rhein. Freunde, S. 189. **61** PC an Schroers am 9. Februar 1961, in: Rhein. Freunde, S. 197. Vgl. dazu das Kapitel »Ein Fremder ...«; hier S. 79-90. **62** PC an Schroers am 13. Februar 1961, in: Rhein. Freunde, S. 199. **63** PC an Schroers am 11. Juli 1961, in: Rhein. Freunde, S. 223. **64** PC an Schroers am 30. Juni 1961, in: Rhein. Freunde, S. 219. **65** PC an Schroers am 30. Juni 1961, in: Rhein. Freunde, S. 220. Vgl. hier das Kapitel »Im Angesicht der Shoah«, S. 31. **66** Schroers an PC am 18. Juli 1961, in: Rhein. Freunde, S. 224. **67** Rhein. Freunde, S. 227 f. Hervorhebung im Original. Hierzu später das Kapitel »Linksnibelungen ...«, S. 245-252. **68** Rhein. Freunde, S. 228-232. Hervorhebung im Original. **69** Schroers an PC am 19. November 1961, in: Rhein. Freunde, S. 236. **70** Schroers an Hilde de La Motte, in: Rhein. Freunde, S. 242. **71** Vgl. seinen Brief an Schroers vom 7. Januar 1960, in: Rhein. Freunde, S. 174. **72** Vgl. zum Generationenparadigma wegweisend Karl Mannheim: Das Problem der Generationen, in: ders.: Aufsätze zur Wissenssoziologie, hg. von K. H. Wolff, Darmstadt, Neuwied 1964, S. 509-565. Erstdruck in: Kölner Vierteljahreshefte für Soziologie 7 (1928), Heft 2, S. 157-185 und S. 309-330. **73** B. Wiedemann schreibt in ihrem Nachwort zum »Briefwechsel mit den rheinischen Freunden«, dass PC, seit er von dem Schroers zugeschriebenen Geiselmord in Italien erfahren habe, »alles von Schroers Kommende vor dem Hintergrund eines ›Wissens‹« gelesen habe, »das ihm den alten Freund quasi zum Unberührbaren« gemacht habe (S. 452). Sie zitiert PCs Tagebucheintrag vom 22. Oktober 1959, der hier schon besprochen wurde. Am Ende bleibt es spekulativ, inwieweit diese »Infamie« H. W. Richters gegenüber Schroers das eigentlich treibende Motiv PCs für den Abbruch der Freundschaft war. Schroers' Schilderung von Gräueltaten deutscher Soldaten in seinem Roman »Jakob und die Sehnsucht« kannte er schon seit 1953, und er beging nicht den Fehler, das Romangeschehen als plane Abbildung von Rolf Schroers' Taten während des Krieges anzusehen (was z. B. H. W. Richter, Böll und Schallück taten). **74** Rolf Schroers: Jakob und die Sehnsucht. Roman, Düsseldorf 1953, S. 248 f. **75** Ebd. S. 312. **76** Ebd. S. 372. **77** Zitiert bei Schroers: Jakob, S. 253. Vgl. NKG, S. 74. Das Gedicht war am 27. Oktober 1952 entstanden, und PC hatte es sofort an Schroers geschickt. **78** Vgl. zu Schroers' Jakobs-Roman die konzise Analyse von B. Wiedemann: PC im Jakobs-Roman von Rolf Schroers, in: Die ersten Stimmen. Deutschsprachige Texte zur Shoah 1945-1963, hg. von Ruth Vogel-Klein, Würzburg 2010, S. 199-227. **79** Schroers an PC am 28. Oktober 1959, in: Rhein. Freunde, S. 151.

80 PC an Schroers, in: Rhein. Freunde, S. 43.   81 Das vermutet auch B. Wiedemann in dem o.g. Aufsatz (Anm. 78), S. 223. Vgl. zu dem Roman auch Helmut Peitsch: Der Soldat als Mörder – eine ›Kunstfigur‹? Zum ›Fall Schroers‹ 1959/60, in: Bestandsaufnahme. Studien zur Gruppe 47, hg. von Stephan Braese, Berlin 1999, S. 247-271.   82 Vgl. der diesem Kapitel zu großen Teilen zugrundeliegende Briefwechsel »Rhein. Freunde«, ein Buch im Umfang von 772 Seiten.   83 Jemandem (aufgrund seiner jeweiligen Vergangenheit) die Hand geben zu können oder nicht war für PC immer wieder das Kriterium, wie er sich zu jemandem ins Verhältnis setzte. Dazu gibt es eine Vielzahl von Briefstellen, aber auch das Gedicht »Wolfsbohne« als Beleg. Vgl. hier das Kapitel »Das zweite Deutschland-Gedicht«, S. 112 ff. und Anm. 12, S. 353.   84 PC an Böll am 14. September 1957, in: Rhein. Freunde, S. 350.   85 Böll an PC am 21. September 1957, in: Rhein. Freunde, S. 353.   86 Vgl. B. Wiedemanns Kommentar zu Sieburg, in: Rhein. Freunde, S. 656 f.   87 Auch einige ehedem ›braune‹, frisch gewendete Universitätsgermanisten wie Benno von Wiese, Fritz Martini oder Wilhelm Emrich, die jetzt Lehrstühle innehatten, spielten eine erhebliche Rolle – die drei Genannten auch für PC. Vgl. zu diesen und anderen Lebensläufen: Internationales Germanistenlexikon 1800-1950. 3 Bde., hg. von Christoph König, Berlin 2003.   88 Firges' Brief an PC ist u. a. abgedruckt (mit einem Kommentar PCs an die Adresse von Rudolf Hirsch) in: Hirsch, S. 58 f.   89 PC an Böll am 2. Dezember 1958, in: Rhein. Freunde, S. 358.   90 Böll an PC am 3. April 1959, in: Rhein. Freunde, ebd.   91 PC an Böll am 8. April 1959, in: Rhein. Freunde, S. 359.   92 Böll an PC am 10. April 1959, in: Rhein. Freunde, S. 360 f.   93 PC an Böll nach dem 5. Juli und am 25. Juli 196, in Rhein. Freunde, S. 361-363; Zitat im ersten Brief, S. 361.   94 PC an Böll am 27. September 1961, in: Rhein. Freunde, S. 363.   95 Böll an PC am 4. Oktober 1961, in: Rhein. Freunde, S. 364.   96 PC an Böll, in: Rhein. Freunde, S. 371. Vgl. NKG, S. 95 f.; hier S. 96.   97 H. Böll: Werke. Kölner Ausgabe, Bd. 16 (1969-1971), Köln 2008, S. 75-81; Zitat S. 80.   98 Vgl. zur Beziehung PC – Böll auch Ralf Schnell: Heinrich Böll und die Deutschen, Köln 2017, S. 88-98. Allerdings heißt es dort irrtümlich, es habe in den 60er Jahren »keine weitere persönliche Begegnung« gegeben (S. 98); genauere Angaben hierzu in: Rhein. Freunde, S. 708-712 (Zeittafel).   99 PC kannte Walter Höllerer auch bereits seit Niendorf. Er war für ihn wichtig als Mitherausgeber der Zeitschrift »Akzente«, vor allem aber als Herausgeber der Lyrikanthologie »Transit. Lyrikbuch der Jahrhundertmitte«, die 1956 bei Suhrkamp erschien. PC war in ihr mit sieben Gedichten, darunter »Todesfuge«, sehr gut vertreten, aber auch Yvan und Claire Goll sind in dem Buch zu

finden, darunter Y. Golls Gedicht »Sahst du in meiner Lunge den dürren Wald« mit dem Eber-Motiv (S. 268), das Höllerer direkt hinter PCs Gedicht »In Gestalt eines Ebers« (S. 267) platzierte. So geht PCs Aversion gegen Höllerer auf diese missverständliche Präsentation eines seiner Gedichte zurück. Mitte der 60er Jahre entspannte sich das Verhältnis der beiden, und im Herbst 1967 war es Höllerer, der PC nach West-Berlin zu einer Lesung einlud, die eine seiner erfolgreichsten überhaupt wurde. Vgl. das Kapitel »Reise ins Herz der Finsternis, S. 253-265 – Dass Höllerer 1941 Mitglied der NSDAP geworden war, spielt in PCs zuerst negativer Einstellung zu ihm keine Rolle, denn das war damals noch unbekannt. 100 Vgl. seine wiederholt geäußerte Wendung »Pereat Judaeus – vivat Germania Judaica«. In: Mikrolithen, S. 439 (= Aphorismen aus dem Jahr 1961). 101 PC an Schallück am 27. September 1961, in: Rhein. Freunde, S. 303. 102 PC an Schallück am 23. Oktober 1961, in: Rhein. Freunde, S. 306. 103 PC an Schallück am 20. Juni 1962, in: Rhein. Freunde, S. 323. – PC verwendet – 1962 – den zentralen Terminus der Feldtheorie von Pierre Bourdieu, gleichsam *avant la lettre*. 104 PC an Schallück am 27. Juni 1962, in: Rhein. Freunde, S. 324. 105 Zitiert nach: Rhein. Freunde, S. 403. Schallücks Replik und die darauffolgende von Schroers ebd. S. 405-408. 106 Günter Grass, Klaus Stallbaum: »Der vitale und vulgäre Wunsch, Künstler zu werden« – ein Gespräch (Köln, 16. 11. 1990), in: Die »Danziger Trilogie« von Günter Grass. Texte, Daten, Bilder, Frankfurt a. M. 1991, S. 11-33; Zitat S. 23. Auch in: Grass, S. 67. 107 Grass in einem Brief an Arno Barnert vom 13. Juni 2003, in: Grass, S. 67. 108 Günter Grass, Dieter Stolz, Claus-Ulrich Bielefeld: »Der Autor und sein verdeckter Ermittler« – ein Gespräch, in: Sprache im technischen Zeitalter 139, September 1996, S. 289-314; Zitat S. 306 f. Auch in: Grass, S. 66. 109 Heinrich Vormweg: Günter Grass. Überarbeitete und erweiterte Neuausgabe, Reinbek 2002, S. 47. Grass' Äußerung stammt aus einem Gespräch mit Vormweg am 8./9. Juli 1985. Auch in: Grass, S. 67. 110 Grass: Schreiben nach Auschwitz (= Frankfurter Poetikvorlesung), in: ders.: Werke. Kölner Ausgabe, Bd. 16, Köln 2008, S. 235-256; Zitat S. 248 f. Auch in: Grass, S. 69. 111 Grass an PC am 23. April 1959, in: Grass, S. 86 f. 112 PC an Grass am 3. Mai 1959, in: Grass, S. 92 und 94. 113 Vgl. dessen Erinnerungsbericht in: Fremde Nähe, S. 262. 114 PC an Grass am 9. September 1959, in: Grass, S. 98 f. 115 Vgl. Grass: Das Rundschreiben der Claire Goll. Entwurf einer Satire zu Claire Golls Plagiatsvorwurf gegenüber PC, hg. von B. Wiedemann, Westervoort (NL) 2001; Zitate S. 5 f. Grass übernimmt also den von PC viel gebrauchten Begriff »Infamie«. Sein Text umfasst eineinhalb

Druckseiten. 116 Brief von Grass an B. Wiedemann vom 27. April 1995; zitiert in: B. Wiedemann: Kommentar [zu Grass' »Entwurf«], in: ebd. S. 20-30; Zitat S. 25. 117 Grass: Das Rundschreiben, S. 6. 118 Vgl. PCs Telegramm vom 30. Dezember 1959 an den Bremer Senat. Faksimile in: Emmerich Doku, S. 88. 119 PC an Rudolf Hirsch am 31. Januar 1960, in: Hirsch, S. 98. 120 PC an Grass am 22. September 1961, in: Grass, S. 108 f. 121 PC an Grass am 9. März 1962, in: Grass, S. 112-115; Zitat S. 114 f. 122 Meridian, S. 111; ähnlich S. 110. Vgl. »Sprachgitter«, in: NKG, S. 103 f. und Kommentar, S. 752-754. – Arno Barnert hat seine Edition des Briefwechsels PC/Grass unter den schönen Titel »Eine ›herzgraue‹ Freundschaft« gestellt. Meine Darstellung ist Barnerts Einleitung zu dieser Edition (Grass, S. 65-76) verpflichtet. 123 Vgl. [Antwort auf eine Umfrage der Librairie Flinker, Paris 1958], in: GW III, S. 167 f.; Zitat S. 167. 124 Ebd. 125 PC an Grass am 24. März 1962, in: Grass, S. 116 f. Hervorhebung im Original. 126 Vgl. Grass, S. 118 f. 127 Grass an A. Barnert am 13. Juni 2003, in: Grass, S. 74. 128 Grass an Uwe Johnson am 19. Oktober 1967; zitiert nach: Grass, S. 75. 129 Hirsch, S. 98. 130 Ebd. 131 Zitiert nach: Goll-Affäre, S. 809 f. 132 Ebd. S. 761. 133 Einem, der vor der Tür stand, in: TCA, Die Niemandsrose, S. 64. 134 Vgl. den Kommentar in NKG, S. 804-806. 135 Vgl. Albrecht Schöne: Dichtung als verborgene Theologie. Versuch einer Exegese von PCs »Einem, der vor der Tür stand«, 2., überarbeitete Aufl. 2000 und die dort verarbeitete Literatur. 136 B. Wiedemann nennt, mit guten Gründen, auch Klaus Demus. Vgl. Goll-Affäre, S. 810. 137 Aristoteles: Nikomachische Ethik, Buch VIII, Kapitel 1. 138 PC an Marie Luise Kaschnitz, in: Goll-Affäre, S. 535. 139 B. Wiedemann hat in Goll-Affäre ein Blatt faksimiliert (Abb. 6), auf dem PC eine Art »Beziehungsgeflecht« seiner Kritiker und ›Feinde‹ quasi graphisch aufnotiert hat, das eine Vielzahl von Namen versammelt – selbst einige seiner treuesten Unterstützer; vgl. S. 571-573. 140 Vgl. hierzu: Hirsch, passim, und das Nachwort von Joachim Seng, S. 343-380. 141 PC an Siegfried Lenz am 27. Januar 1962. Zitiert nach: Goll-Affäre, S. 554. 142 Grass an Uwe Johnson am 19. Oktober 1967; zitiert nach: Grass, S. 75.

»Gibt es mich überhaupt?« Folgen einer Verleumdung

1 Vgl. Goll-Affäre, S. 232 und 199 (= der korrekte Wortlaut von Maurers Äußerung über PC). Aus dem Nachlass von Claire Goll ist ersichtlich, dass die Initiative zur Verschickung dieses Pseudozitats von ihr ausging;

ANMERKUNGEN

vgl. Goll-Affäre, S. 198f. **2** Vgl. ebd. PCs Brief an Andersch, S. 226-234 **3** Ebd. S. 226. **4** In: ebd., S. 505. – Hervorhebung im Original. **5** Vgl. hier das Kapitel »Das zweite Deutschlandgedicht«, S. 112-130. **6** So ließ PC es z. B. offenbar nicht zu, dass Brigitta Eisenreich nach der Polemik von Rainer K. Abel (d. i. Rainer Kabel) in der »Welt« vom 11. November 1960 eine sachlich treffende und zugleich anrührend geschriebene »Richtigstellung« an die Zeitung schickte. Der Text fand sich in ihrem Nachlass. Vgl. Goll-Affäre, S. 270-272, und Kreidestern, S. 202-204. **7** Vgl. Goll-Affäre. Die 925 Seiten, über weite Strecken Erläuterungen der Dokumente im petit-Druck, lesen sich spannend wie ein Roman. Vgl. außerdem B. Wiedemann: Das Jahr 1960, in: PC. Biographie und Interpretation, hg. von Andrei Corbea-Hoisie, Konstanz, Paris, Iaşi 2000, S. 44-59. **8** Goll-Affäre, S. 320f.; Zitat S. 321. **9** Ebd. S. 325. **10** Ebd. S. 334f. **11** Ebd. S. 356. **12** Vgl. das Kapitel »Que sont mes amis devenus?«, S. 173. **13** Goll-Affäre, S. 536f. **14** Brigitta Eisenreich in: Kreidestern, S. 87. **15** Ebd., S. 87. **16** In: GW III, S. 177f. **17** Zitiert nach: Goll-Affäre, S. 406. **18** In: ebd., S. 505f. Hervorhebungen im Original. **19** P. Szondi in einem Brief an Joachim Kaiser von der Süddeutschen Zeitung vom 5. Januar 1961, in: ebd., S. 314. Szondis kurzer Text »Dolch für Degen. Zu den Methoden einer literarischen Kampagne«, der sich in seinem Nachlass erhalten hat, wurde von der SZ nicht gedruckt. **20** Kreidestern, S. 107. **21** Hugo von Hofmannsthal: Der Dichter und diese Zeit, in: ders.: Ausgewählte Werke in zwei Bänden, hg. von Rudolf Hirsch, Bd. 2: Erzählungen und Aufsätze, Frankfurt a. M. 1961, S. 440-463; Zitat S. 451f.; zitiert in: Kreidestern, S. 107. – PC hatte die beiden Bände direkt vom Herausgeber zugeschickt bekommen. **22** Kreidestern, S. 106f. **23** Buck, S. 159. **24** Vgl. N. Frei: Vergang'politik, und ders.: 1945 und wir: das Dritte Reich im Bewußtsein der Deutschen, München 2005. **25** Vgl. Fremde Nähe, S. 231. **26** Brief vom 8. Februar 1962 an Alfred Margul-Sperber, in: Margul-Sperber, S. 57. Hervorhebungen im Original. – Vielleicht ist es heute nötig, eine Erläuterung zu PCs Zusammenstellung von »die *anonyme* Lorelei« und Will Vesper zu geben: Der Nazi-Barde Vesper hatte im Dritten Reich Heinrich Heines berühmte »Lorelei« (»Ich weiß nicht, was soll es bedeuten«) in einer Anthologie mit der Autorangabe »Unbekannter Dichter« annonciert. Wenn man das beliebte ›Volkslied‹ schon nicht ganz aus dem Gedächtnis löschen konnte, dann doch wenigstens den Namen seines verhassten jüdischen Autors. So wie in diesem Fall der längst verstorbene deutsch-jüdische Dichter durch das Auslöschen seines Namens nachträglich geistig liquidiert wurde, so fühlte sich auch PC durch die Plagiatsanschuldigung geistig ausgelöscht. **27** Vgl. Brief an

Reinhard Federmann vom 7. März 1962, in: Federmann, S. 21. – Frz. Félon = der Ungetreue, Verräter; engl. felon = der Verbrecher. – Wie PC selbst bin ich vor zwanzig Jahren auch noch davon ausgegangen, dass der Autorname R. C. Phelan eine perfide Fiktion und der Abdruck der Erzählung eine gegen PC gerichtete »Infamie« gewesen sei (vgl. Emmerich, S. 116). Ich habe mich von B. Wiedemann belehren lassen, dass es einen amerikanischen Autor dieses Namens wirklich gegeben hat (vgl. dies.: Zur Person R. C. Phelan, in: CJb 8 [2001/02] S. 329 f.). Merkwürdig bleibt, dass diese Geschichte gerade auf dem Höhepunkt der Goll-Affäre erschien und überdies der in der Geschichte apostrophierte Roman »Früher Mittag« heißen sollte. Das ist der Titel eines bekannten Gedichts von Ingeborg Bachmann von 1952. 28 Brief vom 30. Juli 1960 an Alfred Margul-Sperber, in: Margul-Sperber, S. 54 f. 29 Zitiert (mit den entsprechenden Partien des Originals) bei Leonard Olschner: Sergej Esenin bei PC. Unbekannte Texte aus dem Nachlaß und ihre Bedeutung für Celans Werk, in: Stationen. Kontinuität und Entwicklung in Paul Celans Übersetzungswerk, hg. von Jürgen Lehmann und Christine Ivanović, Heidelberg 2000, S. 114 und passim. Die wortgetreue Übersetzung der hier zitierten Verse stammt von L. Olschner. 30 Vgl. den in Anm. 27 genannten Brief an Federmann. 31 PC an Petre Solomon am 25. April 1962, in: Solomon 1981, S. 76. 32 PC an R. Federmann am 23. Februar 1962, in: Federmann, S. 21. 33 Vgl. PCs Brief an A. Margul-Sperber vom 30. Juli 1962, in: Margul-Sperber, S. 55. – Wie scharf PC alle Formen der Anonymisierung der jüdischen Opfer wie der Überlebenden verurteilte, zeigt noch seine Kritik an Peter Weiss' Stück »Die Ermittlung« (dessen »Marat/Sade« er gleichwohl schätzte). So berichtet Erwin Leiser von einem Gespräch mit dem Dichter in der West-Berliner Akademie der Künste im Dezember 1967, in dem dieser »beanstandete, daß die Täter ihre Namen behalten hatten, während die Opfer anonym blieben: ›Weiss hat dasselbe an uns getan wie die Mörder, er hat uns unsere Namen genommen!‹« Auch PC hatte man, mit dem Plagiatsvorwurf, den Namen, die Autorschaft und damit, so erlebte er es, die Existenz genommen. Vgl. E. Leiser: Leben nach dem Überleben. Dem Holocaust entronnen – Begegnungen und Schicksale, Weinheim 2. Aufl. 1995, S. 78. 34 NKG, S. 136. 35 Vgl. H. Bergmann: Kiddusch haschem, in: Vom Judentum. Ein Sammelbuch, hg. vom Verein Jüdischer Schüler Bar Kochba, Leipzig 1913, S. 32 ff. 36 NKG, S. 136. 37 Ehebriefwechsel I, S. 118. 38 Goll-Affäre, S. 379. 39 Rhein. Freunde, S. 223. 40 Szondi Briefe, S. 171 f. (im Original französisch).

ANMERKUNGEN

»Es lebe die krummnasige Kreatur!« Eine Gestalt des Jüdischen

1 Gustav Landauer: Zwang und Befreiung, Köln 1968, S. 199. **2** PC an Gideon Kraft am 23. April 1968. Zitiert nach: Lydia Koelle: PCs pneumatisches Judentum. Gott-Rede und menschliche Existenz nach der Shoah, Mainz 1997, S. 73. Hervorhebung von PC. **3** PC an A. Margul-Sperber am 6. Juli 1948, in: Margul-Sperber, S. 52 f. **4** NKG, S. 101. **5** Silbermann, S. 35. **6** PC an I. Bachmann am 21. September 1963, in: Herzzeit, S. 159. **7** NKG, S. 127. Erläuterungen zur Widmung ebd., S. 783. **8** Vgl. den Brief von PC an Rudolf Hirsch vom 31. Oktober 1958: »Herzlichen Dank für die Mandelstamm- (Bitte: MandelstaMM!) Fahnen!« (Hirsch, S. 52; vgl. dort auch den Kommentar von Joachim Seng, S. 240.) **9** Gedd. Nachlaß, S. 371, und NKG, S. 1079. **10** Ossip Mandelstam: Im Luftgrab, Frankfurt a. M. 1992, S. 75. **11** Vgl. Brief von PC an Harald Hartung vom 4. Dezember 1958, in: Fremde Nähe, S. 328. **12** NKG, S. 168, und Kommentar, S. 840 f. **13** Federmann, S. 18 (= Brief vom 23. Februar 1962). Vgl. auch das Motto (mit dieser Briefunterschrift) von »Eine Gauner- und Ganovenweise« in früheren Fassungen, in: TCA, Die Niemandsrose, S. 42 f., und eine Notiz vom 21. Dezember 1961 in: Mikrolithen, S. 37, Nr. 48.2. **14** Das ist ursprünglich der »Titel von Bischöfen, deren Diözese unter ›heidnischer‹ Herrschaft stand.« (= Kommentar der Hg. Bernhard Böschenstein und Heino Schmull in: Meridian, S. 242. PC gebraucht diese Wendung auch in seinen Notizen zum »Meridian«; ebd. S. 168). **15** Vgl. hierzu B. Wiedemann in: Goll-Affäre, S. 519-523. **16** NKG, S. 797, und Goll-Affäre, S. 523. **17** Goll-Affäre, S. 522. **18** Vgl. TCA, Die Niemandsrose, S. 40-43. Der größte Teil des Gedichts ist bereits im Februar 1961 entstanden. **19** Zitiert nach: TCA, Die Niemandsrose, S. 41. Hervorhebungen von PC. **20** Vgl. NKG, S. 797-799, sowie Georg-Michael Schulz (in: Interpretationen, S. 106-120) und ders. in: Niemandsrose Komm., S. 131-136; meinem Ansatz ähnlich: Sieber Gespräch, S. 152-162. **21** Vgl. Meridian, S. 184. **22** Zitiert nach: H. Heine: Sämtliche Schriften, hg. von Klaus Briegleb, Bd. 1, München 2. Aufl. 1975, S. 271. **23** Sieber Gespräch, S. 158. **24** Zitiert nach: TCA, Die Niemandsrose, S. 41. Hervorhebungen im Original. **25** Camus war am 4. Januar 1960 bei einem Autounfall ums Leben gekommen. PC hat dieser plötzliche Tod sehr betroffen gemacht, obwohl er Camus nicht persönlich kannte: »Der Tod Camus': das ist, einmal mehr, die Stimme des Anti-Menschlichen, unentzifferbar. Wenn man mit denen [sic] Zähnen denken könnte!« (Ehebriefwechsel I, S. 100). Vgl. auch Kreidestern, S. 142. **26** Zitiert nach: NKG, S. 797. Auch den

Hinweis auf den Bezug des »Envoi« zur »Spiegel«-Affäre entnehme ich Wiedemanns Kommentar ebd. **27** Vgl. Lessings Komödie »Die Juden« und Hans Mayers brillante Analyse dazu, die zeigt, dass die so sympathisch anmutende ›Lösung‹ des Stücks gemäß einem »Aufklärungsschematismus« (S. 332) nicht auf wirkliche Emanzipation des Juden hinausläuft, sondern auf seine Anpassung an christlich-bürgerliche Normen. H. Mayer: Außenseiter, Frankfurt a. M. 1981, S. 332-339. – PC wandte sich auch vehement gegen eine ›Aufhebung‹ der Kritik des Antisemitismus in einer allgemeinen Vorurteilskritik. Eine solche Konstruktion sah er in Max Frischs sehr bald populärem Theaterstück »Andorra« von 1961 gegeben und kritisierte es entsprechend scharf. Vgl. vor allem PCs Entwurf der bizarren kleinen Erzählung über den Autor Eisele (= Frisch), der »ein Stück über das Verjuden« schreibt, das von der Kritik »über den (zeitgemäß rötlichblühenden) grünen Klee« gelobt wird. Sein Gesprächspartner Eisig (= PC?) bleibt ratlos zurück. (Mikrolithen, S. 37) **28** Vgl. PCs Brief vom 21. März 1959 in: Lenz, S. 111f. **29** Meridian, S. 127. Vgl. auch, ähnlich und dezidiert polemisch, Mikrolithen, S. 30, Nr. 45.7. **30** Mikrolithen, S. 34. Nr. 46.30. Hervorhebung von PC. – Vgl. zum Tagebuch der Anne Frank pointiert Frank Stern: »At the end of the 1950s, Anne Frank became the symbolic younger sister of Nathan. Millions wept over her fate and thousands of young Germans identified with her. Obviously it was easier to deplore the cruel fate of one innocent child than to accept the historical responsibility for the murder of the anonymous six million. [...] In the end, this was a way to remember one victim and to forget all the others.« (Jews in the Minds of Germans in the Postwar Period, Bloomington/Indiana 1993, S. 12). **31** Meridian, S. 127 In einer anderen Notiz heißt es: »Es lebe die krummnasige Kreatur!« Ebd. S. 172. **32** Ebd. S. 130. **33** Ebd. **34** Adorno, S. 179. **35** Vgl. PC selbst zu »Gespräch im Gebirg«: Meridian, S. 129. **36** Bollack Fremdheit, S. 211. **37** Federmann, S. 19. In einer Prosanotiz (Datum ungewiss) schrieb PC: »Adorno: er schrieb auch seiner unjüdischen Hälfte Jüdisches, und zwar das Edelste darunter, zu. Das, wirklichkeitsfern, wie es ist, war wohl der einzige Anflug von Jüdischem an ihm.« (Mikrolithen, S. 119) **38** Vgl. Adorno: Negative Dialektik, Frankfurt a. M. 1966, S. 15-17, 146-156 und passim. PC hat zumindest Teile der »Negativen Dialektik« gelesen; vgl. Philos. Bibliothek, S. 259f. **39** Wurm, S. 13. – Auch Sieber, S. 160, und Wiedemann in NKG, S. 798, verweisen auf den Brief an Wurm. **40** Meridian, S. 129. **41** Adorno, S. 179. **42** Ähnlich Sieber, S. 161f. – Vgl. auch, vor allem zum Stichwort »Involution«, Marlies Janz: »Judendeutsch«. PCs ›Gespräch im Gebirg‹ im Kontext der ›Atemwende‹, in: CJb 9 (2003-2005),

S. 75-102.   **43** NKG, S. 142 f.   **44** Vgl. B. Wiedemann: Warum rauscht der Brunnen? Überlegungen zur Selbstreferenz in einem Gedicht von PC, in: CJb 6 (1995), S. 107-118, sowie dies. in: Niemandsrose Komm., S. 153-158, Goll-Affäre, S. 759 f., und NKG, S. 802.   **45** »Die Tränen. / Die Tränen im Bruderaug. / Eine blieb hängen, wuchs. / Wir wohnen darin. / Atme, daß / sie sich löse.« NKG, S. 96.   **46** Vgl. Wiedemann (wie Anm. 44, S. 116 f.) mit abweichender Deutung von »Gestrüpp« und »Kinderlied«.   **47** Meridian, S. 131.   **48** PC spielt auf Heideggers kleine Schrift »Der Feldweg« von 1949 an.   **49** Meridian, S. 130.   **50** Ebd. S. 199. Hervorhebung im Original.   **51** Ebd.   **52** Jewgenij Jewtuschenko: Babij Jar, in: PC: GW V, S. 281-287; Zitate S. 281 und 285. Ich verdanke den Hinweis auf Yevtushenko B. Eisenreich (Kreidestern, S. 124 f.).   **53** Kreidestern, S. 115.   **54** Ebd., S. 126. Hervorhebung von B. Eisenreich.   **55** Vgl. den (nicht abgesandten) Brief an seinen Arztfreund Jean Starobinski, in dem es heißt (im Original französisch): »Lieber Freund, / Ich war berührt, als Sie uns – ich nehme das für uns drei – in einem für uns so schwierigen Augenblick sagten, daß Sie uns zur jüdischen Gemeinschaft zählen, die keine des Ritus ist, sondern des Herzens. Wir sind es, glauben Sie mir, wir sind es alle drei: Eric, Gisèle und ich selbst.« (= Ehebriefwechsel II, S. 176). – Vgl. auch das Kapitel »Wolfsbohne«.   **56** Brief vom 26. Oktober 1965, in: Ehebriefwechsel I, S. 282.   **57** Brief vom 7.(?) Mai 1965, in: Ehebriefwechsel I. S. 211.   **58** Brief an Gottfried Bermann-Fischer vom 14. Dezember 1963, in: GB Fischer, S. 641. Hervorhebung im Original. – Vgl. auch Mikrolithen, S. 31: der Jude, »der ja nichts als eine Gestalt des Menschlichen, aber immerhin eine Gestalt ist«; fast wortgleich schon in einem nicht abgesandten Brief an Peter Szondi vom 11. August 1961 (Szondi, S. 40) und in einem Brief an Siegfried Lenz vom 30. Januar 1962 (Goll-Affäre, S. 558).   **59** NKG, S. 161-163; Zitat S. 161.   **60** TCA, Die Niemandsrose, S. 66 f.

»So kam ich unter die Deutschen«
Im Literaturbetrieb der 60er Jahre

1 NKG, S. 113 f.   **2** Ebd., S. 415.   **3** Vgl. B. Wiedemann: Verschiebungen. Zur Funktion von Celans Transfer-Verfahren aus verworfenem poetischen Material. In: CJb 10 (2018), S. 139-161.   **4** NKG, S. 134 f. und den Kommentar, S. 788 f. – Vgl. zu diesen beiden Gedichten auch Christoph König: C.s frühes Sprachparis. Über die Gedichte »Auf Reisen« und »Zwölf Jahre«, in: Euphorion 103 (2009), Heft 1, S. 63-81.   **5** PC hatte zunächst den

Gedichttitel »Auf Reisen II« erwogen. Vgl. NKG, S. 789. 6 In der Ausgabe von Fritz Bergemann (Werke und Briefe. Gesamtausgabe, Wiesbaden 1958), die PC besaß, S. 40. 7 Vgl. Meridian, S. 2 f. und passim, und »Dantons Tod«, IV. Akt, 9. Szene, das Ende. – PC hatte im Februar 1960 an einem Seminar von Hans Mayer über Büchner an der École Normale Supérieure teilgenommen. Am 14. Mai erhielt er die Nachricht, dass er den Georg-Büchner-Preis bekomme. Vgl. hier das Kapitel »Gibt es mich überhaupt?«, S. 178. 8 NKG, S. 135 f. 9 Leonard M. Olschner in: Niemandsrose Komm., S. 104-107; Zitat S. 105. 10 Vgl. hier das Kapitel »Das zweite Deutschland-Gedicht »Wolfsbohne«, S. 112-130 11 NKG, S. 168-170; Zitat S. 169. 12 Vgl. PCs Widmung von »Sprachgitter« »Für Gisèle, / in unserem Haus, / Dezember / 1960«. Darüber hat er die o. g. Zeilen Hölderlins notiert. In: Ehebriefwechsel I, S. 113, und F. Hölderlin: Hyperion oder Der Eremit in Griechenland, Zweiter Band. Zweites Buch (= Hyperions vorletzter Brief an Bellarmin). Von PC zitiert nach seiner Ausgabe der Sämtlichen Werke Hölderlins in der Reihe der Tempel-Klassiker (3 Bde., Berlin/Leipzig o. J.), Bd. 2, S. 175 f. = FHA 11 (Hyperion II), S. 774. 13 Demus, S. 370 f. Hervorhebung im Original. 14 Margul-Sperber, S. 54-56. 15 Brief vom 21. Januar 1962; vgl. Goll-Affäre, S. 547-549; Zitat S. 548. 16 Hans Habe: *Clique as Clique can*. Ein Beitrag zur Soziologie des Literaturbetriebes, in: Die Zeit vom 26. Oktober 1962, S. 23 f. 17 Zitiert nach: Habe, S. 70-72 und 84. Jaspers hatte sich in dieser Weise in einem im März 1960 aufgenommenen und am 10. August 1960 gesendeten Interview geäußert. Es wurde abgedruckt in Jaspers' Buch »Freiheit und Wiedervereinigung. Über Aufgaben deutscher Politik«, München 1960, S. 107-115; Zitat S. 115. 18 So Habes Ausdruck in einem Interview, das die ARD am 18. Februar 1975 unter dem Titel »Indiskrete Antworten auf indiskrete Fragen« sendete. 19 Der kurze Briefwechsel zwischen PC und S. Lenz findet sich in: Goll-Affäre; dieser erste Brief PCs vom 27. Januar 1962: S. 554 f.; Zitat S. 554. 20 Ebd. S. 558. Hervorhebungen im Original. 21 Mikrolithen, S. 123 und 605. Hier erläutert B. Wiedemann, dass dieses hebräische Wort von Manès Sperber für den Massenmord an den Juden vorgeschlagen wurde, weil es »für von Menschen herbeigeführte Verwüstung und Vernichtung im Gegensatz zur Naturkatastrophe (Shoah)« steht. 22 GW III, S. 186. 23 Zitiert nach: Goll-Affäre, S. 547. 24 Mikrolithen, S. 117 und 573 f. 25 Margul-Sperber, S. 57. 26 Ebd., S. 59. 27 Mikrolithen, S. 116. Hervorhebungen im Original. 28 Brief an Margul-Sperber vom 9. März 1962, in: Margul-Sperber, S. 58. An den Jugendfreund Erich Einhorn schreibt PC am 10. August 1962: »Die Literaturpreise, die mir verliehen wurden, dürfen Dich darüber nicht hinwegtäuschen: sie sind letzten Endes nur das Alibi derer, die im Schatten [...] solcher Alibis, mit anderen, zeitgemäßen, Mitteln fortsetzen, was sie unter Hitler begonnen bzw. weitergeführt haben.« (Einhorn, S. 17) **29** Brief an Adorno vom 26. Januar 1962; zitiert nach: Goll-Affäre, S. 551. **30** Mikrolithen, S. 117. **31** Ebd. **32** Diese Feststellungen bedeuten nicht, dass die DDR (resp. die SED) ein angemessenes Geschichtsbild von der Shoah gehabt und ihren Bürgern vermittelt hätte, im Gegenteil. Vgl. dazu W. Emmerich: Fast eine Leerstelle – Über die verleugnete Präsenz des Holocaust in der DDR-Literatur, in: Jahrbuch des Simon-Dubnow-Instituts IX (2010), S. 57-84. **33** Johannes Bobrowski: Die Gedichte = ders.: Gesammelte Werke, Bd. 1, Stuttgart 1987, S. 33 f. **34** NKG, S. 162. **35** TCA, Die Niemandsrose, S. 120. Vgl. Hendrik Birus: Hommage à quelqu'un. PCs »Hüttenfenster« – ein ›Wink‹ für Johannes Bobrowski?, in: Hermenautik – Hermeneutik, hg. von Holger Helbig u. a., Würzburg 1996, S. 269-277, und ders. in: Niemandsrose Komm., S. 307-322. **36** Vgl. Goll-Affäre, S. 404 f. **37** Zitiert nach: NKG, S. 829 f. Hervorhebung im Original. **38** Ebd. **39** Vgl. zu »Ars poetica 62« ungemein gründlich und erhellend: Welling, S. 181-308; zum Verhältnis PC – Bobrowski ebd. S. 199-206. **40** Bobrowski: Briefe 1937-1965. Bd. 2, hg. von Jochen Meyer, Göttingen 2017, S. 20. **41** Vgl. Peter Jokostra: »Celan ist bestenfalls eine Parfümfabrik ...« Das spannungsvolle Verhältnis zwischen Johannes Bobrowski und PC, in: Die Welt vom 30. Oktober 1971 (mit Briefen beider Autoren). **42** Friedrich Nietzsche: Ecce homo, in: ders.: Kritische Studienausgabe, Bd. 6, Berlin 1988, S. 272. **43** Vgl. die Zeittafel in: Ehebriefwechsel II, S. 449. **44** Brief vom 25. April 1962, in: Solomon 1981, S. 66. Im Original französisch. **45** Brief vom 5. September 1962, in: Solomon 1981, S. 68. Im Original französisch. **46** Brief vom 18. Dezember 1963, in: Solomon 1981, S. 76. Im Original französisch. **47** Vgl. Die Zeit vom 18. und 25. Januar 1963. **48** Beide Beiträge in der FAZ vom 25. Juni 1964. Den Hinweis auf Holthusens SS-Mitgliedschaft strich die Redaktion aus Szondis Leserbrief. Vgl. auch Szondi Briefe, S. 162-168, und Szondi/PC, S. 203 f. **49** Vgl. NKG, S. 449 f., sowie Bollack: Herzstein. Über ein unveröffentlichtes Gedicht von PC, München, Wien 1993. **50** Szondi/PC, S. 204; ebenso in: Ehebriefwechsel II, S. 153. **51** Ehebriefwechsel I, S. 165. **52** Ebd. **53** Ebd. **54** Wiedemann Faible, S. 209. **55** Vgl. R. Baumgart: Unmenschlichkeit beschreiben. Weltkrieg und Faschismus in der Literatur, in: Merkur 19 (1965), Nr. 202, S. 37-50. **56** Ebd. S. 48 f. **57** Vgl. K. Oppens: Blühen und Schreiben im Niemandsland, in: Merkur 19 (1965), Nr. 202, S. 84-88; Zitat S. 88. **58** Ebd. S. 86. **59** Vgl. PCs Brief an seine Tante

Berta Antschel in London vom ca. 31. Januar 1965; zitiert in: Ehebriefwechsel II, S. 163.   **60** Zitiert nach: Goll-Affäre, S. 782.   **61** Ebd. S. 782f.   **62** In einem Brief an den Arzt und Literaturwissenschaftler Jean Starobinski vom 3. Mai 1965 (nicht abgeschickt), in: Ehebriefwechsel II, S. 175.   PC übertrug das Gedicht »Mit allen Gedanken« sogar handschriftlich in das Widmungsexemplar von »Die Niemandsrose« für seine Frau; vgl. Ehebriefwechsel II, S. 460.   **63** NKG, S. 134.   **64** Vgl. Fischer, S. 658f., und Wiedemann in: Goll-Affäre, S. 842f., sowie Szász in: Hamacher Menninghaus, S. 329f., und Baumann Erinnerungen, S. 43f.   **65** Vgl. das Gedicht »Give the Word«, entstanden am 14. Mai 1965, in NKG, S. 212.   **66** Vgl. NKG, S. 969. Alternativ hatte der Dichter den Titel »Wahngang« erwogen.   **67** Ehebriefwechsel II, S. 463.   **68** Der 30. Januar 1933 war bekanntlich der Tag von Adolf Hitlers Machtübernahme. Das wahrscheinliche Datum der Selbsttötung von PC, der 20. April 1970, hat ebenfalls einen deutlichen Bezug zu Hitler, nämlich zu dessen Geburtstag. Es muss offenbleiben, ob PC möglicherweise beide Male im Bewusstsein dieser Daten gehandelt hat.   **69** Ebd. S. 470.   **70** Zitiert nach: Felstiner, S. 421. Der Passus findet sich merkwürdigerweise nicht in dem Briefwechsel Shmueli/PC. Allerdings erinnert sich Shmueli in ihrem Nachwort zum Briefwechsel an die wiederholte Äußerung PCs »Ich wurde zerheilt« (Shmueli/PC, S. 175).

»Eine Art Rechenschaft«. Zu Besuch bei Heidegger, Juli 1967

1 PCs Bibliothek enthält 33 Bücher von Heidegger, fast alle mit Lektürespuren. Vgl. Philos. Bibliothek, S. 338-418.   **2** Vgl. Rüdiger Safranski: Ein Meister aus Deutschland. Martin Heidegger und seine Zeit, Frankfurt a. M., Wien 1994. Vgl. zum Folgenden Philos. Bibliothek, passim.   **3** Heidegger: Einführung in die Metaphysik, Tübingen 1953, S. 152. = Philos. Bibliothek, S. 348.   **4** Zitiert nach: André, S. 224. André hat dieses bemerkenswerte Dokument im Nachlass PC im DLA aufgefunden. Vgl. ebd. S. 151, Anm. 333.   **5** Brief an I. Bachmann vom 10. August 1959, in: Herzzeit, S. 118. Worauf sich die Einschätzung PCs gründet, dass Heidegger »an seinen Verfehlungen würgt«, bleibt im Dunkeln.   **6** Vgl. dazu Dieter Thomä in: Heidegger Handbuch, hg. von D. Thomä, 2. Aufl. 2013, S. 102-108. **7** So George Steiner: Heidegger, abermals, in: Merkur 43 (1989), Nr. 480, S. 94.   **8** Bertolt Brecht: Arbeitsjournal. Eintrag vom 22. August 1940. Bd. 1: 1938-1942, Frankfurt a. M. 1973, S. 155.   **9** M. Heidegger: Hölderlin und das Wesen der Dichtung, in: ders.: Erläuterungen zu Hölderlins Dichtung

(= Gesamtausgabe 4), S. 33-48; Zitat S. 38. 10 Vgl. FHA 8 (Gesänge II), S. 587 f. 11 Hölderlin und das Wesen der Dichtung (wie Anm. 9), ebd. Hervorhebung im Original. 12 Meridian, S. 9. 13 Heidegger: Einführung in die Metaphysik, Tübingen 1953, S. 59 und passim. Einmal bezeichnet Heidegger das »Sein« als das »Grundgeschehnis« (S. 153). 14 Vgl. Mikrolithen, S. 96 f. und 100, sowie 499 f. und 514 (Kommentar). 15 Die erste Auflage war noch seinem jüdischen Lehrer Edmund Husserl »in Verehrung und Freundschaft zugeeignet«. 16 GW III, S. 167 f. 17 Heidegger: Der Ursprung des Kunstwerks, in: ders.: Holzwege, Frankfurt a. M. 5. Aufl. 1972, S. 55 und 59 f. 18 Vgl. Hölderlin und das Wesen der Dichtung (wie Anm. 9), S. 42. 19 Heidegger: Unterwegs zur Sprache, Pfullingen 1959, S. 215 und 30. 20 NKG, S. 100. – Von dieser Absicht PCs spricht Otto Pöggeler in seinem Buch »Spur des Worts. Zur Lyrik PCs«, Freiburg i. Br. u. a. 1986, S. 153. 21 Vgl. seinen Bremer Vortrag »Das Ge-stell« von 1949, in dem es heißt: »Ackerbau ist jetzt motorisierte Ernährungs-Industrie, im Wesen das Selbe wie die Fabrikation von Leichen in Gaskammern und Vernichtungslagern; das Selbe wie die Blockade und die Aushungerung von Ländern, das Selbe wie die Fabrikation von Wasserstoffbomben.« In: ders.: Das Ge-stell, in: GA 79, S. 27. 22 »Machenschaft« ist seit Beginn der 30er Jahre ein immer wiederkehrender Terminus für Technik und ihre Anwendung. Vgl. vor allem die »Beiträge zur Philosophie (Vom Ereignis)«, in: Heidegger GA 65, und die Folgebände. 23 Vgl. Emmerich 2000. 24 Vgl. Meridian, S. 153 f. 25 Zitiert nach: Goll-Affäre, S. 405. 26 Meridian, S. 2. 27 Vgl. Pöggeler: Schritte zu einer hermeneutischen Philosophie, Freiburg i. Br. u. a., 1994, S. 436 f. 28 Vgl. dazu Florian Grossers Artikel zu dem Vortrag »Die Frage nach der Technik« von 1953, in: Heidegger Handbuch, S. 236-239; hier S. 239. 29 Isabella Schneider: »Die Datumsgrenze«. Zur Begegnung von PC und Martin Heidegger, in: Nachdenken der Metaphysik. Alois Walder zum 70. Geburtstag, hg. von J. Hafner u. a., Augsburg 1998, S. 36-61; Anja Lemke: Konstellation ohne Sterne. Zur poetischen und geschichtlichen Zäsur bei Martin Heidegger und PC, München 2002; Axel Gellhaus: Todtnauberg, in: Interpretationen, S. 161-173; Hadrien France-Lanord: PC et Martin Heidegger. Le sens d'un dialogue, Paris 2004; Lyon 2006; Donatella Di Cesare: Heidegger, die Juden, die Shoah, Frankfurt a. M. 2016, S. 279-285. Zusammenfassend: Jamme 2018   30 Baumann Erinnerungen, S. 59 f. 31 Brief von Martin Heideggers Sohn Hermann an Gisèle Celan-Lestrange vom 10. Dezember 1980; zitiert nach: Bollack Gericht, S. 151 f. 32 Ehebriefwechsel I, S. 479. 33 Baumann Erinnerungen, S. 60. Wie Heidegger (und wie viele seiner Kollegen in der Germanistik) war auch Baumann Mitglied der NSDAP gewesen. Beim Eintritt in die Partei war er (wie PC 1920 geboren), achtzehn Jahre alt. Vgl. Internationales Germanisten-Lexikon, hg. von Christoph König, 3 Bde., Berlin 2003, und Baumann Briefe, S. 16-18. Soweit bekannt, hat Baumann diese Tatsache PC nicht mitgeteilt. **34** Vgl. zum Folgenden: Baumann Erinnerungen, passim. **35** Zitiert nach: Krass 1997. **36** NKG, S. 286, und den Kommentar ebd. S. 991-994. **37** Brief vom 2. August 1967, in: Ehebriefwechsel I, S. 479. **38** Wurm, S. 88. **39** Renate Böschenstein: Erinnerungen an PC, in: Hermenautik – Hermeneutik. Literarische und geisteswissenschaftliche Beiträge zu Ehren von Peter Horst Neumann, hg. von Holger Helbig u. a., Würzburg 1996, S. 267 f.; Zitat S. 267. **40** Das berichtet Baumann, in: Baumann Erinnerungen, S. 72. **41** Brief vom 2. August 1967, in: Ehebriefwechsel I, S. 479. **42** Vgl. Neumann Selbstversuch, S. 296 f. **43** Mit Bollacks Deutung der »Waldwasen« korrespondiert bis zu einem gewissen Grad das Gedicht »Heimkehr« (entstanden 1955), in dem sich der Sprechende einer Schneelandschaft erinnert, »Darunter, geborgen, / stülpt sich empor, / was den Augen so weh tut, / Hügel um Hügel, / unsichtbar.« (NKG, S. 98) Vgl. dazu das Kapitel »Schreiben im Angesicht der Shoah«, S. 35 f. **44** G. Steiner: Heidegger, abermals, in: Merkur 43 (1989), Nr. 480, S. 100. **45** Vgl. Bollack Gericht, passim. **46** Brief von Franz Wurm an PC vom 19. Januar 1968, in: Wurm, S. 130. PC nimmt die Formulierung in seinem Antwortbrief vom 24. Januar 1968 auf, in: ebd., S. 131. **47** Zitiert nach: Krass 1998. Es ist anzunehmen, dass sich Heidegger der Bedeutung des Datums (am 30. Januar 1933 war die Macht an Adolf Hitler übergeben worden) nicht bewusst war, PC aber sehr wohl. **48** Zitiert nach: Krass 1998. **49** Meridian, S. 131. **50** TCA, Lichtzwang, S. 49; alle Textzeugen zu »Todtnauberg« ebd. S. 48-51. **51** Ehebriefwechsel I, S. 479. **52** Zuerst mitgeteilt in: André, S. 226; ebenso in: Mikrolithen, S. 129; Kommentar, S. 633 f. **53** André, S. 226 f. **54** Vgl. ihr »Denktagebuch 1950-1973«. 2 Bde., München 2002. **55** Vgl. als Überblick: Heidegger, die Juden, noch einmal, hg. von Peter Trawny und Andrew J. Mitchell, Frankfurt a. M. 2015; Martin Heideggers »Schwarze Hefte«. Eine philosophisch-politische Debatte, hg. von Marion Heinz u. a., Frankfurt a. M. 2016; Donatella Di Cesare: Heidegger, die Juden, die Shoah, Frankfurt a. M. 2016 (italienisch 2014); Heideggers »Schwarze Hefte« im Kontext. Geschichte, Politik, Ideologie, hg. von David Espinet u. a., Tübingen 2018. **56** Heidegger: Heraklit (= GA 55), S. 123. **57** GA 96, S. 238. **58** Ebd. S. 262. **59** Ebd. S. 242 f. **60** GA 95. Überlegungen VIII, S. 9. Hervorhebung im Original. **61** Maurice Blanchot: Die Apokalypse denken. Ein Brief an Catherine David, in: Hei-

degger Kontroverse, hg. von Jürg Altwegg, Frankfurt a.M. 1988, S. 99.
62 Heidegger: Was heißt Denken? (= GA 8, S. 161; = Vorlesung im Sommer 1952). **63** Vgl. seine Reaktion auf den Brief seines ehemaligen Schülers Herbert Marcuse vom 28. August 1947 aus den USA, in dem dieser ein deutliches Wort zum Massenmord an den Juden einforderte. Heidegger setzte in seinem Antwortbrief vom 20. Januar 1948 das Schicksal der Juden explizit mit dem der »Ostdeutschen« gleich. Zitiert nach: GA 16, S. 431. **64** Peter Trawny: C. und Heidegger. Noch einmal, in: Heidegger, die Juden, noch einmal (wie Anm. 55), S. 233-251; Zitat S. 247.

»Linksnibelungen« – »Rechtsnibelungen«

1 Brief an Friedrich Torberg vom 23. Januar 1961; zitiert nach: Ehebriefwechsel II, S. 125. **2** Vgl. das Kapitel »Schreiben im Angesicht Shoah«, S. 32 f., und NKG, S. 355. **3** Zitiert nach: Wikipedia: Mythos Stalingrad, von Dietrich Möller (= Deutschlandfunk, Geschichte aktuell, vom 18. 11. 2002). Aufgerufen am 4. Dezember 2019. **4** NKG, S. 454 f. **5** Vgl. auch die (nicht weiter erläuterten) Notate des Wortes »Linksnibelungen« in: Mikrolithen, S. 47 f. **6** Der Brief ist abgedruckt im Ehebriefwechsel I, S. 230-232. Hervorhebungen im Original. **7** CJb 7 (1997/98), S. 46 f. **8** Vgl. NKG, S. 519, und Kommentar, S. 1181 f. **9** Jean Bollack weist treffend darauf hin, dass man bei dem Wort »Abraum« fast automatisch das klangähnliche ›Abschaum‹ assoziiert, was semantisch noch eindeutiger negativ konnotiert ist. Vgl. das Kapitel 7 » – Celan liest Benjamin (1968)«, in: Bollack Dichtung, S. 153-164; hier S. 159. Meine Lesart dieses Gedichts deckt sich weitgehend mit der sehr pointierten von Bollack. Ich muss gestehen, dass ich, als ich Bollacks Aufsatz 1998 in seinem ersten Druck in den »Mitteilungen des Marbacher Arbeitskreises für Geschichte der Germanistik« las, geradezu empört reagiert habe. Ich wollte damals nicht glauben, dass Celan den auch von mir sehr verehrten Walter Benjamin derart rigoros abkanzeln könnte. Aber: Celan hat genau das getan. **10** In: Solomon 1981, S. 67. Im Original französisch. **11** Vgl. NKG, S. 432; dort die Fassung, die beginnt: »Mit der Kunkeltaube«; Kommentar, S. 1084. **12** Vgl. dazu die vorzügliche Studie: Civikov Werwolf.

Reise ins Herz der Finsternis. Berlin, Dezember 1967

1 Zur Frage, über welchen Berliner Bahnhof PC damals reiste (den Anhalter oder den Schlesischen?) und an welchem Tag er die Stadt passierte (am Morgen des 9. oder des 10. November?), vgl. das Kapitel »Nahe Fremde Deutschland. Das Dilemma«, S. 21-23.   2 Vgl. TCA, Die Niemandsrose, S. 116 f., und NKG, S. 828 (Kommentar).   3 PC erhielt Ende Mai 1969 (also nach der Niederschlagung des Prager Frühlings Ende August 1968) eine Einladung des Tschechoslowakischen Schriftstellerverbands zu Lesungen im Frühherbst. Am 22. Juni 1969 entschied er sich für eine Absage. Vgl. auch das Kapitel »Mit zeitroten Lippen«, S. 275 f.   4 Die Villa mit der Adresse Am Großen Wannsee 56-58 war damals auch noch nicht zugänglich. Sie wurde erst 1992 offizielle Gedenkstätte. Zum Ablauf der Konferenz und ihren Ergebnissen vgl. vorzüglich Peter Longerich: Wannsee-Konferenz. Der Weg zur »Endlösung«, München 2016.   5 Zitiert nach dem Wikipedia-Artikel zur West-Berliner »Akademie der Künste«.   6 Vgl. den Artikel »Wer war Hannele?« von Barbara Wiedemann in der Süddeutschen Zeitung vom 11. Dezember 2019.   7 Marlis Janz erwähnt in ihrem instruktiven ›Verlaufsprotokoll‹ zu PCs beiden Lesungsabenden, dass der Autor diese beiden Personen genannt habe und Treffen mit ihnen erwog. Vgl. Janz 2003, S. 340. Zu PCs erstem Tübingen-Besuch und der Fahrt nach Bebenhausen im Februar 1955 vgl. Wiedemann Faible, S. 78-92.   8 Janz 2003, S. 340. 9 Ebd., S. 336.   10 Vgl. Ehebriefwechsel II, S. 346 f.   11 Ehebriefwechsel I, S. 518.   12 Ebd. S. 519.   13 Ebd. S. 518.   14 Vgl. Emmerich, 14-16; NKG, S. 881 f., und Welling, S. 412-416 sowie 417-464.   15 PC hatte zunächst die Titel »Winterreime« und »Wintergedicht« erwogen (vgl. Szondi 1972 [»Eden«], S. 115, und TCA, Schneepart, S. 6 f.). Das hing auch damit zusammen, dass er etwas für eine Ehrung von Peter Huchel schreiben wollte, von dem es ein berühmt gewordenes Gedicht mit dem Titel »Winterpsalm« gab. Tatsächlich erschien »Du liegst« dann auch, zusammen mit »Ungewaschen, unbemalt« und »Lila Luft«, zuerst in einer Hommage für Peter Huchel, München 1968.   16 NKG, S. 485 f.   17 Vgl. Szondi 1972 (»Eden«), S. 117. Janz bezieht den Eingang des Gedichts und das »Du« auf Rosa Luxemburg. Das ist möglich, aber ich ziehe es vor, mich ganz auf die Selbstansprache dessen, der hier spricht, zu konzentrieren. Vgl. Janz 1976, S. 193-197.   18 Das Rheinische Wörterbuch verzeichnet »Gelausche« mit der Bedeutung »Blätterwerk, auch von Bäumen« (Wikipedia, aufgerufen am 17. August 2019). Es ist also im strengen Sinn kein Neologismus, wie oft behauptet. Vielleicht war PC diese Bedeutung geläufig?   19 Vgl. NKG,

S. 117. **20** Vgl. Hannover Doku. **21** H.-M. Speier, in: Interpretationen, S. 184. Diese Interpretation des Gedichts »Du liegst« war hilfreich für meine Darstellung. **22** Vgl. Interpretationen, S. 181. **23** So Peter Szondi in: Szondi 1972 (»Eden«), S. 118. **24** Hannover Doku, S. 99. **25** Vgl. zu Noske sehr kenntnisreich Wolfram Wette: Gustav Noske. Eine politische Biographie, Düsseldorf 1987. Das bundesdeutsche Verteidigungsministerium versuchte seinerzeit, das Erscheinen dieses Buches zu verhindern. – Vgl. auch Klaus Gietinger: Eine Leiche im Landwehrkanal. Die Ermordung Rosa Luxemburgs, Hamburg 2009. **26** Vgl. in der genannten Dokumentation die Aussage eines Freikorpssoldaten: »Über Luxemburg hieß es: ›Die alte Sau schwimmt schon.‹« (S. 129), und ein anderer: »Die ist erledigt, die schwimmt schon längst.« (S. 146) **27** Dem Autor war bewusst, dass er das Gedicht »Du liegst« an seinem 15. Hochzeitstag zu Papier brachte; ein Gedicht über einen Mann und eine Frau, die auf der Suche nach dem verheißenen Paradies nur dieses »Eden« finden, in dem sie misshandelt und ermordet werden. Es gibt im wirklichen Leben keine Gemeinsamkeiten zwischen dem Paar Luxemburg/Liebknecht und dem Paar Celan-Lestrange/Celan – außer, dass beide Paare nach dem Glück suchten und dabei scheiterten. Vgl. hierzu Speier, in: Interpretationen, S. 190. **28** PC konnte das Buch »Männerphantasien« von Klaus Theweleit nicht kennen, das 1977/78 in zwei Bänden erschien. Es wäre interessant zu wissen, ob ihn Theweleits psychoanalytische Erklärung des aggressiven, gewaltbereiten »soldatischen« Mannes, der in den Freikorps der Zeit nach dem Ersten Weltkrieg sein Unwesen trieb, überzeugt hätte. **29** Auch Theo Buck geht davon aus, dass PC in dem Mord an Luxemburg und Liebknecht »überdeutlich die Vorzeichen kommenden Unrechts und Massenmords« gesehen habe und sich so für ihn ein »innere[r] Zusammenhang zwischen den Ereignissen 1919, 1944 und 1967« herstellte. Vgl. Angstlandschaft Deutschland. Zu einem Nachkriegssyndrom und seiner Vorgeschichte im Gedicht »Du liegst im großen Gelausche«, in: Buck, S. 159-185; Zitate S. 167 und 185. **30** Janz 1976, S. 195. **31** Vers 3 (Havel) und Vers 7 (Gaben) sind durch eine Assonanz verbunden. **32** TCA, Schneepart, S. 6. **33** Anders Speier, der diese Deutung für unangemessen, weil »banal«, hält. Er schlägt stattdessen vor, das Wort »Nichts« durch »Vernichtung« zu substituieren und diese als »Ver-Nichtung menschlichen Lebens« zu verstehen (was im Gedicht die Morde in Plötzensee und an Luxemburg und Liebknecht meinen würde). Speier ersetzt des Weiteren das »Stocken« durch »Gerinnen, Coagulieren« und sieht ein solches im Gedicht an ebendiesem Punkt des »Nichts« gegeben. Nach Speier verfährt PC hier nach dem gleichen poetischen Muster wie in dem anderen Gedicht, in dem

Luxemburg thematisch ist, nämlich »Coagula«. PC hatte dieses Gedicht selbst in einem Brief an Petre Solomon mit dem Satz kommentiert: »Je coagule, j'essaie de faire coaguler –«, also: »Ich mache gerinnen, ich versuche zum Gerinnen zu bringen –« (c/o Solomon 1990, S. 238). Gegen diese Deutung spricht m. E., dass »Nichts« und »Vernichtung« semantisch sehr deutlich voneinander geschieden sind und ein Ersetzen des einen Worts durch das andere nicht ohne Weiteres zulässig ist. – Vgl. zum Verfahren des ›Coagulierens‹ resp. der »Verbindung von Alchemie und Poesie« grundlegend: Welling, S. 331-349 und passim. 34 Georg Büchner: Dantons Tod; zitiert nach der von PC benutzten Ausgabe, hg. von Fritz Bergemann, S. 81 f. Vgl. dazu Klaus Manger: »Wir müssen's wohl leiden«. Zu PCs Gedicht »Du liegst im großen Gelausche«, in: Euphorion (1979), S. 237-244. 35 Meridian, S. 3. 36 PC: [Antwort auf eine Umfrage der Librairie Flinker, Paris (1958)], in: GW III, S. 167. 37 Szondi 1972 (»Eden«), S. 122 f. 38 Vgl. János Szász: »Es ist nicht so einfach ...« Erinnerungen an PC. Seiten aus einem amerikanischen Tagebuch, in: Hamacher Menninghaus, S. 325-337. Der junge Szász aus Bukarest traf PC im Frühjahr 1969 in Paris. Dieser kommentierte sowohl seine persönliche Situation – getrennt lebend in dem Provisorium in der Rue Tournefort – als auch das zwiespältige Echo auf einen Vortrag von Ernst Bloch im Goethe-Institut mit ebendiesem Satz; später auch die deutsche Studentenbewegung und anderes mehr. Szász empfand den wiederholten Gebrauch dieser Wendung nicht nur als eine »leere Redensart; sie war Ausdruck seines tiefsten [...] Lebensgefühls.« (S. 329) »Im Gespräch über einen Dokumentarfilm, den Joris Ivens in Vietnam gedreht hatte und der damit endete, daß vietnamesische Kinder irgendwo bei Hanoi Zielschießen spielen und zwar auf eine menschenähnliche Strohpuppe, bemerkte er wieder, ja, auch das ist nicht so einfach; da wußte ich aber schon, daß damit unerträglich gemeint war.« (S. 330) Diese Beobachtungen treffen wahrscheinlich das Lebensgefühl des Dichters in seinem letzten Lebensjahr recht genau und bestätigen in gewisser Weise Szondis Position. Dem widerspricht aber meine hier skizzierte Auffassung nicht. Entscheidend in Szász' Beschreibung von PCs Gemütszustand ist das Wort »unerträglich«, wie sich nur wenig später ganz wörtlich bewahrheitete. 39 Joseph Conrad: Das Herz der Finsternis, Berlin 1933, S. 116 und 126. Diese Ausgabe bei S. Fischer war die erste Buchausgabe in Deutschland. 40 Ebd. S. 128 und passim. 41 Allerdings sind der Besitz und die Lektüre anderer Romane des polnisch-britischen Autors belegt. Vgl. NKG, S. 640. So hat die Lektüre von Conrads Roman »Der Geheimagent« im Frühjahr 1966 Spuren in mehreren Gedichten des Zyklus »Eingedunkelt« hinterlassen (vgl. NKG, vor allem S. 970-

972). **42** Wurm, S. 124. **43** Mikrolithen, S. 58. **44** Vgl. NKG, S. 164f. **45** Vgl. Janz 2003, S. 339 und 342f., und NKG, S. 1135f. **46** NKG, S. 486. **47** Vgl. dazu Alfred Kelletat: »Lila Luft«. Eine kleine Berolinense PCs, in: Text + Kritik, Heft 53/54, 2. Aufl. 1984, S. 18-25. Kelletat deutet die historischen Momente des Gedichts – den ersten Vers und die »Kokelstunde« – schon zu einem Zeitpunkt treffend, als die anekdotischen Details, die Marlis Janz publik gemacht hat, noch nicht bekannt waren.

»Mit zeitroten Lippen« – das Jahr 1968

1 Vgl. die vielen erhellenden Kommentare mit entsprechenden Belegen von Zeitungslektüre, die B. Wiedemann zusammengetragen hat, in: NKG, passim, sowie im Detail dies.: »Lesen Sie! Immerzu nur lesen!« C.s Lektüre und C.s Lektüren, in: Poetica 36 (2004), Heft 172, S. 169-191. **2** So hat PC Wert darauf gelegt, dass zwei Gedichte, die er 1955 bei Alfred Andersch für seine Zeitschrift »Texte und Zeichen« einreichte, nämlich »In memoriam Paul Eluard« und »Schibboleth«, nicht unter der Rubrik »Politische Gedichte« abgedruckt wurden, sondern nur unter »Gedichte«.Vgl. Fremde Nähe, S. 220-222. **3** Brief an Isac Chiva vom 3. Oktober 1954; zitiert nach: NKG, S. 727f. – Das Gedenkgedicht für Éluard, geschrieben kurz nach dessen Tod, ist ein besonders interessanter Fall. PC verbindet in diesem Gedicht seine tiefe Verehrung für den Dichter der Résistance mit einem deutlichen Hinweis auf dessen »Schuld«, insofern dieser sich geweigert hatte, sich für einen befreundeten jüdisch-tschechischen Autor namens Záviš Kalandra in Prag einzusetzen, der als sogenannter Trotzkist zum Tode verurteilt und am 27. Juni 1950 gehängt wurde. Vgl. Frieder von Ammon: Aus dem Zeitalter der Extreme. PCs »In memoriam Paul Éluard« als politisches Gedicht, in: C.-Perspektiven 2019, S. 9-16. **4** Vgl. das Gedicht »Zwölf Jahre«, entstanden am 14. Juli 1960, in: NKG, S. 132, den Kommentar dazu ebd. S. 788f. und meine Darstellung hier S. 207-209. **5** Vgl. Frei Vergang'politik, passim. **6** Vgl. das Kapitel »Ein *Fremder* war da gewesen«, S. 79-90 **7** Näheres zu den »Linksnibelungen« im Zusammenhang mit PCs Kritik an Walter Benjamin in dem Gedicht »Port Bou – deutsch?« hier S. 249-251. **8** Vgl. Thomas Heck/Peter Goßens: »Nacht und Nebel«. Ein Film wird übersetzt, in: Fremde Nähe, S. 223-234; Zitat S. 231. **9** Vgl. Heinz Ludwig Arnold: Die Gruppe 47, Reinbek 2004, S. 109. Diese Resolutionen wurden nicht im Namen der Gruppe 47 verabschiedet, aber von vielen aus ihrem Kreis unterstützt. **10** Peter Weiss: 10 Arbeitspunkte eines Autors in der geteilten

Welt, in: Dagens Nyheter (Stockholm) vom 1. September 1965. Deutsch zuerst in: Materialien zu Peter Weiss' »Marat/Sade«, Frankfurt a.M. 1967; dann in P.W.: Rapporte 2, Frankfurt a.M. 1971, S. 14-23; Zitat S. 22. 11 H.M. Enzensberger: Peter Weiss und andere, in: Kursbuch 6, Juli 1966, S. 171-176; Zitat S. 176. 12 GW III, S. 179. 13 Wurm, S. 146f. 14 Noch am 26. September 1969 warnte er Gisela Dischner vor dem »als ›Antizionismus‹ getarnte[n] Antisemitismus«, als »*eine* von mehreren Methoden«, mit denen »das Land und die Menschen dort« (also in Israel) isoliert werden sollten. Vgl. Dischner, S. 119. 15 Vgl. Rebellion der Studenten oder Die neue Opposition. Eine Analyse von Uwe Bergmann, Rudi Dutschke, Wolfgang Lefèvre und Bernd Rabehl, Reinbek 1968. Dutschkes Beitrag »Vom Antisemitismus zum Antikommunismus« S. 58-85. 16 Wurm, S. 149f. Hervorhebung im Original. 17 Das teilte mir Stéphane Mosès in einem Gespräch am 6. März 1995 in Jerusalem mit. 18 Ebd. S. 150. An Gisela Dischner schrieb er in diesen Maitagen Briefe ähnlichen Inhalts. Vgl. Dischner, S. 89-94. 19 Vgl. die Erläuterungen in: Wurm, S. 284. 20 Ebd., S. 148. 21 Ebd. S. 149. 22 Ebd. S. 152. 23 Ebd. S. 174. 24 Ebd. S. 181. 25 Ebd. S. 179. 26 Ebd. S. 180. 27 Ebd. S. 194 und 195. 28 Ebd. S. 199. 29 NKG, S. 508. 30 NKG, S. 500. Kommentar, S. 1151 f. 31 In seinem Brief an Franz Wurm vom 18. April 1968 spricht PC von den »Düsternisse[n] von beiden ›drüberen‹ Seiten« (Wurm, S. 140). Damit meint er wohl die beiden Attentate in den Wochen zuvor – einmal die Ermordung von M.L. King am 4. April und zum anderen die Schüsse auf R. Dutschke am 12. April. 32 Die Korrespondenz mit Peter Szondi ist in diesem Zeitraum bedauerlicherweise so gut wie nicht existent, was auch an den längeren Auslandsaufenthalten Szondis liegt. 33 Dischner, S. 115. 34 Ebd., S. 44. 35 Ebd. S. 46. 36 Ebd. Hervorhebungen im Original. 37 Ebd., S. 146 (= Erinnerungen an PC, ebd. S. 129-149). 38 Ebd. 39 Ebd. S. 148. 40 Ebd. S. 86f. 41 Ebd. S. 81f. und 85f. 42 NKG, S. 495, und Kommentar, S. 1144. 43 Dischner, S. 104f. 44 Ebd. S. 244 (= Kommentar zu den Briefen Nr. 96 und 97). 45 Ebd. S. 122. 46 Dischner hatte Fried im November 1966 in Frankfurt nach einer Lesung kennengelernt. Vgl. ebd., S. 34f. 47 Michael Hamburger erinnert sich, PC bei einem der Treffen junger Exillyriker wohl schon 1949 oder 1950 in Frieds Londoner Wohnung kennengelernt zu haben. Vgl. M. Hamburger: Schreiben ohne Anker. Notizen zu Erich Fried, in: Text + Kritik, Heft 91 (1986), S. 94-97; hier S. 94. Zu dem Kreis gehörten – außer ihm und Fried – Franz Baermann Steiner (als Spiritus rector), Hans Werner Cohn, Hans Eichner, Georg(e) Rapp und H.G. Adler. 48 Vgl. meinen Aufsatz: Ermunterung und Selbstermunterung. Zu einem frühen Widmungsgedicht

ANMERKUNGEN

(»Wer nicht ausgeht«) Erich Frieds an Paul Celan, in: Interpretationen. Gedichte von Erich Fried, hg. von Volker Kaukoreit, Stuttgart 1999, S. 119-134. **49** Ehebriefwechsel I, S. 538. Vgl. auch: Alles Liebe und Schöne, Freiheit und Glück. Briefe von und an Erich Fried, hg. von V. Kaukoreit, Berlin 2009, insbes. PCs Brief vom 12. Januar 1952, S. 19f. **50** »Höre, Israel«, in: Fried: Anfechtungen. Fünfzig Gedichte, Berlin 1967, S. 44. **51** Ebd. **52** In dem Gedicht »Ein Jude an die zionistischen Kämpfer« vergleicht Fried die israelischen Soldaten sogar mit SS, SA und Gestapo. Freilich hat PC es nicht gekannt.' Es entstand erst 1988. Vgl. Fried: Sämtliche Werke in 4 Bdn., Bd. 3, Berlin 1993, S. 361. **53** Mikrolithen, S. 123, und Kommentar, S. 609. Frieds Gedicht »Verlorener deutscher Osten« war zusammen mit zwei weiteren Gedichten von ihm in der FAZ vom 4./5. Mai 1968 abgedruckt worden. Es findet sich wieder in Frieds Band »Zeitfragen«, München 1968, S. 76. **54** Shmueli Briefe, S. 105. **55** Vgl. hier das Kapitel »Linksnibelungen ...«, S. 245-252. **56** Shmueli Briefe, S. 39. **57** Vgl. Jeffrey Herf: Unerklärte Kriege gegen Israel. Die DDR und die westdeutsche radikale Linke 1967-1989, Göttingen 2019, insbes. S. 115-137 **58** Dazu Herf, ebd. S. 211-213. **59** Solomon 1990, S. 58. **60** Brief vom »keinsten Mai 1968« an Wurm, in: Wurm, S. 146 f. **61** Ebd. S. 166. **62** Shmueli Briefe, S. 16.

Hölderlins deutsches Vaterland – (»Pallaksch. Pallaksch.«)

1 Dazu ausführlich Welling, S. 182-308. **2** So steht es im Lebensabriss zu PC von Bertrand Badiou, in: Ehebriefwechsel II, S. 389. Die Hinweise bei Chalfen sind eher vage (S. 60, 70, 99). **3** Wiedemann Faible, S. 79. **4** PCs Eintrag im Besucherbuch ist heute in der Ausstellung im Turm zu lesen. **5** Demus, S. 165. **6** »Andenken«, in: FHA 8 (Gesänge II), S. 804 f. **7** Vgl. dazu Wiedemann Faible, S. 85 f. **8** Zitiert nach: ebd., S. 86. Dies. ebd. detailliert zu PCs Tübingen-Besuch 1955 (S. 78-92). **9** NKG, S. 117. **10** Hölderlin: Der Rhein, in: ders.: KlStA, Bd. 2, S. 155, in PCs Exemplar, mit der markierten Hervorhebung. An diesem 17. April 1959 hatte er ein Gespräch mit Böschenstein über die »Rhein«-Hymne, aus der er dann zwei Jahre später in »Tübingen, Jänner« zitiert. Vgl. B. Böschenstein in: Niemandsrose Komm., S. 121. **11** Meridian, S. 187. **12** FHA 8 (Gesänge II), S. 687. **13** NKG, S. 101. Das Gedicht ist am 10. März 1957 entstanden. **14** Meridian, S. 12. Hervorhebung im Original. **15** Lebenslauf, in: FHA 5 (Oden II), S. 478. In der ersten Fassung: »So durchlauf ich des Lebens / Bogen und kehre, woher ich kam.« (Ebd. S. 472) **16** Dritte Fassung

376

von »Versöhnender, der du nimmergeglaubt«. Vgl. KlStA, Bd. 2, S. 143. Das ist die Ausgabe, die PC benutzte. **17** Meridian, S. 9. **18** FHA 5 (Oden II), S. 410 f. Ursprünglich hieß das Gedicht »Die Schlacht« und hatte noch eine zusätzliche Eingangsstrophe. Sie lautet: »O Morgenroth der Deutschen, o Schlacht! Du kömmst / Flammst heute blutend über den Völkern auf, / Denn länger dulden sie nicht mehr, sind / Länger die Kinder nicht mehr, die Deutschen.« (Ebd. S. 408). Der Herausgeber von »Neuffers Taschenbuch 1800«, Christian Ludwig Neuffer, hat diese Strophe einfach weggelassen. Der FHA-Herausgeber D. E. Sattler kommentiert: »Erst dieser Eingriff ermöglichte den Mißbrauch.« (S. 403) In der Tat lässt diese erste Strophe deutlich erkennen, dass sich »die Deutschen«, erwachsen geworden, gegen eine Tyrannei wenden. **19** Vgl. Hölderlin Handbuch, S. 447. **20** Vgl. »Latrine«. Erstdruck 1946 in »Der Ruf«; zitiert nach: G. Eich: Gesammelte Werke in 4 Bdn. Revidierte Ausgabe, Bd. 1, Frankfurt a. M. 1991, S. 37. **21** In W. Borchert: Das Gesamtwerk, Hamburg 1957, S. 387. **22** Ebd. S. 390 f. **23** H. M. Enzensberger: landessprache, Frankfurt a. M. 1960, S. 47 und 41. **24** Vgl. Kurt Bartsch: Die Hölderlinie. deutsch-deutsche Parodien, Berlin 1983. **25** landessprache, S. 7-13. **26** Vgl. Kinderhymne, in: ders.: GBFA, Bd. 12, S. 294 f. **27** Vgl. Philos. Bibliothek, S. 765 (= Chronologie der philosophischen Lektüredaten). **28** Zitiert nach Benjamins Abdruck des Gedichts in: Zwei Gedichte von Friedrich Hölderlin, in: ders. Illuminationen. Ausgewählte Schriften, Frankfurt a. M. 1961, S. 26. FHA 5 (Oden II), S. 697 f. »Blödigkeit« ebd. S. 699 f. **29** Vgl. Philos. Bibliothek, S. 300 f. Die Wiedergabe von PCs Lektürespuren in Benjamins Essay umfasst enggedruckte eineinhalb Seiten (ebd. S. 300 f.). **30** Anders Marlies Janz in ihrem Beitrag »Benjamin – Adorno – Szondi« in: Hölderlin Handbuch, S. 439-443, die Benjamins Deutung offenbar überzeugt hat. Auch kann ich nicht entdecken, wo in diesem Essay Benjamin von Hellingraths Wendung »harte Fügung« aufgenommen habe. **31** Von Hellingraths Kommentar steht im Anhang zu Bd. IV der von ihm herausgegebenen Historisch-kritischen Ausgabe der Sämtlichen Werke Hölderlins, Berlin 3. Aufl. 1943, S. 305. **32** Vgl. Benjamin, S. 42, und Philos. Bibliothek, S. 301. **33** Vgl. zum Problem des ›lebendigen Toten‹ resp. des ›toten Lebenden‹ bei PC Welling, S. 181-192 (zu Kafkas »Der Jäger Gracchus« und PC). **34** Benjamin, S. 44 f. **35** Demus, S. 370. **36** Rhein. Freunde, S. 300. **37** Vgl. Goll-Affäre, S. 528-535. **38** NKG, S. 137 **39** Vgl. die Zusammenstellung von Arno Barnert, der dem Gedicht selbst 75 Seiten widmet (S. 199-276); hier Barnert, S. 209 f. **40** So auch B. Böschenstein in: Interpretationen, S. 96-104; hier S. 99. **41** NKG, S. 430. **42** Vgl. TCA, Die Niemandsrose,

S. 36 f. **43** Auch die Wendung »immer-, immer- / zuzu« ist ein Zitat. In Büchners »Woyzeck« ruft Marie, während sie mit dem Tambourmajor tanzt, »Immer zu, immer zu –«. Woyzeck hört das und wiederholt die beiden Wörter mehrfach, zutiefst verstört. In PCs Büchner-Ausgabe (Werke und Briefe. Gesamtausgabe, Wiesbaden 1958) S. 166. **44** Vgl. Aus dem Berichte von Christoph Theodor Schwab (1846), in: Der kranke Hölderlin. Urkunden und Dichtungen aus der Zeit seiner Umnachtung, hg. von Erich Trumler, München 1921, S. 107-118; hier S. 109 f. **45** Vgl. das Homburger Folioheft, als Supplement III der FHA, hg. von D. E. Sattler und Emery E. George, Frankfurt a. M., Basel 1986. **46** Es ist wenig bekannt, dass Hölderlin im Turm über die Jahre eine größere Anzahl kleiner, bescheidener (»blöder«) Gedichte über Landschaft, Natur und die Jahreszeiten geschrieben hat, gereimt und metrisch korrekt – erstaunliche Zeugnisse einer geschrumpften und doch nicht nur wahnhaften Existenz. Vgl. Christian Oestersandfort: Immanente Poetik und poetische Diäthetik in Hölderlins Turmdichtung, Tübingen 2006, und W. Emmerich: Hölderlins späteste Gedichte und die Sorge um sich, in: Hölderlin und die Psychiatrie, hg. von Uwe Gonther und Jan E. Schlimme (= Schriften der Hölderlin-Gesellschaft, Bd. 25), Bonn 2010, S. 263-283. – Hölderlins ›letztes Wort‹ sind also nicht die Fragmente der Jahre 1801 bis 1805, in denen sein ›Wahnsinn‹ die Oberhand gewinnt, sondern die einfachen Gedichte der darauf folgenden Jahre. PC hat sich zu diesen, soweit ich sehe, nicht geäußert. **47** Der Rhein, in: FHA 8 (Gesänge II), S. 625. **48** Bremer Rede, in: GW III, S. 186. **49** Ebd. S. 185. **50** Meridian, S. 123 f. Es ist bemerkenswert, dass PC in seiner endgültigen Rede auf deutlich krassere Passagen wie diese verzichtet hat. **51** Ebd., S. 3. **52** Bernhard Böschenstein: Im Zwiegespräch mit Hölderlin: George, Rilke, Trakl, Celan, in: Philosophie und Poesie. O. Pöggeler zum 60. Geburtstag, hg. von A. Gethmann-Siefert, Bd. 2, Stuttgart 1988, S. 241-260; Zitat S. 259. **53** NKG, S. 572. **54** Shmueli Briefe, S. 58. **55** FHA 7 (Gesänge I), S. 382. **56** FHA 19 (Briefe), S. 479. **57** Dritter Ansatz; hier zitiert nach: Hölderlin: Sämtliche Werke, hg. von F. Beißner, Frankfurt a. M. 1965, S. 343. **58** Friedrich Schiller: Sämtliche Werke, Bd. IV, Leipzig o. J., S. 376 f. **59** FHA. Homburger Folioheft. Faksimile-Edition, S. 40 (= Heftseite 14, Vers 29). **60** FHA 16 (Sophokles), S. 75 f.; Zitat S. 76. **61** FHA. Homburger Folioheft, S. 41 (= Heftseite 15, Vers 18). **62** Ebd. S. 62 (= Heftseite 36, Verse 12/13). **63** Ebd. S. 71 (= Heftseite 45, Verse 6-9). **64** Vgl. hier das Kapitel »Das zweite Deutschlandgedicht: »Wolfsbohne« (1959), S. 112-130 **65** Vgl. FHA. Homburger Folioheft, S. 101 (= Heftseite 75, Verse 60-64). **66** Ebd., S. 110 (= Heftseite 84, Verse 2-9). **67** So

Martin Vöhler im Hölderlin Handbuch, S. 305. **68** Dazu zuerst Pierre Bertaux: Hölderlin und die Französische Revolution, Frankfurt a. M. 1969. PC kannte den Germanisten Bertaux, der aus dem Widerstand kam, persönlich. Dieser war mit Denise Supervielle verheiratet, einer Tochter von Jules Supervielle, dessen Gedichte PC übersetzt hat. **69** Vgl. Adolf Beck: Hölderlins Weg zu Deutschland. Fragmente und Thesen, Stuttgart 1982. Das Buch ist insgesamt deutlich nüchterner, als der Titel vermuten lässt. **70** FHA. Homburger Folioheft, S. 100 (= Heftseite 74, Verse 39-45). **71** Ebd. S. 89 (= Heftseite 63, Verse 13-15). – In einem kurzen theoretischen Text, den ältere Ausgaben unter dem Titel »Das Werden im Vergehen« abdrucken (D. E. Sattler wählt den Anfang des Textes als Titel: »Das untergehende Vaterland«), wird auf hoher theoretischer Ebene »Dieser Untergang oder Übergang des Vaterlandes« als eine politische und lebenspraktische Notwendigkeit verhandelt. »Auflösung« heißt das Zauberwort. Kraft ihrer soll alles, die gesellschaftlichen und politischen Verhältnisse inbegriffen, immer wieder erneuert werden. Vgl. FHA 14 (Entwürfe zur Poetik), S. 174-178. **72** Zitiert nach: Hölderlin: Sämtliche Werke (wie Anm. 57), S. 1014-1016; Zitat S. 1016. **73** Vgl. Nielsen Pors, S. 251. **74** Shmueli Briefe, S. 58. **75** Vgl. auch PC in: Shmueli Briefe: »Daß Jerusalem eine Wende, eine Zäsur sein würde in meinem Leben – das wußte ich.« (S. 14) **76** Das erinnert an das Notat aus der »Meridian«-Rede, in dem über »die Sprache / als das in den Keim Zurückgekehrte« reflektiert wird. Vgl. hier Anm. 50. **77** NKG, S. 168-171; hier S. 169. **78** Vgl. FHA 16 (Sophokles), S. 250, und Welling, S. 297-300. **79** NKG, S. 443 f.; hier S. 444. **80** Vgl. dazu Welling, S. 294-296. **81** Soweit ich sehe, hat sich PC nirgendwo mit dem berühmten ›poetologischen‹ Brief Hölderlins an seinen Freund Casimir Ulrich von Boehlendorff vom 4. Dezember 1801 auseinandergesetzt, obwohl ihn die dort reflektierte Frage des Verhältnisses des »eigentlichen[n] Nationellen« zum »Fremden« in der dichterischen Tätigkeit doch interessiert haben müsste. Auch hatte ihm Peter Szondi seine »Hölderlin-Studien« (1967) geschenkt, in denen diesem Brief ein ganzer Aufsatz gewidmet ist (S. 85-104). Aber da dieser Brief und sein Thema bei PC nicht vorkommen, kommen sie auch in diesem Hölderlin-Kapitel nicht vor. Vgl. FHA 19 (Briefe), S. 492 f. **82** A. du Bouchet: Tübingen, le 22 mai 1986, in: Hölderlin vu de France. Études réunies par B. Böschenstein et Jacques Le Rider, Tübingen 1987, S. 95-112; hier S. 105. **83** B. Böschenstein: Gespräche und Gänge mit PC, in: Giuseppe Bevilacqua, B. Böschenstein: PC. Zwei Reden, Marbach a. N. 1990, S. 7-19; hier S. 17. **84** Vgl. Christoph Graf von Schwerin: Bitterer Brunnen des Herzens. Erinnerungen an PC, in: Der Monat Nr. 279 (1981), S. 73-81; hier S. 81.

ANMERKUNGEN

Départ Paul. *Der Tod in der Seine*

1 Also sprach Zarathustra. Ein Buch für alle und keinen. Erster Teil. = Kritische Studienausgabe, Bd. IV, München 1988, S. 94. Hervorhebung im Original. – Es ist nicht bekannt, ob PC diese Passage geläufig war. In der Philos. Bibliothek gibt es keinen Eintrag zu einer »Zarathustra«-Lektüre, aber der Autor hatte das Buch wohl schon in seiner Jugend gelesen. 2 Bevilacqua, S. 119. 3 Vgl. hierzu Jean Amérys Buch »Hand an sich legen. Diskurs über den Freitod«. Es erschien sechs Jahre nach PCs Tod. Am 16./17. Oktober 1978 tötete Améry sich selbst mit einer Überdosis Schlafmittel. PC hat Amérys Buch »Jenseits von Schuld und Sühne« im Herbst 1966 kurz nach dessen Erscheinen gelesen und mit vielen Anstreichungen versehen (vgl. Philos. Bibliothek, S. 451-459). Persönlich sind sich PC und Améry, der Auschwitz und zwei weitere Lager überlebt hatte, wohl nicht begegnet. 4 Shmueli Briefe, S. 175. 5 Ebd. S. 174. 6 Ebd., S. 55. 7 »Unverwahrt«, in: NKG, S. 249, und Kommentar, S. 934 f. 8 Ebd., S. 265, und Kommentar, S. 966. 9 Von Fred Schmidt, 1967 als Band 808 der Fischer-Bücherei in Frankfurt a. M. erschienen. Man kann vermuten, dass der S. Fischer Verlag seinem (Nicht-mehr-)Autor gelegentlich Neuerscheinungen zuschickte, so auch das Buch »Teste selbst. Für Menschen, die ein Auto kaufen« von Alexander Spoerl, das im März 1967 als Fischer Taschenbuch Nr. 792 erschien. Der sprachliche Niederschlag der Lektüre dieses Buches findet sich in mehreren Gedichten, die im April 1967 in der Psychiatrie entstanden, wie z. B. »Unverwahrt«; vgl. NKG, S. 249, und Kommentar, S. 934-936. 10 Vgl. den Wortindex von Nielsen Pors, der freilich die Gedichte aus dem Nachlass noch nicht umfasst, und Lyon (1987) sowie NKG, S. 940 ff., wo B. Wiedemann im Detail belegt, welche Bücher zur menschlichen Anatomie und Physiologie PC speziell im April 1967 las. 11 NKG, S. 184. 12 Vgl. Nielsen Pors, S. 261, und Lyon 1987, S. 605. 13 Vgl. das Exemplar aus PCs Arbeitsbibliothek (DLA Marbach), S. 43 und 47 f. 14 GW III, S. 186. 15 Vgl. zu PCs Kafka-Rezeption umfassend und im Detail Welling, passim; Fazit S. 556-560. 16 Die Notiz aus dem Jahre 1917 gehört zu den sogenannten Zürauer Aphorismen. Zitiert nach der Ausgabe Frankfurt a. M. 2006, S. 68 (= Nr. 57). PC hatte die Notiz u. a. in dem Band »Hochzeitsvorbereitungen auf dem Lande und andere Prosa aus dem Nachlaß« gelesen, der 1953 bei S. Fischer erschienen war. In ihm hatte der Herausgeber Max Brod die Aphorismen unter den Titel »Betrachtungen über Sünde, Leid, Hoffnung und den wahren Weg« gestellt (ebd. S. 34). 17 NKG, S. 210. 18 Ebd. S. 494 f. 19 Ebd. S. 303. 20 Meridian, S. 139. 21 Vgl. dazu Be-

vilacqua, passim. **22** Vgl. Chalfen, S. 109, und »Frau nopti« in: Frühwerk, S. 196. **23** Silbermann, S. 69. **24** NKG, S. 88, und Kommentar, S. 729f. – Das Gedicht ist auch eine Reaktion auf die herablassende, missverstehende Rezension von »Mohn und Gedächtnis« durch H. E. Holthusen, in der PC als »Fremdling und Außenseiter« der deutschen Sprache bezeichnet wird. Der »Todesfuge« bescheinigte der Kritiker großzügig, sie habe ihr »Thema bewältigen« können. Vgl. Fünf junge Lyriker II, in: Merkur 8 (1954), Heft 74, S. 378-390; Zitate S. 385 und 390. **25** Vgl. Primo Levi: I sommersi e i salvati, Turin 1986; deutsch: Die Untergegangenen und die Geretteten, München 1990. **26** Vgl. NKG, S. 202, und Kommentar, S. 875f. **27** Ebd., S. 282f., und Kommentar, S. 887f. **28** Ebd., S. 246, und Kommentar, S. 927. **29** Ebd., S. 580, und Kommentar, S. 1247. **30** Gedd. Nachlaß, S. 132 und 445-448. NKG, S. 467, und Kommentar, S. 1117f. Hier fehlt der Hinweis auf die in der Endfassung gestrichenen Eingangsverse. **31** Gedd. Nachlaß, S. 133 und 448f., und NKG, S. 467, und Kommentar, S. 1118. Auch hier wird die erste Version nicht erwähnt. **32** NKG, S. 258, und Kommentar, S. 954. **33** Ebd., S. 284, und Kommentar, S. 989. **34** Ebd., S. 534, und Kommentar, S. 1200. **35** Ebd., S. 290, und Kommentar, S. 999f. **36** Zitiert nach: Felstiner, S. 296. **37** Shmueli Jerusalem, S. 29. **38** Zitiert nach: Lydia Koelle: Wo soll ich jetzt hin mit diesem Dort?, in: FAZ vom 21. Oktober 2019. **39** Shmueli Jerusalem, S. 44. **40** Ebd. **41** Shmueli Briefe, S. 61. **42** Brief vom 29. Januar 1970, in: Chomed, S. 61. **43** Wurm, S. 231. **44** Vgl. Baumann Erinnerungen, S. 125. **45** Vgl. F. Wurm: Erinnerung, in: Wurm, S. 250. **46** Böschenstein, S. 16. **47** Vgl. Brief an F. Wurm vom 27. März 1970, in: Wurm, S. 239. **48** M. Walser: Hölderlin zu entsprechen, in: Die Zeit vom 27. März 1970; vgl. dazu Peter Horst Neumann: Zur Lyrik PCs, Göttingen 1970, S. 307f. **49** Vgl. Böschenstein, S. 16. **50** Vgl. das Kapitel »Hölderlins deutsches Vaterland«, S. 286-304 **51** Vgl. Böschenstein, S. 17. Die Stelle heißt in Hölderlins »Anmerkungen zum Oedipus« korrekt: »In der äußersten Gränze des Leidens bestehet nemlich nichts mehr, als die Bedingungen der Zeit oder des Raums. // In dieser vergißt sich der Mensch, weil er ganz im Moment ist«. FHA 16 (Sophokles), S. 258 **52** Baumann Erinnerungen, S. 133. **53** In: Wurm, S. 239f. **54** Erschienen in: Poetica 3 (1970), S. 188-225. **55** Vgl. Gerhard Neumann: Selbstversuch, Freiburg i. Br., Berlin, Wien 2018, S. 271-326; hier S. 304-307, sowie S. 321-326 (eher unerfreulich) ein Brief von Brigitte Neumann an ihren Ehemann vom 11. Mai 1997. – Vgl. auch Baumann Erinnerungen, S. 83-86. **56** In: Wurm, S. 239f. **57** Neumann: Die ›absolute‹ Metapher (wie Anm. 54), S. 220. **58** Vgl. Mikrolithen, S. 123. PC verwendet den

Ausdruck in vorbereitenden Notizen für ein Interview mit dem israelischen Rundfunksender Kol Israel am 1. April 1968. Manès Sperber schlug das hebräische Wort »Churban« als Bezeichnung für den Massenmord an den Juden vor; »es steht für eine von Menschen herbeigeführte Verwüstung und Vernichtung im Gegensatz zur Naturkatastrophe (Shoah).« (B. Wiedemann in ihrem »Mikrolithen«-Kommentar, S. 605). Das ursprünglich griechische Wort »Holocaust« bedeutet Brandkatastrophe, später auch Brandopfer. Seine ›Übertragung‹ auf den Massenmord an den Juden ist aus dem genannten Grund ebenfalls problematisch.   59 Jean Améry: Jenseits von Schuld und Sühne. Bewältigungsversuche eines Überwältigten, München 1966, S. 59. Hervorhebung durch PC.   60 Meridian, S. 10.   61 Vgl. Baumann Erinnerungen, S. 47-49.   62 So Felstiner, S. 359.   63 Vgl. das Exemplar in PCs Arbeitsbibliothek im DLA Marbach.   64 Vgl. Ehebriefwechsel II, S. 493.   65 Vgl. Fremde Nähe, S. 571-574 und 578-584.   66 Vgl. Focus Nr. 19 (1997), S. 136.   67 Negative Dialektik, Frankfurt a. M. 1966, S. 353 f.   68 P. Szondi: Schriften I, Frankfurt a. M. 1978, S. 259.   69 Janz 2018, S. 46.

Nahe Fremde Deutschland – nach der »Zäsur«

1 Homi K. Bhabha: Die Verortung der Kultur, Tübingen 2000, S. 5.   2 Elisabeth Bronfen in ihrem Vorwort zu Bhabhas Buch, S. IX-XIV; hier S. XI.   3 Ebd. S. XIII.   4 Alexander Stephan hat 2005 einen Sammelband zum Thema »Exile and Otherness. New Approaches to the Experience of Nazi Refugees«, Oxford u. a., herausgegeben. Darin findet sich der Aufsatz mit dem makabren Titel »From the Third Reich to the Third Space: PC, Erich Fried, and Peter Weiss« (S. 121-132) von Sture Packalén, der der »hybrid position« der genannten Autoren gewidmet ist. Sein Fazit lautet, dass diese drei Autoren in der Zeit des Kalten Kriegs provokativ das Ungelöste im kollektiven deutschen Gedächtnis artikuliert hätten, indem sie Auschwitz ins Zentrum desselben gerückt und die Deutschen mit ihrer eigenen »unheimlichen« »otherness« konfrontiert hätten (S. 131 f.). »Todesfuge«, »Der Soldat und das Mädchen« (Fried, 1960) und »Die Ermittlung« (Weiss, 1965) werden dabei auf eine Stufe gestellt.   5 Vgl. meinen Aufsatz: Odradek – ein Bewohner des Dritten Raums. Mit Franz Kafka unterwegs zu transkulturellen Lektüren, in: Dislocation and Reorientation. Exile, Division and the End of Communism in German Culture and Politics. In Honour of Ian Wallace, hg. von A. Goodbody u. a., Amsterdam, New York 2009, S. 83-96.   6 Vgl. Welling, in dessen umfangreicher Untersuchung diese Erzählung Kafkas keine Rolle spielt.   7 Franz

Kafka: Sämtliche Erzählungen, hg. von Paul Raabe, Frankfurt a. M. 1970, S. 139 f. **8** Vgl. hier das Kapitel »Gibt es mich überhaupt?«, S. 176-188. **9** Vgl. Lothar Beier: Unter Linksnibelungen. Das Erscheinen des französischen Schriftstellers. Zum Briefwechsel PC – Gisèle C.-Lestrange, in: der freitag vom 11. Mai 2001. **10** Ehebriefwechsel I, S. 209. Vgl. auch das Gedicht »Wir werden / leben: du / mein Sohn, und du, / Geliebte, du, / seine Mutter, und mit euch / ich – in diesem / eurem / gastlichen Land: in Frankreich. Mit / seinen Menschen, mit / allen Menschen. [...]. In: Gedd. Nachlaß, S. 83, und NKG, S. 441. **11** Vgl. Bernhard Waldenfels: In den Netzen der Lebenswelt, Frankfurt a. M. 1985, S. 210. **12** Ich folge in dieser Zusammenfassung im Wesentlichen Jean Bollack in: Bollack Deutsche, S. 13. **13** Vgl. seinen Brief an Siegfried Lenz vom 30. Januar 1962, in: Goll-Affäre, S. 556-559; Zitat S. 558. – Hervorhebung im Original. **14** Ehebriefwechsel II, S. 487; identisch in: NKG, S. 1230. **15** Vgl. Goll-Affäre, S. 564-567. – Adorno war als »Theodor Ludwig Wiesengrund« geboren und hat sich später dieses sehr jüdisch klingenden Namens entledigt bzw. ihn auf eine »middle initial« schrumpfen lassen. **16** Meridian, S. 127. **17** Ebd. **18** Wurm, S. 13. **19** Meridian, S. 131. **20** NKG, S. 142 f.; Zitat S. 143; Kommentar, S. 802. **21** NKG, S. 166 f.; Zitat S. 167; vgl. den Kommentar, S. 836-838. **22** Baumann Erinnerungen, S. 114. **23** Mikrolithen, S. 57. **24** Zitiert nach: Goll-Affäre, S. 558. **25** Peter Härtling: Die verdoppelte Trauer, in: FAZ vom 30. April 1980. Ich verdanke das Zitat Wiedemann Faible, S. 82 f. **26** Lenz, S. 64. **27** Ebd. S. 65. **28** Bollack Deutsche, S. 14 und 17. **29** Zitiert von Bianca Rosenthal, in: Bukarest 1981, S. 227-231; Zitat S. 230. **30** Vgl. Barnert, S. 215; zur Funktion des Zitierens bei PC ebenfalls grundlegend: Welling, passim. **31** Meridian, S. 8. **32** Mikrolithen, S. 122, und Kommentar, S. 597 f. **33** Ebd. S. 58, und Kommentar, S. 446 f. **34** Bei Améry S. 147. Misrahis Buch heißt »La condition réflexive de l'homme juif«. **35** Über eine mögliche (wünschbare / zu erwartende / zu befürchtende) »Zäsur« im zeitlichen Ablauf der Geschichte haben mehrere jüdischen Autoren, u. a. Ernst Bloch, Gershom Scholem und Walter Benjamin, nachgedacht. Das kann hier nicht weiter verfolgt werden. Vgl. zum Thema Zäsur auch Anja Lemke: Konstellation ohne Sterne. Zur poetischen und geschichtlichen Zäsur bei Martin Heidegger und PC, München 2002. **36** Jenseits von Schuld und Sühne, München 1966, S. 158. Hervorhebungen durch PC. Vgl. Philos. Bibliothek, S. 451-459; hier S. 459. – PC und Jean Améry, der mehrere Konzentrationslager überlebt hatte, sind sich wohl nicht begegnet. **37** Zitiert nach: Fremde Nähe, S. 480. Hervorhebung im Original. Leider gibt Nono keinen Fundort zu der Camus zugeschriebenen Formulierung an.

Literatur

Die Gedichte Paul Celans werden nach der von Barbara Wiedemann besorgten Ausgabe »Die Gedichte. Neue kommentierte Gesamtausgabe in einem Band«" (Frankfurt a. M. 2018) zitiert. Sie ersetzt alle bisherigen Einzelausgaben des lyrischen Werks von PC und ist hoffentlich bald in einer Taschenbuchausgabe zu haben.

Nach wie vor ist die von Beda Allemann initiierte Ausgabe der Gesammelten Werke in 5 Bänden, die neben den Gedichten auch einige Prosa sowie die Übersetzungen enthält, sehr nützlich; vor allem durch die beiden Ergänzungsbände »Das Frühwerk« und »Die Gedichte aus dem Nachlaß«. Die Prosa aus dem Nachlass ist in dem Band »Mikrolithen sinds, Steinchen«, herausgegeben von Barbara Wiedemann und Bertrand Badiou, zugänglich.

Gelegentlich wird die Tübinger Celan-Ausgabe herangezogen, weil sie, wo immer möglich, verschiedene Stufen der Entstehung eines Gedichts dokumentiert. Für die Büchnerpreis-Rede »Der Meridian« ist die Benutzung der Edition in der Tübinger Ausgabe unumgänglich, weil sie die Vorarbeiten dazu instruktiv dokumentiert.

Auf die historisch-kritische Bonner Celan-Ausgabe wurde nur in sehr seltenen Fällen rekurriert. Das vorliegende Buch ist in erster Linie nicht für die kleine Community der Celan-Forscher geschrieben, sondern für ein breiteres Publikum, das diese Ausgabe eher nicht in der heimischen Bibliothek stehen haben wird.

Im Folgenden werden die häufig zitierten Quellen und Darstellungen zu PC mit Siglen und Kurztiteln ausgewiesen. Alle darüber hinaus verwendete Literatur wird in den Anmerkungen vollständig zitiert.

Siglen und Abkürzungen

BPC	Nachlassbibliothek von PC im Deutschen Literaturarchiv Marbach
CJb	Celan-Jahrbuch, hg. von Hans-Michael Speier, Bd. 1 (1987) – Bd. 10 (2018).
CP	Celan-Perspektiven, hg. von Bernd Auerochs u. a., Bd. 1 (2019).
DLA	Deutsches Literaturarchiv Marbach

LITERATUR

ENS   École Normale Supérieure Paris
FAZ   Frankfurter Allgemeine Zeitung
FHA   Friedrich Hölderlin: Sämtliche Werke. Frankfurter Ausgabe, hg. von Dietrich E. Sattler u. a., Frankfurt a. M. 1975 ff.
GBFA Bertolt Brecht: Große kommentierte Berliner und Frankfurter Ausgabe, hg. von Werner Hecht, Jan Knopf, Werner Mittenzwei und Klaus-Detlef Müller, Berlin und Weimar, Frankfurt a.M. 1989 ff.
KlStA Friedrich Hölderlin: Sämtliche Werke. Kleine Stuttgarter Ausgabe, hg. von Friedrich Beißner u. a., Stuttgart 1943 ff.
GW   PC: Gesammelte Werke in fünf Bänden, hg. von Beda Allemann u. a., Frankfurt a. M. 1983 (mit Bandzahl I-V).
NKG   PC: Die Gedichte. Neue Kommentierte Gesamtausgabe, hg. und kommentiert von B. Wiedemann. Frankfurt a. M. 2018.
PC   Paul Celan
TCA   PC: Tübinger Ausgabe, hg. von Heino Schmull und Jürgen Wertheimer, Frankfurt a. M. 1996 ff.

Kurztitel

Adorno — Theodor W. Adorno und PC. Briefwechsel 1960-1968, hg. von Joachim Seng, in: Frankfurter Adorno Blätter 8, 2003, S. 177-202.

Allemann Rychner — Beda Allemann: Max Rychner – Entdecker PCs. Aus den Anfängen der Wirkungsgeschichte Celans im deutschen Sprachbereich, in: »Wir tragen den Zettelkasten mit den Steckbriefen unserer Freunde«, Acta-Band zum Symposion: Beiträge jüdischer Autoren zur deutschen Literatur seit 1945, hg. von Jens Stüben und Winfried Woesler, Darmstadt 1993, S. 280-292.

André — Robert André: Gespräche von Text zu Text. Celan – Heidegger – Hölderlin, Hamburg 2003.

Arendt Besuch — Hannah Arendt: Besuch in Deutschland (1950), in: dies.: Zur Zeit. Politische Essays, Berlin 1986, S. 43-70.

Barnert — Arno Barnert: Mit fremdem Wort. Poetisches Zitieren bei PC. Frankfurt a. M., Basel 2007.

Baumann Erinnerungen — Gerhart Baumann: Erinnerungen an PC, Frankfurt a. M. 1986.

Baumann Briefe	Arno Barnert, Chiara Caradonna, Annika Stello: »Im Reich der mittleren Dämonen«. PC in Freiburg und sein Briefwechsel mit Gerhart Baumann, in: Textkritische Beiträge 15 (2016), S. 15-115.
Bender	PC: Briefe an Hans Bender, hg. von Volker Neuhaus und Ute Heimbüchel, München 1984.
Bevilacqua	Giuseppe Bevilacqua: Wegspuren zum Nichts im Spätwerk von PC, in: ders.: Auf der Suche nach dem Atemkristall. C.-Studien, München, Wien 2004, S. 117-131.
Böschenstein	Bernhard Böschenstein: Gespräche und Gänge mit PC, in: Giuseppe Bevilacqua/B. Böschenstein: PC. Zwei Reden, Marbach a. N. 1990, S. 7-19.
Bollack Deutsche	Jean Bollack: PC unter judaisierten Deutschen, München 2003.
Bollack Dichtung	Jean Bollack: Dichtung wider Dichtung. PC und die Literatur, Göttingen 2006.
Bollack Fremdheit	Jean Bollack: PC. Poetik der Fremdheit, Wien 2000.
Bollack Gericht	Jean Bollack: Vor dem Gericht der Toten. PCs Begegnung mit Martin Heidegger und ihre Bedeutung, in: Neue Rundschau 109 (1998), Heft 1, S. 117-156.
Briegleb Mißachtung	Klaus Briegleb: Mißachtung und Tabu. Eine Streitschrift zur Frage:»Wie antisemitisch war die Gruppe 47?«, Berlin, Wien 2003.
Buck	Theo Buck: Muttersprache Mördersprache. Celan-Studien I, Aachen 1993.
Bukarest 1981	Texte zum frühen Celan. Bukarester Celan-Colloquium 1981 = Zeitschrift für Kulturaustausch 32 (1982), Heft 3.
Chalfen	Israel Chalfen: PC. Eine Biographie seiner Jugend, Frankfurt a. M. 1979.
Chomed	PC und Gustav Chomed. »... ich brauche Deine Briefe ...«, hg. und kommentiert von Barbara Wiedemann und Jürgen Köchel, Frankfurt a. M. 2010.
Civikov Werwolf	Germinal Civikov: Der Werwolf mit der Friedenstaube. Zu einer Gestalt in PCs Nachlassgedichten, in: CJb 10 (2018), S. 95-132.
Cofalla	Der »soziale Sinn« Hans Werner Richters. Zur Korrespondenz des Leiters der Gruppe 47, Berlin 1997.

Colin Silbermann	PC – Edith Silbermann. Zeugnisse einer Freundschaft. Gedichte, Briefwechsel, Erinnerungen, hg. von Amy-Diana Colin und E. Silbermann, München 2010.
Corbea-Hoisie	Andrei Corbea-Hoisie: PCs »unbequemes Zuhause«. Sein erstes Jahrzehnt in Paris, Aachen 2017.
Demus	PC – Klaus und Nani Demus. Briefwechsel. Mit einer Auswahl aus dem Briefwechsel zwischen Gisèle Celan-Lestrange und Klaus und Nani Demus, hg. und kommentiert von Joachim Seng, Frankfurt a. M. 2009.
Dischner	PC – Gisela Dischner: »Wie aus weiter Ferne zu Dir«. Briefwechsel, hg. von Barbara Wiedemann und G. Dischner, Berlin 2012.
Displaced	Displaced. PC in Wien 1947/48, hg. von Peter Goßens und Marcus G. Patka im Auftrag des Jüdischen Museums Wien, Frankfurt a. M. 2001.
Ehebriefwechsel	PC – Gisèle Celan-Lestrange: Briefwechsel. Mit einer Auswahl von Briefen PCs an seinen Sohn Eric, hg. und kommentiert von Bertrand Badiou in Verbindung mit Eric Celan. Bd. 1: Die Briefe. Bd. 2: Kommentar, Frankfurt a. M. 2001.
Einhorn	PC – Erich Einhorn: »Einhorn, du weißt um die Steine …«. Briefwechsel, hg. von Martina Dmitrieva-Einhorn, Berlin 1999.
Eisenreich	Brigitta Eisenreich: Celans Kreidestern. Ein Bericht, Berlin 2010.
Emmerich	Wolfgang Emmerich: PC, Reinbek b. Hamburg, 6. Aufl. 2014.
Emmerich Doku	Der Bremer Literaturpreis. Eine Dokumentation 1954-1998. Reden der Preisträger und andere Texte, hg. von Wolfgang Emmerich Bremerhaven 1999.
Emmerich 2000	»… daß das Gedicht um dieser Meinung – um der *Menschen* willen geschrieben ist«. PCs multiple Engführungen, in: PC. Biographie und Interpretation, hg. von Andrei Corbea-Hoisie, Paris 2000, S. 168-192.
Federmann	In memoriam PC. Briefe an Reinhard Federmann, in: Die Pestsäule (Wien) 1 (1972), Heft 1, S. 17-21.
Felstiner	John Felstiner: PC. Eine Biographie, Deutsch von Holger Fliessbach, München 1997 (englisch u. d. T. PC. Poet, Survivor, Jew, 1995)

Fischer	Gottfried und Brigitte Bermann Fischer: Briefwechsel mit Autoren, hg. von Rainer Stach und Karin Schlapp, Frankfurt a. M. 1990.
Frei Vergang'politik	Norbert Frei: Vergangenheitspolitik. Die Anfänge der Bundesrepublik und die NS-Vergangenheit, München 1996.
Frühwerk	PC: Das Frühwerk, hg. von Barbara Wiedemann, Frankfurt a. M. 1989.
Goll-Affäre	Barbara Wiedemann: Die Goll-Affäre. Dokumente zu einer Infamie, Frankfurt a. M. 2000.
Gedd. Nachlaß	PC: Die Gedichte aus dem Nachlaß, hg. von Bertrand Badiou u. a., Frankfurt a. M. 1997.
Grass	Arno Barnert: Eine »herzgraue« Freundschaft. Der Briefwechsel zwischen PC und Günter Grass, in: Textkritische Beiträge 9, 2004, S. 65-127.
Habe	Arno Barnert: »Gegen das Wiederaufleben jenes sich ›liberal‹ gebenden Antisemitismus«. Der Briefwechsel zwischen PC und Hans Habe, in: Textkritische Beiträge 8, 2003, S. 63-88.
Hamacher Menninghaus	PC, hg. von Werner Hamacher und Winfried Menninghaus, Frankfurt a. M. 1988.
Hannover Doku	Der Mord an Rosa Luxemburg und Karl Liebknecht. Dokumentation eines politischen Verbrechens, hg. von Elisabeth Hannover-Drück und Heinrich Hannover, Frankfurt a. M. 1967.
Handbuch 2012	Celan Handbuch. Leben – Werk – Wirkung, hg. von Markus May, Peter Goßens und Jürgen Lehmann, 2. aktualisierte und erweiterte Aufl., Stuttgart 2012.
Herzzeit	Herzzeit. Ingeborg Bachmann – PC. Der Briefwechsel. Mit den Briefwechseln zwischen PC und Max Frisch sowie zwischen I. Bachmann und Gisèle Celan-Lestrange, hg. und kommentiert von Bertrand Badiou, Hans Höller, Andrea Stoll und Barbara Wiedemann, Frankfurt a. M. 2008.
Hirsch	PC – Rudolf Hirsch: Briefwechsel, hg. von Joachim Seng, Frankfurt a. M. 2004.
Hölderlin Handbuch	Hölderlin Handbuch. Leben – Werk – Wirkung, hg. von Johann Kreuzer, Stuttgart, Weimar 2002.
Interpretationen	Interpretationen. Gedichte von PC, hg. von Hans-Michael Speier, Stuttgart 2002.

Jamme 2018	Christoph Jamme: »ein Gespräch, an dem wir würgen«. Heidegger und PC, in: Journal Phänomenologie 49 (2018), S. 82-91.
Janz 1976	Marlies Janz: Vom Engagement absoluter Poesie. Zur Lyrik und Ästhetik PCs, Frankfurt a. M. 1976.
Janz 2003	Marlies Janz: »… noch nichts Interkurrierendes«. PC in Berlin im Dezember 1967, in: CJb 8, 2003, S. 335-345.
Janz 2018	Marlies Janz: »… den Himmel als Abgrund unter sich«. Celans Untergänge, in: CJb 10, 2018, S. 7-46.
Kloos	PC: »Du mußt versuchen, auch den Schweigenden zu hören«. Briefe an Diet Kloos-Barendregt. Handschrift – Edition – Kommentar, hg. von Paul Sars, Frankfurt a. M. 2002.
Krass 1997	Stephan Krass: »Mit einer Hoffnung auf ein kommendes Wort«. Die Begegnung von PC und Martin Heidegger, in: Neue Zürcher Zeitung vom 2. August 1997.
Krass 1998	Stephan Krass: »Wir haben Vieles einander zugeschwiegen«. Ein unveröffentlichter Brief von Martin Heidegger an PC, in: Neue Zürcher Zeitung vom 3. Januar 1998.
Lenz	PC – Hanne und Hermann Lenz. Briefwechsel, hg. von Barbara Wiedemann und Hanne Lenz, Frankfurt a. M. 2001.
Lettau Gruppe 47	Die Gruppe 47. Bericht, Kritik, Polemik. Ein Handbuch, hg. von Reinhard Lettau, Neuwied, Berlin 1967.
Lyon 1987	James K. Lyon: Die (Patho-)Physiologie des Ichs in der Lyrik Paul Celans, in: Zeitschrift für deutsche Philologie 106, Heft 4, S. 591-608.
Lyon 1989	James K. Lyon: Judentum, Antisemitismus, Verfolgungswahn: Celans »Krise« 1960-1962. In: CJb 3, S. 175-204.
Lyon 2006	James K. Lyon: An Unresolved Conversation 1951-1970, Baltimore 2006.
Mandelstamm	PC: Die Dichtung Ossip Mandelstamms, in: ders.: Mikrolithen, S. 196-206.
Margul-Sperber	PC: Briefe an Alfred Margul-Sperber, in: Neue Literatur (Bukarest) 1975, Heft 7, S. 50-63.
Meridian	Der Meridian. Endfassung – Entwürfe – Materialien, hg. von Bernhard Böschenstein und Heino Schmull, Frankfurt a. M. 1999 (= TCA, hg. von Jürgen Wertheimer).

Mikrolithen	PC: »Mikrolithen sinds, Steinchen«. Die Prosa aus dem Nachlaß. Kritische Ausgabe, hg. von Barbara Wiedemann und Bertrand Badiou, Frankfurt a. M. 2005.
Neumann	Gerhard Neumann: Selbstversuch, Freiburg i. Br. u. a. 2018.
Nielsen Pors	Karsten Hvidtfelt Nielsen/Harald Pors: Index zur Lyrik PCs, München 1981.
Niemandsrose Komm.	Kommentar zu PCs »Die Niemandsrose«, hg. von Jürgen Lehmann, Heidelberg 1997.
Philos. Bibliothek	PC – Die philosophische Bibliothek/La bibliothèque philosophique, hg. von Alexandra Richter u. a., Paris 2004.
Poetische Korrespondenzen	Ingeborg Bachmann und PC: Poetische Korrespondenzen. Vierzehn Beiträge, hg. von Bernhard Böschenstein und Sigrid Weigel, Frankfurt a.M. 1997.
Rhein. Freunde	PC. Briefwechsel mit den rheinischen Freunden. Heinrich Böll, Paul Schallück und Rolf Schroers, hg. und kommentiert von Barbara Wiedemann, Berlin 2011.
Sachs	PC – Nelly Sachs. Briefwechsel, hg. von Barbara Wiedemann, Frankfurt a. M. 1993.
Shmueli Jerusalem	Ilana Shmueli: Sag, daß Jerusalem ist. Über PC: Oktober 1969 – April 1970, Eggingen 2000.
Shmueli Briefe	PC – Ilana Shmueli. Briefwechsel, hg. von I. Shmueli und Thomas Sparr, Frankfurt a. M. 2004.
Shmueli Ein Kind	Ilana Shmueli: Ein Kind aus guter Familie. Czernowitz 1924-1944. Mit einem Nachwort von Andrei Corbea-Hoisie, Aachen 2006.
Sieber	Mirjam Sieber: PCs »Gespräch im Gebirg«. Erinnerung an eine versäumte Begegnung, Tübingen 2007.
Silbermann	Edith Silbermann: Begegnung mit Paul Celan. Erinnerung und Interpretation, Aachen 1993.
Solomon 1980	Petre Solomon: PCs Bukarester Aufenthalt, in: Neue Literatur (Bukarest) 1980, Heft 11, S. 50-64.
Solomon 1981	Petre Solomon: Briefwechsel mit PC 1957-1962, in: Neue Literatur (Bukarest) 1981, Heft 11, S. 60-80.
Solomon 1982	Petre Solomon: Zwanzig Jahre danach. Erinnerungen an PC, in: Neue Literatur (Bukarest) 1982, Heft 11, S. 23-34.
Solomon 1990	Petre Solomon: PC. L'adolescence d'un Adieu. Essai, Paris 1990 (= übersetzt aus dem Rumänischen: PC. Dimensiunea Românesca).

Sprachgitter Komm.	Kommentar zu PCs »Sprachgitter«, hg. von Jürgen Lehmann, Frankfurt a. M. 2005.
Szondi Briefe	Peter Szondi. Briefe, hg. von Christoph König und Thomas Sparr, Frankfurt a. M. 1993.
Szondi/PC	PC – Peter Szondi: Briefwechsel, hg. von Christoph König, Frankfurt a. M. 2005.
Szondi Studien	Peter Szondi: Celan-Studien, hg. von Jean Bollack u. a., Frankfurt a. M. 1972.
Welling	Florian Welling: »Vom Anblick der Amseln«. PCs Kafka-Rezeption, Göttingen 2019.
Werner	Uta Werner: Textgräber. PCs geologische Lyrik, München 1998.
Wiedemann-Wolf Frühwerk	Barbara Wiedemann-Wolf: Antschel Paul – PC. Studien zum Frühwerk, Tübingen 1985.
Wiedemann Faible	Barbara Wiedemann: »Ein Faible für Tübingen«. PC in Württemberg/Deutschland und PC, Tübingen 2013.
Wurm	PC – Franz Wurm. Briefwechsel, hg. von Barbara Wiedemann und F. Wurm, Frankfurt a. M. 1995.

Personenregister

Abel, Rainer K. (d. i. Kabel, Rainer) 180, 360
Abetz, Otto 287 f.
Adenauer, Konrad 48, 92, 126
Adler, Jeremy 36
Adorno, Theodor W. 49, 126, 199 f., 212, 215 f., 230, 256, 278 f., 312, 321, 328, 383
Aichinger, Ilse 57, 82 f., 86, 100, 133, 217, 353
Alpan, Jan 315
Alpan, Lisa 315
Altmann, Robert 241
Améry, Jean 107, 319 f., 322, 333 f., 380, 383
Andersch, Alfred 85 f., 89 f., 92, 100, 133, 176, 197, 252, 352 f., 374
André, Robert 243, 367
Antonescu, Ion Victor 25
Antschel, Berta 73, 280
Antschel, Friederike (Fritzi, geb. Schrager) 16, 24 f., 29, 121, 329, 337
Antschel, Leo 16, 24 f., 29, 287
Aragon, Louis 37
Arendt, Erich 134, 253, 353 f.
Arendt, Hannah 65, 89, 230, 243
Arghezi, Tudor 40
Aristoteles 172, 230, 236, 352
Arndt, Ernst Moritz 129
Arnold, Heinz Ludwig 80
Aron, Edith 116
Augstein, Rudolf 196
Auguste von Homburg Prinzessin 300
Ausländer, Ninon 13

Ausländer, Rose 14 f., 34, 46, 54, 218

Bach, Johann Sebastian 46
Bachmann, Ingeborg 9, 45, 57-63, 73, 80, 82, 90, 96, 98, 100, 117, 121, 132, 134, 142, 171, 173, 179, 181, 190, 231, 345 f., 348, 354, 361
Baermann Steiner, Franz 71, 74, 375
Barnert, Arno 214, 359
Basil, Otto 57
Baumann, Gerhart 53, 232, 237-240, 316, 318-320, 329, 341, 368 f.
Baumgart, Reinhard 125-127, 224 f., 247
Becker, Jurek 218
Beckett, Samuel 228, 317
Beethoven, Ludwig van 24
Beißner, Friedrich 210, 289, 299 f., 302, 352
Bender, Hans 181, 201, 219, 236, 331
Benjamin, Walter 230, 249-251, 291 f., 322, 370, 377, 383
Benn, Gottfried 10, 172
Bense, Max 236
Bergmann, Hugo 186
Bergson, Henri 230
Bermann Fischer, Brigitte 227 f.
Bermann Fischer, Gottfried 8, 227 f.
Bevilacqua, Giuseppe 305
Bezzel, Chris 280, 282
Bhabha, Homi K. 323 f.
Binder, Wolfgang 318
Binswanger, Ludwig 309

393

Bleuler, Eugen 309
Bloch, Ernst 170, 230, 322, 373, 383
Blöcker, Günter 116-119, 121, 125, 127 f., 130, 134, 137 f., 146 f., 162, 167, 171 f., 177, 180, 183, 212, 225, 283, 351, 355
Blum, Klara 15
Bobrowski, Johannes 216-221, 247
Boehlendorff, Casimir Ulrich von 332, 379
Böll, Heinrich 90, 95 f., 100, 133, 145 f., 157-161, 163, 165, 167 f., 171, 224, 247, 350 f., 354, 356
Bollack, Jean 132, 187 f., 199, 223 f., 240, 331, 369 f., 383
Bollack, Mayotte 223
Bonnefoy, Ives 68, 71, 316 f.
Borchers, Elisabeth 117, 224
Borchert, Wolfgang 90, 290
Böschenstein, Bernhard 288, 296, 304, 317 f., 352, 376
Böschenstein, Renate 239
Böttiger, Helmut 37
Bouchet, André du 132, 304, 316 f.
Bourdieu, Pierre 80, 85, 87, 102, 216, 345
Brâncuşi, Constantin 67
Brandt, Willy 270
Brecht, Bertolt 18, 67, 121, 172, 232, 291
Breton, André 40, 70
Briegleb, Klaus 79 f., 85 f., 344 f.
Bronfen, Elisabeth 324
Brown, H. Rap (d. i. Hubert Gerold Brown; später: Jamil Abdullah Al-Amin) 282
Buber, Martin 138, 230, 322
Büchner, Georg 15, 23, 209, 236, 262, 321, 365, 378
Buck, Theo 79, 340, 372

Camus, Albert 196, 230, 334, 362, 383
Cassian, Nina 37, 40, 263
Cayrol, Jean 183, 269
Čechov, Anton Pavlovič 17, 37
Celan-Lestrange, Gisèle 62, 68, 74 f., 80 f., 176, 320 f., 326, 342, 372
Celan, Eric 75, 205, 221, 228, 255, 320, 326
Cesaire, Aimé 70
Char, René 152, 231
Chargaff, Erwin 15
Chomed, Gustav 17, 20, 131, 268, 316
Chomsky, Noam 85
Christian X. Kg. von Dänemark 284
Cioran, E. M. (Émile Michel) 67
Civikov, Germinal 87, 350
Cofalla, Sabine 79 f., 345
Cohen, Marie Edith 136
Cohn-Bendit, Daniel 272
Conrad, Joseph 254, 263 f., 373
Cvetaeva, Marina Ivanovna 191, 322

Daive, Jean 316, 320
Danton, Georges 262, 321
Däubler, Theodor 103
De Gaulle, Charles 207
Dehmel, Richard 103
Demokrit 230
Demus, Klaus 9, 58, 70 f., 75, 130, 132, 173, 179 f., 181, 211, 286 f., 293, 352
Demus, Nani (Anna, geb. Maier) 58, 287
Diner, Dan 333
Dischner, Gisela 248, 273, 278-282, 375
Doderer, Heimito von 100
Döhl, Reinhard 139, 173 f., 179 f., 192, 200, 293

Domin, Hilde 218
Donath, Andreas 117
Döpke, Oswald 98, 348
Dor, Milo 57f., 80, 82, 86, 140, 173, 345
Dubček, Alexander 274f.
Dupin, Jacques 316, 320
Dürrenmatt, Friedrich 134
Dutschke, Rudi 248, 272f., 280

Edom (d.i. Esau) 192, 194f.
Ehrlich, Hilde 66
Eich, Günter 133, 179, 290
Eichmann, Adolf 223
Eichner, Hans 71, 375
Einhorn, Erich 20, 75, 131, 248, 268, 365f.
Eisenreich, Brigitta (Britta) 132, 176, 180, 182f., 203-205, 325, 360
Eisenreich, Herbert 57
Empedokles 182, 230
Enzensberger, Hans Magnus 59, 134, 173, 179, 215, 225f., 247, 270f., 290f., 332

Federmann, Reinhard 57f., 82, 86, 140, 173, 185f., 199
Felstiner, John 43
Ferré, Léo 171
Feuchtwanger, Lion 197
Fichte, Johann Gottlieb 129, 231
Ficker, Ludwig von 189, 318
Fingerhut, Lia 132, 311
Firges, Jean 93, 159
Flinker, Martin 233, 303, 331
Fontane, Theodor 101
Frank, Anne 198, 363
Franz II. Kaiser des Hlg. Röm. Reichs 298
Franzos, Karl Emil 15
Freud, Sigmund 15, 274, 309, 312
Fried, Erich 71, 86, 134, 175, 218, 248, 282-284, 286, 289, 326, 347, 375f.
Friedrich, Hugo 9, 316
Frisch, Max 117, 121, 134, 173, 179, 363
Fuld, Werner 321

Gellhaus, Axel 11
George, Stefan 18, 131, 140, 166, 232, 249, 286
Georgi, Walter 167, 256, 258, 265
Gide, André 20
Globke, Hans 95
Gnielka, Thomas 86, 346
Goebbels, Joseph 84, 212, 217, 269, 290, 310
Goethe, Johann Wolfgang von 18, 24, 46, 50f., 131, 249
Goldmann, Ilse 20
Goll, Yvan 70f., 168, 170, 175-178, 180, 357
Goll, Claire 43, 46, 70f., 92, 95, 98, 133, 138f., 145, 148, 151, 159, 168, 172-180, 186f., 200, 229, 269, 292, 306, 310, 325, 330, 334, 353f., 357, 359
Gong, Alfred (d.i. A. Liquornik) 15, 34, 58,
Göring, Hermann 245
Goßens, Peter 45
Grass, Anna Margareta (geb. Schwarz) 165
Grass, Günter 87, 100, 117, 137, 140, 146, 148, 165-172, 175, 247, 270, 320, 355, 358
Grillparzer, Franz 197
Grimm, Hans 102
Grünewald, Matthias 320
Guggenheimer, Walter Maria 86
Günther, Joachim 256

Habe, Hans (d.i. János Békessy) 213f., 365
Hagen, Friedrich 69

PERSONENREGISTER

Hahn, Barbara 131
Hamann, Johann Georg 230
Hamburger, Michael 71, 375
Hamm, Peter 117
Hannover-Drück, Elisabeth 259
Hannover, Heinrich 259
Härtling, Peter 330
Hasenclever, Walter 162
Hauptmann, Gerhart 102
Hebel, Johann Peter 158
Hegel, Georg Wilhelm Friedrich 230, 287, 302
Heidegger, Elfriede 237
Heidegger, Martin 158, 202, 230-244, 263, 274, 279, 286, 291, 302, 318, 331, 364, 367-370
Heine, Heinrich 18, 46, 50, 192, 194-196, 360
Heiseler, Bernt von 102
Hellingrath, Norbert von 286, 291 f., 377
Hemingway, Ernest 90
Heraklit 230
Herder, Johann Gottfried 249
Hermlin, Stephan (d. i. Rudolf Leder) 218, 253
Heselhaus, Clemens 151, 158, 162
Hesse, Hermann 13, 90
Heym, Georg 46
Heym, Stefan (d. i. Helmut Flieg) 218
Hildesheimer, Wolfgang 86, 134, 146, 217, 228, 326
Hilsbecher, Walter 84
Hilsenrath, Edgar 24
Hirsch, Rudolf 98, 100, 107, 117, 130, 168-170, 173 f., 180, 228
Hitler, Adolf 102, 120, 129, 184, 213, 366 f., 369
Hoff, Kay 224
Hofmannsthal, Hugo von 18, 46, 182 f., 325
Hohoff, Carl 91 f., 145, 158, 174

Hölderlin, Friedrich 18, 112, 115, 128-131, 151, 182, 210 f., 223, 231-233, 235, 242 f., 249 f., 286-304, 317 f., 326, 332, 352, 378 f.
Höllerer, Walter 134, 162, 165, 173, 254, 357 f.
Holthusen, Hans Egon 91-93, 127, 145, 158, 174, 223, 366, 381
Horkheimer, Max 49
Horowitz, Karl 16
Huchel, Peter 96, 134, 253, 353, 371
Huppert, Hugo 93
Husserl, Edmund 230, 280, 368

Ionesco, Eugen 67
Israel Ben Elieser (genannt Baal Schem) 194
Izard, Michel 180

Jahn, Friedrich Ludwig 129
Jähner, Harald 89
Janz, Marlies 255 f., 265, 322, 371, 374
Jaspers, Karl 213, 230 f., 309, 365
Jean Paul (d. i. Johann Paul Friedrich Richter) 46, 112, 127 f., 230, 249
Jené, Edgar 57, 344
Jens, Inge 292
Jens, Walter 43, 84, 133, 179, 211, 292 f., 346, 353
Johnson, Uwe 168, 170, 228
Jokostra, Peter 218, 221
Joseph II. Kaiser von Österreich-Ungarn 12
Jünger, Ernst 100, 150, 152, 227, 252, 348-350

Kafka, Franz 18, 39, 66 f., 103, 118, 147, 220, 276, 286, 289, 303, 309, 314, 320, 324-326, 343
Kahler, Erich von 247 f.
Kaléko, Mascha 218

396

Kant, Immanuel 49, 230, 352
Kasack, Hermann 139, 173, 179f.
Kaschnitz, Marie Luise 70, 140, 173, 178-181, 239
Kästner, Erhart 99-101, 104, 106f., 109
Kaswan, Ruth 20
Kelletat, Alfred 255, 287, 374
Kennedy, John F. 277
Kennedy, Robert F. 277
Keren, Else 34
Kierkegaard, Søren 230
King, Martin Luther 277, 280, 375
Kittner, Alfred 43, 53
Kleeborn, Hermen von 217
Kleist, Heinrich von 18
Klessinger, Hanna 101
Kleßmann, Eckart 179
Kloos, Diet (verh. Barendregt) 72f., 132
Kloos, Jan 72
Klopstock, Johann Gottlieb 249
Koch, Willi A. 88
Koeppen, Wolfgang 228
Kogon, Eugen 88
Kolbenheyer, Guido 159
Kommerell, Max 249-251
Korn, Karl 147, 158f.
Kraft, Gideon 35
Kraus, Karl 14
Krolow, Karl 179, 228, 346
Kropotkin, Peter (Kropotkin, Pyotr Alexeević) 20, 268
Kurz, Elisabeth 318

La Motte, Hilde de 153
Lackner, Ruth (verh. Kraft) 18f., 26, 33, 37, 54f., 59, 132, 164, 310
Landauer, Georg Christian 289
Landauer, Gustav 20, 39, 189, 230, 248, 268, 279-281, 322
Le Corbusier (d.i.Charles-Édouard Jeanneret-Gris) 251

Leibniz, Georg Wilhelm 230
Leiris, Michel 180
Leiser, Erwin 361
Lenau, Nikolaus 320
Lenz, Hanne (geb. Trautwein) 9, 135-139, 330
Lenz, Hermann 9, 87, 99, 135f., 138-142, 197, 353
Lenz, Siegfried 174, 214f., 327, 330
Leonhardt, Rudolf Walter 213, 219, 222
Lermontov, Michail Yuryević 17, 37
Lernet-Holenia, Alexander 93
Lessing, Gotthold Ephraim 18, 197
Lestrange, Odette de 75
Levi, Primo 107, 311
Liebknecht, Karl 256, 258-261, 267, 372
Lind, Jakov 86
Lohniský, Václav 43, 339
Löwith, Karl 230
Ludwig, Paula 174
Luther, Martin 50
Lutrand, Edmond 132, 320f.
Lutze, Eberhard 91, 347
Luxemburg, Rosa 256, 258-261, 267, 371-373

Mallarmé, Stéphane 319
Mampell, Klaus 88
Mandelstam(m), Ossip 10, 191, 196f., 210, 276, 286, 289, 322, 362
Manger, Itzig 15
Mann, Klaus 322
Mann, Thomas 88, 126, 140, 334
Marcuse, Herbert 230, 272f., 279, 370
Margul-Sperber, Alfred 15, 40, 55, 57, 70, 184f., 190, 212, 216
Margul-Sperber, Jessika 40

PERSONENREGISTER

Martini, Fritz 139, 173, 179, 192, 293, 357
Marx, Karl 20, 85, 230, 272, 274
Mayer, Hans 86, 96, 363, 365
Mayröcker, Friederike 57
Meckel, Christoph 220, 255
Meerbaum-Eisinger, Selma 15
Meier, Herbert 99
Mihail I., Kg. von Rumänien 40
Misrahi, Robert 333
Montaigne, Michel de 230, 352
Morand, Paul 37
Morgenstern, Christian 40
Mörike, Eduard 46-48, 339
Moscovici, Serge 66, 71
Mosès, Stéphane 274, 375
Müller, Ernst 57

Neumann, Brigitte 381
Neumann, Gerhard 232, 239-241, 318 f.
Neumann, Peter Horst 53
Niemeyer, Helmut 38
Nietzsche, Friedrich 18, 221, 230, 305, 352
Nixon, Richard M. 277
Nono, Luigi 334, 383
Noske, Gustav 260
Nossack, Hans Erich 228
Novalis (d. i. Friedrich von Hardenberg) 265, 333

Oberländer, Theodor 95
Oelschlegel, Gerd 100, 348
Ohlendorf, Otto 25
Ohnesorg, Benno 270, 279
Oppens, Kurt 225
Ouckam Knoop, Wera 47

Pahlavi, Mohammad Reza (Schah) 270
Parmenides 230
Pascal, Blaise 230
Peters, Carl 264

Phelan, R. C. 184 f., 361
Picasso, Pablo 103
Piontek, Heinz 93, 117
Platon 230, 236
Poethen, Johannes 287
Pöggeler, Otto 181 f.

Quasimodo, Salvatore 40

Rabelais, François 166
Rauschning, Hans 227 f.
Rauschning, Hermann 227
Reich-Ranicki, Marcel 86
Reich, Wilhelm 15
Reichert, Klaus 239
Reinfrank, Arno 10
Resnais, Alain 183, 269
Richter, Hans Werner 79 f., 84, 90, 95, 113, 143, 145 f., 217, 269 f., 345, 354, 356
Richter, Toni 82
Riemerschmid, Werner 57
Rilke, Rainer Maria 18, 40, 46 f., 66, 76, 90, 103, 131, 286
Rimbaud, Arthur 46
Rokeah, David 284
Rosenkranz, Moses 15, 34
Rosenzweig, Franz 230
Roth, Joseph 321
Rutebeuf 169, 171
Rychner, Max 56, 66 f., 70

Sachs, Nelly 7, 117, 218, 220, 226-228, 278, 309, 321
Safranski, Rüdiger 231
Salomo (König) 50
Sartre, Jean-Paul 230
Sattler, Dietrich E. 300, 352, 379
Schallück, Paul 9, 93, 96, 117, 133, 151, 157, 161-165, 224, 293, 353 f., 356
Scheler, Max 230
Schelling, Friedrich Wilhelm Joseph von 287

Schiller, Friedrich von 18, 24, 101, 131, 249, 298 f.
Schirach, Baldur von 290
Schlageter, Leo 232
Schmidt-Barrien, Heinrich 99
Schmied, Wieland 179
Schmitt, Carl 149, 152
Schnabel, Ernst 88, 255, 346
Scholem, Gershom 199, 230, 279, 383
Schowingen, Birgit von 318
Schrager, Bruno 66, 288
Schrager, Minna 17
Schreyer, Isaac 46
Schröder, Jürgen 318
Schröder, Rudolf Alexander 99-104, 106-111, 348 f.
Schroers, Johannes 142
Schroers, Rolf 9, 31, 45, 80, 84 f., 87, 90, 95 f. 117, 133, 140, 142-157, 161-165, 170, 172, 179, 187, 252, 269, 343, 354-356
Schumann, Robert 27
Seghers, Anna 218, 253
Shakespeare, William
Shmueli, Ilana (d. i. Liane Schindler) 13, 26, 65, 229, 284 f., 297, 302, 306 f., 314-317, 335, 367
Sieburg, Friedrich 91, 147, 158
Silbermann, Edith (geb. Horowitz) 15, 23, 53, 310, 336
Silbermann, Jacob 339
Simonov, Konstantin Michailović 43
Sinclair, Isaac von 298
Sokrates 230
Solomon, Petre 9, 37, 39 f., 54 f., 74, 132, 196, 221 f., 251, 285, 311, 339, 373
Sophokles 300, 318
Sperber, Manés 15, 224, 365, 382
Spinoza, Baruch 230
Staeck, Klaus 255
Stahl, Hermann 164

Starobinski, Jean 204, 364, 367
Stauffenberg, Graf Schenk von 120
Steiner, George 240
Sternheim, Carl 255
Stiehler, Heinrich 38, 337
Suphan, Bernhard 299
Süskind, Wilhelm Emanuel 173
Susman, Margarete 230
Szász, János 263, 373
Szondi, Peter 9, 117, 132, 179, 182, 187, 223 f., 254, 256, 258 f., 263, 317, 321, 366, 373, 375, 379

Teitler, David 19
Thomas von Aquin 230
Todt, Fritz 240
Toller, Ernst 322
Tophoven, Elmar 75
Tophoven, Erika 75
Torberg, Friedrich 245
Trakl, Georg 18, 46, 66, 92, 103, 189, 286
Trautwein, Hanne 135
Trautwein, Kurt 136
Tucholsky, Kurt 322
Tzara, Tristan 37

Villon, François 193-196

Waldenfels, Bernhard 327
Walser, Martin 134, 228, 270, 317 f.
Walser, Robert 136
Weigel, Hans 57 f., 67, 73
Weinheber, Josef 290
Weisenborn, Günther 133 f.
Weiss, Ernst 322
Weiss, Peter 86, 175, 218 f., 228, 270, 326, 361
Weißglas, Immanuel 15, 17, 29, 34, 43, 51-54, 321, 337, 340
Welling, Florian 11, 303, 343

Widmer, Urs 89 f.
Wiedemann, Barbara 11, 23, 42, 117, 157, 178 f., 201, 225, 338, 345, 348, 353 f., 356, 359, 361, 365
Wiese, Benno von 99 f., 107, 348, 357
Winkler, Michael 34
Wittgenstein, Ludwig 230, 274
Wolgensinger, Luzzi 272
Wurm, Franz 9, 132, 200, 239, 253, 264, 272-275, 285, 316-319, 328

Yessenin, Sergei Alexandrović 40, 185, 322,
Yevtushenko, Yevgeny Alexandrović 203, 222, 364

Zweig, Arnold 218, 253
Zweig, Stefan 322